방송문화진흥총서 36

수용자론

| 이강수 지음 |

한울
아카데미

발간사

    2000년은 방송문화진흥회로서는 참으로 의미있는 해였습니다. 방송계 제도적 환경의 변화와 맞물려 1988년 설립시 제정된 방송문화진흥회법이 전반적으로 개정되었습니다. 이제 진흥회는 진흥회법에 의해 사회적으로 좀 더 무거운 책임을 안게 된 것입니다. 문화방송에 대한 공적 관리 책임의 강화와 함께 방송문화진흥자금의 조성으로 인해 국내 방송문화 진흥에 대한 사회적 기대가 커진 것이 그것입니다. 이에 해마다 저술번역지원 사업의 결과를 내어왔지만 올해는 예년에 비해 다소 부담스럽기도 합니다.

    올해 발간되는 3권의 저술은 저술지원 2년차에 진입하는 성숙함을 보여줍니다. 수용자이해, 한국적 비평, 디지털 방송이론에 이르는 책의 주제들이 광범위하게 느껴지기는 하지만 아직 변화의 중심에 서 있는 한국방송계에 기초부터 응용까지 충실히 도움을 줄 수 있는 내용들이라 생각됩니다. 아울러 방대한 자료를 바탕으로 수용자에 대한 폭넓은 조망을 담은 『수용자론』 또한 방송환경 제반을 이해하는 데 많은 도움을 줄 것으로 기대됩니다. 신·구가 교차하여 새로운 방송환경을 만드는 이때 올해 출간되는 저서들이 방송계 전 영역의 주제들을 두루 담고 있어서 기대하는 바가 매우 큽니다.

수용자론

　새천년에 대한 기대와 흥분이 어느덧 현실과 일상으로 녹아 들어가는 이때 '처음으로…'라는 말을 떠올려보게 됩니다. 반복적인 사업이 지속되다 보면 어느덧 사업의 취지는 잊혀져 일상의 그늘 아래 묻히는 일들을 종종 보면서 올해도 4권의 책을 여러분께 내어놓으면서 순수했던 시작과 그때의 정열을 되새기고자 합니다. 올해 발간되는 4권의 책과 같이 진흥회는 앞으로도 처음처럼 적극적인 자세로 사회적 책임을 다시 여러분과 함께 나누고자 합니다.
　방송인 여러분들의 많은 관심을 부탁드리며 저술과 번역에 수고해주신 연구자분과 발간을 위해 세밀한 부분까지 힘써주신 도서출판 한울 관계자분들께 깊은 감사를 드립니다.

2001년 5월
방송문화진흥회 이사장 김용운

머리말

흔히들 효과연구는 매스커뮤니케이션 연구의 꽃이라고 말한다. 그만큼 매스커뮤니케이션 연구에 있어서 효과연구는 매스커뮤니케이션 연구의 수류인 미국 학계에서 불꽃 튀는 연구 경쟁의 중심적 장르였다. 그러나 그 효과연구도 가만히 들여다보면, 그 연구대상과 연구의 핵심은 수용자임이 분명하다.

그런 점에서 일찍이 노덴스트렝(Kaarle Nordenstreng)이 말하기를 미국의 매스커뮤니케이션 연구의 중심을 이루고 있는 것은 설득적 커뮤니케이션 연구이며, 설득적 커뮤니케이션 연구의 핵심은 수용자연구[1]라고 한 말은 전적으로 옳은 말이다.

필자가 수용자연구에 관심을 갖게 된 이유는 비교적 단순하다. 그것은 몇 가지 이유에 근거해 있다.

첫째, 주류 매스커뮤니케이션 연구의 꽃인 효과연구 그리고 효과연구와 연관된 수용자연구에 대한 회의가 그것이다. 우리가 잘 알다시피, 효과연구에 있어서 수용자 이미지 혹은 그 위상은 수동적 수용자이다. 수용자는 항상 송신자(체계)의 입장에서 보는 표적으로서의 수용자이다. 송신자의 입장에서 보는 수용자란 송신자가 마음만 먹으면, 설득가능하

---

[1] Nordenstreng, K., 1975, "Recent Development in European Communication Theory," in Public Lecture Given at Simon Fraser University(March), pp. 2-5.

고 조정가능한 그러한 피동적 수용자이다. 따라서 커뮤니케이션에서 문제가 발생했다면 그것은 어디까지 수용자의 잘못이고 책임이 있게 마련이며, 송신자인 체계(혹은 체제)의 책임이 아니라는 관점이 그것이다. 이러한 맥락에서 보면 커뮤니케이션 혹은 매스커뮤니케이션 연구는 수용자를 어떻게 하면 효과적으로 설득하고, 조작하고, 조종하는 방법을 연구하고 그 테크닉을 개발하는 기술전략이 우선될 수밖에 없다. 그러한 관점은 자연히 '이성의 도구화'와 다름이 없고, 그런 점에서 커뮤니케이션 학문의 정당성을 내세울 수 없을 것이라는 점이 그것이다.

둘째, 커뮤니케이션 연구에 있어서, 수용자개념 내지 그 이미지는 곧 경험적 연구에 입각한 '미디어 수용자'의 동의어로 인식되어지고 있다는 점에 대한 회의이다. 이미 커뮤니케이션이라는 개념은 저널리즘 연구 혹은 매스커뮤니케이션 연구, 또는 매스미디어 연구와 관련된 개념을 훨씬 뛰어 넘은, 인문·사회과학적 개념임은 주지의 사실이다. 시카고학파의 상징적 상호작용(symbolic interactionism) 접근이나, 프랑크푸르트학파(Frankfurt School)의 제2세대인 하버마스(Jürgen Habermas)의 커뮤니케이션 행위 이론(communicative action theory)은 결코 매스미디어 연구자들이 이해하고 있는 커뮤니케이션 개념과 결코 다른 것이 아니다. 그런 점에서 볼 때, 수용자개념은 '미디어 수용자'라는 한정된 울타리에 가둬놓고 바라보는 개념이기보다는 엄청나게 넓은 의미의 인간 커뮤니케이션 내지 사회적 커뮤니케이션의 실질적 담당자 또는 실질적인 주체자로 바라보아야 한다는 것이 둘째 이유이다.

세 번째 이유는 앞에서 든 두 가지 이유와 밀접한 연관성이 있다. 그것은 다름 아니라, 커뮤니케이션 개념이, 저널리즘 연구 영역 내지 매스미디어 연구 영역을 넘어선, 인문·사회과학 개념이라면, 커뮤니케이션의 주체인 수용자개념도 당연히 사회이론의 틀 속에서 설명되어져야 한다는 것이다. 그래야만 커뮤니케이션 이론이 사회과학 이론으로, 다른 사회과학 이론과 대등한 차원에서 대접을 받을 수가 있다.

그러나 불행하게도 주류 커뮤니케이션 연구의 맥락에서 수용자개념은

머리말

로저스(Emert Rogers)의 한탄처럼 심리적 변수에 초점을 맞추도록 작용하며, 경험적 연구의 틀에서 이해하도록 강요되고 있는 것이 현실이다.
그렇다면 커뮤니케이션 연구는 어떠해야 할 것인가? 수용자개념은 어떻게 이해하고 정립하는 것이 바람직한 생각이고, 바람직한 방향인가?
필자가 이 책을 쓰게 된 동기는 이러한 소박한 문제의식으로부터 싹튼 것이다. 커뮤니케이션 연구, 그리고 그 틀 속에서 수용자연구의 현상구조(status quo)를 극복해보자는 것이 필자의 조그마한 소망이다.
사실 이러한 자그마한 소망은 십여 년 전부터 싹텄다. 그러한 싹이 튼 직접적·간접적 동기는 몇 사람의 커뮤니케이션 연구자들의 논문 또는 저서를 통해서이다. 몇 개의 사례를 든다면, 먼저 슈람(Wilbur Schramm)의 선견지명을 들 수 있다. 그는 1961년에 발간한 *Television in the Lives of Our Children*이라는 연구보고서 서문에서 다음과 같이 주장한다.
"'효과'라는 말은 의미상으로 잘못 사용되어지고 있다. 이는 효과가 마치 텔레비전이 어린이들에게 '무엇인가를 행하는(작용하는)' 것임을 암시하는 데 사용되고 있기 때문이다… 이러한 사실에서부터라면 한 발자국도 더 이상 나아갈 수 없다. 어린아이들이야말로 이러한 관계들에 있어서 가장 능동적인 것이다. 그들은 텔레비전에 의해 이용되어지는 사람들이기보다는 텔레비전을 이용하는 사람들이다."[2]
두 번째 사례는 바이오카(Frank A. Biocca)의 논문 「Opposing Conceptions of the Audience: The Active and Passive Hemispheres of W. C. Theory」(1988)[3]이다. 지금으로부터 결코 오래된 것은 아니지만, 나는 처음으로 수용자개념을, 능동적 수용자와 수동적 수용자의 두 유형으로 나눈 바이오카의 논문을 읽고, 수용자를 바라보는 이론적 시각을 이해

---

2) Schramm, W., J. Lyle and E. B. Parker, 1961, *Television in the Lives of Our Children*, Stanford: Stanford Univ. Press.
3) Biocca, F. A., 1988, "Opposing Conceptions of the Audience: The Active and Passive Hemispheres of W. C. Theory," in J. Anderson(ed.), *Communication Yearbook* 11, London: Sage Publications.

하게 되었고, 이러한 이론적 시각을 우리나라에서 처음으로 학회에서 발표한 바 있다.[4]

세 번째 사례는 로저스의 주장이다. 그는 커뮤니케이션 연구에서, 개인(수용자)에 대한 질책론은 전통적 커뮤니케이션 모델의 기본적 발상이라고 말하면서 다음과 같이 주장한다.

"…체계에 대한 질책보다는 오히려 개인에 대한 질책이 사회문제에 대한 대부분의 정의(定義)에 충만해 있다. 사회를 변화시킬 수 있는 어떤 규정도 찾아볼 수 없기 때문에 그들은 앞의 주장을 받아들이고 있다. 그러한 주장은 커뮤니케이션 연구에 있어서 심리적 변수에 초점을 맞추도록 작용한다. 따라서 종종 문제 규정자가 개인수준에서 문제의 원인을 찾고자 하는 것은, 곧 연구자의 주요 변수가 된다. 텔레비전 폭력과 공격성, 농민의 근대화 그리고 설득이 바로 그 대표적인 예이다."[5]

사실 수용자연구는 어떤 이론적 시각에서 바라보느냐에 따라 너무 다양하고, 다차원적이고, 복합성을 띠고 있는 연구 장르이기 때문에 수용자연구를 정리하고, 종합해서 새로운 길을 낸다는 것은 필자의 능력으로서는 한계가 있음을 솔직하게 인정하지 않을 수 없다. 아마도 커뮤니케이션 연구 영역에 있어 수용자연구는 지금까지와 마찬가지로 앞으로도 계속 미완의 문제 영역으로 이어질 것이다.

그런 점에서 필자는 이 책의 서론을 하버마스의 한 논문의 표제「근대성-미완의 프로젝트」를 흉내내어, 「수용자-미완의 프로젝트」라고 하였다. 그러나 여기에서 필자가 강조하고자 하는 수용자연구의 시각은 첫째, 경험적 연구를 통해서 개념화하고 있는 이른바 '경험적 미디어 수용자'의 틀에서 벗어나는 것이고, 이를 위해 미시적 접근보다 거시적 접

---

[4] 이강수, 1989,「미디어 수용자론의 이론적 전개」, 미디어 수용자론의 전개와 방향 심포지엄 종합보고서, 서강대학교 언론문화연구소, 5. 27일, 9-23쪽.

[5] Rogers, E. M., 1975, "Where We are in Understanding the Diffusion of Innovation," in W. Schramm & W. Lerner(eds.), *Communication and Change in the Developing Countries: Ten Years After*, Honolulu: Univ. of Hawaii/East-West Center Press, p.213.

머리말

근 또는 사회학적 접근이 보다 중요시되어야 한다는 입장이다. 다시 말해서 수용자연구를 경험적 '미디어 수용자'의 틀에서 벗어나서 수용자를 한 사회의 구조와 미디어 간의 상호연관성에서 파악하고자 하였다. 이를 위하여 수용자와 미디어와 관련된 사회이론을 정리해보았고, 사회학자들이 미디어와 수용자를 어떻게 보고, 규정하고 있는가 그들의 대표적 저서를 통해서 고찰해보았다. 이와 같은 시도는 사회이론의 시각에서 수용자와 미디어를 어떻게 보고 있는가를 알아보는 것이다. 그러나 이러한 시도는 수용자를 둘러싼 사회이론의 다양성과 복잡성으로 인해서, 이를 이해하고 정리하는 데 미숙할 뿐 아니라 결과적으로 미완성의 프로젝트가 되었음이 분명하다.

둘째, 이 연구의 관심의 초점은 커뮤니케이션 연구가 커뮤니케이션의 실질적 담당자요, 주체인 인간(수용자)을 위한 인간중심의 이론이어야 한다는 생각이다. 따라서 당연히 수용자연구는 수동적 수용자(passive audience)론보다는 능동적 수용자(active audience)론을 이론적으로 뒷받침할 수 있는 이론을 발전시켜야 한다는 생각이다. 물론 수용자를 능동적/수동적으로 나누는 이분법은 시대착오적 생각이라고 비웃을 수 있는 연구자도 있겠지만 말이다.

한편 이 연구의 뒷부분에서 관심을 기울인 것은 제3장 수용연구의 변천과정 가운데 '수용분석(수용연구)' 부문이다. 이 장에서는 문화론적 연구인 수용분석이 안고 있는 문제점을 나름대로 정리하고 이해하려고 하였으나, 그것 역시 정곡을 찔렀는지 사실 자신이 없다. 그런 점에서 이 장도 미완의 프로젝트가 되지 않을까 염려된다.

또 이 연구에서 한국적 사례를 적용하지 못한 점을 대단히 아쉽게 생각한다. 이를 변명하고 싶지 않으나, 시간적 제약 때문이었다고 우선 변명 아닌 변명을 하려고 한다. 후에 기회가 있으면 이를 꼭 보완하려고 생각한다.

이 연구를 진행하는 가운데 많은 분들의 직접적 혹은 간접적인 도움을 받았다. 우선 이 연구를 위해 많은 문헌이 요구되었고, 그 가운데 외

수용자론

국문헌이 절대적인 부분을 차지하였다.

그 가운데 번역서가 포함된다. 필자가 인용한 외국문헌 가운데 번역도서가 있을 경우 가능한 이를 확보하였고, 이를 인용문에 명시하였다. 다시 말해서 필자가 이미 가지고 있는 외국도서라 하더라도, 그 도서가 번역되었을 경우 가능한 번역문을 그대로 인용함으로써 연구진행과정에서 부담을 크게 줄일 수가 있었다. 이렇게 도움을 받은 번역서는 다음과 같다.

- Tom Bottomore, 1984, *The Frankfurt School*, London: Tavistock; 진덕규(역), 1992, 『프랑크푸르트학파의 사회비판이론』, 학문과사상사.
- Anthony Giddens, 1979, *Central Problems in Social Theory*, London: Macmillan; 윤병철·박병래(역), 1991, 『사회이론의 주요쟁점』, 문예출판사.
- Graeme Turner, 1990, *British Cultural Studies: An Introduction*, Boston: Unwin Hyman; 김연종(역), 1995, 『문화연구입문』, 한나래.
- John Story, 1993, *An Introductory Guide to Cultural Theory and Popular Culture*, Simon & Schuster; 박모(역), 1994, 『문화연구와 문화이론』, 현실문화연구.
- Denis McQuail, 1997, *Content Analysis*, Sage; 박창희(역), 1999, 『수용자분석』, 커뮤니케이션북스.
- Guy Debord, 1983, *Society of the Spectacle*, Black & Red; 이경숙(역), 1996, 『스펙터클의 사회』, 현실문화연구.
- Hal Forster, 1985, *Postmodern Culture*, Plato Press; 이기우(역), 1995, 『포스트모던문화』, 신아출판사.
- Robert Allen(ed.), 1987, *Channels of Discourse*, Reassembled, Routledge; 김훈순(역), 1994, 『텔레비전과 현대비평』, 나남.

머리말

- James Curran et al.(eds), 1996, *Cultural Studies and Communications*, Arnold; 백선기(역), 1999, 『대중문화와 문화연구』, 한울.
- Ien Ang, 1991, *Desperately Seeking the Audience*, Routledge; 김용호(역), 1999, 『방송수용자의 이해』, 한나래.
- Herbert Gans, 1974, *Popular Culture and High Culture*, Basic Books; 강현두(역), 1977, 『대중문화와 고급문화』, 삼영사.
- Daniel Bell, 1978, *The Cultural Contradictions of Capitalism*, Basic Books; 오세철(역), 1980, 『자본주의의 문화적 모순』, 전망.
- Mike Featherstone, 1991, *Consumer Culture and Postmodernism*, Sage; 정숙경(역), 1999, 『포스트모더니즘과 소비문화』, 현대미학사.
- Steve Connor, 1989, *Postmodern Culture: An Introduction to Theories of the Contemporary*, Basil Blackwell; 김성곤·정정호(공역), 1993, 『포스트모던문화: 현대이론서실』, 한신문화사.

위 책들의 번역자 여러분과 출판사에 심심한 감사를 이 지면을 통해 드린다. 끝으로 이 책을 쓸 수 있도록 저술 지원을 해준 방송문화진흥회에 심심한 감사를 드리며, 아울러 이 책을 아름답게 편집하여 꾸며주고 발간해준 도서출판 한울 김종수 사장님께 깊이 감사드린다.

2001년 6월말
개나리 동산에서
著者 識

차 례

발간사 • 3
머리말 • 5

서론 ——————————————————— 15
1. 수용자— 미완의 프로젝트 • 15
2. '경험적 미디어 수용자'를 넘어: 사회학적 시각 • 22
   1) 리즈만(David Riesman)의 사회구조와 수용자 그리고 미디어와의 관계/ 30
   2) 벨(Daniel Bell)의 대중사회 문화 수용자론/ 39
   3) 프랑크푸르트학파의 비판사회이론, 미디어 그리고 수용자/ 46
   4) 포스트-모더니즘론과 수용자/ 62
   5) 홀(Stuart Hall)의 'New Times'와 주체성/ 80

제1장 수용자의 개념 ——————————————— 84
1. 수용자개념의 변천과정 • 84
2. 맥퀘일(Dennis McQuail)의 수용자개념 • 88
   1) 대중으로서의 수용자/ 88
   2) 집단으로서 수용자의 재발견/ 91
   3) 시장으로서의 수용자/ 92
3. 취향공중으로서의 수용자 • 93
   1) 갠스(Herbert Gans)의 취향공중과 취향문화론/ 93

  2) 팬덤(Fandom)으로서의 수용자/ 97
  3) 부르디외(Pierre Bourdieu)의 문화공중으로서의 수용자/ 100
  4) 토플러(Alvin Toffler)의 '문화소비자'로서 수용자/ 103
4. 미디어 이용자로서의 수용자 • 106
5. 미디어 해석자로서의 수용자 • 109
6. 혁신자로서의 수용자 • 112
7. 저항적 행동자로서 수용자 • 114
8. 지각적 수용자 • 123
9. 애버크롬비(Abercrombie)와 롱허스트(Longhurst)의 수용자 개념 • 123

제2장 수용자연구의 변천과정 ─────── 131
1. 효과연구 • 136
2. 이용과 충족 연구(Uses and Gratification Studies) • 140
3. 문학비평 연구(Literacy Criticism Research) • 145
4. 문화론적 연구(Cultural Studies) • 147
5. 수용분석(Reception Analysis) • 165
  1) 홀(Stuart Hall)의 '기호화/해독화' 가설과 몰리(David Morley)의 'Nation-wide Audience' 연구의 제 문제/ 178
  2) 텍스트와 수용자 간의 인터액션의 제 문제/ 181
  3) '다의적 의미'와 '기호학적 민주주의'에 대한 논의/ 188

4) 쾌락과 저항의 문제: 이데올로기로부터의 후퇴/ 205
5) 일상적 생활과 문화소비(TV이용)의 문제/ 218
6) 기든스(A. Giddens)의 구조화이론(Structuration Theory)/ 233
7) 페미니스트 연구(Feminist Research)/ 236

제3장 수동적 수용자론과 능동적 수용자론 ─ 239

1. 수동적 수용자론 • 239
2. 능동적 수용자론 • 246
   1) 이용과 충족 연구 및 이용과 충족 연구에 대한 신기능주의적 접근/ 251
   2) 상징적 상호작용의 접근/ 257
   3) 슈츠(Alfred Shutz)의 현상학적 사회학의 접근/ 261
   4) 하버마스(Jürgen Habermas)의 커뮤니케이션의 행위이론의 접근/ 266
   5) 인지 심리학적 접근/ 276
   6) 제도적 수용자 연구(Institutional Audience Research)/ 280
   7) 능동적 수용자론에서 주체성(Subjectivity)에 관한 제 논의/ 285
   8) 텍스트상의 주체론/ 296
   9) 규범론적 접근/ 304

참고문헌 • 317
찾아보기 • 354

서 론

1. 수용자 – 미완의 프로젝트

하버마스(Jürgen Habermas)는 1980년 프랑크푸르트시(市)가 수여하는 아도르노(Adorno)상 수상기념강연에서,「근대성 – 미완성의 프로젝트(Die Moderne – ein unvollendetes Projekt)」라는 논문을 통해 근대성의 문제가 오랜 역사과정을 통해서 모든 지적 영역에 침투·논의되어 왔음에도 불구하고 아직 미완성의 프로젝트로 남아있다고 다음과 같이 말하였다.

"18세기 계몽주의 철학자들에 의해서 표명된 근대성 프로젝트가 목표로 한 것은 객관성을 지향하는 과학을, 또한 도덕 및 법의 보편주의적 기반을, 그리고 자율적 예술 등을 그 고유의 논리에 따라서 전개시키는 것이었다. 동시에 이렇게 축적된 지적 잠재력을 특수한 인간만이 알 수 있는 고답적인 방식으로부터 해방시켜 실천을 위하는 것, 즉 이성적 생활을 형성시키는 데 기여하는 것이었다.

콩도르세(Condorcet)와 같은 계몽사상가들은 예술과 학문의 발전에 의하여 자연력에 대한 지배가 촉진될 뿐 아니라 세계와 자아를 해석하고, 도덕을 진보시키고, 공정한 사회제도 그리고 마지막에는 인간의 행복이 촉진될 것이라는 기대에 차 있었다. 20세기는 이러한 낙관적인 생각이 대부분 깨져 버렸다. 그러나 문제는 여전히 변하지 않고 있다. 즉 지금도 그 기본적 견해의 틈새가 어디에 있는가 하면, 이러한 계몽주의

수용자론

의 지향— 그것이 어떻게 좌절되었든 간에— 을 지켜 나갈 것인가, 아닌 가에 있다. 다시 말해서 근대성의 프로젝트를 실패로서 포기할 것인가, 아니면 이를 계속 지향할 것인가의 문제이다."1)

 수용자론을 서술하기 앞서 하버마스가 말하는 근대성의 문제를 길게 인용한 것은 두 가지 이유에서이다.

 첫째, 수용자의 문제가 근대성의 문제에 못지않게 지적 세계가 풀어야 할 미완의 프로젝트라고 생각되기 때문이다.

 종래 수용자의 문제는 매스 미디어와의 관계에서 '미디어 수용자'라는 틀 속에서 논의되었다. 그러나 인간과 매스 미디어의 관계는 인간이 일상생활 세계에서 삶의 실천으로 행하는 사회적 커뮤니케이션의 일부분에 지나지 않는다.

 커뮤니케이션은 타자와의 담화 내지 언어적 행위를 통한 의미공유를 뜻한다. 인간은 언어의 습득을 통해서, 그리고 타자와의 언어 내지 담론을 통해서 비로소 커뮤니케이션의 담당자 내지 주체가 된다.2) 그러므로 인간은 '행위의 주체'로서, 사회행위자이기에 앞서 커뮤니케이션의 주체라고 할 수 있다.3)

 이와 같이 수용자 문제는 비단 미디어 수용자의 문제에 그치지 않고, 인간 커뮤니케이션 내지 사회적 커뮤니케이션의 담당자 혹은 주체의 문제로 넓혀서 생각해야 한다. 왜냐하면 수용자 문제는 결국 인간의 문제로 환원되기 때문이다. 그러므로 수용자 문제는 근대성의 문제 못지않게 지적 세계가 풀어야 할 미완의 프로젝트라고 할 수 있다.

---

1) Habermas, J., 1981, "Die Moderne—ein unvollendetes Projekt," in Kleine Politische Schriften I-IV, by Suhrkamp Verlag: Frankfurt am Main, pp.444-464. 三島憲一(編譯), 2000, 『近代: 未完のプロジェクト』, 東京: 岩波書店, pp. 21-25.

2) Giddens, Anthony, 1979, *Central Problems in Social Theory*, The Macmillan Press, pp.32-33, 38; 윤병철·박명래(역), 1998, 『사회이론의 주요쟁점』, 문예출판사, 48, 55쪽.

3) *Ibid*, p.2; 상게서, 10쪽.

서론

　매스커뮤니케이션을 포함한 넓은 의미의 커뮤니케이션 연구 영역에서 수용자연구의 지적 맥락은 매우 다양하면서도 복합적이다. 그것은 미국을 중심으로 하는 커뮤니케이션의 주류 접근, 즉 경험주의적 행동과학 접근 내지 기능주의적 접근, 상징적 상호작용주의적 접근, 사회학적 현상학의 접근을 비롯하여 유럽의 지적 맥락에서 생성된 프랑크푸르트학파의 비판사회론 접근(비판적 대중사회론), 구조주의 내지 언어구조주의 접근, 탈구조주의 내지 포스트모던 접근, 문화론적 접근, 정치경제적 접근 등 이루 다 열거하기조차 곤란할 정도이다.
　이들의 상이한 이론적 접근에도 불구하고, 수용자를 보는 시각과 그 논쟁은 크게 몇 가지로 유형화가 가능하다. 첫째, 수용자에 대한 능동성 내지 주체성 패러다임과 수용자의 수동성 패러다임 간의 논쟁을 들 수 있고, 둘째, 첫 패러다임의 대안적 접근으로 능동적 수용자론과 수동적 수용자론 간의 융합(convergence)에 관한 논의를 들 수 있고, 셋째, 이성적 주체론(근대성)과 '수용자의 실종' 내지 '주체의 죽음(탈근대성)'에 대한 논쟁 등을 들 수 있다. 이들간의 논쟁은 매우 복합적이어서, 패러다임간의 융합 내지 수렴은 아직도 요원하다 하겠다. 그런 점에서 수용자연구는 근대성의 문제에 못지 않게 미완의 프로젝트이다.
　둘째, 하버마스가 말하는 근대성(moderne)의 개념은 커뮤니케이션의 영역과 매우 밀접하다. 하버마스는 그의 앞 논문에서, 예술의 문제에 중심을 두고 근대성을 논하면서 그 개념을 예술에 한정하는 관행에서 벗어나 보다 확대되지 않으면 안된다고 하였다. 그 확대란 곧 계몽의 프로젝트를 의미한다. 그의 입장은 이성(理性)계몽의 유산을 계승·발전시킴으로써 '미완의 프로젝트'인 근대를 완성한다는 것이다. 하버마스의 이러한 이성중심주의는 물론, 개인의 이성 내지 합리성을 지칭한 것이다.
　근대성의 핵심적 이념 가운데 하나가 이성적이고 자율적인 주체개념이다. 이성의 개념은 데카르트(René Descartes)의 사유주체론(Cogito) 이래로 칸트(Immanuel Kant), 헤겔(Gorge W. Hegel)의 독일관념론과 훗설(Edmund Husserl)의 현상학을 거치면서 변화·발전해온 서구 관념철

수용자론

학의 중심적 개념이다.

특히 이성의 개념은 칸트의 철저한 자유의 도덕적 주체성과 함께 철학의 중심에 자리잡고 있다. 칸트 철학의 주요 핵심의 하나는 철저하게 자유로운 도덕적 주체성에 관한 정의였다. 도덕적 주체는 올바르게 행위할 뿐만 아니라 올바른 동기로부터 행위하지 않으면 안되고, 그리고 올바른 동기는 도덕적 법칙 그 자체, 그가 이성적 의지로서 자기 자신에게 부여하는 도덕적 법칙이다.[4] 헤겔은 역사가 이성을, 따라서 이성만을 문제삼을 것, 국가가 이성의 실현이라는 것을 주장하였다. 헤겔 철학의 핵심은 이성의 관념에 유래하는 제 관념 - 자유, 주체, 정신 개념 - 으로부터 구성하는 하나의 구조이다.[5]

헤겔은 이성의 위대한 힘을 믿고 있었다. "죽음과 부식을 넘어선 자기 자신의 것이라고 부를 수 있는 그 능력은… 자기 스스로 잴 수가 있다. 그 능력은 스스로 이성이라고 부를 수 있다. 이성의 입법은 다른 어떤 것에도 의존하지 않으며, 또한 지상 혹은 천상의 다른 어떤 권위로부터도 그 재정(裁定)의 기준을 받을 수가 없다."[6]

프랑스 계몽주의 철학자들과 그들 혁명적인 계승자들 역시 이성을 객관적·역사적인 힘으로 보았고, 그 힘이 전제정치의 속박으로부터 해방되면, 세계가 진보와 행복의 장이 될 것이라고 생각하였다. "무력으로서가 아니라 이성의 힘이 우리들이 바라마지않는 혁명의 원리를 보급시킬 것"[7]이라고 그들은 생각하였다.

이 가운데 이성적 계몽에 대한 비판은 '프랑크푸르트학파'의 비조인

---

4) Taylor, C., 1979, *Hegel and Modern Society*, Cambridge: Cambridge Univ. Press; 渡辺義雄譯, 2000, 『ヘーゲルと近代社會』, 東京: 岩波書店, pp.6-8.
5) Marcuse, H., 1969, *Reason and Revolution*, New York: Humanities Press, Inc., p.5.
6) Hegel, W., 1907, *Theologische Jugendschriften*, H. Nohl(ed.), Tübingen, p.89; Marcuse, H., *ibid.*, p.7.
7) Robespierre in his report on the cult of the Être suprême, quoted by Albert Mathiez, Autour de Robespierre, Paris, 1936, p.11; Marcuse, H., *ibid.*, p.7.

호르크하이머(Max Horkheimer)와 아도르노(Theodor Adorno)의 '도구적 이성'에 대한 비판으로 대표된다. 도구적 이성 비판은 어떤 종류의 물신화(物神化)에 대한 비판이다. 이들은 물신화 비판의 기반을 보다 깊게 다져 도구적 이성을 세계사적인 문명과정 총체의 카테고리로 확대하였다.[8] 이들이 '도구적 이성' 비판을 하게 된 결정적 요인은 혁명적 기대의 환멸에 수렴해가는 세 개의 역사적 경험, 즉 소비에트 러시아에 있어서 혁명적 사회주의의 인간적 내실의 전도(스탈린주의), 모든 공업사회에 있어서 사회적 혁명운동의 좌절(파시즘), 문화적 재생산의 영역에까지 관철되어지는 합리화의 사회통합의 힘(대중문화), 이러한 것들이 1940년대 초 이들로 하여금 이론적으로 대처하고 가공하려고 했던 근본적인 동기였다.[9] 이와 같은 이성과 계몽의 비판은 전쟁과 살육으로 얼룩진 20세기의 경험을 성찰함으로써 나타난 것이다. "왜 인류는 참답게 인간적인 상태로 걸어가는 대신, 일종의 새로운 야만상태로 전락해 가는가"[10]라는 『계몽의 변증법』 서문에 실린 이 질문은 19세기의 연옥(煉獄)적 세계로부터 20세기의 지옥 같은 세계에 대한 그들의 비관적 퍼스펙티브를 잘 나타낸 것이라 볼 수 있다. 그들이 말하는 『계몽의 변증법』은 계몽적 주체의 일탈을 비판한 것이다.

20세기 후반에 들어와 이성적 주체에 대한 비판은 포스트 구조주의, 또는 포스트 모더니즘을 선도한 푸코(Michel Foucault), 데리다(Jacque Derrida), 라캉(Jacque Lacan), 그리고 알튀세(Louis Althusser)를 들 수 있다. 이들의 입장은 다소의 뉘앙스 차이는 있으나 근대성 프로젝트에 대한 해체적 비판이라고 할 수 있다. 이는 단적으로 이성적 주체개념에 대한 비판으로 모아진다.

현대사상에 커다란 영향을 끼친 구조주의와 포스트 구조주의는 반휴

---

8) Habermas, J., 1984, *The Theory of Communicative Action*, Vol. l(trans. by T. McCarthy), London: Heineman, p.366.
9) *Ibid*.
10) Adorno, T. W. and M. Horkheimer, 1973, *Dialectic of Enlightenment*, Allen Lane.

수용자론

머니즘과 반역사주의를 표어로 삼고 있다. 구조주의적 맑스주의자인 알튀세는 서구 맑스주의가 헤겔의 이성주의의 잘못된 유산에 사로잡혀 휴머니즘과 역사주의의 오류를 범하고 있다고 비판하였다.[11] 특히 포스트 구조주의자들을 대표하는 데리다와 푸코 등은 1980년에 하버마스의 아도르노상 수상논문 「근대성—미완의 프로젝트」의 발표를 계기로 하버마스의 근대성론에 도전하였다. 니체(Friedrich Nietzsche)와 프로이트(Sigmund Freud)에 의해 효과적인 방식으로 수행된 휴머니즘 전복작업은 푸코에 의해 학문적으로 정밀화되었다.[12] 그는 그의 저서『말과 물(物)(Les mots et les choses)』의 권말에 쓰여진 인간의 죽음이라는 예언적 혹은 서정적인 선고를 통해서 가장 명확하게 반휴머니즘적인 결론을 끄집어냈던 것이다.[13]

한편 하버마스는 데리다와 푸코 등의 이른바 포스트 구조주의자들의 근대성 비판 내지 '반계몽'의 주장에 대하여, 이미 헤겔에서부터 나타나서 니체에 와서 결정적인 것이 된 반계몽적인 근대의 편향과 그 연장선상에 있는 프랑스 현대사상을 공격하였다. 1985년에 출간된『근대의 철학적 담론(The Philosophical Discourse of Modernity: Der Philosophische Diskurs Der Moderne)』은 말하자면 포스트 구조주의와의 대결을 의미한다고 볼 수 있다.[14] 이 책의 서론에서 밝힌 바와 같이, 푸코와 데리다의 이성비판, 근대비판을 하나의 도전으로 받아들이고, 비판이론의 입장에서 반론을 시도하려는 것이 이 책의 첫 번째 목적이었다.

이상에서 간단히 살펴본 바와 같이 이성계몽에 대한 프로젝트는 아직

---

11) 윤평준, 1999, 「푸코: 주체의 계보학과 윤리화」, 윤효녕 외,『주체개념의 비평』, 서울대학교 출판부, 156쪽 인용.
12) 상게서, 166쪽.
13) Gro & F. Michel Foucault, 1996, Que Sais Je: N3118, Press Universitaires de France, Paris; 露崎俊和 譯, 1998,『ミシェル・フーコー』, 東京: 白水社, p.54. 인용.
14) Habermas, J., 1990, The Philosophical Discourse of Modernity: Twelve Lectures (trans. F. Lawrence), Cambridge: MIT Press.

서론

도 미완으로 남아있다. 아직도 미완으로 남아 있는 근대성의 프로젝트는 곧 우리가 이 책에서 다루고자 하는 수용자의 주체성의 문제와 동일하다. 이들은 다같이 커뮤니케이션의 담당자인 인간에 대한 문제를 다루고 있기 때문이다. 주체성의 문제는 이제 서구의 근대 관념철학이나 현상학, 또는 후기 구조주의 철학에서만 논의되는 중심적 개념에 그치지 않고, 그 논의의 성격에 상관없이 철학, 사회학, 인류학, 언어학, 문화론, 커뮤니케이션론 등의 연구영역을 넘나드는 인문·사회과학의 중심 개념이 되었다.

그런 점에서 오늘날 수용자개념은 단순히 '경험적 미디어 수용자'에 그치지 않고, 인간 커뮤니케이션 내지 사회적 커뮤니케이션의 실질적 담당자, 즉 주체자로 이해되고 있다.

초기의 커뮤니케이션 연구에 있어서 수용자는 선형모델(linear model)에서, 그 모델을 구성하는 한 요소요, 한 차원으로 규정되었고, 또한 매스커뮤니케이션 연구에 있어서 수용자, 즉 미디어 수용자는 매스 미디어와의 관계의 틀 속에서 규정된 개념이요, 경험적 미디어연구에서 규정된 한정된 개념이었다. 그러나 오늘날 커뮤니케이션 연구는, 비단 미국종의 행동과학적, 실증주의적, 기능주의적 접근뿐 아니라 유럽종의 이데올로기적 접근으로까지 확대되고, 다양화되었다. 따라서 수용자를 보는 지평도 그만큼 다양화되고 넓어진 것이다. 그 대표적인 예로 영국의 '문화론적' 연구(Cultural Studies)의 경우를 들어보자.

'문화론적 연구' 그 자체도 여러 가지 갈래로 나눌 수 있으나, 그 중심적 이론의 배경은 윌리암스(Raymond Williams)의 문화개념과 알튀세의 구조주의 이론 혹은 소쉬르(Ferdinand de Saussure) 등의 구조주의적 기호론(semiotics), 그리고 그람시(Antonio Gramsci)의 헤게모니 이론(hegemony theory) 등이 접합된 것임은 주지의 사실이다. 따라서 '문화적 연구'에 있어서 수용자개념은 종래의 경험적 연구의 틀 속에서 규정된 미디어 수용자개념을 넘어선 거대개념이다. 또한 호르크하이머와 아도르노의 비판사회이론의 시각에서 구성된 문화산업론(culture industry)

내지 대중문화(mass culture) 이론 역시 거시적 미디어 이론인 동시 커뮤니케이션이론이다. 오늘날 알튀세의 이데올로기 개념은 이데올로기적 미디어 이론의 중심개념이며 또한 그 중심적 개념이 바로 주체개념이다. 알튀세나 라캉의 주체개념 내지 이데올로기적 '호명(interpellation)'을 이해함이 없이는 '스크린(Screen)'학파의 영화연구 내지 '텍스트 결정론'을 이해할 수 없고, 그람시의 '헤게모니' 개념을 이해하지 않고는 피스크(J. Fiske)의 '기호론적 민주주의(semiotic democracy)'를 이해할 수 없다.

따라서 이데올로기론에서 이야기하는 주체개념은 비단 철학의 영역에 국한되지 않는 광의의 인문·사회과학적 중심개념이며, 커뮤니케이션 연구에서 중요한 위치를 점하고 있는 개념임을 인정해야 한다. 그런 점에서 하버마스의 논문 주제 '근대성—미완의 프로젝트'는 본질적으로 근대성의 문제인 동시에 커뮤니케이션 주체의 문제인 것이다.

2. '경험적 미디어 수용자'를 넘어: 사회학적 시각

이 연구는 수용자를 단순히 경험적 연구의 틀에서 규정되어진 '미디어 수용자'론을 넘어 커뮤니케이션 행위의 담당자요, 주체자로 시각의 지평을 넓혀서 보아야 한다는 것을 전제로 하고 있다.

이러한 주장은 앞으로 설명하려는 제 연구자들의 이론적 틀에 크게 근거하고 있다. 하버마스에 의하면, 인간은 언어능력과 행위능력의 주체이며, 이들에 의해서 형성되는 사회는 곧 커뮤니케이션 공동체가 된다. 커뮤니케이션적으로 행위하는 제 주체는 그들의 커뮤니케이션 실천에 의해서, 자기들에게 공통의 생활연관, 즉 상호주관적으로 공유되어진 생활세계를 확인할 수 있다.[15]

하버마스의 이러한 커뮤니케이션적 행위이론적 관점은 미드(George Herbert Mead)의 사회적 상호작용이론과 관계가 있다. 미드가 커뮤니케

---

15) Habermas, J., 1984, *The Theory of Communicative Action*, Vol. 1, pp.12-13.

이션 행위에 있어서, 언어적 기호나 언어를 형성하는 기호에 관심을 갖는 것은, 그것이 복수의 개인간의 상호행위, 행동양식, 거기에 행위를 매개하는 한에서다. 커뮤니케이션 행위에 있어서, 언어는 이해라는 기능에 그치지 않고, 그것을 넘어서, 상이한 행위주체가 목표에 향해서 행하는 활동을 조정하는 역할을 받아들임과 동시에, 이들 행위주체를 사회화시키기 위한 매체적 역할도 받아들인다. 미드는 언어적 커뮤니케이션을 중점적으로 목표를 향해서 행위하는 제 주체의 사회적 통합과 행위능력 있는 제 주체의 사회화라는 두 가지 국면에만 고찰하였다.16) 다시 말해서 그가 관심을 가진 것은 주관적 세계와 사회적 세계가 어떻게 상호보완적으로 구축될 것인가의 문제이며, 언어에 매개됨과 동시에 규범에 의해 제어되는 상호행위의 제 연관으로부터 자기(self)와 사회가 어떻게 구성(발생)해가는가의 문제였다.17) 미드는 이를 다음과 같이 설명한다.

"인간이 인격을 갖는 것은, 그가 어떤 공동사회에 소속하기 때문이며, 그가 이 공동사회의 제 제도를 자기 자신의 행동 속에 받아들이기 때문이다. 그는 공동사회의 언어를 매체로 하여, 그것에 의해서 자기의 인격을 발달시킨다. 그래서 다른 성원의 여러 가지 역할을 받아들이는 과정을 거쳐서, 그 공동사회의 성원의 태도를 취하게 된다. 어떤 의미에서 이것이 인간의 인격구조를 형성한다. 각 개인이 일정한 공통의 사물에 대해 취하는 반응에는 일정의 공통된 반응이 있게 마련이며, 개인이 다른 인간에게 작용할 때 이 공통의 반응이 그 개인 속에서 어느 정도까지 일어나는가에 따라서 그는 자기 자신의 동일성(self)을 발달시킨다. 이와 같이 동일성의 구조는 모든 사람들에게 공통된 반응이다. 왜냐하면, 사람은 동일성 내지 자아를 갖기 위해서는 공동사회의 성원이 아니면 안되기 때문이다."18)

---

16) *Ibid*, Vol. 2, p.5 인용.
17) *Ibid*, p.23 인용.
18) Mead, G. H., 1962, *Mind, Self, Society*, Chicago: The Univ. of Chicago Press;

수용자론

미드가 말했듯이 주관적 세계와 사회적 세계가 어떻게 상호보완적으로 구축될 것인가, 소위 상직적 상호주의적 관점의 보다 구체적인 모습은 기든스(A. Giddens)의 '구조화이론(Theory of Structuration)'에서 나타나고 있다. 그는 해석학적 또는 이해사회학의 형식과 기능주의 그리고 기호학적 구조주의 이론으로부터, 영향을 받고 있음을 인정하지만 자신의 구조화이론은 그것들과는 전혀 다르다고 주장한다. 또한 그는 기존의 이론들을 주체/객체, 자원론(voluntary)/결정론(determinism), 정태성/동태성, 공시성(synchrony)/통시성(diachrony) 등의 이원론적(dualism) 사고에 얽매여, 삶의 생생한 현실을 총체적으로 포착할 수 없다고 비판하면서, '구조의 이중성(duality of structure)'이라는 개념으로 극복하려고 한다.[19]

여기에서 기든스가 말하는 구조의 이중성 개념은 행위수행(agency or action)과 구조(structure) 간, 개인과 사회 간, 주관과 객관 간의 이원론이 아니라 이들간의 본질적인 순환성을 의미한다. 다시 말해서 그가 말하는 구조의 이중성은 사회적 실천에서 형성되어지는 사회생활의 본질적인 순환성을 의미하였다. 따라서 구조는 실천의 재생산의 산물이며, 또 재생산의 매개물이기도 한다. 구조는 행위자(agent)와 사회적 실천을 동시에 구성하며, 또 이러한 구성이 발생하는 가운데 존재한다는 것이다.[20]

밀즈(C. Wright Mills)는 일찍이 그의 저서 『사회학적 상상력(The Sociological Imagination)』을 통해서 기든스가 말하는 구조와 행위수행 간의 순환성이라는 이른바 구조의 이중성에 대하여 지적한 바 있다. 말하자면 '사회학적 상상력'은 우리들로 하여금 '사적 문제들(private troubles)' 과 '공적 쟁점들(public issues)' 간의 연계성을 볼 수 있도록 한다는 것이다. 그러한 관점은 우리들로 하여금 개인의 조건이란 거대한 사회적

Habermas, J., *ibid.*, Vol. 2, p.24 인용.
19) Giddens, A., *op. cit*, pp.4-5; 윤병철·박병래(역), 상게서, 13쪽 참조.
20) *Ibid*, p.5; 상게서, 13-14쪽.

맥락 속에 위치지움으로써만이 이해할 수 있도록 한다는 것이다.[21]

다시 말해서 사회구조는 개인의 사적 삶을 경제, 정치 그리고 문화 등의 공적 세계와 불가피하게 연계시킨다는 것이다. 한편 크로토(David Croteau)와 호이니스(William Hoynes)는 기든스의 구조화이론을 도입, 이를 사회와 미디어 그리고 수용자의 관계를 적절하게 연계시키고 있다.[22] 이들은 구조화이론의 핵심적 개념인 구조(structure)와 행위수행(agency)과의 관계를 설명하면서, 구조는 인간행위에 대한 긴장을 의미하고, 행위수행은 독립적 행위로 지칭하였다. 여기에서 사회적 관계는 구조와 행위수행 간의 긴장으로 특징지어진다. 여기에서 그들이 강조한 점은 인간의 행위수행(human agency)은 사회구조를 재생산한다는 점이다.

크로터와 호이니스는 구조와 행위수행 간의 관계를 미디어와 관련시켜, 구조와 행위수행 간의 긴장을 세 가지 차원으로 나누고 있다. 이것은 곧 세 가지 유형의 사회관계로 설명된다.[23]

첫째, 제도(institution)간의 관계: 정부나 경제기구와 같은 비(非)미디어적 사회구조가 어떻게 미디어 산업에 영향을 주는가? 미디어 산업은 어떻게 비미디어 산업에 영향을 미치는가?

둘째, 제도 내부에서의 관계: 미디어 산업의 구조는 어떻게 미디어 종사자에게 어떻게 영향을 미치는가? 미디어 종사자들은 어떻게 미디어 생산에 영향을 미치는가?

셋째, 제도와 공중 간의 관계: 매스미디어는 미디어 메시지의 수용자에게 어떻게 영향을 미치는가? 수용자는 미디어 메시지를 어떻게 이용하고 해석하는가?

---

21) Mills, C. Wright, 1959, *The sociological Imagination*, New York: Oxford Univ Press.
22) Croteau, D. and W. Hoynes, 1997, *Media/Society*, Thousand Oaks and London: Pine Forges Press.
23) *Ibid*. pp.20-25.

수용자론

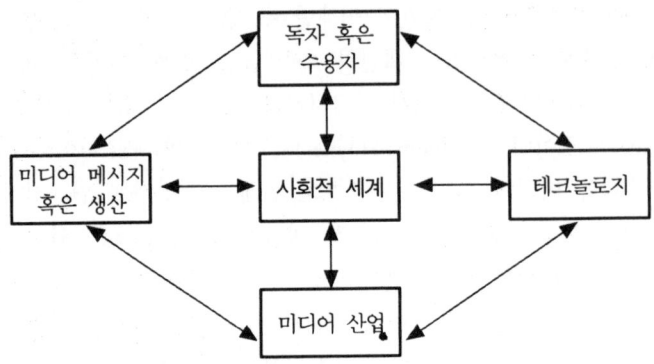

<그림 1> 미디어와 수용자, 그리고 사회적 세계의 모델
(* 원도표는 미디어와 사회적 세계 모델로 표시됨)

크로터와 호이니스는 미디어와 구조, 그리고 행위수행자간의 사회적 관계를 <그림 1>과 같은 모델로 도시하고 있다.[24]

위 모델은 수용자나 미디어를 다같이 거대한 사회적 세계(사회구조)의 한 측면으로 보지 않고는 이해할 수 없음을 말해 주고 있다. 여기에서, 미디어의 모든 구성요소(미디어 산업, 미디어 메시지 혹은 생산), 테크놀로지 그리고 수용자는 사회적 세계의 광범한 틀 속에서 존재하고 있음을 보여주고 있다.

그런데 우리가 이 연구에서 특히 고찰하고자 하는 관점은, 사회적 세계(사회구조)의 틀 속에서, 수용자와 매스 미디어 그리고 이들간의 관계이다. 여기에서 또한 고려해야 할 문제는 기든스가 말하는 시간-공간의 관계에 대한 문제이다. 이 관계는 역사적 시·공간적 변화과정 속에서 이들 문제들을 파악해야 한다는 것을 의미한다.

기든스에 의하면, 구조주의적 사고는 시간-공간적 차원을 구조주의 분석의 핵심에 포함시켜야 하며, 그렇지 않는 한, 구조화이론은 사회변화에 대한 설명으로까지 나아가지 못하기 때문이라는 것이다.[25] 이것은

---

24) *Ibid.*, p.25.
25) Giddens, A., *op. cit.*, p.46; 윤병철·박병래(역), 상게서, 64쪽 참조.

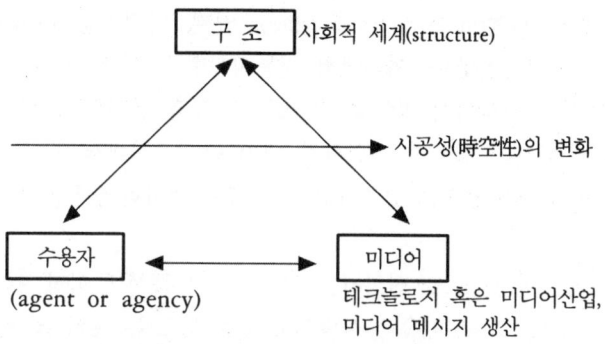

<그림 2> 구조, 수용자·미디어와의 관계

사회구조의 역사적 변형에 따라 사회구조와 미디어, 그리고 수용자간의 관계는 각각 변형된다는 것을 의미한다. 이들 관계를 간단히 도시하면 위의 <그림 2>와 같다.

사회구조와 미디어, 그리고 수용자와의 관계를 설명할 수 있는 접근 방식의 예를 우리는 리즈만(David Riesman)의 저서 『고독한 군중(The Lonely Crowd)』에서 찾아볼 수 있다. 리즈만은 이 저서에서 많은 사회적 요인이 대중의 사회심리에 미치는 영향을 포괄적으로 고찰하였다. 여기에서 매스 미디어는 수많은 사회적 요인 중 하나라고 본다. 그는 사회심리현상을 통일적으로 설명하는 틀로서 '사회적 성격(social character)' 개념을 도출하였는데, 사회적 성격은 다소 영구적이며, 사회적으로나 역사적으로 조건지어진 개인의 본능과 만족의 조직 내지 하나의 틀이라고 규정하였다.26) 그는 『문화와 퍼서낼리티』의 이론적 시각에서, 사회적 성격을 사회구조에 대응하는 적응양식이라고 규정한다. 이러한 사회적 성격은 사회성원으로부터 어느 정도 공통점을 찾아볼 수 있으며, 개인의 퍼서낼리티의 일부를 형성함과 동시에, 그 사회의 문화라고 본다. 그는 사회적 성격의 유형을, 첫째, 전통지향형(traditional-directed types),

---

26) Riesman, D., 1961, *The Lonely Crowd*, New Heaven and London: Yale Univ. Press, p.4.

둘째, 내부지향형(inner-directed types), 셋째, 타인지향형(other-directed types)으로 분류하였다. 여기에서 전통지향형은 혈연, 지연을 중심으로 하는 봉건적 사회에서 찾아볼 수 있는 사회적 성격이며, 내부지향형은 개성을 중시하는 개방적 다원사회 내지 근대사회에서 찾아볼 수 있는 타입이고, 타인지향형은 고도산업사회, 즉 현대사회에서 찾아볼 수 있는 사회적 성격이다.[27]

리즈만은 역사적으로 변화하는 사회구조의 특성에 따라 인간의 사회적 성격이 변모되고 있음을 설명하고 있는데, 그는 또한 특정 사회구조 안에서 삶을 영위하는 인간의 사회적 성격에 따라서 미디어 내지 커뮤니케이션 관계가 변화되고 있음을 설명하고 있다. 이러한 구체적 예는 뒤에서 설명할 것이다.

'사회적 성격'에 대한 논의는 에리히 프롬(Erich Fromm)의 저서에서 먼저 찾아볼 수 있다. 실제 '사회적 성격'이라는 새로운 개념을 처음으로 제시한 것은 프롬이었다. 그에 의하면 개인이 자기와 세계를 관계지우는 그런 마음가짐이 한 개인의 성격의 핵심을 이룬다. 성격이란 동화(同化)와 사회화의 과정에서, 인간의 에너지가 솟아나는 분출의 형태이다.[28] 성격은 개인에게 있어 일관된 또는 '이성적'인 행위를 하게 하는 기능을 가지고 있을 뿐 아니라, 개인이 사회에 적응하는 기초이기도 하다.[29] 프롬은 어떤 사회계급 혹은 문화에 속하는 대다수 사람들이 성격의 중요 요소들을 공유한다는 사실, 또한 특정 문화에 속하는 대다수의 사람들에게 공통적인 성격 구조의 핵심을 대표하는 '사회적 성격'에 관해서 말할 수 있다는 사실은, 성격이 사회문화적 유형(pattern)에 의해서 형성하는 정도를 나타낸다[30]고 말한다.

또한 그는 개인과 사회의 관계는 정적인 것이 아니라고 말한다. 인간

---

27) *Ibid.*, pp.11-25.
28) Fromm, E., 1947, *Man for Himself*, New York: Rinehart & Company Inc., p.59.
29) *Ibid.*, p.60.
30) *Ibid.*, p.60.

의 성격의 개인차를 만드는, 애증, 권력에 대한 욕망과 복종에의 동경, 관능적 기쁨의 향락과 공포와 같은 종류의 충동은, 모두 사회과정의 산물이다. 사회는 단순히 억압적 기능만 가지고 있는 것이 아니라 창조적 기능도 갖고 있다. 인간의 성질이나 정열, 불안은 문화적 산물이다. 그러나 인간 자신은 끊임없는 자기 노력의 가장 중요한 창조물이며 완성품이라고 말한다. 그 노력의 기록을 우리들은 역사라고 부른다고 그는 주장한다. 그는 또한 리즈만이 주장하듯이 사회적 성격은 역사적 맥락에 따라 변화한다고 말한다. 그는 다음과 같이 묻는다. "어떤 역사적 시대와 다른 시대의 사이에, 왜 뚜렷이 인간의 성격에 차이가 나타나는가. 왜 르네상스의 정신은, 중세의 정신과 차이를 나타내는가. 독점자본주의 시대의 인간의 성격구조는, 왜 19세기 인간의 성격구조와 차이를 나타내는가?"

그는 또한 "인간은 역사에 의해서 만들어지기만 하는 것이 아니라 역사도 인간에 의해서 만들어진다"[31]고 주장한다.

프롬은 이상과 같은 사회심리적 맥락에서 사회적 성격을, 첫째, 수용적 지향형(receptive orientation), 둘째, 착취적 지향형(exploitative orientation), 셋째, 저축적 지향형(hoarding orientation), 넷째, 시장적 지향형(marketing orientation) 등 4가지 유형으로 나누고 있다.[32]

그는 4가지 사회적 성격을 제시하고 있으나, 리즈만과는 달리 4가지 사회적 성격 유형의 인간과 미디어의 관계를 살피고 있지 않다. 다만 현대사회의 산물이라고 규정한 '시장적 지향형' 인간과 영화와의 관계에 대해 간단히 언급하고 있을 뿐이다.[33] 이에 관해서는 뒤에서 다시 설명할 것이다.

이상에서 우리들은 수용자와 미디어 그리고 그들간의 관계를 올바르

---

31) Fromm, E., 1960, *The Fear of Freedom*, London: Routledge & Kegan Paul Ltd., pp.9-10.
32) Fromm, E., 1947, *Man for Himself*, pp.62-72.
33) Fromm, E., *op. cit.*, pp.62-72.

게 자리매김하기 위해서는 어디까지나 그것을 둘러쌓고 있는 사회적 세계 내지 사회구조의 시간-공간적 맥락에서 이해해야 한다는 것이었다. 다시 말해서 그것은 기든스가 말하는 '구조화이론'의 틀 속에서 이해해야 한다는 것이었다. 따라서 이 장에서는, 사회구조의 발전(변화)과정에 따라 수용자의 사회적 성격과 미디어의 특성이 어떻게 변화되고, 수용자와 미디어 관계가 어떤 특성을 나타내는가를 좀 더 구체적으로 고찰하고자 한다.

이와 같은 사회학적 상상에 입각해서만이 수용자연구가 단순히 경험적 연구의 틀 속에서 규정된 정태적 의미의 수용자개념을 넘어, 역사적 시·공간에서 변화하는 사회구조 내지 사회적 세계와의 연관 속에서 사회적 행위실천자로서, 그리고 커뮤니케이션 주체자로서의 수용자개념을 보다 구체적으로 파악할 수 있을 것이다.

1) 리즈만(David Riesman)의 사회구조와 수용자 그리고 미디어와의 관계

리즈만은 그의 저서 『고독한 군중』을 통해 사회구조에 대응하는 사회적 성격의 유형을 세 가지로 분류한 바 있다. 그의 분류기준은 인구통계학적 관점에 입각해 있다. 그가 말하는 인구통계학은 출생률, 사망률, 한 사회의 인구의 절대적·상대적 수치, 또한 연령, 성별, 기타 변수에 의한 분포 등을 취급하는 과학이다. 그는 시론적이지만, 중세 이후의 서구사회에서 몇 가지 인구변화와 몇 가지 사회적·성격학적인 변모를 인과관계로 연결하려고 하였다.[34] 여기에서 인구통계학 자료는 재생산, 생계, 생존의 기회, 즉 인간의 수요와 공급, 사람들의 생활공간의 변화, 시장의 크기, 어린이들의 역할과 그 사회의 활기나 노쇠 감각, 기타 요인 등의 기본조건은 당연히 그곳에 살고 있는 인간의 성격에 영향을 미

---

34) Riesman, D., *op. cit.*, p.7.

칠 것이라고 보았다. 그래서 그는 인구성장에 있어서 3가지 단계의 각 사회는, 각각 거기에 맞는 동조성을 낳고, 거기에 맞는 사회적 성격을 형성할 것이라고 가정하였다.35)

그는 이 기준에 따라, 첫째의 고도성장 잠재적 사회에서 전형적인 성원은 그들의 동조성이 전통에 따름으로써 보증되는 사회적 성격을 갖는다. 이러한 사람들을 '전통지향적 인간'이라 부르고, 그들의 사회를 '전통지향에 의한 사회'라고 부른다.

둘째의 과도적 인구성장기의 사회에서는, 그 전형적 성원의 사회적 성격의 동조성은 유아기에 목표의 틀을 내면화하는 경향에 의해서 보증된다. 이러한 사람들을 '내부지향적 인간'으로 부르고, 그들의 사회를 '내부지향에 의존하는 사회'라고 부른다.

셋째는 초기적 인구감퇴의 단계이다. 이 단계에서는 외부의 타자들의 기대와 기호에 민감한 경향에 의해서 동조성이 보증되어지는 사회적 성격이 그 사회의 전형적 성원에 퍼지게 된다. 이런 사람들을 '타인지향적 인간'으로 부르고 그 사회를 '타인지향에 의존하는 사회'36)라고 부른다.

(1) 전통지향형 사회에 있어서 커뮤니케이션 양식

리즈만은 전통지향형 사회의 전형으로 서양에 있어서 중세시대, 그리고 현대(『고독한 군중』이 출간된 당시 1960년대)에는 인도, 이집트, 중앙아프리카의 미개 부족이나 중남미 일부, 그리고 비교적 공업화의 물결이 나타나지 않고 있는 세계의 대부분 지역을 들고 있다. 이런 사회는 '민족사회(문명의 대층 용어)', '신분사회(계약사회의 대층)', '게마인샤프트(공동사회)'와 같은 사회이다.37) 전통지향적 사회는, 사회의 여러 가치의 상대적 통일을 꾀하는 수단의 하나로써 구두전승이나 신화, 그리고 전통 등을 사용한다. 이 사회에서 담론으로서 '이야기(story)'는 가족구성

---

35) *Ibid.*, p.8.
36) *Ibid.*
37) *Ibid.*, pp.11-13.

수용자론

원 혹은 가족과 매우 친한 사람으로부터 어린이에게 전달되었다. 이 단계에서 이야기를 한다는 것은, 말하자면 가내 공업적 단계로서, 가정 안에서 행해지는 작업이며, 가정 안에서 행해지는 여러 가지 사회화의 과정이었다.[38] 즉 어린이들의 사회화는 가족의 퍼스널 미디어(personal media)에 의해 행해졌다.

이러한 상황 아래 친척이나 친구들 간에 직접적으로 행해진 노래나 이야기들은 때로는 단조롭지만 교훈적인 성질의 것이었다. 전통지향적 사회에서 노래와 이야기는, 말하자면 노변적 미디어(chimney-corner media)의 성격을 띠었다.[39] 특히 '이야기'는 오늘날 매스 미디어의 선행 형태라고 할 수 있는데, 이는 사회적으로 이중의 역할을 하였다. 한편에서 연장자들은 이야기를 통해서 젊은이들에게 존경받을 만한 인간이 되기 위해서는 집단의 전통 속에 살아야 한다고 가르친다. 그러나 그와 같은 이야기를 들은 젊은이들은 그 이야기들 속에서 이와 다른 맥락의 사실들을 발견한다. 젊은이들은 이들 이야기에 의해서 자기들의 억압된 충동을 조정할 수 있고, 이런 충동을 인간으로서 자신들이 필연적으로 가질 수밖에 없다는 것을 확인하고, 신화를 통해서 어른들의 세계에서 억압과 젊은이들의 그것과 연결시켜 생각할 수 있게 된다. 더욱이 이러한 이야기에 의해서 젊은이들은, 자기들의 일상경험과는 다른 세계를 생각할 수 있게 된다.[40]

전통지향에서 내부지향으로 변화가 처음으로 일어나는 것은, 인쇄 미디어의 출현과 읽고 쓰기 능력(literacy) 그리고 기타 다른 것들에 의해서 인생은 여러 가지 방향으로 나아간다고 하는 일종의 애매성을 획득한 사람들 사이에서 시작되었다고 리즈만은 말한다.[41]

---

38) *Ibid.*, pp.85-86.
39) *Ibid.*, pp.95-96.
40) *Ibid.*, pp.97-98.
41) *Ibid.*

(2) 내부지향적 사회에서 커뮤니케이션 양식

인구의 과도적 성장 국면으로 사회가 진입하게 되면 학교교육이 시작되게 되고 젊은이들은 문자 읽기를 학습하게 된다. 이렇게 되면, 젊은이뿐 아니라 어른들의 인쇄물이나 서적에 대한 요구가 확산된다. 문자를 읽을 수 있다는 것은 젊은이들뿐 아니라 어른들에게도 대단한 매력이 된다.

문자를 읽는 습관이 전통지향적 사회에서 내부지향적 사회로 전환하는 데 얼마나 기여했는가는 토마스(W. Thomas)와 쯔나니에키(F. Znanieki)의 공저 『폴란드 농민(The Polish Peasant in Europe and America)』에 잘 나타나 있다. 이 책에는 19세기 말 폴란드 농민의 태도와 가치가 지방 신문에 의해 만들어져가는 형상이 묘사되어 있다. 거기에서 문자 읽기를 깨우친 농민들은 신문에 의해 기능을 습득하였다. 여기에서 중요한 것은 이들 농민이 전통지향형의 일차집단(primary group)과는 분명한 획을 그었다는 사실이다. 신문은 그런 점에서 그들의 새로운 세계를 열었으며, 일차집단으로부터 이탈하는 과정에서 그들의 불확실한 인생설계를 지지한 것이다. 신문은 농민들이 속해 있던 집단의 가치를 비판하고, 익명이지만 이같이 전통으로부터 이탈해가는 농민들에게는 자기 편이 있다[42]는 의식을 심어준 것이다.

이와 같은 방법으로 신문은 새롭게 개인화되어가는 인간을 새롭게 형성되어가는 사회와 연결시켜 주는 역할을 하였다. 이렇게 해서 신문 독자들은 자기 주변에 있는 사람들로부터 비판을 받더라도 신문을 동무로 삼을 수 있게 되고, 자기의 내부지향적인 삶의 방식을 신문에 의해서 제공된 모델에 비추어 검토할 수가 있었다. 독자는 때로는 지방통신원으로 신문에 기사를 보내는 경우도 있었다. 그렇게 함으로써 그들은 신문 자체에 일종의 마술적 가치를 부여하고 있는 일반독자 앞에 자기 자신을 표현하고 승인을 받을 수가 있었다.

---

42) Thomas, W. I. and F. Znanieki, 1927, *The Polish Peasant in Europe and America*, New York: Knopf, II, pp.1367-1396; Riesman, D., *op. cit*, p.88 인용.

수용자론

한편 내부지향형의 인간은 인쇄물을 통해 '이성'을 받아들이고, 그것으로부터 새로운 성격구조를 형성해갔다. 또한 인쇄물은 매우 강력하게 인간의 이상형을 합리화시켜 나타낼 수가 있었다. 전통지향적 사회에서는 공동체적인 길거리에서 어린이들의 사회화가 행해졌지만, 인쇄물의 출현에 의해 어린이들은 양친이나 교사들을 통해 혹은 직접 인쇄물을 접촉할 수 있게 되었다. 어린이들은 인쇄물을 읽음으로써 인생이라는 고난에 찬 장면에 대처하게끔 스스로 연마할 수 있게 되었다.

한편 읽고 쓰는 능력이 확대됨으로써 문학적, 저널리스틱한 장르의 내용이나 스타일이 변했을 뿐 아니라 독자들의 읽는 방식도 변화되었다. 여러 가지 인쇄 물량의 증대로 독자들의 선택능력 또한 높아졌다. 그것은 전통지향적인 시대와는 달랐다. 독자들은 서서히 인쇄물이 담고 있는 메시지를 거리를 두고 보게끔 되었다. 이전의 사회에서는 말의 접촉은 화자에 의해서 혹은 듣는 자 스스로의 참가에 의해서 구성되고, 통제를 받아왔으나, 그러한 상태로부터 사람들은 해방되었다. 또한 메시지의 수나 종류, 그리고 송신자가 증대한 연유로, 또한 앞에서 말한 인쇄물이 비인격화의 경향을 나타냄으로써, 강력한 사회변화의 요인을 형성하기에 이르렀다.[43] 한편 내부지향적 사회에서 인쇄물의 중요한 목적의 하나는 어린이들로 하여금 어른이 되어 가져야 할 역할을 가르치고, 그러한 역할을 환상 속에서 해보도록 하는 것이었다. 과도적 인구성장 시대(내부지향형 사회)의 생활은 그 이전 시대의 그것과 여러 측면에서 다르므로 어린이들은 인쇄물에 의한 풍부한 대리경험을 갖는 것이 필요했고, 또한 미지의 토지나 상황 속에서 자기를 이끌어줄 내적인 방향틀도 필요하였다. 이제 전통은 도움이 안되었다.

막스 베버(Max Weber)가 프랭클린의 『가난한 리차드의 달력(Poor Richard's Almanek)』을 프로테스탄트 윤리의 전형적인 자기계발의 예로 들고 있다고 말하고, 대신 그는 『천로역정(Pilgrims Progress)』과 『로빈슨 크루소(Robinson Crusoe)』를 들고 있다.[44]

---

[43] Riesman, D., ibid., pp.99-101.

리즈만에 의하면 『천로역정』 속에는 사회적 선택과 구제의 사상이 포함되고 있고, 『로빈슨 크루소』의 경우는 경제적 자급자족 사상이 고전적인 형식으로 나타나고 있다는 것이다. 따라서 이 두 책은 내부지향적인 젊은이들에게 정신적이고, 모험적인 야심과 활력을 불러일으킬 것을 목표로 한 것이라고 말한다. 이렇게 해서 시민적 시장이 확대됨에 따라 신화의 스타일에는 현저한 변화가 생겼다. 그것은 공업화 이전의 전통지향적 사회와 판이하게 다른 종류의 것이 되었다는 것이다.

(3) 타인지향적 사회에 있어서 커뮤니케이션의 특성

① 내부지향적인 사회에서 어린이들은 아버지나 교사들로부터, 한 사람의 인간이 재능을 닦고, 용감하고, 성실하게 일하면 반드시 성과가 있게 마련이라는 신념을 불어넣어줌으로써, 인간으로서의 보편적인 덕목을 배웠다. 또한 어린이들이나 청소년들은 부모나 교사들의 가르침에 따라 교훈적인 문학이나 소설, 전기를 읽음으로써 생산의 프론티어로서 역할을 배우고 스스로의 용기와 성실, 노력에 의해 인생을 개척할 수 있다는 자신감을 갖게 되고, 개인주의를 터득하였다. 그러한 프론티어 정신으로 가정을 떠나서 먼 객지로 갈 수 있었다. 리즈만은 일정한 방향을 향해 배를 띄운다는 의미로 이런 인간유형을 '나침판'이라는 별명을 붙였다.

그러나 타인지향적 사회에서는 전통지향적 사회나 내부지향적인 사회에서처럼 부친이나 교사와 같은 일차집단으로부터 삶의 방식을 깨우칠 수 있는 가능성은 거의 없어졌다. 그들은 거대한 사회 속에서 고독감과 무력감에 빠지기 때문에 복잡한 세상 속을 내다볼 수 있다고 생각하지 않는다. 따라서 매스 미디어를 포함한 주위의 정세에 의존하게 되고, 쉽게 동조하게 마련이다. 일차집단이 해체되고 붕괴된 결과, 오늘날의 타인지향적 사회에서 어린이들은 어렸을 때부터 매스 미디어라는 이름의 교사로부터 인생을 어떻게 살 것인가 하는 기술을 배운다. 그 오락 위

---

44) *Ibid.*, p.92 인용.

수용자론

주의 상업적 미디어로부터 말이다.45)

② 타인지향적 사회에서 어린이들은 소리를 들을 수 있는 능력을 갖고, 겨우 문자를 읽을 수 있는 순간부터 라디오나 만화책의 집중포화를 받는다. 미국의 중산계급의 경우, 어린이들은 4세 내지 5세 무렵부터 미디어 소비 훈련을 받는다. 가령 만화책도 일종의 규칙적인 단계를 거쳐 읽는다. 어린이들은 먼저 『벅스 버니(Bugs Bunny)』의 동물만화를 읽기 시작해서, 그 다음 단계로 『슈퍼맨(Superman)』과 같은 무적의 영웅을 주인공으로 한 만화를 읽는다. 또 그 단계가 넘으면 『배트맨(Batman)』을 읽는다.46) 만화책의 시장에 대해서 이러한 연령적 서열은 이미 형성되었다. 내부지향적 사회에서 매스 미디어는 어린이를 대상으로 3가지 종류의 시장을 갖고 있었다. 첫째는, 학교 교과서, 혹은 훈계집(訓戒集), 둘째는, 어린이용의 잡지, 셋째는, 선정적 소설(penny dreadful)이었다. 이들 어린이용의 미디어를 오늘날의 그것과 비교하면 차이를 쉽게 알 수 있다. 이들 초기 인쇄물은 일반적으로 어린이들을 움직이게 해서, 사회적 이동에 자극을 주는 것을 목적으로 한 것으로, 어떤 취향의 사회화 등의 효과는 찾아볼 수 없었다.47) 어쨌든 내부지향적 사회에서는 영국의 소년용 주간지이든 미국의 그것이든, 다같이 사내아이들을 생산의 프론티어(그 가운데는 전쟁도 포함)로 키우기 위한 훈련의 역할을 다하는 것이었다. 그러나 오늘날의 어린이용 미디어는 어린이들을 소비의 프론티어로 훈련시킨다.48)

③ 그러나 가장 큰 변화는 이야기를 듣거나 책을 읽거나 하는 상황의 변화이다. 내부지향적 시대의 독자는 고독하였다. 이와 대조적으로 오늘

---

45) *Ibid.*, p.149.
46) *Ibid.*, p.98.
47) *Ibid.*
48) *Ibid.*

날의 어린이들은 항상 또래 친구들에 둘러싸여 있고, 친구들과 함께 만화를 읽거나 라디오를 듣는다. 말하자면 친구들은 어린이를 해방시켜 주지 않는다.

또한 타인지향형의 어린이들은 이야기 내용의 복잡성, 가령 도덕적인 갈등과 같은 것에는 별로 관심을 나타내지 않는다. 그들에게 관심이 있는 것은 누가 이기는가와 같은 것이다.

앞에서 우리들은 독자들의 관심의 변화에 대하여 살펴봤으나, 실은 오늘날의 미디어와 이전 시대의 미디어 내용이 뚜렷이 다르다는 점을 지적할 필요가 있다. 그 가운데 핵심은 이전 시대의 야심의 테마와 오늘의 적대적인 협력이라는 테마 간의 차이다. 여기에서 말하는 야심이란 내부지향 시대에 특징적이었던 뚜렷한 목표를 향해 나아가는 노력을 말한다. 내부지향적 사회에서 경쟁은 때로는 냉혹한 것이다. 그러나 사람들은 그 경쟁 속에서 자기들의 입장을 분명히 파악하고 있었으며, 자기들이 경쟁하고 있다는 의식을 가지고 있었다. 그들이 죄의식을 갖는 것은 실패했을 때뿐이고, 성공했을 경우는 절대 그런 일이 없었다. 이와 대조적으로 적대적 협력이란 타인지향적인 집단 속에서 어떠한 계산된 노력이라고 정의할 수 있다. 여기에서 목표는 그렇게 중요하지 않다. 중요한 것은 '타인들'과의 관계이다.[49]

④ 오늘날 만화책의 경우, 주제도 많이 변화되었을 뿐 아니라 등장인물과 독자와의 관계도 현저하게 변했다. 가령 특정 만화에서 특수한 능력을 가진 초인적인 주인공을 좋아한다 할 경우, 그 주인공과 어린이 간의 일체감은 이미 소멸되었다. 슈퍼맨과 자기와의 동일시는 불가능하고, 공상 속에 스스로를 내던지는 것도 불가능하게 되었다. 이러한 공상에의 도피라는 것은 오늘날 별로 일어나지 않는다. 오늘날의 어린이들은 생각 이상으로 소피스티케이트적인 미디어를 접촉한다. 어린이들은 비현실적인 백일몽을 무시하고 있을 정도다. 이와 같이 상상력을 움직이게

---

49) *Ibid*., p.101.

수용자론

할 수 있는 여지가 현대의 독자나 청취자에게는 부여되고 있지 않다.[50]

⑤ 19세기 미국에 있어서 전형적인 내부지향형의 인간 스타일은 도덕군자로 불리는 성격을 갖고 있었다. 여기에서 내부지향형의 인간이란 일(work)에만 열중할 뿐, 일 이외는 아무것도 생각하지 않은 인간들, 말하자면 근검, 절약, 성실의 청교도적·프로테스탄트적 정신에 충실한 인간형이었다. 그들의 생각과 사상은 일 속에서 태어나고, 일에 있어서는 놀라울 만한 재능을 갖고 있었다.

한편 내부지향적 시대의 신문은 독자들에 향해서 적극적으로 정치적 역할을 실천하게끔 고취시키고 독자들로 하여금 그 역할을 수행함으로써 정치가 움직이는 것이라고 교육시켰다. 저널리즘은 또한 개인주의적 입장을 강력하게 고수하였다. 신문이 갖는 개인주의는 독자들에게 그들의 개인적·정치적 판단이 항상 그들 자신에게 중요하며, 국가에게도 중요하다는 생각을 심어주었다.[51]

리즈만은 이와 같은 내부지향적 사회에서의 도덕가 스타일은 제1차 세계대전을 거치고, 제2차세계대전을 거치는 동안 미국에서는 이미 사라져버렸다고 선언한다.[52]

⑥ 내부지향적 사회에서 타인지향적 사회로의 이행과정에서 새로운 스타일의 무관심이 확산되었다. 새로운 스타일의 무관심은 전통지향적 사회에서의 침묵의 무관심과 다르다. 이 경우, 무관심이란 정치라는 것을 잘 알면서도 그것을 거부하는 무관심, 혹은 정치적인 정보를 가지고 있으면서도 그것을 받아들이려고 하지 않는 무관심이며, 자기들의 정치적 책임이라는 것을 알면서도 그것을 실천하지 않는 무관심을 말한다. 이러한 새로운 스타일의 무관심파는 특히 내부지향형과 타인지향형 간

50) *Ibid.*, p.102.
51) *Ibid.*, p.174.
52) *Ibid.*, p.180.

의 인간형에서 찾아볼 수 있었다. 다시 말해서 새로운 스타일의 무관심 파는 성격적으로나 사회적으로, 하나의 성격유형과 사회상황으로부터 다른 종류의 그것으로 이행해가는 인간들의 경우에서 현저하게 나타났다. 이러한 새로운 스타일의 무관심파는 다분히 타인지향적 사회인 미국의 대부분 사람들에게서 나타난다.53)

2) 벨(Daniel Bell)의 대중사회 문화 수용자론

한편 리즈만과 마찬가지로, 미국의 현대사회를 대중사회로 규정하고 대중사회를 긍정적 시각에서 바라보았던 다니엘 벨(Daniel Bell)은 1976년 발간된 그의 저서『자본주의의 문화적 모순(The Cultural Contradictions of Capitalism)』에서 대중사회에 대하여 매우 비관론적 입장을 나타내고 있다.

벨에 의하면, 19세기 서구자본주의가 발전할 수 있었던 것은 경제영역에서 요구되는 조직과 규범이 문화에서 중심을 이루는 자아실현의 규범과 결합해서 청교도 정신 내지 프로테스탄트 윤리와 소명의식이라는 단일의 성격구조를 형성했기 때문이라는 것이다. 이러한 관점은 다분히 베버의 주장을 따른 것으로, 베버는 이미 청교도의 특징으로서 "내면세계의 금욕주의와 하나님을 기쁘게 하는 직업에 있어서 구원을 향한 규율있는 추구"54)라고 규정하고 있다. 따라서 청교도 정신이 역사적으로 독특한 것은 이런 금욕주의가 직업적 소명과 노동 그리고 축적에 적용된 것이라고 할 수 있다. 그러나 청교도의 목적은 기본적으로 부(富)가 아니었다. 베버가 지적했듯이 청교도들은 자신의 구원의 증거 외에는 부로부터 자신을 위한 어떤 것도 얻어내려고 하지 않았다.55)

---

53) *Ibid.*, pp.168-169.
54) Weber, M., 1963, *The Sociology of Religion*, E. Fischoffs(trans.), Boston: Beacon Press, p.203; Bell, D., 1987, *The Cultural Contradictions of Capitalism*, New York: Basic Books Inc., p.83 인용.

수용자론

벨에 의하면, 부르주아의 노동동기는 현세의 활동에 대하여 내세의 보상을 강조하는 프로테스탄트 윤리에 기초를 둔다. 여기에 서구자본주의의 정통성의 기초를 둔다. 다시 말해서 초기 자본주의의 문화적 정당성의 근거는 근검, 절약, 금욕이라는 프로테스탄트적 윤리이다. 그러나 현대자본주의는 대량생산, 대량소비 체제에 의하여 새로운 욕망이나 그 욕망을 충족시키는 새로운 수단을 창조함으로써 정통화된 이데올로기를 약화시켜 버렸다는 것이다. 따라서 자본주의에 대한 문화적 정당성은 소비지향적인 쾌락주의가 되었고, 욕구를 순간적으로 만족하게 되었다는 것이다.[56] 이렇게 해서 미국 자본주의는 프로테스탄트의 노동의 신성화에 뿌리를 두고, 도덕적 보상체계에 기초를 둔 전통적 합리성을 잃게 되었다.

벨에 의하면 미국사회에서 노동과 보상을 인가했던 신념과 정당성을 밑으로부터 자른 것은 사회구조의 변화뿐 아니라 문화구조의 변화로 인한 윤리와 정신구조의 붕괴, 그리고 이러한 변천과 뿌리깊은 새로운 윤리의 결여에 있다는 것이다.[57]

프로테스탄트 윤리와 청교도적 정신은 노동, 절제, 검소, 성의 절제, 금욕적인 생활태도를 강조하는 관례로서, 이 윤리 내지 정신은 미국에 있어서 소도읍적(small town), 상인적 그리고 장인적인 생활방식에서 나온 세계관이다.[58]

여기에서 특히 저축 또는 절제는 프로테스탄트 윤리의 핵심이다. 아담 스미스(Adam Smith)의 절약과 근검에 대한 생각, 세니어(Nassau Senior)의 절제에 대한 사상과 함께 저축은 미래의 생산을 늘이고 이자로 하여 소득을 올린다는 생각이 확고하게 형성되었다.[59] 미국의 경우

---

55) *Ibid.*; Bell, D., *ibid.*
56) Bell, D., *ibid.*, pp.21-22, 70-73, 105-109.
57) *Ibid.*, p.55.
58) *Ibid.*, pp.55-56.
59) *Ibid.*, pp.69-70.

가족과 교회를 제외한다면 20세기 초반까지 사회구조의 기본형태는 소도읍이었다. 미국사회의 생활과 성격은 소도읍, 그리고 종교에 의해 형성되었다. 그러나 1920년대에 시작한 대량소비는 기술혁명에 의해서 가능해졌는데 이것은 물론 생활양식의 영역에 있어서 사회변화와 개인적 변혁에 대한 생각을 수용하게 하였다.

대량소비의 상징은 자동차로서 폐쇄적 소도읍 사회의 많은 제약을 휩쓸어버렸다. 끝없이 펼쳐져 있는 텍사스의 평원을 생각해보기 바란다. 프레데릭 알렌(Frederick L. Allen)은 운송수단으로서 철도와 마차 밖에 없었던 때에 각 마을들이 얼마나 멀리 떨어져 있었는가를 오늘날 우리가 깨닫는다는 것은 매우 어려운 일이라고 말한다.[60] 린드 부부(Robert S. Lynd and Helen M. Lynd)의 유명한 연구서 『미들 타운(Middletown)』에 의하면 1920년대 종반까지 청춘남녀들이 이웃들의 눈을 피해 댄스홀에서 열리는 댄스 파티까지 20마일을 차를 몰고 간다는 것은 생각할 수도 없었다.[61]

폐쇄된 소도읍 사회의 두 번째 주요 변화매체는 영화였다. 영화는 세계의 창인 동시에 진부한 백일몽, 환상과 투사, 도피주의와 전지전능의 의미를 가지고 있었으며, 그들의 정서적인 힘은 대단하였다. 영화가 문화를 변형시키는 데 첫 번째로 기여한 것은 세계의 창이었다.[62]

그들은 영화배우를 흉내내고, 영화에서 나오는 농담이나 몸짓들을 흉내내고 이성간 행위의 미묘함을 배웠다.

벨은 영화와 함께 광고의 사회적 영향을 강조한다. 그에 의하면 광고의 가장 직접적인 사회적 영향의 결과는 도시의 물질적인 중심지를 이동시켰다는 점이고, 급속하게 변화하는 사회적 세계에 있어서 새로운 행동양식의 안내자가 되었다는 점이다. 여성잡지와 가정에 관한 정기

---

60) *Ibid.*, p.66.
61) *Ibid.*, p.67.
62) Lynd, R. S. and H. M. Lynd, 1929, *Middle Town*, Mew York: Harcourt, Brace, p.251; Bell, D., *ibid.*, p.67.

수용자론

간행물, 그리고 ≪뉴요커(New Yorker)≫와 같은 세련된 잡지광고는 사람들에게 옷입는 방법과 집안을 장식하는 방법, 좋은 술을 사는 방법 등 새로운 지위에 걸맞은 생활양식을 가르쳐 주었다. 처음에는 주로 예절이나 의복, 취미, 음식 습관 등의 변화였으나, 나중에는 가정 안에서의 권위구조라든지 사회 내에서의 독립적 소비자로서의 아이들과 젊은 성인들의 역할, 도덕의 유형, 그리고 사회에서 성취에 대한 다른 의미 등에 영향을 끼쳤다.[63]

이와 같이 대량소비와 높은 수준의 생활이 경제구조의 정당한 목표로 나타나자, 이러한 모든 변화는 사회를 그 변화에 적응시키고 문화적 변화를 수용케 하였다. 물건을 파는 행위는 당시 미국에서 가장 충격적인 행위가 되었다. 판매는 절약에 반해서 낭비를, 금욕주의에 반하여 낭비적 과시를 강조하였다.

이렇게 되자, 미국에서는 이제 과거 프로테스탄트의 하늘의 덕은 대부분 사라지고 세속적인 보상이 남발하기 시작했다.[64] 문화는 어떻게 일하고 성취하느냐에 더 이상 관심을 두지 않고 어떻게 소비하고 즐기느냐에 관심을 두었다. 프로테스탄트 윤리의 어휘를 계속 사용함에도 불구하고 1950년대까지 미국문화는 유희와 오락, 전시, 쾌락에 관심을 둔 향락주의였던 것이 사실이었다.[65] 이렇게 해서 중류계급의 생활양식은, 사회에 도덕적 기반을 제공했던 프로테스탄트 윤리를 단절해버린 향락주의에 의해 지배되었다.[66] 벨에 의하면 향락주의의 세계는 유행과 사진, 광고, TV 그리고 여행의 세계이다. 그것은 현재보다 미래가 낫다는 기대 속에 생활하는 위장된 세계이다. 그리고 그것은 노력 없이 와야 한다. 벨은 14세기 버버(Berber)와 아랍문명의 영고성쇠를 반영한 칼둔(Ibel Khaldun)의 도식을 빌려, 향락주의의 역기능을 다음과 같이 설

---

63) Bell, D., *ibid.*, p.69.
64) *Ibid.*, p.70.
65) *Ibid.*
66) *Ibid.*, p.84.

명한다.

"향락생활을 하는 동안 의지와 꿋꿋함이 상실된다. 더욱 중요한 것은 인간이 사치를 위해 서로 경쟁하게 되며, 공유하고 희생하는 능력을 상실하게 된다. 이에 따라 서로를 형제로 느끼게 하는 연대의식과 상호애정, 서로를 위해 기꺼이 싸우고 죽을 수 있는 집단의식이 상실된다."67) 1960년대의 성공적인 새 잡지는 ≪플레이보이(Playboy)≫인데 그것의 성공은 남성의 성적인 무용에 대한 환상을 고무시킨 사실 때문이다. 1950년대와 1960년대에 있어서 오르가슴에 대한 예찬은 미국생활의 기본적인 열정으로서 배금주의에 대한 예찬의 뒤를 잇는 것이었다. 따라서 오늘날 미국생활에 있어서 쾌락을 갖지 못하는 것은 자신의 위엄을 손상시키는 것으로 여겨졌다. 쾌락의 도덕은 대부분이 성에 중점을 둔다. 그리고 여기서는 소비자의 유혹이 모든 것이 된다.68)

벨은 이 시대를 향락의 시대, 또는 대중향락주의(pop hedonism)라고 규정한다.69) 향락의 시대는 그에 적합한 문화양식이 나타났는데 벨은 이를 팝(pop)과 사이키델릭(psychedelic)이라고 규정한다. 그에 의하면 팝의 중점은 화법에 긴장이 없고 단지 풍자만이 있다는 점이다. 수지 개블릭(Suzi Gablik)의 언급처럼, 팝 예술은 "주제에 대한 기존 위계의 붕괴와 지금까지도 예술의 범위 밖이라고 생각되는 기술이나 공예, 유머 등의 요소까지 포괄하는 예술의 준거틀의 팽창을 전제로 한다."70)

벨은 사이키델릭의 절정 — 성욕, 나체, 성적 도착, 포트(pot)와 록(rock), 그리고 반문화(counter-culture) — 은 1950년대의 강요된 향락주의에서 잇달아 온 것이라고 말한다. 그는 이를 보다 구체적으로 설명하기 위하

---

67) *Ibid.*, pp.82-83; Ibel Khaldun, 1958, *The Mugaddimah: An Introduction to History*, Franz Rosenthal(trans.), New York: Pantheon Books, p.313.

68) *Ibid.*, p.71.

69) *Ibid.*, p.72.

70) Gablik, S., 1969, "The Long Front of Culture," in Pop Art Redifined(eds.), *John Russell and Suzi Gablik*, London: Thames and Hudson, p.14; Bell, D., *ibid.*, p.73.

여, 1940년대의 감각과 1960년대의 감각을 다음과 같이 설명한다.

"1940년대의 감각은 독자적인 특성을 지닌다. 즉 폭력과 잔인성에 관심을 가지고, 성도착에 몰두하며, 소음내기를 즐기고, 반인지적·반지성적 분위기에 젖어 있으며, '예술'과 '인생'의 경계를 소멸시키려는 단호한 노력을 경주하였다. 한편 영화를 통해서 나타나는 폭력과 잔인성은 카타르시스의 역할을 하기는커녕, 오히려 충격을 주어 마음에 상처를 입게 할 뿐이다. 영화, 해프닝, 그림 등은 잔학성을 표현하려고 서로 경쟁하기에 여념이 없다. 1960년대는 오히려 더 심했다. 1940년대에는 <우리에게 내일은 없다(Bonnie and Clyde)>나 <MASH>와 같은 피비린내 나고 살벌한 영화는 만들지 않았다. 성도착증은 1960년대처럼 노골적으로 표현된 적이 일찍이 없었다. 앤디 워홀(Andy Warhol)의 <첼시의 소녀들(The chelsea Girls)>, 스웨덴의 <I am curious>와 같은 영화나 <Futy>나 <Che> 등의 연극에서는 동성애, 성도착, 남색, 공공연히 자행되는 구강성교 장면 등을 볼 수 있다."71) … "1964년 비틀즈의 '새로운 음악(New music)'의 출현과 함께 락 음악은 점점 더 시끄러운 소리를 내기에 이르러, 사람들이 스스로 생각하는 것을 듣지 못하게 하였다. 반인지적·반지성적 분위기는 더욱 심해져갔다."72)

1960년대의 문화비평자들은 하나같이 매스 미디어에서 쏟아져 나오는 문화 내용을 무분별하고, 저속하며, 소용없는 것들이라고 혹평하였다. 그 대표적인 사람은 한나 아렌트(Hanna Arendt)인데, 그녀는 다음과 같이 비평하였다.

"예술작품은 단지 외관만을 위하여 만들어진다. 외관을 평가하는 적절한 기준은 아름다움이다… 외관을 의식하게 되려면, 우리는 우선 자신과 예술작품 사이에 일정한 거리를 자유롭게 설정할 수 있어야 한다."73) 벨

---

71) Bell, D., *ibid.*, p.122.
72) *Ibid.*
73) Arendt, H., 1961, "The Crisis in Culture," in Hanna Arendt(ed.), *Between Past and Future: Eight Exercises in Political Thought*, New York: Viking, p.202;

서론

에 의하면, 20세기 중반의 미국 생활양식의 가치변화에 크나 큰 매개적 역할을 한 것이 1920년대에 창간된 ≪타임(Time)≫이나 ≪리더스 다이제스트(Readers Digest)≫와 같은 대중잡지이다. 그에 의하면 특히 ≪타임≫이나 ≪라이프(Life)≫지 그리고 ≪포춘(Fortune)≫을 발간한 헨리 루스(Henry Luce)는 하나님, 노동, 그리고 성취에 대한 신념과 같은 전통적 미국의 가치를 고취하고 이러한 것을 다가오는 도시문명의 특색을 통해서 세계적인 규모로 미국적 운명의 신조('미국의 세기')로 변화시켰다. 그는 새로운 표현적 저널리즘의 신경질적인 리듬과 새로운 면모를 반영하는 어휘를 도시생활의 페이스(pace), 그리고 새로운 향락주의와 융화시킴으로써 이러한 것을 해냈다는 것이다.[74]

이상에서 살펴본 바와 같이 전통적인 미국적 가치의 붕괴는 문화와 이념 차원에서, 보다 근본적인 변화는 사회구조 자체에서 일어났다고 본다. 벨에 의하면 현대사회의 실제적인 사회변화는 대량생산과 고도소비의 발생이 중류계급 자체의 생활을 변화시키기 시작한 1920년대에 왔다고 본다. 결과적으로 중류계급의 사회적 실재이자 생활방식으로서의 프로테스탄트 윤리는 물질주의적 향락주의에 의해 대체되었고 청교도 정신은 심리학적 행복론에 의해 대체되었다. 그러나 낡은 것을 대체할 만한 새로운 종교윤리나 가치체계가 결여되었기 때문에, 결과적으로 사회구조 내지 기술경제적 질서와 문화가 분리되어 버렸다는 것이다. 벨이 말하는 현대자본주의의 문화적 모순은 이를 지칭해서 말하는 것이다. 벨이 쳐다보고 있는 대중은 물질적 향락주의에 빠져 있는 그러한 인간군일 것이다. 그러한 인간군들, 말하자면 대중이 바라고 이용하는 미디어와 문화는 어떤 것일까. 여기에서 구태여 그 답을 기대할 필요는 없을 것이다.

Bell, D., *ibid.*, pp.123-124.
74) Bell, D., *ibid.*, pp.75-76.

3) 프랑크푸르트학파의 비판사회이론, 미디어 그리고 수용자

우선 프랑크푸르트학파의 비판사회이론을 이해하기 위해서는 1920년대와 1930년대 서구사회, 특히 제1차세계대전 직후 독일 바이마르공화국의 붕괴 이후 프롤레타리아 혁명의 좌절과 히틀러의 전체주의 국가의 등장, 그리고 스탈린주의의 전체주의적 체제 등장이라는 시대적 상황과 관계지어 생각할 필요가 있다. 당시 서구사회가 역사적으로 경험한 정치적 현실은 서구의 맑스주의자들로 하여금 기존의 전통적인 맑스이론으로 해석하고 설명하기 곤란한 상황을 인식케 하였고, 이에 따라 전통적 맑스이론의 틀에서 벗어나 맑스이론을 새롭게 재해석해야 할 시대적 사명감을 갖도록 하였다.

이러한 지적 맥락에서 수립된 네오맑스주의(Neo-Marxism)의 선구적인 학파가 '프랑크푸르트학파'이다. 프랑크푸르트학파가 지적 기반으로 삼았던 기구는 프랑크푸르트 대학의 사회과학연구소이다. 이 연구소는 1923년에 설립되었고, 초대 소장은 그룬베르그(Carl Grunberg)였다. 당시 여기에 참여한 사람은 루카치(Georg Lukacs), 코르쉬(Karl Korsch), 폴락(Friedrech Pollock) 그리고 비트포겔(Karl Wittfogel)과 같은 당대의 대표적인 맑스주의자들이었다. 그러나 이 연구소의 연구활동이 활발하게 된 것은 1930년 호르크하이머(Horkheimer)가 소장으로 취임한 후부터이다. 이 연구소는 호르크하이머를 중심으로 아도르노, 마르쿠제(H. Marcuse), 프롬 그리고 로웬탈(Leo Lowenthal) 등의 멤버들이 활동하였다.

보토모어(Tom Bottomore)는 넓은 의미에서 프랑크푸르트학파가 주장하고 있는 비판이론 내지 사상적 주제를 세 가지로 나누고 있다. 첫째, 논리 실증주의와 경험주의(기술적 합리주의) 인식에 대한 비판, 둘째, 현대사회에서의 개개인의 운명에 대한 문제, 셋째, 문화산업에 관한 문제이다.[75]

---

75) Bottomore, T., 1984, *The Frankfurt School*, London: Tavistock Publications Limited; 진덕규(역), 1984, 『프랑크푸르트학파의 사회비판이론』, 학문과사상사.

그러나 본 저서는 프랑크푸르트학파의 비판사회이론 전반에 관한 연구가 아니라 비판사회이론의 맥락에서 사회구조와 미디어 그리고 수용자의 상호관계를 어떻게 연관짓고 있는가를 고찰하는 것이므로, 이 장에서는 앞에서 언급한 보토모어의 3가지 카테고리를 기본적 축으로 이 연구의 주제와 밀접한 연관성이 있는 프랑크푸르트학파의 비판적 대중사회이론과 문화산업론(대중문화론), 그리고 수용자의 사회적 성격의 문제들을 연관시켜 고찰하고자 한다.

보토모어가 제시하고 있는, 첫째, 카테고리인 실증주의 및 경험주의와 그에 대한 인식에 대한 비판은 프랑크푸르트학파의 이론적 기반일 뿐 아니라 1937년에 행해졌던 호르크하이머의 전통적 비판이론에 대한 논문으로부터 1969년의 실증주의에 대한 아도르노와 하버마스의 논쟁에 이르기까지 프랑크푸르트학파의 사회이론의 중심부를 차지하고 있다 해도 과언이 아니다.[76]

프랑크푸르트학파의 실증주의 내지 경험주의에 대한 비판은 이와 같이 비판사회이론의 기간이 되므로, 사실상 앞으로 살피게 될 대중사회론과 문화산업론, 그리고 대중사회의 인간 내지 수용자를 고찰하는 기본적 틀을 제공해주고 있다.

호르크하이머에 의하면, 사회과학으로서 실증주의는 다음의 세 가지 관점에서 비판될 수 있다는 것이다. 첫째, 실증주의는 활성적이고 능동적인 인간의 존재 자체를 일정한 기계적 결정론의 인식구조 내에서 한낱 단순한 사물이나 객관적인 물체에 불과하다고 생각하고 있으며, 둘째, 심지어 이 세계를 즉각적으로 경험된 현상으로 생각하여, 이 세계가 가지고 있는 본질과 외관을 전혀 구분하지 않고, 셋째, 더 나아가 실증주의는 사실과 가치 사이에 절대적인 구분이 있다고 생각함으로써 인간의 관심과 지식을 구분하고 있다는 것이다.[77]

따라서 프랑크푸르트학파는 이러한 실증주의에 대해서 다음과 같이

---

76) 상게서, pp.37-38.
77) 상게서, pp.17-18.

비판한다. 첫째, 실증주의의 이런 접근방법으로는 인간의 사회적 삶에 대한 정확한 인식과 이해를 할 수 없으며, 둘째, 현재 존재하고 있는 것에 대하여 연구해야 한다는 실증주의적 인식은 곧 기존의 사회체제를 정당한 것으로 인정해주게 되며, 어떤 본질적인 사회변혁도 억제하기 때문에 정치적으로는 사람들을 수동적으로 조용하게 만들며, 셋째, 실증주의는 새로운 지배형태라고 할 수 있는 '기술관료적 지배'를 현대사회 속에 조성·유지시킨다는 것이다.78)

프랑크푸르트학파의 실증주의 내지 실증주의 인식에 대한 이상 세 가지 비판 가운데, 이 연구와 직접적으로 연관된 문제는 실증적 과학철학과 기존체제를 수용하는 데 따르는 연관성의 문제이다.79) 여기에서 말하는 실증적 과학철학은 곧 '과학주의(scientism)'를 의미한다.

보토모어에 의하면, 이른바 '과학주의'에 대한 사회학적 인식은 1930년대에 호르크하이머에 의해서 처음으로 사용되었는데, 그는 과학주의를 현대적 생산양식과 어느 정도 연관되어 있는 일종의 부르주아적 형태라고 지적하였다.80)

호르크하이머와 아도르노의 공저 『계몽의 변증법(Dialectic of Enlightenment)』에서는 부르주아 사상의 한 요소로서, 그리고 과학철학으로서 과학주의의 문제를 집중적으로 다루기보다는 과학과 기술 그 자체를 다루고 있고, 지배체제 유지를 위한 기본적인 요소로서 '기술 의식' 혹은 '도구적 이성(instrumental reason)'을 들고 있다.81)

이들이 말하는 '도구적 이성'은 근대성과 합리화에 대한 베버의 논의를 계승한 것이다. 베버의 서양 근대성을 특징짓는 합리성은 형식적 합리성 혹은 주관적 이성으로 이해된다. 호르크하이머는 베버가 규정하고 있는 주관적 이성을 다음과 같이 설명한다.

---

78) 상게서, p.38.
79) 상게서, p.47.
80) 상게서, p.53.
81) 상게서, p.54.

"이미 당연시되어 있는 목표를 달성하기 위한 수단-목표의 효율적 조정에 관심을 가지며, 목표 그 자체가 합리적인가 여부는 고려하지 않는다… 궁극적으로 주관적 이성은 주어진 목표를 달성하기 위한 적절한 수단을 찾아내고 계산해내는 능력이다."82)

호르크하이머는 베버가 말하는 주관적 합리성을 도구적 합리성과 동일시한다. 호르크하이머와 아도르노는『계몽의 변증법』을 통해서 계몽이성의 발전이라는 서양의 근대성에서 도구적 합리성의 모순을 분석한다. 그들에 의하면 계몽이란 "진보적 사유의 차원에서 계몽은 인간을 공포로부터 해방시키고, 그 존엄성을 확립시키려 한다… 계몽은 곧 세계의 탈미신화(脫迷信化)이며, 신화의 해체이고 환상을 참된 지식으로 대치시키는 작업"이었다.83)

그러나 계몽이성의 발전은『계몽의 변증법』서문에서 그들이 제기한 질문, "왜 인류는 참으로 인간적인 상태로 걸어 들어가는 대신, 새로운 야만상태로 떨어져가는가?"84)를 낳게 하였다. 이러한 질문은 19세기에서 20세기에 걸쳐 인간에 의해서 저질러진 비극을 말해준다. 계몽이성의 이름으로 저질러진 이 새로운 '야만상태'야말로 과학주의의 결과이며, 도구적 이성의 결과라는 것이다.

호르크하이머와 아도르노는 '계몽' 혹은 '탈(脫)마술화'의 과정으로서의 문명의 밑거름 그 자체에 의심을 품는다. 이 '야만'은 계몽이라는 인간의 프로젝트로부터의 우연적 일탈이 아니라 '계몽이성'이라는 개념 그 자체 속에 당초부터 잉태하고 있는 것으로 판단한다. 그러한 근본적인 의문을 풀기 위해 서구문명의 원 텍스트인 호메로스의『오디세이(Odyssey)』로부터 검증하기 시작한다. 여기에서 오디세우스(Odysseus)의 귀향담 신화를 살펴볼 여유가 없기 때문에 이를 생략하기로 하겠다. 그

---

82) Horkheimer, M., 1947, *Eclipse of Reason*, New York: Oxford Univ. Press, pp.3-5; 윤평중, 1990,『푸코와 하버마스를 넘어서』, 교보문고, 35쪽 인용.

83) Horkheimer, M. and T. W. Adorno, 1972, *Dialectic of Enlightenment*, G. Cumming(trans.), New York: Herder and Herder, p.3.

84) *Ibid.*, XI.

러나 그들은 '오디세우스'의 신화 이야기 속에 주체성의 원 역사를 읽고, 거기에 이미 현재의 '새로운 야만'이 예시되어 있음을 발견하였다. 『오디세이』가 주체성의 원 역사로서 기술되어 있는 바와 같이 오디세우스적인 자연의 지배가 자연의 폭력의 내면화에 지나지 않고, 주체의 확립이 동시에 주체의 포기라면, 계몽이성에는 새로운 야만을 극복할 수 있는 가능성은 엿보이지 않는 것이 된다.85)

하버마스는 이에 대하여 다음과 같이 설명한다.

"인류는 계몽이라는 세계사적 과정 속에서, 근원으로부터 점점 멀어져갔으나, 역시 신화는 반복되지 않을 수 없고 이미 신화는 그 자체가 계몽이다." 그리고 또한 "계몽은 신화로 발전한다는 테제의 계몽 변증법 그 필연성으로부터 해방되지 않고 있다." 근대의 완전하게 합리화된 세계라 하더라도 그 탈마술화는 겉보기뿐이고, 이 세계에는 디모리슈한 즉물화(versachlichung)와 죽음을 생각하게 하는 고립화의 주문만이 남게 된다. 현재는 해방이 공전되고 여러 가지 마비상태가 나타나고 있는데, 거기에는 근원에 있는 제력에 의한 복수가 발동하고 있는 것이다. 자기 해방을 수행하지 않으면 안되었으나, 결국 탈출할 수 없었던 자들에의 복수이다. 외부로부터 침입하는 자연력의 합리적 극복이라는 강제에 의해서 주체가 걸어나온 교양적 과정은 단지 자기 보존을 위하여 생산력을 한정 없이 높였지만, 단순히 자기 보존을 넘는 유화적 힘을 위축시켜 버렸다. 객체화된 외적 자연의 지배 또한 억압된 내적 자연의 지배, 이 두 개는 계몽으로부터 불식할 수 없는 낙인이 되었다.86)

호르크하이머와 아도르노의 이러한 논의는 베버의 유명한 주제의 변주이다. 베버에 의하면 근대 세계는 탈마술화를 받은 옛 신(神)들은 이제는 비인격적인 세력이 되어 묘 속에서 소생하여 유화를 모르는 마귀의 싸움을 다시 하고 있다는 것이다.87)

---

85) 細見和之, 1997, 『アドルノ: 非同一性の哲學』, 東京: 講談社. p.146.
86) Habermas, G., 1990, *The Philosophical Discourse of Modernity: Twelve Lecture*, F. Lawerence(trans.), Cambridge: MIT Press, p.110.

말하자면, 이성은 스스로에 의해서 가능한 인간성을 다시 스스로 파괴해 버린다. 다시 말해서 계몽의 프로세스는 애당초부터 자기 보존의 동인에 의해서 생겨났지만, 자기 보존의 동인 그것이 이성을 파괴해 버린다. 왜냐하면 그 동인은 이성을 목적합리적 자연지배와 충동(본능)지배의 형태만으로, 즉 도구적 이성으로서만 사용하려고 하기 때문이라고 한다.[88]

호르크하이머와 아도르노에 의하면 서구문명은 모든 부분에서 이러한 도구적 이성의 우위와 심화로 요약되며, 이 현상이 근대 서구사회가 직면하고 있는 여러 위기들의 근본 이유라고 다음과 같이 말하고 있다.

"대중이 관리사회의 한갓 대상으로 전락되고, 관리사회는 언어와 지각을 포함한 근대적 삶의 모든 부분을 통제하는데, 이는 객관적 필연성으로서 대중은 그 앞에서 전적인 무력감을 체험하게 된다.[89]

따라서 호르크하이머와 아도르노의 과학주의 혹은 도구적 이성에 대한 비판은 자연히 그들의 대중사회 비판과 대중문화 비판으로 이어진다.

여기에서 다시 우리가 주목해야 할 것은 그들의 대중사회 비판이나 대중문화 비판은 그들이 바라 마지않았던 사회적 변혁에 대한 절망적 인식에서 비롯되었다는 사실이다.

프랑크푸르트학파의 대중사회이론은 몇 개의 주제가 핵심을 이루고 있다.[90] 여기에서 가장 먼저 들 수 있는 것은 가족과 같은 일차집단(primary group)의 급격한 붕괴이다. 그 결과 사람들은 점차 원자화되고, 정치에 무관심하게 되고, 수동화되어가며, 전통적인 유대나 결합 그리고 정체성(identity)이 약화되거나 아니면 완전히 없어진다. 그리고 명확한 관심과 의견에 기초를 둔 이성적인 공중들로부터 대량생산체제와 대량소비체계의 단순한 소비자로 전락하게 된다.

---

87) Weber, M., 1968, *Wissenschaft als Bermf, in: Ges. Aufs. Zuz Wissenschaftslehre*, Tubingen, p.604; Habermas, G., 1990, *op. cit.* p.194 인용.
88) Habermas, G., 1990, *ibid.*, p.195.
89) Horkheimer, M. and T. W. Adorno, *op. cit.*, p.38.
90) Bottomore, T., *op. cit.*; 진덕규(역), 상게서, p.62.

호르크하이머는 이를 다음과 같이 설명한다. "가족은 점차적으로 해체되고, 개인적 생활은 여가생활로 전환되고, 여가생활 자체도 세세한 부분까지 관리되고 말았다. 이와 같이 사람들은 일상생활에 있어서 명화, 베스트셀러 그리고 라디오만이 즐거움을 가져다줌으로써 그 내면적 생활은 모두 사라져 버렸다."91)

현대에 있어서 가족의 분리와 붕괴라는 테마는 1930년대의 많은 부르주아 사회학자나 맑스주의자, 심지어 엘리트주의자인 엘리어트(T. S Elliot)나 레이비스(F. Leavis)와 같은 문예비평가들에 의해서도 거론되었다. 맑스 자신도 자본주의 생산양식이 지배되는 사회에서는 남편뿐 아니라 여성이나 어린이들까지도 가정 밖에서 노동이 요구되어지기 때문에 부친의 권위인 경제적 기초가 파괴되었다고 주장했다.92)

가족과 같은 전통적인 권위는 어린이들의 사회화 기구로서 별 의미가 없게 되고, 개인들은 공통의 권위 특히 국가와의 관계를 통해서만 그들의 관계를 맺게 된다.93) 일차집단 내지 준거집단의 붕괴로 그들의 정체성을 상실한 원자화된 개인들은 무기력해지고, 수동화됨으로써, 나치즘이나 파시즘과 같은 '비합리적'인 정치운동의 희생물이 된다.94) 더욱이 중앙집권화된 매스 미디어에 의한 조작적 기능과 문화적 상부구조를 통한 권력과 통제의 행사와 조정을 받는다. 그렇게 됨으로써 산업 노동자 계급들이 자본주의 문화 속에 뚜렷이 통합되었기 때문에 이제 그들의 혁명적 역할은 사라졌다고 믿는다.95) 더욱이 어린이들의 사회화 기구인 가족 해체로 인하여, 그 대체적인 사회화 체계가 되어버린 문화산업(라디오, 텔레비전에 이르기까지)을 통해서 일찍이 사회화됨으로써, 기존의 사

---

91) Horkheimer, M., 1972, "Art and Mass Culture," in M. Horkheimer(ed.), *Critical Theory*, Herder and herder, pp.273, 277-278.
92) Swingewood, A., 1977, *The Myth of Mass Culture*, London: Macmillan; 이강수(역), 1984, 『대중문화의 원점』, 전예원, 48쪽.
93) Kornhauser, W., 1959, *The Politics of Mass Society*, The Free Press, p.32.
94) Swingewood, A., *ibid.*, p.11; 이강수(역), 상게서, 44쪽.
95) *Ibid.*, p.11; 이강수(역), 상게서, 44쪽.

회질서에 반대되는 모든 사상은 실제적으로 배제된다. 따라서 현대인의 '조작된 의식'은 세상 돌아가는 사정에 대하여 전혀 관심을 두지 않게 되며 '교육과 오락의 압도적 기구는 개인을 모든 유해한 사상으로부터 배제시킨 마취상태 하에서 다른 인간들과 사회적 관계를 이루게 된다.96)

이와 같은 상황에 따라 프랑크푸르트학파의 비평가들은 원자화된 사회구조가 필연적으로 전체주의로 이르게 된다고 주장한다. 즉 그들은 파시즘을 군사독재체제와는 달리 독점자본주의 사회에서 밑으로부터의 운동, 다시 말해서 대중 스스로에 의한 운동으로 분석하였다.97)

여기에서 다시 프랑크푸르트학파의 대중사회이론의 두 번째 주제로 돌아가기로 하겠다. 두 번째 주제는 문화의 물상화의 증가에 따른 문제, 즉 문화산업 내지 대중문화와 관련된 문제이다.

『계몽의 변증법』에서 호르크하이머와 아도르노가 제기한 "왜 인류는 참으로 인간적인 상태로 걸어 들어가는 대신, 새로운 야만상태로 떨어져 가는가?"라는 질문, 즉 '새로운 야만상태'란 그들에게 있어서 파시즘이 유럽을 석권한 상황을 가리킨 것이었으며, 스탈린주의에 입각한 소비에트 러시아의 전체주의였으며, 금융독점자본주의 미국에 있어서 '문화산업'을 가리킨 것이었다.

'문화산업(culture industry)'이라는 용어는 호르크하이머와 아도르노의 공저 『계몽의 변증법』에서 처음으로 사용된 것이다. 이는 원래 '대중문화(mass culture)'라는 용어를 대체한 것이다. 그것은 대중문화라는 용어가 대중의 자발성이라는 점이 내포되고 있다고 생각했기 때문이다.98) 따라서 이 용어는 문화생산 그 자체를 의미하고 있는 것이 아니라 문화적 본질(entities)이 갖는 '모사적 개인화', '표준화' 그리고 '판매촉진의 합리화'를 의미하였다.99)

---

96) Marcuse, H., 1968, *Eros and Civilization*, Allen Lane, pp.87-91, 91-95.
97) Swingewood, A., *op. cit.*, pp.12-13; 이강수(역), 상게서, 45쪽.
98) *Ibid.*, p.17; 이강수(역), 상게서, 47쪽.

수용자론

호르크하이머와 아도르노는 대중문화를 분석하고, 오락과 유착한 예술은 그 혁신적 힘이 마비되어 버려 비판적 유토피아적 내용이 하나하나 박탈되어 버렸다는 것을 증명하려고 하였다. 대중문화에 대한 이들의 비판은 문화적 '모데르네(moderne)'에 대한 도구적 이성의 비판적 비판이다. 그들은 '문화산업론'의 부제를 '대중기만으로서의 계몽'이라고 붙인 것처럼, 대중문화를 어디까지나 대중조작의 수단으로 보았던 것이다. 대중문화 생산은 너무 많고 동질화된 대중에게 소구해야 되기 때문에 상상력의 여지가 허용되지 아니한다. 그것은 수용자로 하여금 순수한 논리의 세계로 이끌기보다는 심미적 관점의 결여로서 수용자를 조작하고 통제하여 수동적으로 이끈다. 그들에 의하면, 문화산업이란 야만적 무의미, 동조, 권태, 현실로부터의 도피의 조달자를 의미하고 있다.

호르크하이머와 아도르노는 『계몽의 변증법』에서 "예술은 그 자신의 자율성을 포기하고 자랑스럽게도 스스로를… 공업제품처럼 교환가능하고 시장에서 팔릴 수 있는 소비상품으로 자리를 잡게 되었다"고 말한다. '문화산업'은 당연하게도 자본주의 사회의 비극이나 부정적 요소가 전혀 없고, '미리 예정되어진 조화'에 의하여 지배되어진 예술형태를 생산한다. '야만적 예술'이야말로 현대 자본주의 문화의 본질이며, 그 수용자에게는 '사회적 위계성에의 복종'이 요구되어진다고 주장한다.[100]

아도르노는 종전 후 미국에서 독일로 귀국한 뒤 「문화산업 재고(Cultural Industry Reconsidered)」라는 논문을 통하여 "문화산업이 이데올로기를 통해서 의도적으로 소비자를 위로부터 결합시키려고 한다. 거기에는 의식이 동조로 대치되고, 규범으로부터 어떠한 이탈도 허용되지 아니한다. 그들의 일상생활을 지배하고 있는 것은 허위의 욕구이다. 다시 말해서 지배계급의 이데올로기는 문화산업을 통해서 노동계급의 의식을 타락시키며 노동계급은 허위의식을 갖게 되고 자본주의적인 소비

---

99) Held, D., 1980, *Introduction to Critical Theory: Horkheimer to Habermas*, London: Hutchinson & Co., p.78.
100) Horkheimer, M. and T. W. Adorno, *op. cit.*, pp.143-167.

지향적 허위욕구를 갈망함으로써 결과적으로 혁명의 계급의식이나 사회주의 조직 그리고 실천을 발전시키는 이른바 혁명적 사명을 외면해 버린다"고 주장하였다.[101]

이와 같이 이들은 대중문화가 이데올로기로서 허위욕구와 허위의식을 창출함으로써 현대 자본주의의 물신화 현상에 대하여 어떤 저항도 철저하게 제거시킨 문화라고 주장하였다.

이와 같은 인식의 극단적인 예는 마르쿠제의 저서『일차원적 인간』에서 찾아볼 수 있다. 그에 의하면 자본주의 사회에서 상품문화로서의 대중문화는 자본주의의 비인간화 과정을 더욱 강화시켜, 인간과 문화 다같이 상품화시킨다. 따라서 인간은 자신의 주체를 상품과 상품의 소비를 통해 인식하게 된다. 다시 말해서 인간은 자신의 영혼을 그들의 자동차, 하이파이 세트, 주택, 부엌 세간 등의 상품을 통해 발견하게 된다고 주장하였다.[102] 그는 대중문화의 '허위적 욕구' 창출에 대하여 다음과 같이 설명하고 있다.

"저항할 수 없는 오락, 정보 산업의 산물들은 처방된 태도나 습관, 지적·감정적 반응을 통하여 소비자들을 생산자 또는 제작자와 기꺼이 묶어주거나 또는 이들을 통해 전체와 묶어준다. 이 산물들은 주입과 조작을 통해 거짓에 무감각한 허위의식을 창출해내고… 마침내 이것이 삶의 방식이 되도록 한다. 이 삶의 방식은 전보다 훨씬 나은 것이고, 바로 그렇게 인식되기 때문에 사람의 질적 변화를 방해한다. 결국 이미 확립된 언술체계와 행동이라는 내용의 세계를 초월하는 생각이나 희망, 목적들은 무시당하거나 현 수준으로 끌어내려지며, 일차원적 사고와 행동의 패턴이 출현하게 된다."[103]

그러면 마지막으로, 프랑크푸르트학파의 중요한 사상적 주제라고 할

---

101) Adorno, T., 1991, "Culture Industry reconsidered," in T. Adorno(ed.), *The Culture Industry: Selected Essays on Mass Culture*, London: Routledge, pp.85-92.
102) Marcuse, H., 1964, *One Dimensional Man*, Boston: Beacon Press, p.9.
103) *Ibid.*, p.12.

수 있는바, 선진산업사회에서 개인이 놓여져 있는 상황 혹은 개인의 운명에 대한 문제를 살펴보기로 하겠다. 이 주제는 이미 앞에서 언급한 도구적 이성의 문제, 대중사회의 문제, 그리고 문화산업(대중문화)의 문제와 밀접하게 연관되었고, 그러기 때문에 이들 문제를 논의하는 과정에서 선진산업사회에 놓여져 있는 개인의 운명, 혹은 수용자의 문제를 많이 언급한 바 있다.

호르크하이머는 프랑크푸르트 사회과학연구소에서 발행하는 ≪사회연구논집(Zeitschrift für Sozialiforschung)≫ 창간호에서 역사에 대한 정확한 이해를 위해서도 개개인에 대한 심리학 연구가 대단히 중요하다고 강조한 바 있다.[104] 이 창간호에는 프롬의 논문도 포함되어 있었는데, 그는 프로이트의 이론을 확대·발전시켜 정신분석학과 맑스주의를 접합시켰다. 그는 스스로 맑스주의 사회심리학자로 자처하면서 인간은 역사에 의해서 만들어지는 것만이 아니라 역사도 인간에 의해서 만들어진다고 주장하고, 이런 모순된 것처럼 보이는 것을 해결하는 것이 사회심리학의 영역이라고 하였다.[105]

프롬은 이와 같은 이론적 맥락에서 개인과 사회의 관계를 다음과 같이 접근한다. "개인과 사회의 관계는 정태적인 것이 아니라는 점이다. 개인과 사회의 관계는, 한편에 자연적인 충동을 가진 개인이 있고, 다른 편에는 그 개인과는 다른 사회가 있고, 그것이 개인의 내재적인 경향을 만족시키거나 절망시키거나 하는 것이 아니다. 분명 인간 누구도 갖고 있는 갈증이나 배고픔, 그리고 성과 같은 생리적 욕구는 존재한다. 그러나 성격의 개인차를 만드는 사랑과 증오, 권력에 대한 욕망과 복종에의 동경, 관능적인 기쁨이나 향락과 그의 공포와 같은 종류의 충동은 모두 사회과정의 산물이다. 인간의 가장 아름다운 경향은 가장 미운 경향과

---

104) Horkheimer, M., 1932, "Geschichte und Psychologie," *Zeitschrift fur Sozialforschung*, l, 1/2; Bottomore, T., *op. cit.*; 진덕규(역), 상게서, 26쪽 인용.
105) Fromm, E., 1960, *The Fear of Freedom*, London: Routledge Kegan Paul, LTD, p.9.

마찬가지로 고정된 생물학적인 인간성의 일부분이 아니라 인간을 만들어내는 사회과정의 산물이다. 인간의 성질이나 정열이나 불안은 문화적 산물이다. 사실 인간 자신의 끊임없는 노력이 가장 중요한 창조이며 완성이다. 역사에 있어서 인간 창조의 이러한 과정을 이해하는 것이 사회심리학의 참다운 역할이다."106)

그는 또한 다음과 같이 질문한다. "어떤 역사적 시대와 다른 시대 사이에는 왜 뚜렷하게 인간의 성격 차이가 생기는 것인가? 왜 르네상스의 정신은 중세의 정신과 차이가 있는 것인가? 독점 자본주의시대의 인간 성격구조는 왜 19세기의 인간 성격구조와 다른 것인가?"107)

또한 프롬은 현대에 있어서 파시즘이나 민주국가에 널리 퍼져 있는 강제적 획일화의 문제, 인간의 자동기계화의 심리적 의미를 충분히 이해하기 위해서는, 그 심리적 문제를 그의 사회문화적인 배경 없이는 이해할 수 없는 것처럼, 사회현상도 그 근저에 깔려 있는 심리적 메커니즘에 대한 지식 없이는 이해할 수 없다고 주장하였다.108) 그는 다시 주장하기를 나치즘은 심리적인 문제이지만 심리적 요인 그 자체는 사회경제적 요인에 의해서 형성된 것으로 이해해야 한다고 주장한다. 또한 나치즘은 경제정치적 문제이지만, 그것이 모든 사람들을 사로잡았다면 심리적 기반에서 이해하지 않으면 안된다고 하였다.109)

프롬이 말하는 사회심리학도 실은 현대적 인간의 위기를 극복하고자 한 것에 모아진다. 프랑크푸르트학파의 일원으로서 그도 기본적으로는 호르크하이머나 아도르노 같이 계몽이성에 대한 회의, 다시 말해서 도구적 이성에 대한 회의에서 출발하고 있다. 그는 다음과 같이 말한다.

"…인간은 자연의 지배자가 되면서 스스로의 손으로 만들어낸 기계의 노예가 되어버렸다. 그는 사물에 관해서 모든 지식을 가지고 있으면

---

106) *Ibid.*
107) *Ibid.*
108) *Ibid.*, p.116.
109) *Ibid.*, p.180.

서도 인간 존재라는 보다 중요한 기본적인 의문에 관해서는, 즉 인간이 란 무엇인가, 어떻게 살 것인가, 인간 속에 거대한 에너지를 해방시켜 생산적으로 쓰기 위해서 어떻게 해야 하는가, 이런 것에 대해서는 아무 것도 모르고 있다."110)

그는 『자유로부터의 도피(Escape from Freedom)』 다음으로 출간한 저서 『인간 자신을 위하여(Man for Himself)』라는 표제가 말하는 것처럼 참다 운 의미에서의 '인간' 회복을 목표로 이 책을 저술하였다. 그는 역사를 움직이는 힘으로 사회경제력 조건과 이데올로기와 함께 사회적 성격 (social character)을 들고 있다.

그는 사회심리학적 접근, 즉 심리적 요인과 사회적 요인의 교차적 접 근을 통해서 '사회적 성격'을 처음으로 개념화하고, 유형화시켰다. 그에 의하면 성격은 개인에게 일관된 또는 '이성적'인 행위를 하게끔 기능할 뿐 아니라 사회에 대한 개인의 적응을 위한 기초이다. 그런데 개인들은 같은 사회계급 또는 문화에 속하는 많은 사람들이 공통적으로 갖고 있 는, 하고 싶은 성격을 획득한다. 어떤 사회계급 또는 문화에 속하는 대 다수 사람들이 성격의 중요 제 요소를 공유한다는 사실, 또한 특정 문 화에 속하는 대다수 사람들에게 공통의 성격구조의 핵심을 대표하는 '사회적 성격'이 존재한다는 사실은, 성격이 사회적·문화적 유형에 의 해서 형성되는 정도를 나타내는 것이다111)라고 하였다.

그는 사회적 성격을 크게 '비생산적 지향(non-productive orientation)' 과 '생산적 지향(productive orientation)'으로 나누고, 비생산적 지향의 성격을, 첫째, 수용적 지향형(receptive orientation), 둘째, 착취적 지향형 (exploitative orientation), 셋째, 저축적 지향형(hoarding orientation), 넷 째, 시장지향형(marketing orientation)으로 유형화시키고 있다.112)

---

110) Fromm, E., 1949, *Man for Himself*, London and Henley: Routledge & Kegan Raul, p.4.
111) *Ibid.*, p.60.
112) *Ibid.*, p.61-71.

이러한 사회적 성격의 유형화는 역사적 현실로서 사회구조와의 대응 유형인가에 대해서는 구체적인 언급이 없으나, 마지막의 '시장지향형'에 대해서는 현대에서만이 두드러진 것으로 발전했다고 지적한 것으로 미루어, 이 성격유형은 사회구조의 대응관계로 보아야 할 것이다. 여기에서 프롬의 '시장지향형'의 사회적 성격만을 간단히 살펴보기로 하겠다.

프롬의 '시장지향형' 성격은 리즈만이 현대 대중사회의 성격유형을 '타인지향형'으로 규정했을 때, 이 성격유형은 프롬의 '시장지향형'과 유사하다고 말한 바 있다. 실은 리즈만의 사회적 성격개념은 프롬의 개념을 빌려온 것임은 앞에서 지적한 바 있다.

프롬은 주장하기를 현대사회의 지배적 성격유형인 '시장지향형'을 이해하기 위해서는 현대사회의 시장경제기능을 생각해야 된다고 말한다. 왜냐하면 이 기능은 현대인이 발전해온 기초이며, 주요 조건이기 때문이라는 것이다. 현대의 시장은 이미 면접의 장소가 아니라 추상적 비인간적 수요라는 특징을 가진 기구이다.[113] 사람은 알고 있는 범위의 고객을 위해서가 아니라 시장을 위해서 상품을 생산한다. 상품생산은 사용가치보다는 교환가치를 우위에 두는 것을 의미한다. 사용가치보다 교환가치를 강조하는 시장가치개념은 인간에 대해서도, 특히 자기 자신에 대해서도 똑같이 적용된다. 프롬은 이와 같이 자기 자신을 상품화시키고, 자신의 가치를 교환가치로서 체험하는 것에 기초한 성격지향을 시장지향적 성격이라고 지칭하였다.[114]

프롬에 의하면, 현대는 시장지향성이 급속하게 증가하고 있다는 것이다. 그것은 과거 수십 년 이래의 현상이라 할 수 있는 새로운 시장, 즉 퍼서낼리티 시장의 발전에 따른 것이다. 퍼서낼리티 시장에 있어서 팔리는 것은 한편으로 퍼서낼리티이며, 다른 한편으로는 상품이다. 즉 사람이 자기 자신을 어떻게 좋게 시장에 파느냐, 어떻게 하면 자신의 퍼서낼리티를 잘 받아들이게 할 수 있는가? 자신은 어떻게 잘 포장되고

---

113) *Ibid.*, p.67-68.
114) *Ibid.*, p.68.

있는가 등의 '퍼서낼리티 인정'이 시장에서 판가름이 난다. 다시 말해서 시장에서 성공은 어떻게 자신의 퍼서낼리티가 잘 팔릴 수 있는 것인가에 달려 있다. 이렇게 해서 사람은 자신을 상품으로서, 즉 팔리는 사람임과 동시에 팔리는 상품으로 체험한다. 사람들은 자기 생활과 행복에 관심을 갖는 대신 자기 자신이 팔리는 것에만 관심을 갖는다. 백화점에 진열된 핸드백이 감정이나 생각이 있다면, 손님을 끌기 위해 가능한 매력적이 되도록 힘쓸 것이고, 경쟁상대보다 고가품으로 보이기 위해 그만큼 노력할 것이다. 핸드백처럼 사람들은 퍼서낼리티 시장에서 유행에 타지 않으면 안된다.115) 현대인은 자신을 판매자 혹은 시장에 내놓는 상품이라는 양면성으로 체험하기 때문에 자기 존중은 자기의 통제를 넘는 제 조건에 의해서 좌우된다. 만일 그가 성공하면 귀중한 인간이 되고, 그렇지 않으면 무가치한 인간이 된다. 문제는 자기 평가와 자기 존중뿐 아니라 독립된 실체로서의 자기 자신이라는 체험, 즉 그 사람의 자기 자신과의 동일성 여부에 있다. 그러나 문제는 시장지향적 인간은 자기 동일성 내지 동일성 감정의 확신을 자신과 자신의 힘에 의해서가 아니라 자신에 대한 타인의 의견에 의해서 획득하려고 한다. 그의 명성, 신분, 성공, 즉 그가 이러이러한 사람이라고 타인에게 알려져 있다는 사실은, 동일성의 순수한 느낌의 대용물에 지나지 않는다. 이러한 상황에 의해서 그는 타인이 자기를 보는 태도에 완전히 의존하게 된다. 즉 자기는 다른 사람이 바라는 대로의 것이 된다.116)

프롬에 의하면 원래 평등(equality)이라는 말, 즉 모든 인간은 평등하게 창조되었다는 관념은 그 자체가 목적이지 수단이 아니라고 생각하는 기본적 권리를 모든 사람들이 가지고 있다는 것을 의미한다. 그러나 오늘날 평등이란 교환이 된다는 것과 같은 의미를 가지며, 개성을 부정하는 관념이 되고 있다. 평등이란 개인의 특수성을 발전시키는 조건이 아니라 개성의 해소, 즉 시장지향형을 갖는 '몰아성(沒我性)'이라는 특징을

---

115) *Ibid.*, p.71.
116) *Ibid.*, p.73.

의미한다는 것이다. 평등은 상이함(difference)과 연관되어 있었으나, 이제 그것은 무차별(in-difference)과 같은 의미가 되고, 그래서 실제 무차별 혹은 무관심(indifference)이야말로 현대인의 자기 자신 및 타인과의 관계를 특징짓고 있다고 말한다.117)

시장지향형 인간은 퍼서낼리티 시장에서 유행을 타기 위해서는 어떤 종류의 퍼서낼리티가 가장 수요가 있는가를 알지 않으면 안된다. 이런 지식은 일반적인 형태로서 유치원에서 대학까지 모든 교육과정을 통해 전달되고, 가족에 의해서 완성된다. 그러나 이 초기 단계에서 획득된 지식은 그것만으로 충분치 않다. 사람들은 성공을 위해 모범이 되는 보다 특수한 인간상을 여러 곳에서 취득할 수 있다. 잡지, 신문, 뉴스, 영화 등은 성공자의 사진이나 전기를 여러 가지 형식으로 보여준다. 광고 또한 같은 기능을 한다. 양복점 광고나 고급시계 광고에 그려져 있는 성공한 사람의 초상은, 가령 사람이 현대의 퍼서낼리티 시장에서 큰돈을 잡기 위해 어떻게 보여져야 하며, 어떻게 살아야 하는가를 알게 되는 참고서이다.118) 프롬에 의하면, 시장지향형의 현대인이 바라마지 않는 퍼서낼리티의 유형 내지 유행을 좇는 데 가장 중요한 수단은 영화이다. 젊은 여성들은 성공의 가장 유망한 길로서 고급을 지향하는 스타의 얼굴 표정, 헤어 스타일, 몸짓 등을 경쟁적으로 모방한다. 또는 젊은 남자들은 스크린에 나타난 모델처럼 보이기 위해, 그와 똑같이 되기 위하여 노력한다. 그들에게 있어 스타는 성인이며 또한 성공자이므로 인생의 규범을 체현하고 있는 것이 된다.119)

이상에서 우리들은 변화하는 특정 사회구조 속에서 커뮤니케이션의 주체자로서의 인간이 어떻게 위치지어지고 있고, 이를 인간과 매스 미디어가 어떻게 관계되어지고 있는가를 대중사회론으로 볼 수 있는 리즈만의 『고독한 군중』, 호르크하이머와 아도르노의 『계몽의 변증법』, 마

---

117) *Ibid.*, p.74.
118) *Ibid.*, p.71.
119) *Ibid.*, p.71-72.

수용자론

르쿠제의 『일차원적 인간』, 그리고 프롬의 『자유로부터의 도피』와 『인간 자신을 위하여』 등의 저서를 통해서 살펴보았다. 이미 앞에서 강조한 바와 같이 이 연구는 수용자를 단순한 '미디어 수용자'로 규정하지 않고, 이를 사회학적 시각에서 사회구조와의 연관 속에서 파악하고자 하였다. 다시 말해서 이 연구는 오늘날 대표적인 사회이론가들이 그들의 이론적 시각에 입각해서 커뮤니케이션의 주체자로서의 인간을 역사적으로 변천하는 특정 사회구조 내지 사회체제와 어떻게 연관시키고 있으며, 어떻게 위치지우고 있는가, 또한 사회구조 속에서 미디어와 인간의 관계를 어떻게 연관시키고 있는가를 살펴본 것이다. 그러나 여기에서 연관성이란 다소 포괄적인 차원의 것으로, 직접적이고 현재적인 관계일 수도 있고, 간접적이고 잠재적인 관계일 수도 있다.

전자의 경우는 리즈만의 『고독한 군중』에서 사회구조유형과 인간의 사회적 성격, 그리고 상이한 사회구조 속에서 상이한 사회적 성격의 인간과 미디어와의 관계(미디어 이용, 혹은 미디어 영향 등)를 들 수 있고, 후자의 경우는 프랑크푸르트학파의 대중사회와 문화산업(대중문화), 그리고 단순한 소비자와의 관계, 혹은 프롬의 '시장형 인간'과 대중사회의 관계에서 유추될 수 있는바, 수용자와 미디어의 이용과 그 영향이 그 예이다.

4) 포스트-모더니즘론과 수용자

현대사회이론 가운데 수용자와 커뮤니케이션 또는 미디어와 밀접한 연관성을 갖고 있는 이론이 탈현대이론 혹은 포스트모더니즘 이론(post-modernism theory)이라고 할 수 있다. 탈현대성에 관한 이론은 일찍이 토인비(A. J. Toynbee)나 밀즈(C. Wright Mills)와 같은 사회이론가에 의해서 예견되었으나[120]. 특히 미디어 문화 분야에서 탈현대를 현

---

120) Kellner, D., 1995, *Media Culture: Cultural Studies, Identity and Politics between the Modern and the Postmodern*, London: Routledge, p.47; 김수정·정종희(역),

대와의 단절의 의미로 사용하고 새로운 시대로서 탈현대(postmodernity) 개념이 주장된 것은 1970년대에 들어와 보드리야르(J. Baudrillard) 등의 후기구조주의 이론가에 의해서였다.121) 같은 후기구조주의자라 하더라도 푸코와 리오타르(Jean F. Lyotard)는 미디어 문화를 완전히 무시하였다.

1980년대에 들어와서 새로운 탈현대적 역사시대, 다시 말해서 탈현대로 진입했다는 보드리야르의 주장122)과 같이 탈현대적 문화와 사회의 다양한 형식들에 대한 담론들이 활발히 전개되었다. 그러나 켈너(Douglas Kellner)의 주장처럼 단일의 탈현대이론은 존재하지 않으며, 탈현대를 하나의 역사적 시기로 보는 단일한 규정 또한 존재하지 않는다.123) 따라서 이 연구에서는 포스트모더니즘의 대표적 이론가인 보드리야르와 제임슨(Frederic Jameson)의 이론을 중심으로 탈현대사회이론에서 수용자와 미디어가 어떻게 위치지어져 있으며, 이들간의 관계가 어떻게 설명되어지고 있는가를 살펴보기로 하겠다.

(1) 보드리야르(Jean Baudrillard)의 소비사회와 '주체의 죽음'

보드리야르는 1973년에 발간한『생산의 거울(*The Mirror of Production*)』에서 맑스의 시장발달의 세 단계를 동의하면서도 마지막 세 번째 단계에서 문화적 인공물들, 이미지들, 재현들, 심지어는 사랑이나 선함, 감정과 같이 이전에는 사고파는 매매활동의 영역과는 무관한 것으로 간주되던 추상적 개념들이 교환의 영역으로 들어옴으로써, 경제적·생산적인 영역을 이데올로기와 문화의 영역으로부터 분리시키는 것이 불가능해졌다고 주장하였다.124)

    1997, 상게서, pp.97-98.
  121) *Ibid.*, p.47; 상게서, 97쪽.
  122) *Ibid.*, p.47; 상게서, 98쪽에서 인용.
  123) *Ibid.*, p.47; 상게서, 98쪽에서 인용.
  124) Connor, S., 1989, *Post-modernist Culture: An Introduction to Theories of the Contemporary*, Oxford: Basil Blackwell; 김성곤·정정호(역), 1993, 『포스트모던

수용자론

이러한 분석은 경제적 영역 속에 문화의 급증을 말해주는 것인데, 여기에서 말하는 문화적 상품이란 구체적인 물품이 아니라 이미지이다.125)

보드리야르는 문화적 상품 혹은 더 일반적으로는 상품으로서 기능하는 사회적 이미지와 기호들의 급증과 가속화는 "동일가치라는 일반적 법칙의 지배하에 있는 물질적 상품의 교환이라는 추상으로부터 코드의 법칙의 지배하에서의 모든 교환의 작동"으로 전이하는 과정중에 "기호의 정치적 경제를 산출한다"고 주장하였다.126)

코너(Steven Conner)는 보드리야르가 지칭하는 '코드'라는 개념에 대하여, 그가 의미하고자 하는 것이 무엇인지는 명확하지는 않으나 아마도 원초적인 정보로부터, 자동차 유행과 대중의 스타인 배우들, 그리고 정부의 이미지에 이르기까지, 더 일반적으로는 여론조작과 엔젠스베르거(Hansmagnus Enzensberger)의 '의식산업(consciousness industry)'에 이르기까지 기호들의 교환과 증진 그리고 분배와 작동에 관련된 기술의 새로운 지배를 염두에 두고 있는 것 같다고 말한다.127)

보드리야르는 의미로부터의 인종적·언어적 소수의 추방, 성과 가족 관계에서 성적인 것에 대한 강조, 여성들에 대한 가차 없는 지배와 청소년들, 노인들, 실업자들에 대한 구조적이고 지속적인 무시 등을 예로 들면서, 자본주의는 이 모든 것들 속에 자연적·사회적·성적·문화적 힘들, 그리고 모든 언어와 코드 등을 얽어놓았다고 말한다. 이러한 복잡한 법칙들은 그것이 경제적 차원에서 좀 더 현실적이고 근본적인 착취구조가 기호의 조절을 통해서 가장된 형태라는 것을 드러내지 않게 작동하고 있다128)고 말한다.

한편 보드리야르는 저서 『소비의 사회: 그 신화와 구조(*La Socicte de*

문화: 현대이론서설』, 한신문화사, 58쪽 인용.
125) 상게서, 58쪽.
126) 상게서, 58쪽.
127) 상게서, 59쪽.
128) 상게서, 59쪽에서 인용.

*Consommation: Ses Mythes ses Structure)』*를 통해서 현대사회를 '소비의 사회'라고 지칭하고 있다. 그러한 소비개념은 이미 앞에서 지적한 바와 같이 종래의 경제적 상품의 소비를 훨씬 뛰어넘는 문화적 상품의 소비를 포함하는데, 소비사회의 소비는 특히 문화적 상품의 소비에 더 많은 의미를 부여한다. 이와 같은 관점에서 그는 사람을 기호로 파악하고, 사회를 의미작용의 체계로 해석한다. 그리고 인간의 욕구를 특정한 사물에 대한 욕구로 해석하지 않고, 차이에 대한 욕구로 해석한다. 이러한 해석방식을 기초로 해서 '사회적 차이화의 논리'를 만들어낸다. 여기에서 '사회적 차이화의 논리'란 사람들은 상품의 구입과 사용을 통해 자신을 돋보이게 하고, 자기의 정체성을 확립하려고 하는 것을 의미한다. 이러한 상황에서 소비자는 더 이상 자율적 주체가 아니라 사물에 의해 지배받으며, 그 결과 자율성과 창의성을 박탈당한 사물과 같은 존재가 된다.129) 보드리야르는 이러한 사태를 프랑크푸르트학파가 말하는 물신화(物神化)의 과정으로 파악한다.

보드리야르는 『소비의 사회』를 통해서 소비는 기호의 배열과 집단의 통합을 보증하는 체계라고 말한다. 따라서 소비는 도덕(이데올로기적 가치체계)인 동시에 커뮤니케이션의 체계, 즉 교환의 체계라고 말한다. 이런 사실 때문에, 그리고 그러한 사회적 기능과 구조적 조직이 개인 수준을 훨씬 뛰어넘어 무의식적인 사회적 강제에 의해서 개인들을 압도하고 있다는 것이다.130) 그에 의하면, 우리에게 사회학적으로 의미를 갖고 또 우리 시대를 소비라고 하는 기호로 특징짓는 것은 바로 이 소비라고 하는 일차적 수준을 기호체계로 재조직한 것이기 때문이며, 이 기호체계는 우리 시대가 자연에서 문화로 이행하는 독특한 방식 중의 하나라고 파악한다. 그에 의하면, 재화와 차별화된 기호로서의 사물의 유통,

---

129) Baudrillard, J., 1986, *La Société de Consommation: ses Mythes ses Structures*, Paris: Éditions Denoël; 이상률(역), 1992, 『소비의 사회: 그 신화와 구조』, 문예출판사, 107-114, 315쪽에서 인용.
130) 상게서, 101쪽.

수용자론

 구입, 판매, 취득은 오늘날 우리들의 언어활동이며 코드인데, 그것에 의해 사회 전체가 의사소통하고, 서로에 대해 말한다. 이것이 소비의 구조이며, 그 언어라고 말한다.131)
 소비사회에 있어서 이런 개념의 소비는 매스 미디어의 소비에서도 그 한계를 벗어날 수가 없다. 텔레비전, 라디오, 신문, 광고는 메시지의 불연속체인데, 그곳에서는 모든 영역이 등가물로 취급된다. 라디오와 뉴스 프로그램은 무질서한 잡탕인 것처럼 보이지만 실은 뉴스와 광고를 계획적으로 교대하면서 청취자에게 수신의 유일한 도식, 즉 소비의 도식을 강요한다는 것이다.132) 메시지의 편성수법은 교묘하게 조직적으로 연속시키고, 역사와 3면 기사, 사건 및 스펙터클, 뉴스와 광고의 기호수준에서 등가성을 강요한다. 진짜 소비효과는 여기에 있다는 것이다. 따라서 우리가 여기서 소비하는 것은 여러 스펙터클 및 이미지 그 자체가 아니라 상상할 수 있는 모든 스펙터클이 차례로 나타날 수 있는 가능성을 우리는 소비한다는 것이다.133)
 여기에서 그는 맥루한(Marshal McLuhan)의 정식 "미디어는 메시지이다(The medium is the message)"를 소비분석의 기본적 특징으로 받아들인다.134) 그에 의하면, 라디오와 텔레비전이라고 하는 미디어에 의해 전달되는 진정한 메시지(무의식적으로 마음 깊숙한 곳에서 해독되고, 소비되는 메시지)는 소리와 이미지의 명시적 내용이 아니라 현실을 등가기호의 연쇄로 분해한다고 하는, 이 미디어들의 기술적 본질과 관련된 강제적 도식이라는 사실을 이 공식은 시사한다는 것이다. 즉 그것은 베트남도 뮤직홀도 완전히 추상적인 것으로 변화시켜 버린다는 것이다.135)
 이와 같이 매스커뮤니케이션의 공학적 과정에 의해 일종의 다분히 명령조의 메시지가 전달되는데 보드리야르는 이를 '메시지의 소비'라고 하

---

131) 상게서, 103-104쪽.
132) 상게서, 176-177쪽.
133) 상게서, 177쪽.
134) 상게서, 177쪽.
135) 상게서.

는 메시지'라고 부르고 있다.136)

미디어가 전달하는 내용은 대부분의 경우 미디어의 실제기능을 은폐한다. 이 내용은 메시지인 척하지만 진짜 메시지는 인간관계의 깊은 곳에서 일어나는 구조적 변화이다. '철도'의 메시지는 그것에 의해 운송되는 석탄이나 승객이 아니라 하나의 세계관, 인구밀집지역이 획득한 새로운 지위인 것처럼, 텔레비전의 메시지는 그것에 의해 전달되는 이미지가 아니라 텔레비전에 의해 강요되는 관계 및 지각의 새로운 양식이며, 가족 및 집단의 전통적 구조의 변화이다.137)

따라서 매스 미디어의 진정한 모습은 매스 미디어의 기능이 세계의 실제현실에서 일어난 단 한 번의 사건으로서의 성격을 약화시키고, 서로 의미를 보완하고 서로 참조하게 하는 동질적인 각종 매스 미디어로 된 다원적 세계로 현실세계를 대체시켜 버리는 것이다. 결국 각종 매스 미디어는 서로 똑같은 내용이 된다. 이것이야말로 소비사회의 전체주의적 '메시지'라고 주장한다.138)

여기에서 보드리야르는 다시 부스틴(Daniel Boorstin)의 『이미지의 시대(The Image)』에서 서술하고 있는 '의사이벤트(pseudo-event)', 즉 '의사역사', '의사문화' 개념을 도입한다.139) 그것은 현실적이고 유동적인 경험에서 생겨난 것이 아니라 코드의 제 요소와 미디어의 기술적 조직에 근거하여 인공적으로 생산된 사건, 역사, 문화 및 관념의 세계이다. 보드리야르는 이러한 사태만이 모든 의미작용을 소비가능한 것으로 정의한다. 매스 미디어적 소비를 규정하는 것은 현실계를 코드로 바꾸는 이 절차의 일반화라고 말한다.140)

매스 미디어화된 소비에서는 내용의 악의어린 재해석을 훨씬 초월한

---

136) 상게서, 178쪽.
137) 상게서, 179쪽.
138) 상게서.
139) Boorstin, W., 1962, *The Image: or, what Happened to the American Dream*, Weidenfield & Nicolson:Atheneum.
140) Baudrillard, J., *op. cit.*; 이상율(역), 상게서, 183쪽.

차원에서 의미를 왜곡하고, 정치를 비정치화하고 문화를 비문화적인 것으로 만들고 육체를 성과 분리하는 작업이 행해진다. 모든 것이 그 형태에서 바뀌었다. 코드의 요소들의 조합에 근거하는 완전한 인조품인 네오리얼리티가 도처에서 현실을 대체한다. 여기에는 사이버네틱스(cybernetics)에서 사용되는 시뮬라시옹(simulation) 모델과 비슷한 엄청난 시뮬라시옹 과정이 일상생활의 모든 영역에서 진행된다. 그곳에서 매스커뮤니케이션은 현실로서의 힘을 가지게 된다. 그곳에서 현실은 사라지고 미디어 자체에 의해 형체를 가지게 된 모델의 '네오리얼리티'가 우위를 차지한다.141)

이와 같이 '네오리얼리티'가 우위를 차지하는 사회가 보드리야르가 말하는 소비의 사회요, 탈현대적 사회이다. 보드리야르는 1984년의 인터뷰에서 탈현대성을 다음과 같이 묘사하고 있다.

"그것은 더 이상 정의한다는 것이 불가능한 세계의 특징이다… 사람들은 더 이상 예술의 역사나 형식의 역사 속에 살고 있지 않다. 그것들은 해체되고 파괴되었다. 현실에서 더 이상 형식을 참조할 필요는 없다. 그것은 모두 끝장났다. 우리는 이러한 가능성의 극한에 도달했다. 그것은 그 자신을 파괴했다. 그것은 그것의 전세계를 해체했다. 그러므로 남은 것은 파편들뿐이다. 우리가 할 수 있는 것은 파편들을 가지고 노는 것뿐이다. 파편들을 가지고 노는 것 - 그것이 탈현대적인 것이다."142)

보드리야르는 탈현대성 혹은 탈현대적 상황을 극단적인 인간소외현상으로 바라본다. 그 사회는 소비의 사회요, 스펙터클(spectacle)의 사회인데, 그는 커뮤니케이션의 황홀경 속에서 의미와 주체가 해체되고, 사물이 지배하는 세계에서 개인적 자주성의 가능성마저 부정하면서 개인적 행동의 효용성을 조롱한다. 그는 탈인간적 세계에서 기술이 승리했다고 생각하며, 기술적 세계에 사라진 인간성을 그리워하지 않는다.143)

---

141) 상게서, 185쪽.
142) Kellner, D., *op. cit.*, p.329; 상게서, 563쪽 인용.

서론

보드리야르는 1970년대와 1980년대 초반에 가장 중요하고도 도발적인 탈현대 이론가였다. 그가 수행한 '모사(simulation)', '내파(implosion)', '하이퍼 실재(hyper-reality)'에 대한 연구, 그리고 새로운 커뮤니케이션, 정보, 미디어 기술에 대한 연구는 오늘날의 사회이론에서 새로운 길을 열었다는 평을 듣는다.144)

앞에서 든 개념들은 현대사회와 근본적으로 단절되고 결별된 탈현대 사회를 특징짓는 중심 개념들이다. 이 개념 가운데 가장 대표적인 개념이 모사, 즉 시뮬라시옹이다. 보드리야르는 시뮬라시옹의 영역에 대해 다음과 같이 설명하고 있다.

"시뮬라시옹의 영역은 실재와 모형을 혼돈시킨다. 실재와 이성 사이에는 비평적인 거리도 이론적인 거리도 존재하지 않는다. 실재적인 것에 대한 모형의 투사조차도 더 이상 존재하지 않는다… 존재하는 것은 다만 실재를 모형으로 그 자리에서 즉각적으로 변형시키는 것뿐이다. 환상적인 도전, 실재는 과도하게 실재화된다. 현실화되는 것도 아니고 이상화되는 것도 아니며, 하이퍼 실재화되는 것이다. 하이퍼 실재(hyperreal)란 것은 어떤 폭력적인 파괴에 의해 실재를 없애는 것이 아니라 그 자체의 가정, 강력한 모형으로의 고양에 의해 실재를 없애는 것이다. 기대, 억제, 예방적인 변형 등의 모형은 실재를 흡수하는 작용을 하는 영역으로 존재한다."145)

따라서 시뮬라시옹은 비현실의 형태를 취하는 것이 아니라 보드리야르의 용어대로 '과도하게 현실적인(hyper real)', 즉 현실보다도 더 현실적이고자 하는 경험이나 제조상품의 형태를 취한다.146)

보드리야르에 의하면 '하이퍼 리얼리티(hyper-reality)'는 모든 정반대나 가치 분열의 붕괴를 동반하며, 이러한 현상은 특히 정치적 영역에서

---

143) *Ibid.*, p.329; 상게서.
144) *Ibid.*, p.297; 상게서, 527쪽.
145) Connor, S., *op. cit.*; 상게서, 69-70쪽 인용. Baudrillard, J., 1983, *In the Shadow of the Silent Majorities*, New York: Semiotex(e), pp.83-84.
146) 상게서, 65쪽.

더 뚜렷하게 나타난다.147) 정치적 영역에서 적대적인 것들은 서로서로를 향해 무너져 내린다. 그들은 긍정과 부정이 서로를 야기시키고 겹쳐지며 능동도 수동도 존재하지 않고 모든 행위가 모든 사람에게 이익을 주고 모든 방향으로 흩어지며, 원의 끝에서 끝마쳐지는 유동적인 인과관계를 산출하며 '내파'한다.148)

한편 보드리야르를 중심으로 하는 탈구조주의자들은 더 나아가 주체와 정체성이라는 개념 자체에 대하여 공격하였다. 그들은 주관적 정체성 자체가 신화일 뿐이며, 언어와 사회의 구성물이라고 주장하였다. 따라서 탈현대사회에서 주체는 찰나적 행복감의 연속으로 해체되고, 파편화되고 분리된다고 주장하였다.149) 보드리야르는 주체가 대중으로 내파되었으며150) 탈현대적 미디어 사회 그리고 정보사회에서 한 사람은 기껏해야 '단말기의 한 항'에 불과하다고 주장하였다.151)

주체가 합리화, 관료화 그리고 소비주의에 빠져버린 대중사회와 미디어 문화 속에서 개별성을 평준화시키는 사회적 과정에 의해 파편화되고 소멸되고 있다는 보드리야르와 다른 탈현대 이론가들의 주장은 프랑크푸르트학파와 같은 현대성 이론가들의 입장과 매우 유사함을 알 수 있다.

이상과 같이 보드리야르는 탈현대사회의 출현을 이론화했다고 볼 수 있는데, 켈너(Douglas Kellner)는 보드리야르의 탈현대적 신화를 다음과 같이 요약하고 있다.

---

147) 상게서.
148) 상게서, 65-66쪽.
149) Kellner, D., *op. cit.*, p.233; 상게서, 418쪽.
150) Boudrillard, J., *ibid.*; Kellner, D., *ibid.*, p.234; 상게서, 418쪽 인용.
151) Baudrillard, J., 1983, "The Ecstasy of Communication," in H. Foster(ed.), *Anti-Aesthetic*, Seattle: Bay Press; Forster, H.(ed.), 1985, *Postmodern Culture*, Pluto Press; 이기우(역), 1996, 『포스트모던문화』, 신아출판사, 233-234쪽.

"보드리야르는 시뮬라시옹을 둘러싸고 조직된 새로운 탈현대사회의 출현을 묘사했다. 여기에서는 코드, 모델, 커뮤니케이션, 정보, 미디어가 현대사회와의 근본적인 단절을 야기시킨 조물주였다. 보드리야르의 탈현대적 세계는 극적 내파의 세계로서, 이 안에서 계급, 성별, 정치적 차이 그리고 한때는 자율적이었던 사회와 문화의 영역들이 서로 내파하고 탈현대적 만화경 속에서 경계와 차이를 지워버린다. 또한 보드리야르의 탈현대세계는 하이퍼 실재의 세계로서, 이 안에서는 모델과 코드가 사고와 행동을 결정하고, 오락과 정보와 노동을 위한 미디어가 진부한 일상생활의 장면을 보다 더 강렬하고 풍부한 경험을 제공한다. 이 탈현대 세계에서 개인들은 '실재라는 사막'을 표기하고 하이퍼 실재의 황홀경과 컴퓨터, 미디어, 기술적 경험이라는 새로운 영역을 택했다."152)

보드리야르가 제시한 이와 같은 탈현대적인 요지경 속에서 개인주의적 주체성이 파편화되고 실종되는 것은 아마도 필연적인 귀결일 것이다.

(2) 제임슨(Fredric Jameson)의 포스트모던 사회(문화)와 인간

프랑스의 후기구조주의 철학자 리오타르(Jean. Francois Lyotard)와 보드리야르는 다같이 우리는 이미 포스트모던 상황에 진입했다고 주장한 반면, 미국의 맑스주의 문화비평가인 제임슨은 포스트모던을 '시기적 전환'으로 인식하기를 꺼리고 오히려 포스트모던을 제2차 세계대전 이후에 기반을 둔 자본주의 세 번째 단계인 후기자본주의의 문화논리 혹은 문화적 우세종이라고 주장했다.153)

포스트모더니즘에 관한 논의에서 제임슨이 다른 이론가들과 다른 점은 그가 포스트모더니즘을 맑스주의나 네오맑스주의의 틀 안에서 가장 잘 이론화될 수 있다고 주장한 데 있다. 그의 입장은 다분히 프랑크푸

---

152) Kellner, D., *op. cit.*, p.297; 상게서, 528쪽.
153) Jameson, F., 1991, *Postmodernism or the Cultural Logic of late Capitalism*, Durham: Duke Univ. Press, p.6.

수용자론

르트학파의 대중문화 비판의 기준에 더 의지하고 있는 것처럼 보이기 때문이다.154)

그러한 입장은 그의 논문 「이론의 정치학: 포스트모더니즘 논의에서의 이데올로기적 입장(The Politics of Theory: Ideological Positions in the Postmodernism)에서 찾아볼 수 있다. 그는 자본주의 사회에서 대중문화는 속물성과 가짜, 키치(kitch) 상업주의와 ≪리더스 다이제스트≫ 문화로 둘러싸인 환경이란 표현을 반복, 사용하고 있다고 주장한다.155)

그는 포스트 모더니즘 같은 문화변동을 '후기 소비자', '다국적 자본주의 사회'의 '심층논리를 표현하는 방식'으로 표현한다.156)

제2차세계대전 이후 자본주의를 다국적 자본주의로 보는 자본주의의 시기화는 만델(Ernest Mandel)의 저서 『후기 자본주의(Late Capitalism)』의 틀에 의거하였다. 제임슨은 자본주의의 팽창을 세 단계로 구분한다. 즉 주로 국내시장에서 산업자본의 발달로 특징지어지는 시장자본주의와, 시장이 세계시장으로 확대되어 국가들 사이에 형성되어 있지만 근본적으로는 제국들과 그들에게 원료와 값싼 노동력을 공급하는 식민지 사이의 착취와 불균형에 의존하던 제국주의시대의 독점자본주의, 그리고 가장 최근의 것으로 다국적기업의 성장과 그에 따른 국가간의 경계의 초월 현상이 현저해진 포스트모던 시대의 다국적 자본주의가 그것이다.157)

제임슨은 이와 같이 시장자본주의에 상응하는 현실주의, 독점자본주의에 상응하는 모더니즘, 후기/다국적/소비 자본주의에 상응하는 포스트

---

154) Storey, J., 1993, *An Introductory Guide to Cultural Theory and Popular culture*, Simon & schuter; 박모(역), 1995, 『현실문화와 문화이론』, 현실문화연구, 242쪽.

155) Jameson, F., 1988, "The Polities of Theory: Ideological Positions," *The Postmodernism Debate: The Ideologies of Theory Essays*, Vol. 2, London: Routledge, p.112; 박모(역), 상게서, 241-242쪽.

156) Jameson, F., 1984, "Postmodernism and the Consumer Society," in H. Foster(ed.), *Postmodern Culture*, London: Pluto Press, p.125.

157) Connor, S., *op. cit.*, p.52 인용.

모더니즘을 설정한다. 이 관점에서 문화는 '초구조적 수준'에서 발생하는 것이라고 주장한다.158)

제임슨은 '기호, 메시지, 이미지로 침윤된 소비사회'를 묘사하면서 보드리야르에 동의한다. 소비사회는 현실의 우위성이 전도되었으며, 심지어 정치적·이데올로기적 단계에서조차 문화적 재현의 일차적인 방식을 벗어나 모든 것이 문화에 의해 매개된다고 주장한다.159)

제임슨은 오늘의 포스트모더니즘이 보여주는 특징 혹은 실천 중에서 가장 중요한 것의 하나가 '파스티시(pastich)', 즉 '혼성모방'이라고 말한다. 그에 의하면 혼성모방이나 '패러디' 다같이 모방을 내포한다. 다시 말하면 다른 스타일, 특히 독특한 버릇이나 양식상의 왜곡을 흉내내는 것이다.160) '파스티시'는 '패러디'와 마찬가지로 특이하고 유니크한 스타일을 모방하는 것이며, 물체라는 가면을 쓰고서 죽은 언어로 말하는 것이다. 그러나 파스티시는 그러한 흉내를 중립적인 입장에서 실천하는 것이며 패러디가 가지고 있는 숨겨진 동기, 즉 해석학적 자극, 조소, 모방당하는 것이 그것에 비해서 우스꽝스럽게 보이는 정상적인 무엇인가가 존재한다는 기분을 가지고 있지 않은 것이다. 혼성모방은 무표정한 패러디, 즉 유머와 센스를 잃어버린 패러디이다. 패러디가 이를테면 18세기의 안정되고 우스꽝스러운 아이러니라 일컬어진 것이라면, 파스티시는 하나의 기묘한 실천, 무표정한 아이러니의 현대적인 실천이다.161)

제임슨은 이와 같은 문제영역에 새로운 요인을 끌어들인다. 그 이유는 어째서 고전적인 모더니즘이 과거의 것이 되고, 어째서 포스트모더

---

158) Jameson, F., 1984, "Forward to J. F. Lyotard," *The Postmodern Condition*, Manchester: Manchester Univ. Press, XV.
159) Jameson, F., 1979, "Refraction and Utopia in Mass Culture," *Social Text*, l(l), p.139.
160) Featherstone, M., 1991, *Consumer Culture and Postmodernism*, London: Sage; 정숙경(역), 1999, 『포스트모더니즘과 소비문화』, 현대미학사, 90쪽 참조.
161) Jameson, F., 1984, "Postmodernism and the Consumer Society," in H. Foster(ed.), *Postmodern Culture*, London: Pluto Press; 이기욱(역), 205쪽.

니즘이 그것을 대신하게 되었는지를 설명하는 데 도움이 된다는 것이다. 이 새로운 요인이란 '주체의 죽음'이라 일컬어지는 것, 혹은 일상적인 용어로 말한다면 개인주의의 종말이라 일컬어지는 것을 말한다. 그에 의하면, 위대한 모더니즘의 여러 형태들은 개인적이고 고유한 스타일을 발명하는 것을 기초로 하고 있으며, 그런 스타일은 마치 지문처럼 헷갈리는 일이 없는 것, 자기 자신의 몸처럼 뒤바꿈이 불가능한 것이다. 그러나 이것은 본래 모더니스트의 미의식이 유일한 자아나 개인의 동일성, 유니크한 인격이니, 개별성이니 하는 개념과 어떤 식으로든 유기적으로 결부되어 있다는 것을 의미한다. 그리고 그런 자아나 인격이 세계에 대한 자신의 유니크한 견해, 유니크해서 다른 것과 햇갈리는 일이 없는 스타일을 낳을 수 있다고 여겨 왔다는 것이다.162)

오늘날 문화 및 문화적·형식적 변화를 다루는 분야에서 일하고 있는 사람은 말할 것 없고 사회이론가, 정신분석학자, 언어학자들조차 그러한 개인주의와 동일성은 과거의 것이라는 생각을 모두 하고 있다. 즉 왕년의 개인, 혹은 개인적 '주체는 죽은 것이며', 유니크한 개인이라는 개념이나 개인주의의 이론적 기반은 이데올로기적인 것으로서 그려낼 수조차 없게 되었다는 것이다. 제임슨에 의하면, 이러한 생각은 두 가지 입장으로 나눠져 있고 한 쪽은 다른 쪽보다 래디컬하다는 것이다. 여기에서 한 입장은 다음과 같다고 말한다. "확실히 그 옛날 경쟁적 자본주의의 고전시대, 핵가족이 퍼지고 부르주아가 지배적인 사회계급으로서 등장했던 시대에서는 개인주의나 개인적 주체와 같은 것이 존재했다. 그러나 현재는 통합화 자본주의시대, 이른바 조직적 인간의 시대이며 상업에서나 국가에서나 관료주의가 지배하는 인구폭발의 시대이다. 지금은 이전의 부르주아 같은 개인적 주체 같은 것은 존재하지 않는다."163)

제임슨은 '주체의 죽음'에 관해서 또 다른 입장, 즉 포스트 구조주의자들의 입장이라고 하면서 다음과 같이 말한다. "부르주아적 개인, 주체

---

162) 상게서, 206쪽.
163) Jameson, F., 1998, *The Cultural Turn*, London: Verso, pp.5-6.

는 과거의 것일 뿐만 아니라 하나의 신화에 불과하다. 첫째로, 그것은 현실에서는 한 번도 존재한 일이 없는 것이다. 그런 종류의 자율적 주체 같은 것은 존재한 일이 없다. 개인적 주체라는 이 꾸며댄 이야기는 철학적·문화적 속임수이며, 그것에 의해서 사람들은 그들이 개인적 주체를 가지고 있으며, 이 유니크한 개인의 동일성을 소유하고 있기나 한 것처럼 설득하려고 하는 것에 지나지 않는다.164)

제임슨은 첫 번째와 관련하여 포스트모던 이미지 문화에 대한 보드리야르의 논의와 유사하게 준거의 상실, '주체의 죽음', 개인주의의 종말을 야기하는 파스티쉬, 시뮬라시옹, 양식적 다양성(stylistic diversity)과 이질성 등을 들고 있다. 한편, 제임슨이 말하는 두 번째 특성인 일련의 침투적 현재로의 시간의 파편화 현상은 정신분열증이다. 정신분열증은 기표간의 관계단절, 일시성, 기억, 역사감각의 단절로 이해되어진다. 정신분열증적 경험은 '일관성있는 연쇄로의 연관'에 실패한 '고립적이고, 탈연속적인, 무관한 물질적 기표'로 이루어진다.165)

이와 관련해서 제임슨은 1991년에 발간된 그의 저서『포스트모더니즘 혹은 후기자본주의의 문화적 논리(*Postmodernism or, the Cultural Logic of Late Capitalism*)』에서 포스트모던 문화의 특성으로 새로운 종류의 단조로움과 깊이 없음(new depthlessness)의 등장과 시뮬라시옹, 그리고 역사성의 약화(weakening of historicity), '정신분열적'인 구조('schizophrenic' structure) 그리고 정감의 쇠퇴를 든 바 있다.166)

(3) 드보르(Guy Debord)의 '스펙터클 사회(Socicty of the Spectacle)'와 커뮤니케이션

탈현대사회론을 대표하는 보드리야르와 제임슨의 이른바 탈현대사회

---

164) *Ibid.*
165) Featherstone, M., *ibid.*; 정숙경(역), 상게서, 94쪽 참조
166) Jameson, F., 1991, *Postmodernism or, The Cultural Logic of Late Capitalism*, Durham: Duke Univ. Press, p.6.

수용자론

로서의 소비사회론의 또 다른 시각이 드보르(Guy Debord)의 '스펙터클 사회(Society of the Spectacle)'이다. 이들의 기본적인 아이디어가 얼마나 유사한가는 이 책의 서론에 해당하는 첫 장에 포이에르바하(Ludwig Feuerbach)의 저서 『기독교의 본질(The Essence of Christianity)』 제2판 서문을 인용하고 있는 것으로 알 수 있다. 이를 보면 다음과 같다.

"그러나 확실히 기호화되는 물건보다 기호 자체가 원본보다 복사본이, 현실보다 환상이, 본질보다 외관이 더욱 선호되는 오늘날의 시대에는… 오직 환상만이 신성한 것이고 진실은 세속적인 것이다. 아니 오히려 진리가 감소되고 환상이 증가되는 정도에 비례하여 신성성은 더욱 고양된다고 여겨지고 있고, 그 결과 최고도의 환상이 최고도의 신성성이 되고 있다."[167]

실제로 보드리야르와 제임슨 그리고 드보르 간에 사상적 또는 지적 맥락을 같이하고 있다고 볼 수 있는데, 비록 그들간에는 포지셔닝이 각각 다르기는 하나 다같이 맑스주의자인데다가, 보드리야르와 제임슨은 공통적으로 1960년대 프랑스의 급진적 사회비평가 그룹인 '상황론자(Situationist)'들의 작업에 자신들의 관점을 의존하고 있음을 인정한 바 있다.[168]

마샬(Peter Marshall)에 의하면 프랑스의 상황주의자들은 다다, 초현실주의, 문자주의(Lettrism)에 의해 영향받은 아방가르드 예술가들 및 지식인들의 소규모 모임에 기원을 두고 있다.[169] 그들은 그들 이전의 다다이스트(Dadist)들과 초현실자들처럼 분리된 활동으로서 예술과 문화라는 범주를 대체하여, 그것들을 일상적 삶의 부분으로 변형시키려고

---

167) Debord, G., 1994, *The Society of the Spectacle*(trans. Donald Nicholson-Smith), New York: Zone Books p.11; 이경숙(역), 1996, 1996, 『스펙터클의 사회』, 현실문화연구, 9쪽.
168) Connor, S., *op. cit.*; 김성모·장정호(역), 상게서, 58쪽.
169) Marshall, P., *Gny Debord and the Situationists*, http://mail.nothingness.org/sl/simise/marshall; 이경숙(역), 상게서, 「부록: 기드보르와 상황론자들」, 178쪽.

시도했다. 그들은 노동에 반대하고 완전한 여흥(divertissement)을 옹호하였다. 자본주의하에서 대부분의 사람들의 창조성은 엉뚱한 곳에 소모되고 억압받으며, 사회는 배우들과 구경꾼들, 생산자들과 소비자들로 분할된다. 그리하여 상황주의자들은 다른 종류의 혁명을 원했다. 그들은 일단의 사람들이 아니라 상상력이 권력을 장악하기를 원했고, 모든 이들이 시와 예술을 창작하게 되기를 원했다.170)

처음에 이 운동은 주로 예술가들로 구성되었다. 1962년 이래 그들은 점차 그들의 비판을 문화뿐 아니라 자본주의사회의 모든 측면에 적용했다. 드보르는 이 운동의 핵심적인 인물로 등장하게 된다. 그는 1968년 파리에서 일어난 학생봉기의 핵심적인 역할을 했던 이단적인 예술가들과 좌익 작가들의 범유럽적 연합체인 상황주의 인터내셔널의 창립자이자, 가장 널리 읽혀진 논쟁가였으며, 62세 나이로 권총 자살한 사상운동가이다. 상황주의자들은 급진적 무정부주의에 경도되었고, 한편으로는 르페브르(Henri Lefebure)의 일상적 삶의 소외이론을 통해 맑시즘의 요소도 지니고 있었다. 그들은 선진 자본주의 제국에서의 혁명운동이 임금노동자들의 대다수를 포함한 '확장된 프롤레타리아트'에 지도되어야 한다고 주장하였다. 그들은 전세계적인 프롤레타리아트 혁명이 최대한의 쾌락을 산출할 것이라고 기대하였다.171) 드보르의 『스펙터클 사회』와 배나이겜(Raoul Vaneigem)의 『일상적 삶의 혁명(*Revolution of Everyday Life*)』에서 상황주의 이론의 가장 정교한 해설이 되었는데, 그것들은 1968년 학생봉기 동안 광범위한 영향력을 행사하였다.172)

상황주의자들은 자신들의 분석을 통해 자본주의가 모든 관계들을 상거래 관계로 바꾸어버렸으며, 그리하여 삶이 '스펙터클'로 환원되었다고 주장했다. 스펙터클은 그들 이론의 핵심적 개념이다.

그들에 의하면 현대 자본주의사회는 소비자 사회, '스펙터클적' 상품

---

170) Debord, G., *ibid*.; 이경숙(역), 상게서, 178쪽.
171) 이경숙(역), 상게서, 179쪽.
172) 상게서, 180쪽.

소비의 사회이다. 오랫동안 생산자로 극심한 경멸을 받아왔지만 이제 노동자는 소비자로서 후한 대접을 받으며 유혹당한다. 사람들은 능동적인 주체들이 아니라 수동적인 객체들인 양 취급된다. 존재를 소유로 퇴행시킨 후 더 나아가 스펙터클 사회는 소유를 한갓 된 외양으로 바꿔 놓았다고 주장한다.173)

상황주의자들의 탈출구는 혁명을 기다리는 것이 아니라 지금 여기서 일상적 삶을 재창안한 것이었다. 상황주의자들은 스펙터클의 사회 대신 화폐, 상품생산, 임금, 노동, 계급, 사적 소유, 그리고 국가가 없는 공산주의사회를 내놓았다. 무엇보다도 그들은 모든 개인이 적극적이고도 의식적으로 삶의 모든 계기의 재건에 참여해야 함을 강조했다. 그들이 상황주의자들이라고 자칭한 것은 바로 모든 개인들이 그들 자신의 잠재력을 발현하고 그들 자신의 쾌락을 획득할 수 있는 삶의 상황들을 구성해야 된다고 믿었기 때문이다.174)

그들은 권위주의적 구조들과 관료제를 공격하면서 바쿠닌(M. A. Bakunin)에 준거했을 뿐 아니라 드보르 자신은 "1936년 무정부주의는 사실 하나의 사회혁명, 역사상 가장 선진적인 프롤레타리아적 권력의 모델을 지도했다"175)고 주장하기도 한다. 상황주의자들은 많은 약점을 가지고 있음에도 불구하고 현대문화에 대한 비판, 창조성에 대한 멸망, 일상적 삶의 직접적 변형에 대한 강조를 통해 무정부주의 이론을 풍부하게 구성하였다.

드보르의『스펙터클 사회』는 상황론자들의 이론적 핵심이라고 할 수 있다. 그들은 소비사회로서 '스펙터클 사회'를 분석하고 있는데 이러한 사회에서 가장 발전된 형태의 상품이란 구체적인 물품이 아닌 이미지이다. 드보르는 그의 저서『스펙터클 사회』에서 미국의 연간 생산품의 29%가 정보혁명 이전임에도 불구하고, 지식의 분배와 소비에 지출되었

---

173) 상게서, 182쪽.
174) 상게서, 184쪽.
175) 상게서, 185쪽.

음을 밝히며 20세기 후반에 가서는 경제의 추진력으로서의 철도와 자동차도 이미지가 대치할 것이라고 예언하고 있다.176) 또한 드보르는 이 책을 통해서 "우리는 서로들뿐 아니라 우리 자신의 삶에 있어서도 우리의 삶을 규제하고 지배하는 구실을 하는 이미지들의 사회적 관계에 의해 매개된다"고 주장하면서, '스펙터클'로서의 사회와 일상적인 삶을 비판한다. 우리는 주체적인 삶을 영위하기보다는 수동적인 관중으로서 '시청할 뿐'이라는 것이다.177)

한편 글렌(Joshua Glenn)은 「한 상황주의자의 죽음(The Death of a Situationst)」이라는 에세이를 통해서 드보르의 『스펙터클 사회』를 다음과 같이 논평하고 있다.178) "드보르의 에세이 선집 『스펙터클 사회』를 보면 거기에서 그는 매체와 유명인사 숭배가 우리 모두를 최면상태와 수동적인 상태로 가둬두라는 기존질서의 명령을 실행하는 도구라고 주장하고 있다. 드보르는 그 도구의 일부가 되고 싶지 않았던 것이다⋯ 스펙터클은 우리의 자유시간의 대부분을 흡수하고 우리를 우리 노동의 과실들, 동료들, 그리고 심지어 우리 자신들부터 분리시키는 광고, 매체 이벤트, 오락, 그리고 의사소통 기술의 무한정한 분출이다⋯ 스펙터클의 사회에서 존재는 항상 도처에서 수동적인 소비를 고무하도록, 따라서 우리의 삶으로부터 직접적인 경험, 정서, 그리고 관계를 박탈하도록 디자인된 이미지들에 의해 매개된다. 우리는 스펙터클이 입 안에 넣어준 낱말들로 말하고 영화에서 본 적이 있는 동작으로 제스처를 취한다."179)

드보르에 의하면 매체는 과도하기는 하지만 의사소통을 촉진하기 때문에 어떤 내재적인 가치를 지닌-혹은 최소한 중립적인-공공 서비스라고 생각하는 것은 그릇된 것이다. 매체는 결코 중립적이지 않은데, 그것은 항상 직접적인 의사소통을 대체하기 때문이다. 스펙터클은 대화를

---

176) Debord, G., *op. cit.*, p.137.
177) Debord, G., *ibid.*; 이경숙(역), 상게서.
178) Glenn, J., *The Death of a Situationst*, http://www.tune.com/lens/atc; Gny Debord, *ibid.*; 이경숙(역), 상게서, 188-193쪽.
179) Debord, G., *ibid.*; 이경숙(역), 상게서, 188-190쪽.

수용자론

허용치 않을 뿐더러, 바로 '대화의 대립물'이다. 그것은 "기존질서가 아무런 방해도 받지 않고 행하는 자신에 관한 담화이다."180)

드보르는 20년 전에 출판된 『스펙터클 사회』를 비평한 『스펙터클의 사회에 대한 논평(Comments on the Society of the Spectacle)』에서 자신이 일상생활의 실천 속에서 상품물신주의와 그 외피(外皮)에 대하여 비겁하게 공격한 것은 지금도 여전히 타당하다고 주장하였다. 그는 말하기를 더욱 통합된 스펙터클이 지배하고 있는 이 시대에서 그의 공격이 적절하다는 것이 증명되고 있다는 것이다. 이와 같이 그는 『스펙터클 사회』에 대한 그의 원래의 중심적 아이디어를 방어하고 있는데, 그에 의하면 오늘날 매스 미디어와 감시산업의 증가는 조작과 기밀 그리고 디스인포메이션의 확대를 구성하는 한 과정의 측면을 보여주는 데 지나지 않는다고 주장하였다.181)

5) 홀(Stuart Hall)의 'New Times'와 주체성

벨(Danial Bell)이 명명한 탈산업사회나 정보화사회에 대한 보드리야르나 제임슨 등의 탈구조주의자들의 이데올로기적 비판이 이른바 포스트모던 이론이라고 할 수 있다

이들 포스트모던 이론의 주류들이 갖고 있는 관심의 초점은 경제나 물질적 차원의 문제이기보다는 주로 문화변동 현상에 맞춰지고 있다고 볼 수 있다. 이에 비하여 탈산업사회에 대하여 경제 내지 산업적 변동 현상에 맞춘 호칭이 이른바 '탈-포디즘(post-Forism)' 혹은 '신포디즘(newt-Forism)이다.

간단히 말해서 '탈포디즘'은 노동작업의 유연한 전문화와 관련되기보다는 '새로운 저축체계(new regime of accumulation)' 그리고 사회적 규

---

180) Debord, G., 1990, *Comments on the Society of the Spectacle*, Malcolm Imrie (trans.), Verso.
181) *Ibid.*

제와 정치적 규제의 행동양식과 관련된다. 그것은 곧 소비와 저축 간의 관계를 안정시키는 것이거나 혹은 기업이 얼마나 벌고, 소비자가 얼마나 소비하는가와 관련되는 것이다. 그러한 분석은 생산조건과 사회/정치적 관계 그리고 라이프 스타일 간의 관계를 의미하고 있다.

이러한 논의는 이른바 애그리타(M. Aglietta)의 '규제자적 접근(regulation)'이 따르게 마련인데, 이 접근은 선진 자본주의 경제를 안정시키는 데 있어, 자유시장의 '보이지 않는 손'보다는 사회와 문화적 관계의 역할을 강조한다. 다시 말해서 이 접근은 생산과 소비를 조정하는 데 있어 국가의 역할이 내포되고 있다. 애그리타를 포함한 연구자들은 이러한 노동실천의 변화를 '탈포디즘'으로 설명하기보다는 '신포디즘'으로 설명하고 있는데, 그것은 새로운 삶을 부여하고자 하는 포디스트 실천의 연장으로 본다. 바커(Chris Barker)는 신포디즘을 다음과 같이 요약하고 있다. ① 새로운 생산을 위한 기업의 다양화(다각 경영), ② 새로운 시장개척을 위한 국제화, ③ 스케일의 경제, ④ 새로운 기술과 자동화의 집중적인 적용을 통한 노동의 강화 등이다.182)

홀은 이러한 현대 자본주의 사회에서 야기되고 있는 특이한 사회변동 현상, 즉 생산, 정치, 소비, 라이프 스타일, 아이덴티티 그리고 일상의 사생활 측면의 새로운 지형이 'New Times'란 홀과 재크(Martin Jacques)가 공동으로 편집한 *New Times: The Changing Face of Politics in the 1990s*183)의 표제에서 따온 것이다. 이른바 'New Times' 접근은 광범한 영역의 문화적·사회적 쟁점의 틀과 그들간의 연계성을 규명하는 것인데, 이를 요약하면, ① 유연한 제조 시스템, ② 디자인과 질의 커스토마이제이션(customization), ③ 니치 마케팅(niche marketing), ④ 소비자 라이프 스타일, ⑤ 세계화(globalization), ⑥ 신 사회·정치 운동, ⑦ 국

---

182) Barker, Chris, 2000, *Cultural Studies: Theory and Practice*, London: Sage Publications, p.103.
183) Hall, S. and Jacques, M.(eds.), 1989, *New Times: The Changing Face of Politics in the 1990s*, Lawrence & Wishart.

가 탈규제와 복지의 사유화, ⑧ 포스트모더니즘의 문화적 지형, ⑨ 계급구조의 재통합 등이 그것이다.

바커에 의하면 이상과 같은 맥락에서, 계급을 통해서 경제, 문화 그리고 정치가 서로 연결되었던 이전의 명료성은 의문시되었고, 이에 따라 육체 노동계급의 마지막 소멸과 동시에 서비스와 화이트칼라 직업의 증가 그리고 파트 타임과 '유연적'인 노동직의 증가는 '3분의 2' 사회와 '3분의 1' 사회로 표현되는 새로운 사회적 분업이 만들어지게 되었다. 즉, 인구의 3분의 2는 비교적 부유한 층이며, 3분의 1은 비숙련된 파트 타임 일에 종사하거나 혹은 미취업이거나 취업 불가능한 새로운 하층계급을 형성하는 것을 의미한다. 이와 함께 문화적 정체성과 계급 당파의 정치적 충성은 점진적으로 불확실하게 된다.[184]

그런데 *New Times: The Changing*… 책에 포함되어 있는 기고가들의 논문이나, 이에 대한 비판적인 코멘트들은 보다 직접적으로 문화적 연구영역에 초점을 맞추고 있는데, 혹은 이미 문화의 문제와 관련해서 문화를 다음과 같이 규정한 바 있다.[185]

"…현대문화는 그 실천과 생산양식에 있어서 너무도 물질적이다. 그리고 상품과 테크놀로지의 물질적 세계는 너무도 문화적이다."

한편 'New Times'가 갖는 문제성은 'New Times'가 좌파와 문화의 정치(the politics of culture)에 관심을 갖는 사람들에 대하여 논란이 있는 전환점을 만들었다는 점이다. 문화론적 연구(cultural studies)의 관점에서 볼 때, 왜 이것이 중요하느냐 하면 'New Times'는 앞에서 지적한 바와 같이, '규제학파(Regulation School)' 연구자들의 주장을 받아들여 노동, 여가, 고용 그리고 경제 문제를 다루고 있을 뿐 아니라, 세계화된 매스미디어 그리고 새로운 문화적 아이덴티티의 문제도 다루고 있다. 홀의 'New Times'가 이 글에서 중요성을 갖는 것은 여기에서 다루고 있는 아이덴티티가 주체(subjectivity)라는 용어로 뚜렷해진 보다 이론적

---

184) *Ibid.*, p.104.
185) Hall, S., 1988, *The Hard Road to Renewal*, Verso, p.128.

인 입장과 연관되어 설명되고 있기 때문이다. 즉, 'New Times'에 주체라는 용어는 '주체의 회귀(return of the subject)'로 표현되고 있다.

맥로비(Angela McRobbie)는 이러한 '주체의 회귀'라는 표현은 사람(people)에 대하여 이데올로기의 주체라는 알튀세적 가정(Althusserian assumption)으로부터 사회적, 문화적 그리고 경제적 세력(힘)의 상이한 성좌로부터 뚜렷이 태어난 보다 능동적이고 새로운 주체성으로 결정적인 전환을 나타낸 것이라고 주장한다. 또한 그는 말하기를 만일 우리들이 부분적으로 점하고 있는 역사적 담론의 특정 층별을 통해서 주체로 만들어졌다면, 거기에는 새로운 종류의 감각이 분명히 감지될 수 있을 것이다. 그러한 새로운 감각은 가령 청소년 사회학이나 청소년 하위문화에 관심을 가진 사람들은 누구라도 그 새로운 종류의 감각을 직접적으로 느낄 수 있다는 것이다.186) 왜냐하면 그들의 강력한 상징적 기호가 서로 상이하고, 발랄한 주체성을 동반하기 때문이라고 한다. 그러므로 홀의 'New Times'는 '주체의 죽음'을 '새로운 주체'로 되살려놓을 가능성을 활짝 열어놓은 전환점을 제시한 것이 된다.

---

186) McRobbie, A., 1997, "Looking back at New Times and Its Critics," in D. Morley and K. Chen(eds.), *Stuart Hall: Critical Dialogues in Cultural Studies*, London and New York: Routledge, p.238, 247.

제1장
수용자의 개념

1. 수용자개념의 변천과정

커뮤니케이션 연구에 있어서 수용자개념은 원래 사람과 미디어와의 관계에 대한 연구에서 구성된 개념, 즉 '미디어의 수용자'라는 틀 속에서 이해되는 개념이다.

따라서 수용자란 사람들이 미디어에 접촉한다는 점에 착안해서 만들어진 분석개념에 지나지 않으며 어떤 단일의 집단적 구조를 가지고 있는 것이 아니다. 그것은 여러 가지 종류의 미디어 또는 그것들의 내용에 접하는 독자, 청취자, 시청자를 구성하는 사람들의 집합체를 지칭하는 것이다.[1]

라자스펠트(Paul Lazarsfeld)가 1937년 이래 주도하였던 미국 콜롬비아 대학교 응용사회조사연구소의 일련의 라디오 청취자 조사, 신문구독자 조사, 관객 조사 등과 같은 미디어 수용자 조사에서 수용자는 사회 전반에 걸쳐 산재하고 있는 여러 가지 요소를 내적으로 내포하는 거시적 사회단위로서의 수용자였다.

이 경우 수용자란 계급, 계층, 인종, 성(性), 연령, 학력, 직업 등의 사회적 속성과 같은 인구통계학적 속성의 수용자인 것이며, 그런 점에서

---

1) McQuail, D., 1983, *Mass Communication Theory*, London: Sage, p.149.

제1장 수용자의 개념

수용자는 일반적으로 통계적 집합으로 취급되었던 것이다.

한편 수용자에 대한 용어는 단순히 '미디어 수용자'의 한계를 넘어 이를 커뮤니케이션 연구로 연결시키며 커뮤니케이션 과정 모델, 혹은 커뮤니케이션의 차원적 접근(demensional approach) 모델(정보원, 메시지, 채널, 수신자, 효과)의 한 구성요소 혹은 한 차원의 요소인 '수신자'를 지칭하는 집합적 용어로 사용되어 왔다.[2]

따라서 '수용자(audience)'는 미디어와 관련해서 미디어 채널들에 따라 혹은 내용이나 공연형태에 따라 독자, 시청자, 청취자를 가리키는 '미디어 수용자'일 뿐 아니라 인간커뮤니케이션(human communication) 과정에서 송신자가 전달하는 메시지를 받는 수신자인 동시에, 메시지를 발신하는 송신자로, 혹은 텍스트를 능동적으로 이용하고 해독하는 인간 커뮤니케이션의 담당자 - 주체자를 가리키는 용어가 되었다.

맥퀘일(Denil McQuail)에 의하면, 원래 미디어 수용자란 연극이나 게임, 스펙터클의 관객, 즉 여러 가지 문명이나 역사단계에 있어서 여러 가지 형태를 달리해서 나타났던 여러 종류의 연기를 보는 사람들의 무리를 의미했다.[3]

가령 유럽의 경우 18세기에 이르러, 일반시민들은 교회예배나 축제행사 무도회 같은 곳 아니면 음악을 들을 기회가 없었다. 처음에는 사적인 '음악회(Collegia Musica)'였던 것이 공개적인 연구회로 발전되고, 이와 더불어 시민계급의 독자적인 음악생활이 시작되었다. 순수한 연주음악은 18세기 이후에 비로소 생겨났는데, 공개 연주에 모인 청중은 궁정에서 음악연주를 듣던 사람들과는 달리 음악연주를 듣기 위해 그 때마다 입장표를 사야 하는 청중이었다.

또한 그들은 음악을 오직 음악으로서 즐기기 위해, 즉 지금까지 교회

---

2) Schramm, W., 1954, "How Communication Works," in W. Schramm(ed.), *Process and Effects of Mass Communication*, Urbana: Univ. of Illinois Press, pp.3-26.
3) *Ibid.*, p.150.

수용자론

나 무도회나 시(市)의 경축행사 또는 궁정연주회의 사교적인 모임에의 청중이 아니라 일체의 다른 목적이 없이 모인 청중이었다. 그래서 시민계급은 음악의 주된 고객이 되고 또 음악은 시민계급의 정서생활 중 다른 어떤 장르보다 직접적으로 자유롭게 표현될 수 있는 애호받는 예술이 되었다. 여기에서 음악청중은 곧 시민계급으로서의 공중을 의미하게 되었다.4)

그러나 관객 또는 청중으로서의 수용자개념에 최초로 크나 큰 수정이 가해지게 된 것은 인쇄술의 발명 이후이며, 그것은 '독자 공중'의 발전 때문이었다. 즉 사적인 독서에 능동적으로 참여하고, 특정 저자나 여러 장르의 지지자가 된 사람들이다.5)

물론 이러한 독자 공중의 발전은 영국의 경우, 18세기 초부터 진전된 문화적 평준화과정을 통해서 두드러지게 나타났다. 이 독자층은 정기적으로 책을 읽고 책을 사며, 그럼으로써 일정 수의 작가들이 개인적 후원자의 은혜에 힘입지 않고 생계를 꾸려 나갈 수 있도록 보장해준 비교적 광범위한 계층을 형성했다.

이러한 독자층의 성립은 무엇보다도 시민계급의 등장과 직접적으로 연결되고 있는데, 시민계급은 이미 17세기에 중요성을 획득했다. 18세기에 들어와서 그들의 문화적 담당기능은 그들의 사회적 지위 향상과 더불어 확대되었던 것이다.

18세기 초부터 보급된 잡지 내지 정기간행물은 새로운 독자층의 성장을 가져다준 가장 중요한 문화적 수단이 되었고 시민계급은 거기에서 문학적인 교양과 세속적인 교양을 아울러 받아들였던 것이다.6)

특히 신문의 등장은 독자들에게 공통의 언어로 이야기하고 공통의 사회적 쟁점을 제공하며, 어떤 먼 거리에도 완전하게, 그리고 짧은 시간

---

4) Hauser, A., 1953, Sozialgescicbte der Kunst und Literatur, C. H. Beckshe Verlagsbuchhandlung(Oscar beck), Münhen; 廉武雄·潘星完(공역), 1981, 『文學과 藝術의 社會史(近世篇下)』, 창작과비평사, 94쪽.
5) McQuail, D., op. cit., p.150.
6) Hauser, A., op. cit., p.57.

내에 의견과 쟁점을 전달할 수 있었으므로 독자 공중을 무한히 확대·형성시킬 수 있었다.

탈드(Gabriel Tarde)는 신문이 공중을 형성하고 그들의 이성적 의견을 반영함으로써 공중의 의견, 즉 여론(public opinion)을 형성하며 그러한 여론을 바탕으로 이성적 민주주의가 가능하다고 생각했다.[7] 이와 같이 신문의 독자는 곧 독자 공중의 개념을 확립시키는 데 기여했다.

미디어 수용자개념에 관한 두 번째 주요 발전은 대부분의 공연과 공적 커뮤니케이션의 형태가 점차로 상업화해가는 데 따른 미디어 및 미디어 내용의 구매자 내지 소비자로서의 수용자개념이 구성되었다는 사실이다.

신문의 경우 '사상의 공개시장(open market place of idea)' 또는 '공적 영역(public sphere)'의 성격을 가진 초기의 의견신문은 근대에 이르러 '페니 프레스(penny press)'와 같은 상업주의적 대중신문으로 전환되었으며 오늘날과 같은 대규모의 독점적인 신문산업으로 변모되었다.

이와 함께 방송의 상업화와 영화·레코드·출판 등의 문화산업의 발달, 그리고 언론산업과 문화산업의 거대화와 독점화에 필연적으로 개입되는 광고산업의 발전 등은 이러한 미디어를 접촉하는 수용자의 성격에 급격한 변형을 초래했다.

세 번째는 전자미디어 또는 뉴미디어(쌍방향 미디어)의 발달로 수용자들의 미디어 접촉의 세분화와 전문화가 이루어짐으로써 수용자의 비집중화 현상이 촉진되었다. 수용자와 수용자 간, 송신자와 송신자 간의 접촉거리가 더욱 멀어지게 되었으며, 수용자들의 미디어 접촉과 선택성의 유형이 달라지게 되었다.

마지막으로, 민주주의적인 정치이론의 성향과 매스커뮤니케이션 기능의 확대에 따른 미디어의 사회적 책임과 통제의 요구 그리고 미디어 액세스권의 요구는 미디어의 중요성에 대한 사회적인 의식의 확산을 반영

---

7) Tarde, G., 1922, *L'opinion et la Foule*, Paris: Alcan, pp.1-11; 赤靜也(譯), 1929, 『輿論と群集』, p.3.

하는 것이다. 이는 미디어 수용자가 갖는 성격과 그 개념의 변용에도 관련된다.

이상은 미디어 수용자의 개념이 역사적인 변천과정에 따라 어떻게 변용되어왔는가를 네 가지 유형별로 살펴본 것이다.

2. 맥퀘일(D. McQuail)의 수용자개념

맥퀘일은 이상의 네 가지 유형의 수용자에 유의하면서 문헌이나 일상적인 용법 속에서 찾아볼 수 있는 주요 수용자개념을 다음과 같이 네 가지로 분류한 바 있다.[8]

① 관객·독자·청취자·시청자의 집합체로서의 수용자
② 대중으로서의 수용자
③ 공중 또는 사회집단으로서의 수용자
④ 시장으로서의 수용자

이러한 분류는 그가 1983년에 저술한 『매스커뮤니케이션 이론(*Mass Communication*)』의 첫 판에서였고, 그 후 2000년에 간행된 4판에서는 ① 대중으로서의 수용자, ② 집단으로서의 수용자의 재발견, ③ 시장으로서 수용자로 분류하고 있다.[9]

이를 간단히 설명하면 다음과 같다.

1) 대중으로서의 수용자

찰스 라이트(Charles Wright)는 수용자의 특성을 "비교적 다수의 이

---
8) McQuail, D., *op. cit.*, p.150.
9) McQuail, D., 2000, *op. cit.*, pp.361-363.

질적(heterogeneous)이고 익명적(anonymous)"이라고 규정하고 있다.10) 라이트가 이렇게 규정한 수용자의 특성은 실은 불루머(Herbert Blumer)와 워스(Louis Wirth)가 규정한 대중의 특성을 보다 단순화시킨 것이다. 현대 미국 사회학의 시카고학파 좌장인 불루머는 수용자가 현대 상황으로 인해 나타난 새로운 형태의 집합체로써 좋은 예가 될 수 있다고 말했는데, 그는 이러한 현상을 '대중(mass)'이라고 불렀으며, 이전의 사회적 형태인 집단, 군중, 공중과 구별했다.11)

불루머는 대중(mass)의 특성을, 첫째, 모든 삶의 사회적 계층에 속하는 사람들에 의해서 구성되었고, 둘째, 익명적 개인 내지 집단에 의해서 구성되었으며, 셋째, 사회구성원간에는 상호작용이나 경험의 교환이 없고 일상적으로 서로간에 물리적으로 떨어져 있고, 넷째, 구성원간에는 거의 조직이 안되어 있어 어떤 집단이나 단합적 행위를 할 수 없다고 했다.12)

워스도 역시 대중은 다수의 구성원을 포함하고 있으며 이들은 지구상에 널리 산재되어 있는 집합으로 구성되어 있으며 이질적인 구성원과 익명적인 개인들의 집합이라고 말한다.13)

이와 같이 대중의 개념은 대중사회의 사회구성원으로서 대중의 특성을 지칭한 것이다. 대중사회에 대한 견해는 다양하나 일반적으로 쿨리(Charles Horton Cooley)가 개념화한 '일차집단(primary group)'14)의 붕괴로 인해 사회구성원간의 연대고리가 상실되어 결과적으로 구성원간의 상호작용이 단절되고 유리되고 고립화되는 현상을 의미한다.

대중사회에서 대중이 갖는 이질성, 익명성, 고립성(무조직성)은 대중을

---

10) Wright, C., 1986, *Mass Communication: A Sociological Perspective*(3nd ed.), New York: Random House, p.7.
11) McQuail, D., 2000, *op. cit.*, p.361.
12) Blumer, H., 1946, "Collective Behavior," in A. MacClung Lee(ed.), *Principles of Sociology*, New York: Barnes & Noble, pp.185-186.
13) Wirth, L., 1953, "Consensus and Mass Communication," in W. Schramm(ed.), *Mass Communication*, Urbana: University of Illinois Press, p.562.
14) Cooley, C., 1909, *Social Organization*, New York: Charles Scribner's Sons.

수용자론

'원자화된 개인'으로, 혹은 리즈만의 표현처럼 '고독한 군중(lonely crowd)'[15]이나 '새로운 군중'[16] 또는 리프만(Wlater Lippmann)의 '환(幻)의 공중(phantom public)'[17]으로 지칭되기도 한다.

대중의 개념은 원래 대중사회의 개념과 이론에 직접적으로 연관되어 있다. 따라서 여기에는 부정적인 시각과 긍정적인 시각이 공존하고 있다.

부정적인 시각은 보수·귀족주의적 또는 엘리트적 시각과 프랑크푸르트학파의 비판사회적 시각이나 밀즈(C. W. Mills)의 시각,[18] 그리고 문명비판론적 시각 등으로 크게 나눌 수 있다. 여기에서 보수귀족주의적·엘리트적 시각은 대중을 르봉(Le Bon)의 '군중(mob, crowd)'[19]이나 가제트(O. Gasset) 등이 말하는 '혼 없는 대중'과 같이 비합리적이고 비이성적인 성격의 매우 경멸조의 집합적인 무리로 본다.[20] 이와 유사하게 만하임(Karl Mannheim)은 지식사회학적 입장에서 대중을 반지성적인 성격으로 규정하고 있다.[21]

한편 프랑크푸르트학파를 중심으로 한 비판사회학의 시각은 대중을 원자화된 개인으로 보는 점에 있어서는 일반 사회학의 시각과 같다. 원자화된 개인은 대량생산체제의 단순한 소비자로 전락되고 자신의 주체를 상품의 소비를 통해 인식하는 물화(物化)된 인간들이라고 본다. 따라서 대중들은 이미 정치적 실천이 불가능하고 체제에 의해 일반적으로 조정되는 수동적인 개인들의 집합으로 본다.[22]

---

15) Riesman, D., 1950, *The Lonely Crowd*, New Haven: Yale University Press.
16) 淸水幾太郞, 1954, 『社會心理學』, 東京: 岩波書店, pp.137-142.
17) Lippmann, W., *The Phantom Public*.
18) Mills, C. W., 1956, *The Power Elite*, New York: Oxford University Press.
19) Le Bon, G., 1896, *The Crowd: A Study of the Popular Mind*, London: Ernest Benn, Ltd.
20) Gassett, Ortega y, 1960, *The Revolt of the Masses*, New York: N. W. Norton & Company, Inc.; Bell, D., 1962, "America as a Mass Society," D. Bell(ed.), *The End of Ideology*, New York: The Free Press, pp.21-23.
21) Mannheim, K., 1950, *Man and Society in the Age of Reconstruction*, New York: Harcourt Brace, p.85.
22) Marcuse, H., 1964, *One Dimensional Man*, New York: Routledge, p.9.

제1장 수용자의 개념

대중사회에 대한 긍정적인 시각은 대중사회를 '새로운 질서'[23]로 규정한다. 쉴즈(Edward Shiels)를 중심으로 한 미국 사회학자들은 대중을 여론의 실질적인 담당자인 자유롭고 평등한 '일반사람들', 즉 'people'과 동일시한다. 따라서 대중(mass)-일반사람들(people)-수용자(audience)와 같은 등식이 성립된다.

이상에서 대중의 개념을 부정적인 시각과 긍정적인 시각으로 나누어 보았다. 특히 부정적 시각의 대중의 개념은 뒤에서 살피고자 하는 수용자의 분류 유형의 하나인 '수동적 수용자(passive audience)'의 설명원리가 되고 있다. 한편 맥퀘일은 이상에서 언급된 대중에 대한 논의를 종합해서 일반적 개념으로 설명하고 있다. 즉 "대중은 특히 대규모성, 익명성, 불안정성 등의 특징을 가지고 있다는 점에서 현대 산업도시사회의 새로운 조건들로 인해 나타난 결과로 본다. 그는 대중의 개념 내지 특성을 다음과 같이 설명하고 있다.

① 수용자는 규모 면에서 크고 광범위하게 분산되어 있다.
② 구성원들은 서로간에 알지 못하며 알 수도 없다.
③ 수용자 특성은 항상 변화하고 분산되며, 이질성으로 인해 자아 정체감이 부족하다.
④ 수용자는 어떤 규범이나 규칙에 의하여 지배받지 아니한다.
⑤ 스스로 행동하지 않으며, 외부적인 것에 의해 행동하려 한다.
⑥ 수용자와 매스미디어 간 관계는 비인격적이다.[24]

2) 집단으로서 수용자의 재발견

'일차집단'의 붕괴로 인하여 대중들이 '원자화된 개인'이 되고, '고독

---

23) Shils, E., 1963, "Mass Society and It's Culture," in N. Jacobs(ed.), *Culture for the Millions?*, New York: D. Van Nostrand Co. Inc.
24) McQuail, D., 2000, *op. cit.*, p.361.

한 군중'이 되었다는 대중사회 이론은 1940년대에서 1950년대까지 라자스펠트(P. Lazarsfeld)를 중심으로 실시되었던 투표 행태연구와 소비자 행태연구에 의하여 발견된 '일차적 집단의 재발견'에 의하여 크나 큰 도전을 받게 되었다.[25]

이러한 실증적 조사 결과 고립되고 원자화되었다는 대중은 지역성과 공동관심사를 근거로 사회관계에서 수많은 중복된 네트워크를 형성하고 있었으며, 매스 미디어는 여러 가지 방법으로 이러한 네트워크들과 연결되고 있음을 발견하였다. 이로서 수용자의 공동체적이고, 사회집단과 같은 특징이 중요한 개념으로 다시 등장하게 되었다.[26]

3) 시장으로서의 수용자

구미 제국에 있어서 문화적 발전은 최초의 수용자를 낳게 했으며, 정치적 발전이 공중의 개념을 낳은 것과 마찬가지로, 경제적 발전은 '시장으로서의 수용자' 개념을 낳게 했다.

이 개념은 상업적인 미디어가 필연적으로 도달하는 수용자개념인데, 정치경제학적 시각에서 볼 때 어떤 미디어 생산물은 특정의 잠재적 소비자집단에 대해서 다른 미디어 생산물과 서로 경쟁해서 판매되는 상품 또는 서비스라 할 때, 이들 특정의 잠재적 소비자들을 시장으로 볼 수 있다는 주장이다.[27]

특히 미국과 같은 자본주의사회에 있어서 미디어 제도가 전면적으로 상업주의적인 미디어산업 내지 문화산업일 경우, 미디어 및 미디어 내용은 상품인 것이며 그 상품의 구매자는 시장일 수밖에 없는 것이다.

이와 같이 시장으로서의 수용자는 미디어 생산물의 잠재적인 소비자

---

[25] Lazarsfeld, P. F., B. Berelson and H. Gaudet, 1944, *The People's Choice*, New York: Columbia Univ. Press; E. Katz. and P. F. Lazarsfeld, 1955, *The Personal Influence*, New York: Free Press.
[26] McQuail, D., *op. cit.*, pp.362.
[27] McQuail, D., *op. cit.*, pp.362-363.

군과 미디어 수입의 또다른 주요 원천이라고 할 수 있는 광고에 대한 수용자로 나누고 있다.28)

미디어의 정치경제학적 시각은 광고에 대한 수용자에 대해 보다 주목하고 있다. 스마이tm(Dallas Smyth)에 의하면, 미디어의 기본적 기능은 독점자본 광고주들의 판매를 위해 안정된 수용자집단을 창출하고 그에 따라 생산의 순환을 완성하는 소비성향을 발생시키는 것이라고 한다.29)

시장으로서의 수용자개념을 필연적으로 '미디어(특히 소유주나 경영자)를 중심'으로 한 견해이자 미디어 산업에 대한 담론의 용어 안에서 존재한다.30)

이상에서 맥퀘일이 제시한 세 가지 수용자개념을 살펴보았다. 이를 오늘날의 미디어연구 성과와 관련하여 좀 더 확대해서 보면, 미디어 수용자는 '취향공중(taste public)'으로서의 수용자, '미디어 이용자(user)'로서의 수용자, '미디어 해석자(decoder)'로서의 수용자, 혁신자로서 수용자, 저항자로서의 수용자, 지각적 수용자 등으로 확대, 분류할 수 있다. 이를 설명하면 다음과 같다.

3. 취향공중으로서의 수용자

1) 갠스(Herbert Gans)의 취향공중과 취향문화론

이 개념은 갠스가 구성한 개념으로 원래 고급문화나 대중문화와 같은 '취향문화(taste culture)'를 향유하는 문화공중을 지칭한다. 갠스는 미감(美感)의 다원주의와 취향문화의 다원성이라는 문화적 다원주의 입장에

---

28) *Ibid.*, p.363.
29) Smythe, D., "Communications: Blindspot of Western Marxism," *Canadian Journal of Political and Social Theory* Vol. 1(3), p.1.
30) McQuail, D., *op. cit.*, p.363.

서 취향문화를 주장하고 있다. 그에 의하면 모든 인간은 본래 심미적 충동을 갖고 있다는 기본적인 가정에서 출발하고 있다.31)

어떤 사회이건 사람들은 많은 욕망을 갖고 있는데, 그 욕구 가운데 예술이나 오락 및 정보에 대한 욕구를 가질 수도 있고, 또 그것을 창조할 수도 있을 것이다. 그런데 한 사회의 예술, 오락, 정보 등은 그 사회의 제 가치나 성원들의 필요 그리고 그 성격에 따라 달리 이루어지고, 형식과 내용에 있어 일정한 수준에 도달한 것이어야 한다. 또한 한 사회에는 여러 종류의 심미적 기준들이 있어 사람들은 이들 중 어떤 것을 고를 것인가의 기회가 공평하게 제공되어 있다는 것이다. 여기에서 문화내용물을 선택하는 가치와 기준이 취향문화(taste culture)의 수준이 되고, 공통의 가치나 기준을 갖고 서로 유사한 문화 내용물을 선택하는 사람들을 취향문화의 공중, 즉 취향공중(taste public)이라고 지칭하였다.32)

여기에서 개개 취향공중은 각기 독자적인 심미기준을 갖고 있기 때문에 주요 취향문화들은 모두 그들에게 맞는 나름대로의 미술, 음악, 건축, 문학, 영화 텔레비전 프로그램 등이 있고, 각각의 취향문화계에는 모두 그 내용물을 만드는 작가, 예술가, 연기자, 비평가들이 존재한다. 갠스는 이러한 맥락에 입각해서 와너(W. Lloyd Warner)의 계급-문화(class-culture)개념을 도입, 취향문화와 취향공중을 다섯 가지 유형으로 나누고, 그들 각각의 취향문화를 상급문화(high culture), 중상급문화(upper-middle culture), 중하급문화(lower-middle culture), 하급문화(low culture) 그리고 준민속하급문화(quasi-folk low culture)로 구분하였다.33)

① 상급문화: 상급문화는 여타의 취향문화와는 달리 문화의 창조자와 비평가들에 의해 지배되고 있다. 그들은 모두 최고의 교육을 받은 상류,

---

31) Gans, H., 1974, *Popular Culture and High Culture*, New York: Basic Books, Inc., Publishers, p.67; 강현두(역), 상게서.
32) *Ibid.*, p.68; 강현두(역), 상게서, 118쪽 참조
33) *Ibid.*, p.71; 강현두(역), 상게서, 118쪽 참조

중상류 계층의 사람들이다. 상급문화는 소수 공중에서만 향유되기 때문에 매스 미디어에 실려 다수의 대중에게 널리 전파되는 것을 피한다. 미술의 경우, 원화(原畵)로 주로 화랑을 통해서 보급되고, 상급문화적 잡지로서는 '소잡지(small magazine)'이다. 상급문화적 연극은 주로 유럽이나 뉴욕의 오프브로드웨이(off-Broadway)에서 집중적으로 공연된 것들이다.34)

② 중상급문화: 비교적 좋은 대학교육을 받은 전문직에 종사하는 사람들, 기업의 경영자들 또는 간부들과 그들의 부인층이 여기에 해당된다. 중상급의 문예물은 상급문화에 비해 문학성에서 그다지 높지 않다. 미술이나 음악은 상급문화에 비해 추상성이 훨씬 덜하다. 이들은 ≪타임(Time)≫이나 ≪뉴스위크(Newsweek)≫ 같은 뉴스 잡지들, 음악은 19세기 작곡가들의 교향곡이나 오페라를 주로 향유한다. 중상급문화는 고급미디어나 권위있는 매스 미디어를 통해서 공급한다. ≪하퍼스(Harpers)≫, ≪뉴요커(New Yorker)≫, ≪플레이보이(Playboy)≫, ≪미즈(Ms)≫, ≪보그(Vogue)≫와 같은 것이 그 예이다.35)

③ 중하급문화: 중하급문화는 미국사회의 지배적인 취향문화이다. 중하급문화의 향유층은 중류층 및 중하층 사람들로 사무원, 초등학교 선생, 기타 저급의 정신노동 종사자들로 고등학교나 초급대학 출신이 여기에 해당된다. 이들은 주로 ≪라이프(Life)≫, ≪룩(Look)≫, ≪코스모폴리탄(Cosmopolitan)≫이나 여성잡지, 가정잡지, 취미잡지 등을 즐겨 읽으며, 문고판으로 수백만 부가 팔리는 통속작가들의 베스트셀러가 주요 독자층을 이룬다. 이들은 미국 오락영화의 가장 충실한 관객이며, 텔레비전의 가장 충실한 시청자들이다.36)

④ 하급문화: 이 문화의 주요 수용자는 숙련공이나 준숙련공, 서비스 노동자 준숙련 사무원들이다. 하급문화는 주로 매스 미디어에 의해 주

---

34) *Ibid.*, pp.75-81; 강현두(역), 상게서, 125-134쪽 참조
35) *Ibid.*, pp.81-84; 상게서, 135-140쪽 참조
36) *Ibid.*, pp.84-89; 상게서, 140-146쪽 참조

로 공급된다. 예컨대 서부극이나 <루시쇼(Lucill Ball)>, <레드 스켈톤 쇼(Red Skelton)> 등 코미디 프로그램, <에드 설리반 쇼(Ed Sullivan Show)>와 같은 노래와 곡예 프로그램, <베버리 힐빌리스(Beverly Hillbillies)>와 같은 시추에이션 코미디물 시리즈 혹은 <로렌스 웰크쇼(Lowrence Welk)> 등 음악 프로그램이 그 대표적인 예이다.37)

⑤ 준민속하급문화: 이 문화는 가난한 사람들의 취향문화로 비숙련노동이나 서비스업에 종사하며 초급학교 졸업 정도의 수준의 교육수준이 매우 낮은 사람이다. 이들 중의 대부분은 농촌에 살거나 아니면 농촌출신의 도시 하층계급으로 유색인종들이다.38)

여기에서 한 가지 흥미있는 사실은 맥퀘일은 당초 그의 저서 『매스커뮤니케이션 이론』(1983) 초판에서 '취향공중'을 수용자 카테고리에 포함시키지 않았으나 그의 최근 저서에서는 충족집단의 하나로 취향공중에 대하여 언급하고 있다. 본 저자는 이미 수용자의 한 유형으로 취향공중을 유형화한 바 있다.39)

맥퀘일은 이에 대해 다음과 같이 언급하고 있다.

"갠스(Hebert Gans)에 의한 '취향문화'의 개념에는 공유된 지역성이나 사회적 배경보다는 관심에 따라 미디어를 선택하는 수용자를 표현하고 있다. 그는 취향문화를 '동일한 사람들에 의해 선택된 유사한 내용의 집합체'로 정의하고 있다. 취향문화는 사람 집단이라기보다는 유사한 미디어 생산물의 집합인데, 이는 세분화된 수용자의 생활양식을 표현하기 위해 의도된 형태, 표현의 양식, 그리고 장르의 결과로서 나타난다. 이러한 현상이 나타날수록 취향문화에 대한 특유한 사회-인구통계학적 형태가 보다 많이 나타날 것이다."40)

---

37) *Ibid.*, pp.83-93; 상게서, 148-155쪽.
38) *Ibid.*, pp.93-94; 상게서, 155-156쪽.
39) 이강수, 1994, 「수용자 연구」, 한국언론연구원(편), 『언론과 수용자』, 한국언론연구원, 22-23쪽.
40) McQuail, D., 2000, *op. cit.*, p.373.

2) 팬덤(Fandom)으로서의 수용자

취향공중과 유사하나 이보다 자기의 취향이나 취향대상에 적극적이고 능동적으로 참여하고, 이에 추종하는 수용자 유형으로 '추종자'나 '팬'을 들 수 있을 것이다. 여기에서 제기되는 문제가 '팬덤(fandom)'의 문제이다. 팬덤이라는 용어는 미디어 스타, 공연자, 공연 혹은 텍스트에 대해 극단적으로 열광하는 추종자들의 집단을 가리킨다.[41] 그들은 주로 매력 대상에 대한 지나친 집착을 보이고 있다. 그들은 종종 강한 자의식과 다른 팬들과의 공감대를 보이기도 한다. 팬이 된다는 것은 의상, 담화, 다른 미디어 이용, 소비 등과 같은 부가적인 행위유형까지도 포함한다.[42]

팬덤은 때로는 미숙함과 무지, 대중문화 결과 및 대중 행동과 관련되어 있다고 비판받기도 한다. 이와 반대로 팬덤이 미디어에 의한 조작을 보여주는 것이 아니라 수용자의 '생산적인 힘'을 보여준다는 대안적 시각도 있다.[43] 이러한 관점에 따르면, 팬은 미디어의 조작적 지배로부터 팬 집단을 분리시키기 위해 문화차별 체계나 외향적 과시표현 등을 통해 사회적 동질성을 이루면서 새로운 의미를 활발하게 만들어간다[44]고 본다.

이상과 같이 팬덤에 관한 논의에는 부정적 측면, 즉 젠센(J. Jensen)이 말하는 '병리적 팬(pathological fan)'의 모델이 있고, 이와 대조적으로 긍정적 측면의 모델도 있다.[45]

젠킨스(H. Jenkins)는 팬은 다섯 가지 다른 의미에서 능동적이라고 강조한다. ① 팬은 그들의 특정 수용양식에서 능동적이다. 그는 이를 '감

---

41) Lewis, L., *The Adoring Audience: Fan Culture and Popular Media*, London: Routledge & Kegan Paul; McQuail, D., *ibid.*, p.376 인용.
42) McQuail, D., *ibid.*, p.376.
43) Fiske, J., *The Cultural Economy of Fandom*, in L. Lewis(ed.), *op. cit.*, pp.30-59; McQuail, D., *ibid.*, p.376 인용.
44) McQuail, D., *ibid.*, p.376.
45) Jensen, J., "Fandom as Pathology: The Consequences of Characterigation," in L. Lewis(ed.), *op. cit.*, p.9.

정적 근접성(emotional proximity)'과 '비판적 거리(critical distance)'라고 특징지었다. ② 그들은 비판적 그리고 해석적 실천의 특정 틀을 사용하기 때문에 능동적이다. ③ '팬덤'은 소비자 액티비즘의 기반을 구성한다. 여기에서 팬은 그들이 선호하는 텍스트의 프로듀서가 취하는 방향에 영향을 미치기 위해 조직하기도 한다. ④ 팬은 그들의 대안적인 텍스트를 생산하고, 기존의 시리즈로부터 새로운 상황과 새로운 세계로 캐릭터를 위치시킴으로써 능동적이다. ⑤ 팬은 대안적인 사회적 공동체를 만든다는 점에서 능동적이다.[46]

이러한 맥락에서 애버크롬비(Nicholas Abercrombie)와 롱허스트(Brain Longhurst)는 팬은 생산과 소비의 상이한 양식에 있어 능숙하거나 유능하다고 주장한다. 즉 텍스트와의 인터액션, 그들의 새로운 텍스트의 생산에 있어서 능동적이다. 또한 그들이 좋아하는 프로그램과 그들을 연결시킴으로써 상이한 공동체를 구성한다는 점에서 '커뮤널(communal)' 하다고 주장한다.[47]

또한 애버크롬비와 롱허스트는 팬에 대한 문헌 연구를 통해서 세 가지 중요한 팬의 타입을 제시하고 있다. 첫째, 팬 활동은 스타 혹은 미디어 이미지 그리고 표상(representations)을 둘러싸고 조직되었다는 점, 만일 팬이 다른 활동에 개입했다 하더라도(가령 비디오 메이킹), 역시 스타나 이미지 주위를 맴돈다. 즉 그것은 팝 팬의 활동과 같이 한 사람의 스타나 그룹에 의해서 특유하게 구조화된다. 둘째, 팬은 특히 그들이 좋아하는 쇼나 예술가와 연관해서 볼 때 비교적 중사용자이다. 셋째, 팬은 다양한 공동체 활동에 참여하고 있다.[48]

근래 우리나라에서도 팬덤의 문제가 제기되고 있다. 그것은 긍정적인 측면보다는 부정적인 측면이 강하다. 이러한 문제의 제기는 주로 일부 중앙지와 방송사에서 이행해졌는데, 그 주제의 초점은 인기 있는 가수

---

46) Jenkins, H., 1929, *Textual Poachers*, London: Routledge, p.278.
47) Abercrombie, N. and B. Longhurst, 1998, *Audiences*, London: Sage, p.127.
48) *Ibid.*, p.130.

나 가수 그룹에 대한 10대 팬들의 극성으로 인한 사회적 역기능에 맞춰지고 있다. ≪한국일보≫ 특집「팬덤을 넘어서: <상> '빠순이'를 아시나요?」(2001년 1월 11일자, 30판, 17면)에 의하면 2000년 11월 5일 여중생 한 명이 그룹 '클릭B'를 쫓아가다 다른 팬들에 밀려 넘어진 후 목숨까지 잃는 불상사가 발생했고, 지난해 10월에는 H.O.T의 숙소가 있는 청담동 주민들이 팬들의 극성 때문에 못 살겠다며 그룹에게 이사를 요구했다고 기술하고, 10대 팬들의 극성은 기성세대에게는 이해되지 않는 행동들이나 이제 팬덤은 부정할 수 없는 10대의 생활스타일이 되었다고 보도하였다. 이 신문의 보도특집 내용을 요약하면 다음과 같다.

"'빠순이'라는 호칭은 극렬한 팬클럽 회원을 가리키는 말로 주로 여성 팬을 비하해서 쓰이는데, 이 호칭은 '오빠부대'의 변형이라고 한다. '빠순이'들의 행동은 극렬해서 '누구와 사귄다'는 식의 루머를 퍼뜨리거나 인터넷에 합성사진을 올리기도 한다.

이들 '팬클럽'은 주로 중고 여학생들로 서태지, H.O.T, GOD, 조성모, 유승준 등 남성 가수들에게 집중되고 있다. H.O.T의 경우 공식회원만 8만 명에 이른다. 일부 팬클럽은 주로 가수의 집 앞에서 밤샘을 하며 기다리거나 행사장이 있는 곳이면 어디든 찾아간다. 간혹 수업도 빼먹는다. 1990년대 중반부터 불붙기 시작한 팬클럽 문화는 이제 조직적인 방향으로 움직이고 있다."

그러나 이들 팬클럽이 부정적인 측면만이 있는 것은 아니다. ≪한국일보≫의 특집내용에 의하면 서태지 팬클럽인 '서태지문화 사랑회'는 서태지 음반을 해외 웹진 평론가들에게 보내 'DFTN Co.1-4'라는 웹진에서 정식 리뷰를 따내기도 했다. 말하자면 서태지의 '세계진출'을 팬이 추진하고 있는 셈이다.

팬클럽은 비단 음악 팬에게만 존재하는 것은 아닐 것이다. 그동안 우리는 프로농구시합에 동원되는 이른바 '오빠부대'가 존재하고 있음을 알고 있고, 88올림픽 축구팬 클럽인 '붉은악마'의 바람직한 '팬덤'을 알고 있다.[49)]

수용자론

3) 부르디외(Pierre Bourdieu)의 문화공중으로서의 수용자

취향문화와 취향공중과 비슷한 문화공중 개념이 부르디외(Pierre Bourdieu)의 '문화자본(culture capital)'과 '아비투스(fandom)'[50] 개념이다. 결론적으로 말한다면, 갠스의 취향문화는 사회계층별에 의한 취향문화의 구별짓기라 한다면, 부르디외의 취향문화는 사회적 장 내에서 하나의 계급(예를 들어 지배계급)을 다른 지배계급과 구별짓는 계급적 성격을 띤다.

여기에서 자본주의사회에 있어서 계급적 문화취급의 구별짓기의 모체 내지 행위문법을 설명하는 핵심 개념이 문화자본과 '아비투스'이다. 부르디외에 의하면, 현대인의 문화실천은 종래의 계급의식의 성찰에서 비롯되는 것이 아니라 일상적 의식, 무의식 속에서의 경험과 교육, 즉 '아비투스'에 의한 것이다.[51] '아비투스'란 아리스토텔레스(Aristotle)의 'hexis(토마스 아퀴나스에 의해 habitus로 번역)'에서 발전된 개념으로, 원래 교육 같은 것에 의해 영향받을 수 있는 심리적 성향을 의미한다… 아비투스는 특정한 사회적 환경에 의해 획득된 일정방식의 행동과 인지, 감지와 판단의 성향체계로 개인의 역사 속에서 개인들에 의해 내면화(구조화)되고, 육화(肉化)되며 또한 일상적 실천들을 구조하는 양면적 메커니즘이라고 할 수 있다.[52]

아비투스는 '사회화된 주관성'으로서 행위자로 하여금 다양한 상황에 대응하도록 허락해주는 '전략의 발생원리'이다.[53] 아비투스는 행위를

---

49) 《한국일보》, 「팬덤을 넘어서」, 2001년 1월 11일, 30판, 17면.
50) Bourdieu, P., 1984, *Distinction: A Social Critique of the Judgement of Taste*, Richard Nice(trans.), Cambridge, Massachusetts: Harvard Univ. Press, pp.53-54, 70, 114-115, 101-102, 109; 최종철(역), 1995, 『구별짓기』, 새물결, 11쪽 참조
51) 현택수 외, 1999, 『문화와 권력: 부르디외 사회학의 이해』, 나남, 8쪽 인용.
52) Bourdieu, P., *op. cit.*, pp.53-54; 최종철(역), 상게서, 11쪽.
53) 현택수, 상게서, 108쪽에서 인용.

제1장 수용자의 개념

분류하고 평가하는 판단에서 뿐 아니라 차등의 체계를 재생산하는 것을 목적으로 하는 분류형태에 있어서 구별의 논리를 파악하게 한다. 사회공간의 계급구조화의 원리는 생활양식을 구별하는 내면화된 분류체계와 밀접한 관계가 있다. 즉 생활양식과 취향에서의 실천은 실체론적으로 존재하는 것이 아니라 사회공간 속의 계급적 위치와 조응하면서 구별되는 관계 속에 존재한다. 이 관계를 설명하기 위해 '자본'이란 개념을 사용한다.[54]

부르디외에 따르면, 사회공간은 제도화된 권력수단인 다양한 '자본'의 소유로 위계질서화된 공간이다. 사회공간 속에서 행위자들은 여러 종류의 자본총량 중, 기본적으로 경제자본과 문화자본의 상대적 비중에 따라서 분포된다.[55]

여기에서 문화자본은 세 가지 형태로 존재한다. ① 육화된 상태로, 즉 유기체의 지속적 성향들의 형태로 존재한다. 이 단계의 문화자본을 획득하려면 일정한 시간의 개인별 투자가 요된다. 여기에서 문화자본은 경제자본에 연결된다(가족의 경제적 조건에서 비롯되는 최대의 자유시간은 최대한의 문화자본에 사용). 구체적으로는 지식, 교양, 기능, 취미, 등을 들 수 있다. ② 문화자본은 객체화된 상태로, 즉 문화적 상품(그림, 책, 사전, 도구, 기계)의 형태로 존재한다. ③ 문화자본은 제도화된 상태로, 즉 학교졸업장 같은 제도로 존재한다. 이 세 번째 형태와 비슷한 문화자본이 학력자본이다. 이것은 학교제도에 의해 주어지는 학력 및 그것에 부수되는 다양한 개인적 능력이나 사회적 가치의 총체로 문화자본의 세 번째 형태와 거의 중복되고, 첫 번째 형태와도 관련된다.[56]

부르디외는 그의 저서 『구별짓기』에서 모든 문화적 실천(박물관 관람, 음악회 참가, 독서 등), 문학, 회화, 음악 등 여러 가지 항목에 걸쳐 프랑스인의 취향 및 생활양식의 계급적 상동구조를 조사하였다. 조사결과에

---

54) 상게서, 109-110쪽에서 인용.
55) 상게서.
56) Bourdieu, P., *op. cit.*; 최종철(역), 상게서, 12쪽.

의하면, 교육수준은 출신계급과 밀접하게 관계가 있다. 가령 가문의 배경과 형식적 교육의 상대적 비중은 다양한 문화적 실천이 교육체계에 의해 공인되고 교육되는 정도에 따라 다르고, '자유 고양'이나, '아방가르드' 문화에서는 다른 조건이 동일하다고 할 경우 출신계급의 영향력이 가장 크게 나타나고 있다. 사회적으로 공인된 예술 그리고 각 예술의 장르와 유파, 또는 시대의 위계에 소비자들의 사회적 위계가 상응하게 나타났다. 이 때문에 취향은 '계급'의 지표로 기능한다.[57] 한편 예술작품은 오로지 문화능력, 즉 해독의 기준이 되는 약호를 갖고 있는 사람에게나 의미가 있고 오직 그런 사람의 관심만을 불러일으킬 수 있다.[58] 이러한 문화자본에 대한 취향은 각 계급과 계급문화마다 특이하게 나타나는 성향의 체계, 즉 아비투스와 밀접하게 연결되고 있음을 나타내고 있다.[59] 한편, 부르디외는 취향 조사결과로부터 교육수준과 사회계급에 상응하는 세 개의 취향영역을 구분하고 있다. ① 정통적 취향(legitimate taste): 이 취향은 교육수준이 높을수록 증대하며, 지배계층 중 학력자본이 가장 풍부한 분파에서 최고수치에 달한다. ② 중류층 취향('middle-brow' taste): 이 취향은 민중계급(classes populaires; 영문으로는 working classes)이나 지배계급의 지식인 분파들보다는 중간계급에서 훨씬 일반화되어 있다. ③ 대중적 취향('popular' taste): 통속화되었다는 이유로 높이 평가받지 못하는 고전음악, 특히 루이스 마리아노(Luis Mariano), 게마리(Guétary), 혹은 레츄라 올라크(Letula Olark)의 샹송처럼 예술적 야심이나 욕망을 전혀 찾아볼 수 없는 작품을 선택하는 취향으로 나타난다. 이는 민중계급에서 가장 쉽게 찾아볼 수 있는 취향으로 학력자본과 반비례한다.[60]

한편 피스크(Fiske)는 부르디외의 문화자본의 개념에 대해 사회의 문

---

57) 최종철(역), 상게서, 20쪽.
58) 상게서, 22쪽.
59) 상게서, 27쪽.
60) 상게서, 40-42쪽.

화는 사회의 물질적 부와 같이 불평등하게 분배되고 있다는 것, 그리고 물질적 부와 같이 계급적 이해를 확인하고 계급의 격차를 촉진하거나 기정사실화하는 데 기여해왔다고 지적하고 있다. 즉 사회가 '고급이라'고 생각되는 문화형태, 가령 고전음악이나 예술적인 미술작품이나 문화, 발레 등은 사회적 권력을 가진 사람들의 취향과 양립하는 데 비하며, 대중문화형태는 사회구조상 낮은 위치에 있는 사람들에게 받아들여진다고 지적한다.

여기에서 중요한 점은 문화와 계급은 밀접하게 관련되고 있는데, 문화의 언설(言說)은 그 계급과의 관련성을 은폐하고 있다는 것이다. '취향', '감상력'이라는 말을 이용함으로써, 또는 미적인 존재가치에 해당하는 바와 같은 분명히 보편적인 가치를 강조함으로써, 문화의 언설은 문화적 상의를 보편적인 인간적 자연 혹은 보편적인 가치체계 속에 기호화시켜 버린다는 것이다. 그래서 민주주의적인 자본주의는 모든 사람들에게 평등하게 부(富)를 분배한다고 말하는 것처럼 문화도 모든 사람들에게 평등하게 획득된다고 거짓말을 한다. 문화와 부, 그 어느 것도 거의 획득되지 않는다는 사실이 제 개인의 본래적 상의로부터 타고난 능력이나 취미의 상의로 표현되고 설명되어진다. 이런 설명이야말로 사회적 계급의 역학을 은폐하는 것이라고 피스크는 비판하고 있다.[61]

4) 토플러(Alvin Toffler)의 '문화소비자'로서 수용자

현대인의 문화실천에 있어서 부르디외의 계급적 문화실천과 갠스(Gans)의 문화계층별 취향문화론의 틈새에 위치하고 있는 문화향유론이 앨빈 토플러의 '문화소비자(culture consumer)'론이라 할 수 있다. 부르디외의 계급적 문화실천론은 '문화자본'과 '아비투스'의 개념적 틀에 입각해 있고, 갠스의 문화향유론은 '취향문화'의 개념적 틀에 입각하고 있는 데 비하여 토플러의 문화소비자론은 그러한 특정 개념적 틀이 없다

---

61) Fiske, J., 1987, *Television Culture*, London and New York: Routledge, p.18.

수용자론

는 데 차이가 있다.

토플러는 '문화소비자'를 "클래식 음악을 듣고, 콘서트, 연극, 오페라, 댄스 리사이탈, 혹은 예술 영화 감상, 미술관이나 갤러리를 들리거나, 혹은 예술에의 관심을 환기하는 서적의 독자"라고 자의적으로 정의하고 있다.[62]

따라서 그가 '문화소비자'라는 용어를 사용할 때, 그 용어는 수동적인 의미가 아니라고 말한다. 그는 다음과 같이 말한다. "미국에 있어서 문화소비자가 몇백만이라는 사람들은 능동적인 아마추어이다. 그들은 그림을 그린다. 음악을 연주한다. 춤을 춘다. 그들의 작품은 우리들이 어떻게 평가하든, 그들은 단순한 수동적인 수용자 이상이라는 것은 분명하다. 더욱이 콘서트에 가는 사람이나 발레광들은 자리에 가만히 앉아서 눈동자를 굴리고 있으나, 그들은 수동적이지 않다. 분명하게도 소나타의 구성 또는 연기의 표상을 맛보고 이해하는 데는 강한 활동에의 높은 가능성이 있다… 오늘날 우리들은 역사상 처음으로 몇백만이라는 개인이 죄의식을 갖지 않고 좋은 음악, 댄스, 무대극, 회화, 조각을 감상한다는 매우 놀랄 만한 체험을 하고 있다… 여기에서 나는 하나의 중요한 문제에 대하여 자문자답하지 않을 수 없다. 그것은 누구 문화의 소비자인가, 혹은 엘리트주의들이 낭패 당하고 있는 것처럼, 오늘의 미술관, 콘서트·홀, 극장을 메우고 있는 저 몇백만 명의 사람들은 도대체 누구인가 하는 문제이다."[63]

그는 오늘날 미국에서 현저히 나타나고 있는 이른바 '문화의 폭발'과 이에 따르는 '문화적 민주주의'를 숨길 수 없는 사실로 받아들일 뿐 아니라 이에 대하여 경탄을 금하지 못하고 있다.

시장조사 전문가에 의하면 "<Market Network> FM 방송국만 주 평균 약 350만 명이 클래식 음악방송을 듣고 있는 것을 알 수 있다. ≪버

---

62) Toffler, A., 1997, *The Culture Consumer*, T-Com Corporation Ltd.;「文化の消費者」続譯研究會(譯), 1997,『文化の消費者』, 東京: 勁草書房, p.28.
63) 상게서, p.26.

라이어티(Variety)≫지의 추계에 의하면 아마추어의 연극을 연간 약 1억 인이 보고 있다. 1962년 국내의 박물관을 방문한 사람이 2억 내지 2억 5,000만에 달한다… 미국 국민 1억 8,500만 가운데 예술관중은 3,000만에서 4,500만이 된다"고 하였다.

토플러는 미국에서 문화소비자의 구성과 그들의 문화적 취향을 통계적 숫자를 통해서 제시한다. 그에 의하면 "통계는 예술에 관해서 어떤 의미도 없다는 의견이 들린다. 또한 예술에 관해서는 숫자는 아무것도 전달하지 못할는지 모른다. 그러나 통계숫자는 사회에 대하여 우리들에게 무엇인가를 가르쳐준다. 그래서 예술은 결국 예술가와 그 사회 사이에서 일어나는 것이다. 그러한 사실의 중요성을 부정하는 사람들은 수량적인 변화가 질적인 것에 변화를 준다는 것을 잃어버리고 있다. 기존의 양적 상승은 만사의 질적인 상황을 변하게 한다. 무기의 화력의 양적 증가는 전쟁이나 민족의 생존의 의미를 질적으로 변하게 한다"고 주장한다.[64]

토플러에 의하면 성별, 연령별로 볼 때 문화관중의 구성은 지금까지와 비교해서 인구 전체의 구성에 보다 가까워지고 있다. 문화관중의 경제적 지위나 학력의 특징에 관해서 조사해보면 어느 정도 문화의 민주화가 진행되고 있는가, 또 그것이 어느 정도 완성되고 있는가를 알 수 있다. 제2차 세계대전 전, 문화의 관중은 엘리트층이었다. 거의 모든 소지역의 경우, 그룹 중심은 부유하고 보수적인 상류계급이었다. 그러나 오늘날 문화계층은 밑으로 옮겨졌다는 것이다.[65]

한편, 문화소비자를 직업별로 분석하면 세대주가 전문가 혹은 기술자로 불우는 직업에 종사하는 사람의 가족이 문화인구 가운데 매우 높은 비율을 차지하고 있음을 알 수 있다. '가스리'극장 및 '미네아폴리스 교향악단'의 조사와 ≪브라보≫지의 조사에 의하면, 관객의 32%에서 35%가 전문가 혹은 기술자의 분류에 속한다. 더 흥미있는 조사는 ≪브

---

64) 상게서, p.24.
65) 상게서, pp.33-37.

라보≫지에 의한 컨서트 홀에서의 관중을 대상으로 한 조사인데, 관중 전체의 세대주 가운데 43.6%가 전문가로 나타나고 있다. 이를 좀 더 구체적으로 보면 다음과 같다.
- 교육관계자(교수, 교사, 학교 관리자): 13.1%
- 과학자(기사, 화학자, 건축가, 수학자 등): 10.8%
- 의료관계자(의사, 치과의사, 약제사 등): 7.3%
- 변호사, 재판관: 2.1%
- 회계사, 감사역: 1.9%
- 기타(성직자, 예술가, 사서, 간호부, 편집자, 의료기사): 8.4%

토플러는 그 이외에도 문화소비자 내지 문화관중을 민족 구성별, 라이프·스타일별, 신제품에 대한 수용도별, 문화가 전기 소유별, 지리적 이동별, 교육·경제·사회관계·직업·혈통관계·지능·별장 소유별, 여행(휴가별), 가정용품 구입별, 미디어 접촉별, 행동유형별로 그 특성을 여러 가지 데이터를 통해 뒷받침하고 있다.

4. 미디어 이용자로서의 수용자

수용자를 '이용자'로 보는 관점은 매스커뮤니케이션 연구 가운데 비교적 최근에 구성된 개념이다. 이는 '이용과 충족(uses and gratification)' 패러다임과 쌍방향적 뉴미디어 등장에 따라 제시된 새로운 수용자개념이다.

'이용과 충족' 패러다임은 종래의 미디어 효과연구가 "미디어가 사람들에게 무엇을 할 것인가"에 대한 질문에 답하는 연구인 데 비해서, "사람들이 미디어를 어떻게 할 것인가"라는 질문에 답하는 접근방법이다.[66]

---

[66] Katz, E. and D. Faulkes, 1962, "On the Use of the Mass Media as 'Escape': Clasification of a Concept," *Public Opinion Quarterly* 26, p.378.

커뮤니케이션을 기본적으로 설득적 커뮤니케이션의 이론적 틀에 입각하고 있는 커뮤니케이션 접근방법은 인간을 설득대상으로서의 '표적 수용자(target audience)'로 간주한다. 표적대상의 수용자는 송신자인 체계나 조직체에 의해 조작가능하고, 조종가능하며 설득되는 수동적 이미지의 수용자이다.

이와 대조적으로 이용과 충족 패러다임은 인간을 능동적인 커뮤니케이션의 주체자·참여자·이용자로 미디어와 미디어 내용을 임의대로 선택하고 이용하는 존재로 파악한다. 따라서 이용과 충족의 패러다임은 미디어 수용자인 인간을 '능동적 수용자(active audience)' 또는 바우어(Raymond Bauer)가 개념화한 바와 같이 '완고한 수용자(obstinate audience)'[67]를 전제하고 있는 데 기본적인 특성이 있다.

1940년대 이용과 충족 연구의 초기 연구라고 볼 수 있는 헤르조그(Herta Herzog)의 수간 라디오 연속극에 대한 주부시청자 연구와 베렐슨(Bernard Berelson)의 신문파업에 따른 독자의 신문구독동기 조사들은 수용자가 미디어 이용의 동기와 그 이용을 통해서 얻어지는 충족에 대해 중점을 두었다. 헤르조그의 연구에서 청취자 타입은, 첫째, 단순한 정서적 해방을 위한 수단으로 라디오 드라마를 즐기며, 두 번째 타입의 만족은 경우에 따라서는 실현될지도 모를 꿈을 제공하고 대리참가의 기회를 부여함으로써 청취자의 백일몽을 채워주고, 세 번째 타입의 만족은 연속극이 현실생활의 문제에 직면했을 때 생활상의 조언과 충고를 주는 만족이다. 이 연구에서 청취자는 연속극 속에서 '일상생활의 교과서로서의 기능' 혹은 '조언과 충고의 기능'이라는 만족을 발견함으로써 이 연구는 이용과 충족 연구의 전형적 성과로 평가되었다.[68]

---

67) Bauer, R., 1971, "The Obstinate Audience: The Influence Process from the Point of View of Social Communication," in W. Schramm and D. Roberts (eds.), *The Process and Effects of Mass Communication*, Urbana: University of Illinois Press, pp.326-346.

68) Herzog, H., 1953, "What Do We Really Know about Day-time Serial Listener?" in B. Berelson & M. Janowitz(eds.), *Reader in Public Opinion and*

수용자론

한편 베렐슨의 연구에서 신문으로부터 얻은 만족은 ① 라디오란이나 영화광고란, 매물광고란을 보거나 요리법이나 유행, 일기예보의 기사를 읽음으로써 '일상생활의 도구'로서 신문을 이용한다. ② 일상생활의 권태나 지루함으로부터 도피하기 위해, 즉 휴식을 위해 신문을 이용한다. ③ 신문은 이야기거리를 제공한다. 그럼으로써 사회적 위신을 얻는다. ④ 사회적 공통경험의 영역을 확대한다. 다시 말해서, 신문은 '사회적 접촉을 위한' 기능을 한다로 나타났다.[69]

맥퀘일은 지난 20년 동안(1960, 1970년대) 보완되고 재발견된 이용과 충족 접근의 기본적 가정을 다음과 같이 열거하고 있다. ① 미디어와 내용 선택은 이성적이고 특별한 목표와 만족을 위해서 이루어진다. ② 수용자 구성원들은 동기에 따라 표현할 수 있고, 개인적이고 사회적으로 공유하는 환경에서 나타나는 미디어와 관련된 욕구를 인식하고 있다. ③ 개인적 유용성이 수용자 형성에 있어서 미학적이거나 문화적 요인보다도 더 중요한 결정요인이다. ④ 수용자 형성과 관련된 대부분의 요인들(동기, 인지되거나 획득된 만족, 미디어 선택, 배경 등의 변수들)은 원칙적으로 측정될 수 있다.[70]

여기에서 미디어 수용자를 이용자로 보는 또 다른 시각은, '제3의 물결(The Third Waves)'로 지칭되는 뉴테크놀로지의 혁명으로 인한 뉴미디어의 출현 때문에 제시된 새로운 수용자의 개념이다. 뉴미디어는 조직집단의 차원에서 볼 때 비디오(video)나 컴퓨터 회의(computer conferencing), 전자 서신교환(electronic messaging), 워드 프로세싱(word processing), 텔레카펑(telecopying), 일렉트로닉 필링(electronic filling) 등을 들 수 있다. 가정의 차원에서는 컴퓨터(computer), 통신위성 그리고

Communication, New York: Free Press, pp.352-365.
69) Berelson, B., 1949, "What Missing the Newspaper Means," in P. F. Lazarsfeld, & E. Stanton(eds.), *Communication Research 1948-49*, New York: Duell, Sloan and Pearce, pp.111-129.
70) McQuail, D., *ibid.*, pp.387-388; McQuail, D., *Audience Analysis*; 박창희(역) 상게서, 114쪽 참조.

제1장 수용자의 개념

CATV의 각기 독특한 콤비네이션에 의한 상호작용적 TV시스템(interactive TV system), 비디오텍스(videotex), 홈컴퓨터(home-computer), 비디오테이프 레코더(videotape recoder) 등을 들 수 있다.

이러한 뉴미디어 등장은 기존의 미디어를 대체함이 없이 이를 부분적으로 변화시키고 새로운 것을 부각시켜 사회에서 미디어의 종류와 그 수를 증대하고 확대함으로써 다미디어·다채널의 정보화 환경을 조성한다는 것이다.

뉴미디어의 발전은 미디어 수용자에게 다원성·다양성의 정보환경을 제공하여 선택과 자유의 확대를 가능하게 했다. 이러한 선택의 확대로 인해 지금까지의 미디어 수용자를 미디어 이용자로 변용시키기에 이르렀다.

왜냐하면 원래 수용자로서의 시청자는 방송송신자 측이 정한 시간과 내용에 전적으로 구속되는 상황이었으나 뉴미디어를 이용하게 된 이후 시청자는 자기의 선택, 기호, 형편에 따라 주체적으로 이용하는 능동적인 미디어 이용자로 변하게 되기 때문이다. 이는 송신자나 미디어가 시청자를 컨트롤하는 상황에서 미디어 이용자가 미디어를 컨트롤하는 상황으로 전환된 것이다.

이로써 프로그램에 대한 선택시청의 증대로 단독시청의 증가경향과 시청패턴의 개성화가 이루어지게 되었고, 다미디어·다채널의 뉴미디어 등장으로 종래의 지배적 미디어였던 텔레비전 시간의 제약으로부터 자유로워지게 되었다. 따라서 시청자는 프로그램 편성권을 획득한 셈이 되었다.

5. 미디어 해석자로서의 수용자

이 개념은 수용자가 미디어 텍스트의 의미를 능동적으로 해독(reading) 또는 해석하는 점에 초점을 맞추고 있다.

맥퀘일에 의하면, 수용자에 의한 미디어 메시지의 해독에의 관심은

수용자론

설득적 커뮤니케이션 연구에 있어서 선택적 주목(selective attention), 선택적 지각(selective perception), 선택적 해석(selective interpretation), 선택적 기억(selective retention) 등의 연구에까지 거슬러 올라간다.[71]

그러나 이에 대한 새로운 이론적 소스는, 첫째 '이용과 충족' 패러다임, 둘째, 문화론적 연구의 맥락에서 ① 기호학적 접근(semiotic approach) ② 수용분석(reception analysis) 혹은 수용연구를 들 수 있다.

오늘날 수용자를 보다 적극적 의미의 미디어 해석자는 이용과 충족 연구의 능동적 수용자 개념보다 문화론적 연구의 맥락에서 보는 수용자 개념이 보다 적극적 의미를 갖는다.

첫째, 커뮤니케이션에 대한 기호학적 접근이란 피스크가 주장한 바와 같이 미국의 행동주의적·기능주의적 커뮤니케이션 접근인 '과정 접근(process approach)'과 대조되는 커뮤니케이션 접근을 지칭한 것이다. 피스크는 커뮤니케이션의 기호학적 접근을 수용자가 텍스트와 인터액션을 통해 의미를 생산하는 '의미작용(signification)'[72]으로 보았다. 따라서 이 접근방법에서 강조되는 점은 수용자이다. 즉 수용자가 텍스트를 어떻게 능동적으로 해독하는가를 강조한다. 여기에서 수용자는 텍스트의 능동적인 해독자(decoder)이다. 또한 해독자는 '이용과 충족' 패러다임에서 말하는 자연적 개인으로서의 능동적 수용자이기보다는 계급이나 문화적 집단구성원의 한 사람으로서의 능동적 수용자이다. 따라서 해독자의 계급적·사회문화적 배경에 따라 동일한 내용의 텍스트도 각각 다르게 의미가 구성된다.[73] 즉, 다른 해석이 생산된다.

반면 기호학적 접근에서는 메시지의 송신자는 상대적으로 중요성 내지 강조점이 낮아진다.

피스크가 기호학적 접근에서 강조하고 있는 능동적 수용자 모델 다시 말해서 해석자로서 수용자 모델을 보다 구체적으로 설명될 수 있는 연

---

71) McQuail, D., *op. cit.*(2nd ed.), p.242.
72) Fiske, J., 1982, *Introduction to Communication Studies*, London: Methuen, p.2.
73) Fiske, J., *ibid.*, pp.1-2.

구가 문화론적 연구의 '수용분석(reception analysis)'이다. 그런데 여기에서 분명히 지적되어야 할 점은 피스크가 말하는 기호학적 접근은 어디까지나 문화론적 연구를 커뮤니케이션 모델의 차원에서 설명한 것이지 결코 '문화론 연구'와 별개의 상의한 접근이 아니라는 것이다.

따라서 해석자로서의 수용자개념은 넓은 의미에서 문화론적 연구의 맥락에서 이해해야 한다. 문화론적 연구의 맥락에서 수용자개념을 능동적 수용자로, 능동적 해석자(해독자)로 강조된 것은 홀(Stuart Hall)의 '기호화(encoding)'/'해독화(decoding)' 가설이 제시된 이후이다.[74] 홀의 가설은 이미 앞에서 충분히 설명되었듯이 '텍스트와 독자와의 관계(text-reader relationship)'의 이데올로기적 접근이며, 이 가설을 민족지학적 경험조사(ethnography)를 통해서 검증한 연구가 몰리(David Morley)의 *Nationwide Audience*임은[75] 주지의 사실이다. 문화론 연구에서 이른바 경험적 '수용분석'의 출발은 바로 *Nationwide Audience*로부터 시작된 것이다.

Nationwide Audience 연구 이후, 영국과 미국에서는 뉴스와 시사문제에 대한 수용연구에서 벗어나 대중 드라마시리즈 또는 '연속극' 특히 미국의 인기드라마 분석 연구가 활발히 전개되었다. 이와 같은 카테고리에 드는 연구의 대표적인 예는 몰리의 「가족 텔레비전(Family Television)」[76] 연구를 비롯하여, 앵(Ien Ang)의 「달라스 보기(Watching Dallas)」,[77] 그리고 래드웨이(J. Radway)의 「애정소설 읽기(Reading the Romans)」[78] 이다. 이러한 여성들의 '대중문화읽기'에 대한 일련의 연구는 대중문화

---

74) Hall, S., 1980, "Encoding/Decoding," in S. Hall et al.(eds.), *Culture, Media, Lauguage*, London: Hutchinson.
75) Morley, D., 1980, *The 'Nationwide' Audience: Structure and Decoding*, London: BFI.
76) Morley, D., 1986, *Family Television: Cultural Power and Domestic Leisure*, London: Comedia/Routledge.
77) Ang, I., 1985, *Watching Dallas*, London/New York: Methuen.
78) Radway, J., 1984, *Reading the Romance*, Chapel Hill: Univ. of North Carolina Press.

에 대한 페미니즘 연구를 촉발시킨 대표적인 예라고 할 수 있다. 이러한 일련의 경험적 수용분석의 특징은 이데올로기성의 후퇴, 혹은 '이용과 충족' 연구로의 회귀 등으로 비판받기도 한다. 커란(James Curran)과 맥기핸(Jim McGuihan)은 경험적 수용연구를 '신수정주의(new revisionism)'[79] 라고 호칭하고, 신랄하게 비판하고 있음은 앞에서 살펴본 바 있다.

6. 혁신자로서의 수용자

혁신자로서의 수용자 개념은 빌링스(Victoria Billings)가 주장한 것으로, 수용자가 역사적 배경의 다양성에 비춰볼 때 무정형(無定形) 또는 무조직의 원자화된 개인이기보다는 집단성을 가지고 다양한 미디어와 미디어 내용을 개혁하고 변화시키는 촉진제의 역할을 담당해왔다는 관점이다.[80]

18세기와 19세기에 있어 공연극이나 초기의 영화관람자로서의 수용자는 미디어의 차이에도 불구하고 레퍼토리나 생산의 사회조직에 혁신을 가져다주었다. 레퍼토리도 엘리트 지향물에서 대중적인 것으로 사회조직은 수용자가 지지하는 주제나 형식으로 제도화가 이루어졌다.

아놀드 하우저(Arnold Hauser)에 의하면,[81] 18세기까지 모든 음악은 정도의 차이는 있으나 결국 실용주의 음악이었다. 그것들은 왕후나 교회 또는 시의회의 위촉을 받아 작곡되었고, 궁정의 연회를 흥겹게 한다든지 예배의식에 경건한 분위기를 조성하기 위한 목적에서 연주되었다. 따라서 음악가의 예술활동도 직책상의 의무이행을 위한 것으로 한정

---

79) Curran, J., 1990, "The New Revisionism in Mass Communication Research: A Reappraisal," *European Journal of Communication* 5(2-3), pp.135-164; McGuigan, J., 1992, *Cultural Populism*, Routledge, p.75.

80) Billings, V., 1986, "Culture by the Millions: Audience as Innovator," in S. Ball-Rokeach and M. Cantor(eds.), *Media, Audience, and Social Structure*, Sage Publications, pp.200-213.

81) Hauser, A., *op. cit.*, pp.94-96.

되었고 위축 없이 자기 독단으로 작곡하는 경우가 거의 없었다. 시민계급이 점차로 확대됨과 동시에 그들의 문화적 추구도 점차 커지면서 그들 독자적인 음악생활이 시작되었다.

음악연주회도 처음에는 '음악회(collegia musica)'였던 것이 공개적인 연주회로 발전되었다. 청중의 숫자가 늘어남에 따라 음악가들은 보수를 받고 연주를 하게 되었다.

이와 같이 시민계급이 연주회 청중의 주축을 형성함에 따라 음악적인 표현수단의 성격과 작곡가의 사회적 지위에 변동이 생길 뿐 아니라 음악창작의 새로운 방향이 주어지고, 한 작곡가의 전 작품이라는 총체적인 조명 속에서 개별적 작품의 새로운 의미가 부여되었다.

이렇게 해서 주문에 의한 객관적인 작곡으로부터 개인적이고 자기고백적인 음악에로의 최종적인 전환이 모차르트(Motzart)와 베토벤(Beethoven) 사이에 일어나게 되었던 것이다.

음악의 경우와 마찬가지로, 대량적인 계급토대가 함축된 문화적 혁신의 대표적인 예가 소설 독해의 발전과 18세기 영국에 있어 소설의 생산이다. 인쇄소-기업가(printer-entrepreneurs)들의 활동으로서 '독자만들기'는 서적산업과 서적 종별을 확대시켰다. 또한 스타일의 레퍼토리 그리고 출판의 사회적 조직에 큰 영향을 미쳤다. 소설읽기와 소설출판의 증대는 분명히 계급적이고 성(gender)적인 현상으로, 재정적으로나 문화적으로 다같이 날로 증대하고 있는 여유롭고 개인화된 중산층 특히 가정주부와 가정부에 초점이 맞춰졌다. 소설이 인기를 끌자 영국의 빈민층 역시 책을 읽기 위한 투쟁을 전개했다.[82]

영화의 경우에도 수용자들은 영화발전에 혁신적인 역할을 했다. 수용자들은 대중적 접근과 대중적 레퍼토리 그리고 영화산업 발전에 크게 기여했다.[83]

---

82) Billings, V., op. cit., p.202.
83) Watt, I., 1957, The Rise of the Novel: Studies in Defoe, Ricbardson and Fielding, Berkely: University of California Press, pp.35-59.

빌링스에 의하면 영화의 수용자들은 레퍼토리와 생산의 사회조직의 변화에 영향을 주었다. 그 영향은 첫째, 영화내용이 보다 다양해지고 대중적인 것이 되었고, 둘째, 대중적인 주체와 성격이 주류를 이루게 되었고, 셋째, 스타 시스템을 탄생시켰다. 이러한 필름생산과 프로모션은 주연 배우나 여배우의 인기에 대한 공중의 인정에 기초하고 있는데, 이는 곧 배우들의 인기가 수용자의 결정에 의존되고 있음을 의미한다. 넷째, 독립프로덕션의 등장이다. 다섯째, 외적인 검열기구나 내적 검열기구를 통한 필름 내용의 검열을 들 수 있는데, 「영화생산윤리강령」이 그 대표적인 역사적 예의 하나다. 또한 수용자들의 결정적인 영향 내지 압력 수단은 영화에 대한 수용자들의 인기를 측정하는 조사 및 조사기구이다. 이것들은 수용자들의 영화 선호를 제도화한 것이다.[84]

7. 저항적 행동자로서 수용자

저항(resistance)이란 권력이 불평등하게 배분되어 있는 사회를 이해하는 데 중심적 개념이라 할 수 있다. 피스크에 의하면,[85] 사회적 권력이 다양한 형태를 취하고 있는 것과 마찬가지로, 사회적 권력에 대한 저항도 다양하다. 그러나 모든 것을 포괄하는 단일의 저항은 존재하지 않으며, 대신 매우 다양한 저항점과 저항의 형태가 존재하고 매우 다양한 저항이 있다.

피스크는 저항을 두 개의 주요 유형으로 나눈다. 저항의 두 개 타입은 두 개의 주요 사회적 권력의 형태에 대응된다. 그 하나는 의미, 쾌락 및 사회적 정체성(identity)을 구축하는 권력이고, 또 하나는 사회경제적 시스템을 구축하는 권력이다. 전자는 기호적 권력, 후자는 사회적 권력이라고 한다. 양자는 상대적으로 자율이나, 밀접하게 연결되어 있다. 피

---

84) Billings, V., *op. cit.*, pp.211-212.
85) Fiske, J., 1987, *Television Culture*, London and New York: Routledge, p.316.

스크에 의하면 대중문화가 기능하고 있는 권력영역은 대체로 기호적 권력의 영역이다.86) 일반적으로 영국의 문화론적 연구의 맥락에서 논의되고 있는 저항의 논의는 기호적 권력의 영역에 속한다. 다시 말해서, 문화론 연구에서 논의되고 있는 저항은 텍스트에 대한 해석자의 대항적 혹은 적대적 해석의 차원에 그치고 있다. 그것은 피쉬(Stanley Fish)나 래드웨이(Janica Radway)가 말하는 '해석적 공동체'나 피스크의 '기호학적 민주주의' 혹은 글로스버그(Lowrence Grossgerg)가 호칭한 '유랑하는 방랑자',87) 지배로부터 대항(저항)까지에 이르는 의미생성은 어디까지나 해석의 차원에 머물고 있는 관념적 저항이지 사회적 실천의 행동적 저항은 아니다.

물론 볼로시노브(Valentin Volosinov)의 주장처럼, 계급투쟁에 있어서 적극적 역할을 하는 것은 기호의 다강조성(multiaccentuality)88)일 수도 있다. 또한 피스크나 맥로비(Angela McRobbie)의 주장처럼 환상은 경험과 마찬가지로 현실의 일부이며 표현의 수단이며, 환상이 갖는 개인성이나 친밀성은 사회적 경험의 의미에 강력하게 작용하는 것을 방해하지 않는다. 그것은 언어나 미디어에 의한 보다 공공적인 표현과 같은 강력함을 가지며 그 내항성은 정치적 효력을 빼앗는 것이 아니다. 그것이 비록 정치적이라고89) 하더라도 그것은 어디까지나 해석적 차원의 저항이요, 일상생활 세계에 있어서 사적이고 소극적 저항에 지나지 않는다.

그러나 여기에서 말하는 저항적 행동자로서의 수용자는 피스크가 말하는 사회적 권력에 대한 저항, 즉 사회적으로 혹은 집단적 행동으로 실천하는 경우를 의미한다. 저항이란 사적 차원의 것이 아니라, 사회적 혹은 집단적 차원에서만 발생하기 때문이다.90) 그것은 정치적, 경제적,

---

86) *Ibid.*, p.316.
87) Grossberg, L., "The Indifference of Television or Mapping TV's Popular (Affective) Economy," *Screen*.
88) Volosinor, V., 1973, *Marxism and the Philosophy of Language*, New York: Seminar Press.
89) Fiske, J., *op. cit.*, p.318.

사회적, 문화적 모순에 대한 집단적, 저항적 행동의 성격을 띠고 나타난다. 그것은 매우 소극적 차원으로부터 매우 적극적 차원에 이르기까지 또는 미시적 차원에서 거시적 차원에 이르기까지 그 저항행동의 차원과 그 범위는 넓고, 다원적이다.

이러한 사회적 실천으로서의 소극적 저항은 헵디지(Dick Hebdige)의 이른바 '하위문화(sub-culture)' 연구[91]에서 '테디 보이(Teddy Boy)'들이나 '모드(Mod)'들 그리고 펑크족들의 지배문화와 기성세대의 문화에 저항하는 대항문화(counter-culture) 행위양식이나, 드 세르토(Michel de Certeau)가 '일상생활의 실천(practice of everyday life)'[92]에서 보여주고 있는바, '약자들(소시민적 소비자)의 강자에 대한 전쟁' 혹은 '강자에 대한 약자의 승리'라고 표현되는 이른바 사회·문화적 틈새에서 강자들에게 감행하는 전쟁을 들 수 있을 것이다. 그러나 이러한 소극적 전쟁 가운데는 1968년 5월 프랑스의 낭르의 학생반란을 발단으로 출발한 '이의 신청'의 물결을 들 수 있다. 그것은 지도자도 없을 뿐 아니라, 명확한 정치적 목적도 없는, 이름을 붙일 수 없는 사건이었다. 드 세르토에게 있어 이러한 5월의 반란 혹은 5월 혁명은 '파롤(Parole)의 혁명'이었다. 그는 다음과 같이 말한다.

> 지나가 버린 어느 5월, 사람들은 1789년에 바스티유를 점령한 것과 마찬가지로 '파롤'을 점령했다… 바스티유 점령으로부터 소르본느의 점령으로, 이 두 개의 상징 사이에 있어 어떤 본질적인 차이가 1968년 5월의 사건을 특징짓는다. 오늘 해방된 것은 억압되었던 파롤인 것이다.[93]

파롤의 해방은 누구도 '말할 권리'가 있다는 것을 상징한 것이다. 드

---

90) Fiske, J., *ibid.*, p.318.
91) Hebdige, D., 1979, *Subculture: The Meaning of Style*, London: Methuen.
92) de Certeau, M., 1984, *The Practice of Everyday Life*, Los Angels: Univ. California Press.
93) de Certeau, M., 1980, *La Culture au Pluriel*, Christian Bourgois Editeur; 山田登世子(譯), 1999, 『文化の政治學』, 東京: 岩波書店, p.304 인용.

제1장 수용자의 개념

세르토는 이를 다시 다음과 같이 설명한다.

> 사마데린느에 근무하는 어느 젊은 엘리베이터 걸에게 저널리스트가 마이크를 대니까, 그녀는 이렇게 말했다. "무엇을 말해야 좋을지 모르겠어요. 나는 교양이 없기 때문에." 그 말을 스트라이크를 하고 있는 동료가 속삭였다. "그러한 말을 해서도 안되는 거야. 지식이라는 것은 이미 끝나버렸단 말이야."94)

보다 거시적이고 적극적 차원의 저항으로는 제2차 세계대전중 유럽의 여러 나라 국민들, 특히 침략자 나치 독일 점령군과 대독협력정부에 대한 프랑스 국민들의 레지스탕스 저항운동이나 알제리 독립운동이나, 베트남 전쟁처럼 식민지로부터 독립을 쟁취하기 위한 무력적 저항운동과 간디(Gandhi)식의 무저항적 해방투쟁을 들 수 있다. 한편 보다 기본적 차원으로는 짜르(Czar) 절대군주정권을 타도한 1917년의 볼셰비키 프롤레타리아 혁명, 즉 그람시(Antonio Gramsci)가 규정하고 있는 '기동전(war of movement)'의 혁명을 들 수 있다. 이상의 예를 좀 더 구체적으로 설명해보자.

프랑스 국민의 레지스탕스는 처음에 프랑스군의 패배와 독일군의 점령 하에서 소수의 사람들에 의하여 자연발생적으로 일어났다. 1942년 이후 적극적이고 조직적으로 행해졌고 보다 대중화되었다. 1944년 이후에는 전국적 무장투쟁으로 발전하였다. 그것은 조국애, 반나치즘 그리고 자유인으로 살아가려는 프랑스 사람들의 의지의 표현이었다. 특히 '7만 5천인의 순교자의 당'으로 자칭한 공산당은 1941년 6월 이후 조직적·전투적으로 행동했으며, 독일군이나 대독괴뢰협력정권의 강압수단(인질, 복수, 약탈, 고문, 학살, 강제수용소)에도 불구하고 지하에서 출판, 선전, 통신수단, 생산·수송의 스트라이크, 사보타주, 첩보활동, 폭파작업 등 분산적 저항운동을 했다.95)

---

94) 상게서, p.304.
95) 福武直·日高六郞·高橋徹(編), 1958, 『社會學辭典』, 有斐閣, p.954.

수용자론

프랑스 시민이 조국해방투쟁에 지불한 '순난(殉難)'의 대가는 너무나 컸다(사상 약 50만).

그람시는 자본주의 사회에서 정치권력을 장악하는 열쇠는 자본주의의 내적 작용보다 종속계급(프롤레타리아 계급)에 의한 혁명의 전망에 더 관심을 가졌다.[96] 그는 이러한 프롤레타리아 실천의 개선에 대한 지침서 구실을 고안하기 위하여 일련의 이론적 대립항들, 즉 구조 - 상부구조, 시민사회 - 정치사회, 지배권 - 헤게모니, 동구(東歐) - 서구(西歐), 수동적 혁명 - 완전한 혁명을 활용하여 제1차 세계대전 전후 유럽 상황의 구조적 판도를 탐구하였다.[97] 그는 특히 권력을 획득하기 위한 전략, 보다 정확하게 말하면 혁명당의 전략 내지 전쟁을 '기동전(전면전)'과 '진지전'이라는 두 개의 중심 테마를 내놓고 있다. 노베르토 바비오(Noberto Bobbio)에 의하면 그것은 레닌(Lenin)이 가르친 것처럼 혁명이라는 것은 민주적인 방법으로 행해질 수 없기 때문이다.[98] 그람시는 기동전 내지 전면전으로서의 혁명은 1870년 이전의 서구에서 일어난 혁명들이나 1917년 러시아에서 성공을 거둔 볼셰비키 혁명을 그 대표적인 예로 들고 있다. 그람시에 의하면 스탈린(Stalin)의 주장은 노동자들이 압제세력에 맞서 '전면공격(front attack)'에 가담하여, 모든 '계급동맹'과 '사회민주당'식의 타협안을 거부해야 한다는 것인데, 이같은 스탈린의 주장이야말로 기동전의 전형이라고 하였다. 그에 의하면 레닌주의적 혁명은 일종의 기동전으로 이론화한 것이라고 한다.[99]

한편 기동전과 뚜렷이 대조되는 전략이 '진지전'이다. 그람시는 계급동맹을 통한 기존 헤게모니(hegemony)의 파괴, 대중정치교육, 프롤레타

---

96) Adamson, W., *Hegemony and Revolution: A Study of Antonio Gramsei's*; 권순홍(역), 1986, 『헤게모니와 혁명』, 학민사, 302쪽.
97) 상게서, 309쪽.
98) Bobbio, N., 2000, *Saggi Su Gramsei*, Giangiacomo Feltrineui Editore Milano; 小原耕一・松澤惟昭・黒澤惟昭(譯), 2000, 『ヘゲモニー思想の再檢討: 市民社會・政治社會・辨證法』, 御茶の水書房, p.110.
99) Adamson, W., *ibid.*; 권순홍(역), 상게서, 310-311쪽.

리아 계급의 '규제된 사회'를 향한 이행단계로서 '제헌의회'를 주장했는데 그람시는 『옥중수고(Prison Notes)』에서 이러한 조치들을 하나로 묶어서 '진지전'의 개시로 지칭하였다.100) '진지전'은 '기동전', 즉 1917년 11월 볼셰비키 혁명의 경우처럼 군사적 대결을 통한 권력의 장악과는 대비되는 성질의 것이다.101)

그람시는 '진지전'의 개념을 상세히 규명함으로써 서구 시민사회의 문화적·정치적 복잡성에 상응하는 점진주의적 접근방식의 혁명이론을 내놓고자 하였다. 그와 같은 혁명은 일반 민중 사이에서 헤게모니적 영향력을 파급시키기 위한 대대적인 운동이며 일단 이 운동이 성사된다면 정치권력도 본질적으로 더 한층 손쉽게 장악할 수 있는 것이 되며, 또 많은 사회주의의 조건들이 이미 실현된 셈이 되는 것이다라고 주장하였다.102) 따라서 그람시의 경우 '진지전'으로서의 혁명은 시민적 헤게모니를 획득하는 것과 등가불이므로 서구식 혁명에 관한 그람시이론의 핵심적 문제는 '동의'와 '헤게모니' 문제라고 할 수 있다.103) 따라서 그람시에 의하면 서구식 혁명이란, 시민사회 내에서 대체 '상부구조', 즉 대체 '헤게모니(counter hegemony)'를 보다 착실하고 신중하게 건설하는 일과 다를 바 없다. 그같은 대체 '헤게모니'는 오랜 시일이 걸린다 해도 결국에 가서는 국가를 그 안에 편입시키고 말 것이라고 본다.104)

그러나 그람시에 의하면 시민사회 이전의 전근대적 식민지사회인 인도에서 무저항·비타협의 '간디주의'가 영국 지배헤게모니에 대한 '대체 헤게모니'를 만들어냄으로써 독립운동을 전개하였음을 시사하고 있다. 그람시는 이러한 '간디주의'를 '수동혁명'의 소박한 색을 칠한 이론화이며,105) 그리고 간디의 '소극적 저항(무저항)'은 하나의 진지전이며, 어떤

---

100) 상게서, p.311.
101) 상게서, p.282.
102) 상게서, p.312.
103) 상게서, p.313.
104) 상게서, p.128.
105) 石堂淸倫, 2000, 「ヘゲモニー思想と變革への道」, グラムシ沒后60週年記念

수용자론

시기에는 기동전이 되기도 하고 또 다른 시기에는 지하전으로 전화된다고 하였다.[106] 또 보이코트는 '진지전'의 한 양상이지만 스트라이크는 '기동전'의 한 양상이라고 시사하기도 하였다.[107]

한편 이러한 맥락의 정치적 저항운동은 제2차세계대전 이후 아시아·아프리카, 이른바 제3세계를 중심으로 등장한 군사독재정권을 타도하기 위한 민주화운동을 들 수 있다.

또한 이러한 사회적 저항운동은 1960년대 서구라파와 미국에서 학생들을 중심으로 일어났던 반 베트남전쟁 운동, 환경보호운동, 인권운동으로 이어지고 있다. 이러한 현대적 저항운동은 오늘날 국경을 초월한 국제적 연대의 성격을 띤 시민사회운동 내지 NGO운동으로 확대되고 있는 것이 오늘의 현실이다.

이러한 맥락의 사회권력에 대한 저항운동은 우리나라의 경우 좋은 사례가 된다. 일제식민지 하에서 프랑스 시민들처럼 점령군과 대독협력괴뢰정권에 대한 전 국민적 레지스탕스의 역사적 경험은 비록 없으나 우리는 이승만 독재정권에 저항한 4·19운동이 있으며, 박정희 군사독재정권에 저항한 끊임없는 민주화운동이 있었고, 전두환을 중심으로 한 신군사정권의 무력탄압에 저항하고 민주화를 달성하려고 싸웠던 광주민주항쟁운동이 있었고, 그 정신을 이어받은 고결한 민주화운동을 우리 역사 속에 간직하고 있다. 또한 1960년대 이후 역대 독재정권 하에서 언론의 저항운동을 우리 역사는 잘 기억하고 있다. 가령 1964년 8월 2일 국회에서 통과된 '언론윤리위원회법' 철폐투쟁을 비롯 ≪동아일보≫ 광고사태의 배경이 되었던 ≪동아일보≫ 기자들의 자유언론실천운동과 기타 신문들의 자유언론실천운동 그리고 1970년대와 1980년대, 언론사

國際シムポジウム(編), 『グラムシは世界をどう讀まれているか』, 東京: 社會評論社, p.37.

106) Gramsci, A., 1971, *Selections From the Prison Notebooks & Antonio Gramsei*, in Q. Hoare and G. N. Smith(ed. and trans.), New York: International Publishers; 이상훈(역), 1986, 『그람씨의 옥중수고 1』, 거름출판, 242쪽.

107) 상게서, p.242.

에서 강제로 해직되거나 신군부에 의해서 직장을 상실한 수많은 언론인, 특히 동아투위와 조선투위를 비롯한 해직기자들의 끊임없는 자유민주언론을 위한 실천운동은 언론인들이 실천한 사회적 저항운동의 본보기이다.

이와 함께, 우리는 세계 어느 나라보다 먼저 권위주의 정치체제의 선전 장치인 KBS 방송에 대한 저항운동의 역사를 가지고 있다. 이 저항운동은 1980년 초 우리나라에서 전개되었던 KBS 시청료거부운동에서 찾을 수 있다. KBS 시청료거부운동은 전두환 신군부 정권수립 후 KBS 1TV의 9시 뉴스, 이른바 '땡 방송'에 대한 저항운동으로 시청료거부운동은 1989년에 이 운동이 실질적으로 끝나게 될 때까지 시민에 의해서 주도된 방송시청자운동 그리고 언론민주화운동으로 이어졌으며 가시적인 민주화가 실현된 이후에도 언론관계법 및 제도개선에 관한 의견표현을 비롯 뉴스 프로그램 모니터 활동, 통합공과금고지서 발부시의 대처방안 홍보 등의 활동을 전개하였다.

한편 1987년 12월 대통령 선거와 1988년 4월 국회의원 총선거를 전후해서 공정선거 감시운동의 일환으로 공정한 선거보도 촉구운동을 민주쟁취국민운동본부와 함께 전개하였다.[108]

1990년대에 방송권력에 대한 대항 및 저항으로 나타난 시민운동의 대표적인 예의 하나가 1993년 7월 7일부터 실시한 'TV끄기' 운동이다. 이 운동은 각 방송사의 지나친 시청률 경쟁으로 파생된 방송내용의 비도덕성, 반사회성, 저질성, 선정성에 대항해서 시청자의 '수용자 주권'을 찾자는 것이었다.

이러한 방송의 '수용자 주권' 운동과 같은 미디어 권력에 대한 저항운동은 비단 방송영역에 그치지 않고 신문권력에 대한 저항운동으로까지 확대되었다. 1990년대부터 시작된 이른바 신문독자운동의 본격적 시발은 정부 기관지인 ≪서울신문≫과 민족지, 양심지라고 자기 주장하는 ≪조선일보≫ 등의 중앙일간지가 발행하는 스포츠신문간의 만화경

---

108) 김기태, 1989, 「한국언론수용자운동의 성격과 방향에 관한 연구: 시청료거부운동을 중심으로」, 서강대학교 대학원 박사학위 논문, 101-112쪽.

쟁, 특히 만화를 통한 외설적인 성의 상품화 경쟁과 같은 비도덕적·반윤리적 상행위에 대한 수용자 저항운동에서 찾을 수 있다. 이 운동은 1990년 6월부터 시작해서 12월에 마무리가 된 스포츠신문의 음란폭력 조장추방운동인데 이 운동은 기독교 18개 단체가 공동대책위원회를 조직, 해당 스포츠신문에 대해 내용시험을 요구해서 성공한 조직적 시민운동의 대표적인 예이다.[109] 이러한 신문권력에 대한 시민운동의 저항정신은 21세기에 들어선 오늘날에도 계속 이어지고 있다. 오늘날 우리나라에 있어서 반민주언론적 행태에 대한 시민들의 저항은 51개 시민·사회단체가 모인 언론개혁시민연대의 지속적인 '신문개혁' 시민운동으로 나타나고 있다. 물론 정치권력 내지 사회권력에 대한 저항운동은 우리나라의 경우 서구사회의 시민사회운동과 맥을 같이 하고 있는 면이 있을 뿐 아니라 우리나라에서만의 특수성도 찾아볼 수 있다.

2000년에 들어, 동강댐을 막아낸 환경운동을 비롯하여, 2000년에 들어 가장 크나큰 성과를 거둔 총선시민연대가 이뤄낸 '낙선운동' 등은 '시민의 힘'을 보여준 대표적인 예일 것이다. 1월 낙선운동으로 시작된 총선시민연대의 활동은 정치인들의 전유물로 인식되던 정치개혁의 주도권을 유권자인 시민들의 손에 되돌려주었다. 반민주 권력을 지닌 중진의원을 포함해 낙선운동 대상자의 70%를 떨어뜨린 '쾌거'는 전국 900여 시민단체가 연대해 이뤄낸 성과로 시민운동의 새로운 지평을 열었다[110]고 평가된다.

앞에서 살펴본 바와 같이 포괄적인 의미의 사회적 권력에 대한 다차원의 저항의 사회적 실천자들은 몰리(David Morley)가 분명하게 말하였듯이 일상생활에 있어서 "생산노동자인 동시에 노동조합원이며, 노동당 지지자, 소비자, 인종차별주의자, 가정의 주인, 처에게 폭력을 휘두른 자"[111]일 수 있으며, 동시에 그들은 ≪가디언(Gurdian)≫지의 애독자이

---

109) 이강수, 1992, 「신문의 정통성 위기와 신문독자운동의 정당성에 관한 이론적 소고」, ≪한국언론학보≫ 제27호, 309-344쪽.
110) 권복기, 「2000 시민운동결산」, ≪한겨레신문≫, 2000년 12월, 26쪽 인용.

거나 <네이션와이드(Nationwide)>의 시청자일 수 있는 것이다. 이와 마찬가지로 드 세레토의 이른바 약자인 소시민 소비자나, 프랑스의 레지스탕스 운동가, 알제리 해방전선 병사들 모두는 저항의 전사이면서 동시에 미디어의 독자요, 청취자요, 해석자요 그리고 송신자라고 할 수 있다. 우리는 여기에서 구태여 일상생활의 커뮤니케이션 주체로서 시민과 미디어 수용자를 따로 구별해야 할 이유가 없음을 확인할 수 있는 것이다.

8. 지각적 수용자

'지각적 수용자(perceptive audience)'라는 개념은 군터(B. Gunter)가 사용한 것이다.[112] 이 개념은 수용자를 인지심리학적 접근을 통해 수용자의 능동성을 규명하려는 데 있다.

군터는 수용자가 그들 자신이 텔레비전 프로그램에 대하여 어떻게 인지적으로 반응하고 이해하는가를 규명하려는 데 초점을 두고 있다. 이에 대한 연구는 뒤에서 설명하는 '인지심리학적 접근'에서 보다 구체적으로 설명하겠다.

여기에서 마지막으로 수용자연구에 대한 최근의 저서라고 볼 수 있는 애버크롬비와 롱허스트(Nicholas Abercrombie and Brain Longhurst)의 수용자개념의 새로운 관점을 간단히 설명하기로 하겠다.

9. 애버크롬비(Abercrombie)와 롱허스트(Longhurst)의 수용자 개념

애버크롬비와 롱허스트는 *Audience: A Sociological Theory of Performance*

---

111) Moley, D., 1986, *Family Television*, London: Comedia, p.42.
112) Gunter, B., 1988, "The Perceptive Audience," in J. Anderson(ed.), *Communication Yearbook 11*, Sage, pp.22-50.

*and Imagination*이라는 저서를 1998년에 출간했는데, 여기에서 이들은 지난 50년 동안 변화·발전된 수용자연구를 '행동주의(behavioural)', '협조(incorposation)'/'저항(resistance)' 그리고 '스펙터클(spectacle)'/'퍼포먼스(performance)' 등 세 개 패러다임으로 분류하고 있다.113) 한편 수용자의 형식도 '단순수용자(simple audience)', '대중수용자(mass audience)' 그리고 '확산수용자(diffused audience)'로 분류하고 있다.

여기에서 행동주의 패러다임은 효과연구(effects study)와 '이용과 충족' 연구(uses and gratification study)를, 그리고 협조/저항 모델은 '기호화'/'해독화'(encoding/decoding) 연구를 지칭한다.

이들 수용자 연구의 패러다임과 수용자 형식의 분류에서 주목되는 점은 영국의 '문화론 연구'와 '수용분석(수용연구)'을 '협조/저항' 패러다임으로 지칭한 것과, 그 대안으로 '스펙터클'/'퍼포먼스' 패러다임을 제시한 데 있다. 그리고 새로운 수용자 형식으로 '확산수용자'라는 새로운 개념을 제시한 데 있다.

애버크롬비와 롱허스트는 협조/저항 패러다임을 수용자가 미디어 활동에 참여함으로써 지배적 이데올로기에 협조하는가 아니면 이와 대조적으로 협조에 저항하는가와 같은 수용자 연구(조사)의 문제라고 정의하고 있다. 이들에 의하면, 몰리의 「Nationwide Audience」 연구와 래드웨이의 「애정소설 읽기」가 '협조/저항'의 패러다임에 해당된다고 말하고 있다.114) 한편 '스펙터클/퍼포먼스' 패러다임은 새로운 패러다임이며, 이는 부분적으로는 '협조/저항' 패러다임의 이론적·방법론적 어려움에서 야기된 것이라고 주장한다. 그 어려움이란 세 가지인데 그 근원은 능동적 수용자의 문제, 경험적 연구와 헤게모니 이론과의 갭의 문제, 그리고 권력의 성격과 그것이 갖는 상품화에 대한 관계 등의 문제이다. 애버크롬비와 롱허스트에 의하면 어떠한 수용자 이론가도 지배적 텍스

---

113) Abercrombie, N. & B. Longhurst, 1998, *Audience: A Sociological Theory of Performance and Imagination*, London: Thousand Oaks and Sages, pp.4-37.
114) *Ibid.*, p.15, 29.

트 모델이나 지배적 수용자 모델, 그 어느 모델도 완전히 이론적으로 설명하지 못했다는 것이다. 지난 20년 혹은 30년 이상 미디어 연구는 양쪽 모델 사이에서 망설이다가 어느 때는 수용자의 능동성을 강조하기도 하고 어느 때는 텍스트의 힘(power)을 강조하기도 했다는 것이다. 그러나 지난 10년 혹은 20년 넘게 시계추는 능동적 수용자의 아이디어를 점차적으로 강하게 강조함으로써 능동적 수용자 쪽으로 기울어졌다. 그것은 근래의 많은 연구들 가령, 해석의 다양성과 시청 프로그램을 비평하는 수용자의 기술 그리고 텔레비전의 일상생활에 대한 지속적인 준거의 강조 등은 모두 능동적 수용자 모델에 해당된다고 말한다. 그러나 이와 같이 능동적 수용자의 입장을 채택하는 이론가들은 왜 그런 입장을 취하고 있는지를 전적으로 설명해주지 못한다는 것이다. 거기에는 왜 텍스트에 우선적 해독이 있는지, 그리고 얼마나 능동적 수용자가 실제적으로 텍스트와 관계가 있는지에 관한 논의가 거의 이루어지지 않고 있다는 것이다.[115]

그들은 능동적 수용자론이 내포하고 있는 문제점을 제시하고 있다. 이 비판은 다분히 지배적 텍스트 모델을 강조하는 입장에 가깝다고 할 수 있다. 텍스트는 상당할 정도로 강제하는 힘(power)을 가지고 있다는 주장이다. 이들 입장에 의하면, 능동적 수용자 접근은 단순하게 수용자가 그들의 의미를 구성하는 능력을 너무 과대하게 강조하고 있다는 것이다.[116]

한편 협조/저항 패러다임이 갖고 있는 어려움은 개인적인 경험적 연구로부터 도출한 비교적 소규모 결론을 헤게모니의 거대사회이론에 적용하는 문제를 들고 있다. 그리고 협조/저항 패러다임의 어려움은 권력의 일반적 성격과 그것의 문화와의 관계에 대한 것이다.

애버크롬비와 롱허스트에 의하면, 협조/저항 패러다임의 대안으로 제시된 스펙터클/퍼포먼스 패러다임은 수용자의 성격 변화와 수용자 구성

---

115) *Ibid.*, pp.28-29.
116) *Ibid.*, p.30.

수용자론

원으로의 경험의 변화에 따른 것이라고 말한다. 이들 변화는 몇 가지 요인에 의해서 나타나게 된다. 예를 들면, 상품화의 과정은 개인을 동시적으로 소비자로서 그리고 수용자의 구성원으로 취급하게 되었다는 것이다.

이러한 변화는 결국 근본적인 사회적·문화적 변동에 의해서 나타나게 된다. 다시 말해서 이러한 변동은 매우 상이한 타입의 수용자 경험을 생산하게 되는데, 애버크롬비와 롱허스트는 이것을 '확산된 수용자(diffused audience)'라고 부른다.[117] 이들에 의하면 이러한 수용자 경험의 기본적 특성은 현대사회에 있어서 모든 사람들은 모든 시간(항상)에 수용자가 된다는 점이다. 수용자의 구성원이 된다는 것은 이제 예외적인 사건이 아니라 일상생활을 구성한다. 확산된 수용자는 상이한 차원에서 작용하는 몇 가지 과정과 관계가 있다. ① 사람들은 많은 시간을 가정이나 공공장소에서 매스 미디어를 소비한다. 이것은 곧 미디어에 **흠뻑 빠진 사회**(media-drenched society)이다. ② 만일 가정이 단순히 매스 미디어 소비에 많은 시간을 지내는 것이라면 가장 근본적인 문제는 미디어가 실제적으로 일상생활을 구성하는 것이 된다. 미디어와 일상생활은 밀접하게 짜여져 있으므로, 그것을 떼어놓을 수가 없다. 따라서 사람들의 일상(현세)을 구성하고 규정하는 것은 전적으로 미디어 손 안에 있다.

확산된 수용자가 구성되는 세 번째 방법은 커쇼우(B. Kershaw)가 말하는 '퍼포머티브 사회(performative society)'를 통해서 창조된다. 이런 점에서 '퍼포먼스(performance)'는 극장(theater)과 구분되어진다.[118] 로우치(J. Roach)에 의하면 그리스 말에 유래하는 'theater'는 어떤 종류의 이벤트에 어떤 종류의 관람참여라는 한정된 말인 데 비하여, '퍼포먼스'는 종종 문화적 생산의 사회적 차원에 대하여 연극적으로 가장 풍요한 메타포로 관련되어 사용되지만 보다 광범한 영역의 인간행위를 포함한다는 것이다.[119]

---

117) *Ibid.*, p.68.
118) *Ibid.*, p.71.

커쇼우는 말하기를 '퍼포머티브 사회'에서 사람들의 상호작용(transaction)은 퍼포먼스적인 양식과 틀을 점진적으로 많이 사용함으로써 복합적으로 구조화되고 있는데, 이런 현상은 서구 선진사회의 경우 인간활동의 모든 영역에서 찾아볼 수 있다고 주장한다.[120]

애버크롬비와 롱허스트에 의하면, 이러한 포퍼먼스는 보다 세속적인 활동영역까지 침투해 있다는 것이다. 이러한 '퍼포먼스적 사회'를 보다 좁은 맥락에서 보면, 모든 예술을 퍼포먼스로 보는 경향이 증가하고 있다는 것이다. 그것이 조각이든, 페인팅이든, 음악 혹은 연극까지도, 게다가 여러 가지 종류의 비예술적 이벤트까지도 퍼포먼스 아트로 보는 경향이 아울러 나타나고 있다고 말한다. 한편 베른스타인(C. Bernstein)은 1960년대 후반에서 1970년 초의 정치적 게릴라 집단인 '심비오네스 해방군(Symbionese Liberation Army)'의 활동도 결정적으로 예술적 의도와 효과를 나타낸 퍼포먼스 행위로 취급되어야 한다고 주장하였다.[121]

그런 점에서 쉐크너(R. Schechner)는 "넓은 의미의 퍼포먼스는 다양한 모든 영역에서 다양한 모든 활동을 포함한 모든 퍼포먼스적 행위이다"라고 규정하고 있다.[122]

애버크롬비와 롱허스트에 의하면, '확산된 수용자'의 네 번째 의미, 즉 보다 근본적인 차원에서 '확산된 수용자의 경험'은 퍼포먼스의 일상적 불가시성(invisibility)에 의해서 특징지어진다는 것이다. 즉 퍼포먼스는 우리들 일상생활 속에 깊숙이 침투되어 있기 때문에 우리들 자신이

---

119) Roach, J., 1995, "Culture and Performance in the Circum-Atlantic World," in A. Parker and E. K. Sedwick(eds.), *Performativity and Performance*, London: Routledge, p.46.
120) Kershaw, B., 1994, "Framing the Audience for Theatre," in R. Keat, N. Whiteley, and N. Abercrombie(eds.), *The Authority of the Consumer*, London: Routledge, p.167.
121) Bernstein, C., 1977, "Performance as News, Notes on an Intermedia Guerrilla Art Group?" in M. Benamom and C. Caramello(eds.), *Performance in Postmodern Culture*, Madison, Wisconsin: Coda Press.
122) Schechner, R., 1993, *The Future of Ritual*, London: Routledge.

수용자론

나 다른 사람들도 이를 의식하지 못한다는 것이다. 때문에 삶은 영원한 퍼포먼스이다. 즉 우리들은 동시에 수용자이면서 연기자(performer)이다. 모든 사람들은 항상 수용자이다. 퍼포먼스는 결코 별개의 이벤트가 아니라는 것이다.[123]

그레비치(G. Gurevitch)는 주장하기를, "모든 사회적 행위에 기본적인 역할을 수행한다고 하는 전적인 의미는 곧 모든 사회생활이 퍼포먼스를 의미한다"는 것이다. 따라서 인간사회 그 자체는 극장이다. 애버크롬비와 롱허스트는 최근에 이르러 사회학뿐만 아니라 퍼포먼스이론에서 사회적 삶이 퍼포먼스라는 의미는 고프만(Erring Goffman)의 연구와 매우 밀접하게 연관되어 있다고 말한다. 어떻게 보면 고프만의 모든 연구는 규칙(rule), 전략 그리고 사회적 상호작용의 기술분석에 바쳐졌다는 것이다. 고프만은 그의 분석, 특히 그의 저서 *The Presentation of self in Everyday Life*에서 일상적인 무대 유추론(analogie)을 도입하고 있다. 여기에서 그는 적절하게 일상적 상호작용을 퍼포먼스로 취급하고 있다. 그리고 여기에서 그는 퍼포먼스를 관찰자가 있는 특정 세트 앞에 그의 연속적 출연과, 그것이 관찰자에게 어떤 영향을 미침으로써 특징지어지는 일정한 기간 동안 야기되는 개인의 모든 활동이라고 규정하였다.[124] 이러한 광의의 정의는 퍼포먼스가 일상생활에 널리 팽배해 있고, 특히 일상생활 자체를 구성하는 것이고, 퍼포먼스를 비퍼포먼스와 구별하기가 곤란함을 의미하는 것이라고 주장한다. 여기에서 애버크롬비와 롱허스트는 '확산적 수용자'의 네 번째 의미로, 역할수행(role-playing) 혹은 사회적 삶을 극장으로 보는 관점으로부터 두 가지 시각으로 분리시키고 있다. 첫째, 이것은 일반적 의미의 인간사회의 특성이라기보다는 현대사회의 특성이라는 점, 즉 일상생활이 퍼포먼스(performance-in-everyday life)라는 의미는 그 이전의 시대보다 20세기에 보다 확산되었다는 것이

---

123) Abercrombie, N. and B. Longhurst, *op. cit.*, p.73.
124) Goffman, E., 1959, *The Presentation of Self in Everyday Life, Garden City*, New York: Doubleday & Company, Inc., pp.17-26.

다. 그런 맥락에서 고프만의 주장은 역사성이 결여되었다고 비판을 받았다. 둘째, 현대사회가 보다 퍼포먼스적이라는 이유의 하나는 매스커뮤니케이션 미디어가 일상적 퍼포먼스의 중요 자원을 제공해주기 때문이라는 것이다.[125] 간단히 말해서 '확산된 수용자'는 두 가지 모두 현대적인 상호작용에 의해서 성립된다는 것이다. 그것은 한편으로 '스펙터클(spectacle)'로서의 세계의 구성이고, 또 다른 편으로는 나르시스적으로서의 개인의 구성이다. 사람은 동시적으로 수용자의 구성원으로 느낌과 동시에 연기자(performer)가 된다. 즉 그들은 동시에 관람자이고 동시에 관람되어지는 연기자(being watched)가 된다. 그것은 루빈(J. Rubin)이 말하는 이른바 거리에서의 정지적 행동과 같다. 즉 "인생은 극장이다. 그리고 우리들은 권위의 성당을 공격하는 게릴라이다… 거리는 무대이다. 당신은 쇼의 스타이고, 한때 당신이 배운 모든 것을 포착한다."[126]

이상에서 살펴본바, '확산된 수용자' 개념을 이해할 수 있는 네 가지 차원은 상호연관되어 있고, 특히 미디어의 팽배가 이 개념을 이해하는 관건이 된다. 그런 점에서 확산된 수용자는 곧 근대성이라고 본다.[127]

앞에서 확산된 수용자는 두 가지 과정, 즉 스펙터클과 나르시시즘의 상호작용으로부터 형성된다고 했는데, 그러면 여기에서 스펙터클과 나르시시즘은 무엇인가?

애버크롬비와 롱허스트는 우선 스펙터클을 설명하기 위하여 17세기 말에서 19세기 중반까지 유럽에서 풍경(landscape)의 인식에 대한 역사의 문헌에서 논의된 역사적 기술을 예로 들고 있다. 그 논의는 곧 틀지어지고, 지각되고 표상된 것처럼 풍경은 결코 자연의 중립적인 대상이 아니라 오히려 스펙터클이고, 퍼포먼스 혹은 이벤트라는 것이다. 말하자면 풍경은 담론적으로 구성된 것이라는 것이다. 그래서 푸흐(Pugh)는 말하기를 '풍경과 그 표상은 하나의 텍스트'이며, 그리고 어떤 다른 문

---

125) Abercrombie, N. and B. Longhurst, *op. cit.*, p.74.
126) Rubin, J., 1970, *Do it*, New York: Simon and Schuster, p.250.
127) Abercrombie, N. and B. Longhurst, *op. cit.*, p.77.

화적 형태와 마찬가지로 '해독'될 수 있는 것이라고 하였다. 풍경은 마치 그림처럼 정교하게 다시 배열된 것이고, 동시에 스펙터클로 지각되었고, 또한 스펙터클로 표상되었다고 말한다.128) 이와 같은 맥락에서 세계-산, 석양, 포크·댄스, 이국 주민, 낯선 돈, 상이한 음식, 음료-는 모두 우리의 주목을 끄는 스펙터클의 시리즈라고 말한다.

문제는 어느 정도로 스펙터클로서의 세계의 구성인가 하는 것이다. 애버크롬비와 롱허스트는 두 가지 점을 지적한다. 첫째는, 단순한 차원의 것인데, 현대사회에서 세계는 더욱 더 철저하게 스펙터클의 대상으로 취급되고 있다는 것이다. 스펙터클로 보는 대상은 이제 특정 이벤트나 특정한 경우, 그리고 대상에 한정할 수 없는 것이고, 대신 보다 팽배한 일상적 삶의 특성으로 확산되었다. 여기에서 무엇보다도 '스펙터클적인 사회(spectacular society)'를 창출한 것은 상품화의 중요한 역할이다. 상품으로서의 세계는 주목을 요구한다. 즉 연기(perform)라는 것이다.

또한 매스커뮤니케이션 미디어의 팽배는 세계를 스펙터클과 퍼포먼스의 틀로 현상화하는 데 기여한다. 그래서 '랜드스케이프(landscape)'는 '미디어스케이프(mediascape)'가 된다.129) 이미 앞에서 간단히 설명한 바 같이 드보르(Debord)는 스펙터클에 관한 그의 고전적 논의에서 스펙터클 사회를 근대성과 동일시한 바 있다. 그에 의하면, 현대사회는 세계를 스펙터클의 세계로 만든다. 왜냐하면 현대사회는 자본주의에 의하여 조직되고, 그것은 모든 것을 상품화하고, 그럼으로써 일상생활을 식민지화하기 때문이라는 것이다.130) 이와 같은 식민지화는 클락(T. J. Clark)이 지적한 바와 같이 자본주의시장의 거대한 내적 확장을 의미하고, 이는 또한 자유시간과 사적인 삶, 여가 그리고 개인적 표현과 같은 모든 영역에의 침범이고 재구조화를 의미한다.131)

---

128) Pugh, S., 1990, *Reading Landscape*, Manchester: Manchester Univ. Press, p.2.
129) Abercrombie, N. and B. Longhurst, *op. cit.*, p.82.
130) Debord, G., 1994, *The Society of the Spectacle*, New York: Zone Books.
131) Clark, T. J., 1984, *The Painting of Modern Life*, London: Thomas and Hudson, p.9.

제2장
수용자연구의 변천과정

매스커뮤니케이션 연구의 지적 뿌리는 유럽종(species)과 미국종으로 나눌 수 있다. 머톤(Robert Merton)에 의하면, 지식사회학이 유럽종의 사회이론이라 한다면, 매스커뮤니케이션 사회학은 미국종의 사회이론이라는 것이다.[1)]

유럽종의 지식사회학에서는 지식에 대한 사회적 근원을 규명하며, 지식과 사상이 사회구조에 의해 어떻게 영향을 받는가에 연구의 핵심을 둔다. 따라서 지식사회학은 지적 분야 내지 문화 분야의 지적 생산에 직접적인 관심을 두기 때문에 지적 엘리트가 주된 연구대상이 된다.

이와 대조적으로 미국종의 매스커뮤니케이션 사회학은 대중들의 의견에 대한 사회학적 연구에 초점을 두기 때문에 대중이 주된 연구대상이 되고 있는 것이다.

따라서 매스커뮤니케이션 연구의 주류를 이루어왔던 경험주의적인 미국종의 매스커뮤니케이션 연구의 특징은 매스 미디어와 커뮤니케이터 또는 체계(system)의 관계에 대한 연구보다는 매스 미디어와 수용자와의 관계에 대한 연구라고 할 수 있다.

---

1) Merton, R., 1986, *Social Theory and Social Structure*, New York: The Free Press, pp.493-496.

수용자론

　노덴스트렝(K. Nordenstreng)은 「유럽 커뮤니케이션 이론의 최근 발전」이라는 논문에서, "미국의 커뮤니케이션 연구의 주류 내지 핵심 분야는 '설득 커뮤니케이션' 연구이고, 설득 커뮤니케이션 연구의 핵심은 수용자 연구이다"[2]고 말했다.
　수용자 연구의 핵심은 태도변용 등의 미시적인 심리학적 접근방법이라고 규정한 것은 어떤 면에서 정곡을 찌른 지적이라고 할 수 있다.
　여기에서 설득 커뮤니케이션 연구는 효과연구(effects research, effects studies)의 일환으로 볼 수 있는데, 미국에서 매스커뮤니케이션 연구는 바로 효과연구로부터 시작했다고 해도 과언이 아니다. 그러나 그 이후 전개된 매스 미디어와 수용자와의 관계에 대한 연구는 질적으로 변화되었을 뿐 아니라 확대되었다.
　수용자 연구를 포괄적으로 수용해서 제일 먼저 이를 유형별로 분류한 연구자는 젠센(Klaus Bruhn Jensen)과 로젠그렌(Karl Erik Rosengren)이다. 젠센과 로젠그렌은 「수용자 연구의 다섯 가지 전통(Five Tradition in Search of the Audience)」이라는 논문을 통해서 수용자 연구의 주된 전통을 ① 효과연구(Effects Research), ② 이용과 충족 연구(Uses and Gratification Research), ③ 문학비평연구(Literary Criticism Research), ④ 문화론적 연구(Cultural Studies), ⑤ 수용연구(Reception Analysis) 등[3] 다섯 가지 전통으로 나누어 설명하고 있다.
　그러나 맥퀘일은 2000년에 수정증보된 4판 『매스커뮤니케이션 이론』에서 젠센과 로젠그렌의 다섯 가지 패러다임을 ① 구조적 접근, ② 행동적 접근, ③ 문화적 접근 등 세 가지 패러다임으로 줄이고 있는데, 맥퀘일은 말하기를 구조적 접근은 젠센과 로젠그렌의 연구에서 잘 설명되지 않고 있으며, 또한 문학비평은 별로 연관성이 없다고 말한다.[4]

---

2) Nordenstreng, K., 1975, "Recent Development in European Communication Theory," Public Lecture Given at Simon Fraser Univ., March 19, pp.2-10.
3) Jensen, K. and K. Rosengren, 1990, "Five Tradition in Search of the Audience," *European Journal of Communication* Vol. 5, pp.207-238.
4) McQuail, D., 2000, *Mass Communication Theory*, London and Beverly Hills;

한편 로리머(Rowland Lorimer)는 그의 최근 저서 『매스커뮤니케이션 (*Mass Communication*)』에서 수용자 연구를 ① 효과연구, ② 이용과 충족 연구, ③ 문화적 연구(프랑크푸르트학파, 영국 문화적 연구), ④ 페미니스트연구(Feminist Research), ⑤ 수용분석(Reception Analysis), ⑥ 구조이론(Structuration), ⑦ 제도적 수용연구(Institutional Audience Research) 등 7가지 접근으로 분류하고 있다.[5]

여기에서 우선 맥퀘일이 분류한 세 가지 전통을 먼저 설명하기로 하겠다. 첫째, 구조적 접근은 미디어 시스템과 개인적인 미디어 이용 간에 관계를 설명해주기 때문에 이론적으로 중요하다고 말한다. 예를 들면, 선택은 미디어 시장에서 이용가능한 것에 따라 항상 제약을 받는다. 또한 의견, 태도, 혹은 보고된 행동자료가 미디어 이용형태 및 인구통계학적인 자료와 서로 밀접한 관계가 있을 경우, 선택은 커뮤니케이션 효과연구에서 중요하다. 미디어 노출의 양과 종류는 효과분석에 있어서 항상 중요한 변인이다. 구조적 접근은 다른 채널과 내용 형태 간의 시간에 따른 수용자 '흐름'을 연구하기 위해 사용될 수 있다. 또한 그것은 미디어 이용 행동을 사회적 기본특성들과 연관시킴으로써 시청자, 청취자, 그리고 독자들의 전형적인 형태를 설명하는 데로 사용될 수 있다. 맥퀘일에 의하면, 이러한 수용자 측근의 구조적 접근은 수용자 서베이가 미디어의 다른 요인들이 지니고 있는 상대적인 만족이나 신뢰도를 측정할 수 있는 것에 비해 미디어를 보다 공적으로 설명할 수 있다고 말한다.

둘째, 행동주의적 전통은 젠센과 로젠그렌이 분류한 효과연구와 이용과 충족 접근을 합친 것이다. 맥퀘일에 의하면 초기 매스커뮤니케이션 연구는 주로 미디어 효과 특히 어린이와 청소년들에게 미치는 효과와

McQuail, D., 1997, *Audience Analysis*, Sage; 박창희(역), 1999, 『수용자분석』, 커뮤니케이션북스, 36쪽 참조

5) Lorimer, R., *Mass Communication*, Manchester: Manchester Univ. Press, pp.156-175.

수용자론

잠재적으로 유해한 영향을 강조하였다. 대부분의 효과연구는 설득, 학습 또는 행동적인 종류에 관한 수용자 연구였으며, 수용자는 영향에 노출된 것으로 개념화되었다. 그 대표적인 효과 모델은 수용자는 미디어 자극의 수동적 수신자이거나 비의도적 표적으로 간주되는, 이른바 일방향적 과정(one-way process)이었다.

행동적 수용자 연구의 두 번째 주요 타입은 여러 가지 면에서 직접적 효과 모델에 대한 반응이었다. 미디어 이용을 중심으로 수용자는 다소 능동적이며 동기화된 미디어 이용자/소비자들의 틀로 간주되었다. 그리고 그들은 수동적인 '희생자'라기보다는 오히려 미디어 경험에 대한 담당자였다. 연구는 미디어와 미디어 내용 선택에 대한 기원, 특징, 동기의 정도 등에 초점을 두었다. '이용과 충족' 접근은 직접적으로 말해서 '행동적'이지 않다. 왜냐하면 그 주된 강조점은 미디어 충족의 사회적 기원과 보다 광범한 미디어의 사회적 기능에 두었기 때문이다. 가령 사회적 접촉과 상호작용을 용이하게 하거나 혹은 긴장과 두려움을 줄이는 것 등이 그 예이다.

셋째, 문화적 전통과 수용분석의 경우 문화적 연구 전통은 사회과학과 인문학의 영역 사이에 존재한다. 이 연구 전통은 초기의 문학 전통과 대조적으로 대중문화에 압도적으로 많은 관심을 가졌다. 이 연구는 미디어 이용을 특정한 사회문화적 맥락의 반영으로, 그리고 일상생활에 있어서 문화적 생산과 경험에 의미를 부여하는 과정으로 강조한다. 이 연구학파는 효과에 대한 자극-반응 모델과 강력한 텍스트나 메시지의 의미를 다같이 거부한다. 이 연구는 미디어 이용을 '일상적 생활' 자체를 중요한 측면으로 보는 견해를 포함한다.

미디어 수용 연구는 수용자연구를 해석적 공동체로 강조한다. 수용분석은 독립적 전통이기보다는 현대 문화연구에서 효과적으로 수용자를 연구하는 데 목적이 있다는 것이다. 맥퀘일은 수용자연구의 문화론적(수용적) 전통의 주요 특성을 다음과 같이 요약하고 있다.

- 미디어 텍스트는 수용자 인식을 통하여 '해독'되어야 하며, 수용자

는 제공된 미디어 텍스트로부터 의미와 즐거움을 얻는다.
- 특정한 맥락에서 행해지는 미디어 이용 과정과 방법이 관심의 주요 대상이다.
- 미디어 이용은 '해석적 공동체'의 참여로부터 전개되는 전형적인 특정 상황이고 사회적 임무에 지향된 것이다.
- 특정한 미디어 장르에 대한 수용자는 때로는 미디어를 이해하기 위해 동일한 형태의 담론과 틀을 공유하는 분리된 '해석적 공동체'를 포함한다.
- 수용자는 결코 수동적이지 않으며, 모든 구성원들은 동등하지도 않다. 왜냐하면 어떤 사람은 다른 사람보다 경험이 더 많거나 보다 능동적인 팬이 될 수 있기 때문이다.
- 방법으로는 내용, 수용행위, 그리고 맥락 등을 고려함으로써 '질적'이고 심층적인, 때로는 민속지학적(ethnographic)이어야 한다.[6]

다음으로 앞에서 간단히 설명한 맥퀘일의 3가지 수용자 연구 접근을 염두에 두면서, 젠센과 로젠그렌의 5가지 접근과 로리머의 7가지 접근을 종합해서 수용자 연구의 변천과정을 살펴보기로 하겠다.

여기에서 우선 젠센과 로젠그렌의 접근유형과 로리머의 접근유형은 효과연구, 이용과 충족 연구, 문화론적 연구, 수용분석 등 4가지 유형에서 유사하며, 로리머의 접근은 젠센 등의 접근과 비교하여 페미니스트 연구, 제도적 수용자 연구, 그리고 구조이론이 더 포함되고 있는 반면, 젠센 등의 접근에는 문학비평연구(literary criticism research)가 포함되고 있는 데 차이점이 있다. 따라서 이 연구에서는 수용자 접근유형을 젠센과 로젠그렌의 접근 모델과 로리머의 접근 모델을 포함해서 8가지 접근 모델로 설명하겠다.

---

6) McQuail, D., *op. cit.*, pp.366-367.

수용자론

1. 효과연구

　매스미디어의 효과연구(Effects Research)는 대체로 매스미디어를 통해서 정해지는 캠페인이나 선전, 설득 그리고 의도되지 않은 미디어 내용이, 이를 접촉하는 사람의 태도나 인지 또는 지각 그리고 의견이나 행위에 어느 정도 영향을 미쳤는가 그리고 효과적인 영향을 미치기 위해서는 어떤 방법으로, 어떤 조건 하에서 이루어지는가를 규명하는 것이다. 따라서 이들 연구자들의 기본적 질문은 미디어의 영향이었다.[7]
　다시 말해서 효과연구는 매스미디어는 작용요인이고, 수용자는 미디어 작용의 수동적인 표적대상이며, 매스미디어가 수용자의 태도나 인지, 또는 의견이나 행위에 어느 정도 변용을 가져다주는가에 연구의 초점이 맞춰져 있다. 이것이 바로 효과연구의 기본적인 전제인 것이다.
　미국에서 효과연구는 크게 두 가지 뿌리에 근거해 있다. 첫째, 새로운 미디어가 출현할 때마다 그 미디어가 특히 어린이나 부인 그리고 교육을 받지 못한 사람에게 매우 나쁜 영향을 미칠 것이라는 두려움 때문에 그 영향을 경험적으로 파악하려는 데서 시작되었다.
　이런 류의 '정신적 공포'는 영화, 라디오, 텔레비전 그리고 비디오 등의 새로운 미디어가 등장할 때마다 야기되었으며, 그러한 공포는 직접적으로나 간접적으로 그 미디어 또는 그 미디어 사용의 효과에 대한 연구를 하게끔 작용했던 것이다. 그러한 류의 대표적인 연구로는 미국에서 매스미디어 연구의 효시라고 볼 수 있는 「페인 기금 연구(The Payne Found Studies)」의 청소년에 미치는 영화에 관한 일련의 연구를 시작으로 웰스(O. Welles)가 연출한 라디오 드라마 <화성인의 침공(The Invasion from Mars)>에 대한 캔트릴(Hadley Cantrill)의 조사,[8] 스미스

---

7) Lorimer, R., op. cit., p.160.
8) Cantril, H., H. Gaudet and H. Herzog, 1940, *The Invasion from Mars: A Study in the Psychology of Panic*, in W. Schramm and D. Roberts(eds.), 1971, *The Process and Effects of Mass Communication*(Revised edition), Urbana: Univ. of Illinois Press, pp.579-595.

(Kate Smith)의 전시 공채(war bond) 판매를 위한 '마라톤 캠페인'의 효과를 조사한 머튼(Robert Merton)의 '대중설득(mass persuasion)' 연구[9]가 그것이다.

텔레비전의 등장에 따라, 그것이 아동에게 미치는 영향을 조사한 힘멜바이트(H. T. Himmelweit) 등[10]의 영국조사와, 슈람(W. Schramm) 등의 북미조사[11]는 텔레비전이 아동들에게 미치는 영향을 조사한 가장 최초의 효과연구였다. 그 후에도 계속 실시된 아이젠하워위원회에 의한 조사보고서, 공중보건국장(Surgeon General)의 조사보고서,[12] 그리고 거브너(George Gerbner)의 일련의 조사결과에 의해서 도출한 '배양효과이론(cultivation effects)[13]'은 그 대표적인 예이다.

미국에서 효과연구의 두 번째 뿌리는 설득에 관한 연구라고 할 수 있다. 설득에 관한 연구는 사회심리학적 접근과 사회학적 접근으로 나눌 수 있는데, 사회심리학 접근의 대표적 연구로는 호브랜드(Carl Hovland)를 중심으로 한 예일학파(Yale Schools)의 설득연구를 들 수 있다. 호브랜드와 그 동료들의 효과연구의 출발은 제2차세계대전 발발 후, 그들이 미육군 정보교육국 조사부에 근무할 당시 이루어졌는데, 그 첫 연구가 바로 '군대연구(army work)'였다. 여기에서 '군대연구'란 군인들의 태도변용에 미치는 영화의 효과를 측정하려는 연구이다. 호브랜드 등은 연

---

9) Merton, R., 1946, *Mass Persuasion: The Social Psychology of a War Bond Drive*, New York: Harper.
10) Himmelweit, H., N. Oppenheim and P. Vince, 1961, *Television and Child*, Oxford.
11) Schramm, W., G. Lyle and E. Parker, 1961, *Television in the Lives of Our Children*, Stanford Univ. Press.
12) Murray, J., E. Rubinstein & G. Comstock(eds.), 1972, *Television and Socal Behavior: A Technical Report to the Surgeon General's Scientific Advisory Committee on Television and Social Behavior*, Washington D. C.: U. S. Government Printing Office.
13) Gerbner G. and C. Goss, 1976, "Living with Television: The Violence Profile," *Journal of Communication* Vol. 26(2), Spring.

재영화 <왜 우리는 싸우는가>와 <영국의 전쟁>을 미군 병사들에게 보여줌으로써 병사들의 정신적 다짐을 주입시키기 위한 것이었다. 연구자들은 군대입영자들이 미국이 제2차세계대전에 개입하게 된 국내외 사정을 모르고 있으며, 따라서 이 영화 시리즈를 통해 그들에게 전쟁개입의 정당성을 인식케 하고, 전쟁에 임하는 동기를 부여하거나 적개심을 불러일으키려는 데 그 목적이 있었다.

이와 같이 매스미디어를 통해서 기존의 태도를 버리고, 새로운 태도를 갖게 하는 이른바 태도변용(attitude change) 연구, 다시 말해서 설득 커뮤니케이션 연구는 그 이후에도 계속 예일학파에 속하는 연구자들에 의해서 다양하게 이루어짐으로써 오늘날의 설득 커뮤니케이션 이론의 핵심을 이루었던 것이다. 설득에 관한 이들 연구들의 결집이 *Experiments on Mass Communication*(1949), *Communication and Persuasion*(1953), *The order of Presentation in Persuasion*(1957), *Personality and Persuasibility*(1959), *Attitude Organization and Change*(1960) 그리고 *Social Judgment*(1961)이다.[14]

심리학적 접근의 대표적인 연구이며 한계효과이론을 뒷받침하는 연구는 쿠퍼(Eunica Cooper)와 야호다(Marie Jahoda)의 「비거트(Mr. Biggort) 만화 연구」이다.[15]

한편 설득에 관한 사회학적 접근의 대표적인 연구는 라자스펠트를 중심으로 한 콜럼비아학파(Columbia Schools)의 투표형태 연구(voting behaviour study)이다.

클래퍼(Joseph Klapper)의 매스커뮤니케이션 효과의 다섯 가지 일반화에서 찾아볼 수 있는 바와 같이, 매스커뮤니케이션은 변화의 작용요

---

14) Hovland, C., I. Janis and H. Kelley, 1953, *Communication and Persuasion*, New Haven: Yale University Press; Hovland, C., A. Lumsdaine and F. Sheffield, 1965, *Experiments on Mass Communication*, New York: John Wiley and Sons.

15) Cooper, E. and M. Jahoda, "The Evasion of Propaganda: How Prejudiced People Respond to Anti-Prejudice Propaganda," *Journal of Psychology* 23, pp.15-25.

인으로서보다는 보강(reinforcement)의 작용요인으로 기능하며, 일반적 효과로 볼 수 있는 것은 의견의 보강과 같은 '적은 변화(minor change)' 그리고 일반적으로 거의 찾아볼 수 없는 변화인데, 이러한 매스커뮤니케이션의 한계 효과는 라자스펠트 등이 실시한 두 개의 선거 캠페인 연구와 하나의 소비자 구매행동 연구에서 실증되었다. 이들 연구는 Erie County 조사(1940)와 Elmira County 조사(1948), 그리고 Decatur 조사 (1952)로 그 연구 보고서는 *The People's Choice*(1948),[16] *Voting*(1954),[17] 그리고 *Personal Influence*(1955)[18]이다.

1970년대에 들어 선거 캠페인 혹은 정치적 설득에 관한 대표적인 연구로는 맥콤브(Maxwell McCombs)와 쇼우(Donald E. Shaw)의 「논제설정(agenda-setting) 연구」,[19] 노엘 노이만(Elizabeth Noelle-Neumann)의 「침묵의 나선형(spiral of silence) 가설」,[20] 그리고 데이비슨(W. Philips Davison) 등에 의한 「제3자효과 가설(third-person effects)」[21]과 오고만 (H. O'Goman)과 테일러(D. G. Taylor) 그리고 카츠(Elihu Katz) 등에 의한 「다원적 무지(pluralistic ignorance) 가설」[22] 등으로 이어진다.

---

16) Lazarsfeld, P., B. Berelson and H. Gaudet, 1948, *The People's Choice*, New York: Columbia Univ. Press.
17) Berelson, B., P. Lazarsfeld and W. McPhee, 1954, *Voting*, Chicago: The Univ. of Chicago Press.
18) Katz, E. and P. Lazarsfeld, 1955, *Personal Influence*, N. Y.: The Free Press.
19) McCombs, M. and D. Shaw, 1972, "The Agenda-Setting Function of the Media," *Public Opinion Quarterly* 36(Summer), pp.176-187.
20) Noelle-Neumann, E., 1973, "Return to the Concept of Powerful Mass Media," *Studies of Broadcasting*, NHK, pp.68-105.
21) Davison, W. P., 1983, "The Third-Person Effect in Communication," *Public Opinion Quarterly* 47(1), pp.1-5.
22) O'Goman, H., 1976, "Pluralistic Ignorance," *Public Opinion Quarterly* 40(4), pp.449-458; Taylor, D. G., 1982, "Pluralistic Ignorance and the Spiral of Silence," *Public Opinion Quarterly* 46(3), pp.313-314; Katz, E., 1983, "Publicity and Pluralistic Ignorance," in E. Wartella & D. C. Whitney(eds.), *Mass Communication Review Yearbook*, Vol. 4, Beverly Hills: Sage, pp.89-99.

한편 또다른 대표적인 효과연구로는 티치노(P. T. Tichenor), 도나휴 (G. A. Donohue) 그리고 오리엔(C. R. Olien)의 「지식격차(knowledge gap) 가설」23) 연구를 들 수 있다.

2. 이용과 충족 연구(Uses and Gratification Studies)

이용과 충족 연구는 효과연구에 대한 반작용으로 시작되었다.
효과연구가 "미디어가 사람들에게 무엇을 할 것인가?(what do the media do to people?)"라는 질문에 대답하는 접근방법이라 한다면, 이용과 충족 연구(uses and gratification research)는 "사람들이 미디어에 무엇을 할 것인가?(What do people do with the media?)"에 대한 질문에 대답하는 접근방법이라고 할 수 있다.24) 다시 말해서 설득적 커뮤니케이션 연구 내지 효과연구가 시스템(system) 또는 매스커뮤니케이터를 발신자로서 능동적인 작용요인으로 보고, 미디어 수용자를 표적대상인 피동자 또는 수동적인 수용자(passive audience)로 간주한다.

이와 반대로 이용과 충족 연구는 미디어 수용자가 미디어를 선택적으로 이용하고 취급하는 참여자, 다시 말해서 능동적 수용자(active audience)로 규정해서 미디어와 수용자의 관계를 연구하는 접근방법이다.

다시 말해서 이 접근방법은 처음부터 수용자가 미디어 내용을 선택하게끔 하는 오리엔테이션과 해석, 즉 수용자의 심리적 변수에 크게 주목하였다. 이와 같이 지적 뿌리가 사회심리학이므로, 이용과 충족 연구는 자연히 사회적 실체를 미시적 차원에서 접근하였다. 따라서 이 연구는 수용자에 대한 거시-사회적(macro-social), 이데올로기적, 문화적 혹은 정

---

23) Tichenor, D. T., G. A. Donohue and C. N. Olien, 1970, "Mass Media Flow and Differential Growth of Knowledge," *Public Opinion Quarterly* 34, pp.159-170.

24) Katz, E. and D. Faulkes, 1962, "On the Use of the Mass Media as Escape," *Public Opinion Quarterly* 26, p.378.

치적 오리엔테이션에 대하여 별로 관심을 두지 않았다.[25]

효과연구가 1920년대 '페인 기금 연구'에 의한 영화조사가 그 효시라면, 이용과 충족 연구의 출발은 1940년대 초기 라자스펠트에 의해 주도된 일련의 라디오 조사(radio research), 특히 헤르조그(Herta Herzog)에 의해서 조사된 「주간연속방송극에 대한 주부들의 시청연구」[26]나, 「퀴즈 프로그램에 대한 시청연구」[27] 그리고 1949년 베럴슨(B. Berelson)에 의해서 실시된 「일간신문 구독원인 조사」가 그 효시라고 할 수 있다.[28] 헤르조그의 연구에서는 주부들이 주간연속방송극을 충고와 조언, 일상생활에 있어서 대리적 역할, 그리고 정서적 해방수단으로 이용하고 있음을 발견하였다. 한편 베럴슨의 연구에서는 독자들에게 신문은 유용한 정보의 출처일 뿐 아니라 안정감과 대화의 공통적인 주제를 제공해주며, 일상생활에 없어서는 안될 유용한 수단이 되고 있음이 발견되었다.

이용과 충족 연구는 1960년대에 카츠 등에 의해서 이론적으로 체계화되었다. 그들의 주된 관심은 미디어의 도피적(escape) 이용에 관한 것이었다.[29] 특히 1960년대를 전후해서 이용과 충족 연구가 활발하게 전개되었는데, 이를 간단히 살펴보면 다음과 같다.

첫째, 어린이와 미디어에 관한 많은 연구, 즉 슈람,[30] 라일리(Riley) 부부의 연구,[31] 힘멜바이트 등의 연구[32]가 그 대표적인 예이다. 둘째,

---

25) Lorimer, R., *op. cit.*, p.162.
26) Herzog, H., 1944, "What Do We Really Know about Daytime Serial Listeners," in P. Lazarsfeld and F. Stanton(eds.), *Radio Research 1942-1943*, New York: Duell, Sloan and Pearce.
27) Herzog, H., 1942, "Professor Quiz: A Gratification Study," in P. Lazarsfeld and F. Stanton(eds.), *Radio Research 1941*, New York: Duell, Sloan and Pearce.
28) Berelson, B., 1955, "What 'Missing the Newspaper' Means," in W. Schramm(ed.), *The Process and Effects of Mass Communication*, Urbana: Univ. of Illinois Press, pp.36-47.
29) Katz, E. and D. Faulkes, *op. cit.*
30) Schramm, W., J. Lyle and E. Parker, *op. cit.*
31) Riley, M. and J. Riley, 1951, "A Sociological Approach to Communication Research," *Public Opinion Quarterly* 15(3).

수용자론

정치 커뮤니케이션과 미디어 충족에 대한 많은 연구를 들 수 있다. 블룸러(J. Blumler)와 맥퀘일의 영국에 있어서 투표행동에 텔레비전이 어떻게 이용되었는가에 대한 연구가 그 대표적인 예이다.33) 셋째, 특별한 형태와 그 형태들의 호소력의 기초에 대한 연구, 즉 맥퀘일,34) 멘델손(Harold Mendelsohn),35) 레비(Mark R. Levy),36) 타넨바움(Percy H. Tannenbaum)37) 등의 연구를 들 수 있다. 넷째, 미디어와 폭넓은 사회적 통합에 대한 카츠(E. Katz) 등의 연구,38) 다섯째, 정보추구(information-seeking)와 미디어 이용에 대한 인지적 측면의 연구, 즉 애트킨(Charles Atkin),39) 키팩스(S. Kippax)40) 등의 연구들이 있고, 마지막으로는 모델의 형성과 이론 발전에 대한 일련의 공헌들을 들 수 있다. 그 대표적인 예는 블룸러와 카츠,41) 보다 최근의 예로는 블룸러42)와 윈달(S. Windahl)43)

---

32) Himmelweit, H. T. et. al., *op. cit.*
33) Blumler, J. G. and D. McQuail, 1968, *Television in Politics*, London: Faber.
34) McQuail, D., J. Blumler and J. Brown, 1972, "The Television Audience," in D. McQuail(ed.), *Sociology of Mass Communications*, Harmondworth: Penguin, pp.135-165.
35) Mendelsohn, H., 1964, "Listening to Radio," in L. A. Dexter and D. M. White(eds.), *People, Society and Mass Communication*, Glencoe: Free Press, pp.239-269.
36) Levy, M., 1978, "The Audience Experience with Television News," *Journalism Monograph* 55.
37) Tannenbaum, P., 1980, *The Entertainment Functions of Television*, Hillsdale, N.J.: LEA.
38) Katz, E., M. Gurevitch and H. Hass, 1973, "On the Use of Mass Media for Important Things," *American Sociological Review* 38, pp.164-181.
39) Atkin, C., 1972, "Anticipated Communication and Mass Mediated Information Seeking," *Public Opinion Quarterly* 36, pp.188-192.
40) Kippax, S. and J. Murray, 1980, "Using the Mass Media: Need Gratification and Perceived Utility," *Communication Research* 7, pp.335-360.
41) Blumler, J. and E. Katz(eds.), 1974, *The Uses of Mass Communication*, Beverly Hills: Sage Publications.
42) Blumler, J., 1978, "The Role of Theory in the Uses and Gratification Studies," *Communications, Research* 6, pp.9-36.

의 연구를 들 수 있다.

한편 이론과 충족 연구에 있어 새로운 이론구성과 이론측정을 위한 시도가 활발하게 전개되고 있다. 그 가운데 사회심리학에서 최근에 발전된 '기대-가치적 접근(expectancy-value approach)'을 미디어 충족에 적용한 팜그린(P. Palmgreen)과 레이번(J. Rayburn)의 연구,[44] 그리고 배브로우(A. Babrow)의 연구[45]를 들 수 있다. 기대-가치적 모델에 의하면 미디어 이용은 매체에 의해 제공된 이익에 대한 '인식'과 개인적인 수용자 구성원을 위한 이익에 대한 차별적 '가치'의 결합으로써 설명된다. 이것은 미디어 이용이 미디어로부터 기대하는 잠재적인 충족 중에 다양한 선택뿐만 아니라 '회피'에 의해서도 형성되고 있다는 사실을 감추는 데 도움을 주고 있다. 이 모델은 기대(요구된 충족)와 만족(획득된 충족) 간을 구별하며, 미디어 이용 행위가 시간에 따라 증가하고 있다는 것을 인정한다. 따라서 '획득된 충족(gratifications obtained: GO)'이 '요구된 충족(gratifications sought: GS)'보다 현저하게 높은 경우에 수용자 만족과 이해 및 주의력이 높은 점수로 나타날 것이다. 반대의 경우도 일어날 수 있는데, 이는 텔레비전의 경우에 보급, 판매, 시청률, 채널 전환 등을 감소시키는 원인을 제공한다.[46]

한편 이용과 충족 연구의 특징의 하나로 이 연구를 효과연구와 융합하려는 시도가 윈달(S. Windahl)이나,[47] 루빈(Alan M. Rubin)[48] 등의

---

43) Windahl, S., 1981, "Uses and Gratification at the Crossroad," in G. Wilhoit, H. de Bock(eds.), *Mass Communication Review Yearbook*, Beverly Hills: Sage Publications, pp.174-185.

44) Palmgreen, P. and J. Rayburn, 1985, "An Expectancy-Value Approach to Media Gratification," in K. Rosengren et. al.(eds.), *Media Gratifications Research*, Beverly Hills: Sage.

45) Babrow, A., "Theory and Method in Research on Audience Motives," *Journal of Broadcasting and Electronic Media* 32, pp.471-478.

46) McQuail, D., 1997, *op. cit.*, pp.389-390; McQuail, D., 1997, *Audience Analysis*, Sage; 박창희(역), 1999, 『수용자분석』, 커뮤니케이션북스, 119-120쪽 참조.

연구에 의해 활발히 시도되고 있다. 이를 '이용과 효과 연구(uses and effects research)'로 부르고 있는데, 이러한 시도는 미디어 연구를 '효과'의 관점에 익숙해 버린 도구적 사고로부터 벗어나지 못하고 있기 때문이다. 왜냐하면 이용과 충족 패러다임은 효과연구에 대한 반작용으로 출발해서 커뮤니케이션 연구를 피동적 수용자(passive audience)의 시각에서 능동적 수용자(active audience)의 시각으로 패러다임을 전환시킨 데 의의가 있기 때문이다.

맥퀘일은 지난 1960년대에서 1970년까지 20년 동안 재발견된 이용과 충족 접근의 기본적인 가정을 다음과 같이 요약하고 있다.

① 미디어와 내용 선택은 이성적이고 특별한 목표와 만족을 위해서 이루어진다(수용자는 능동적이고, 수용자 형성은 논리적으로 설명될 수 있다).
② 수용자 구성원들은 동기에 따라 표현할 수 있고, 개인적이고 사회적으로 공유하는 환경에서 나타나는 미디어와 관련된 욕구를 인식하고 있다.
③ 개인적 유용성이 수용자 형성에 있어서 미학적이거나 문화적 요인 보다도 더 중요한 결정요인이다.
④ 수용자 형성과 관련된 대부분의 요인들(동기, 인지되거나 획득된 만족, 미디어 선택, 배경 변수들)은 원칙적으로 측정될 수 있다.[49]

---

47) Windahl, S., 1981, "Mass and Gratification at the Crossroad," in G. Whilhoit and H. DeBock(eds.), *Mass Communication Review Yearbook*, Beverly Hills: Sage, pp.174-185.
48) Rubin, A. M., 1994, "Media Uses and Effects: A Uses-and-Gratifications Perspective," in J. Bryant and D. Zillmarn(eds.), *Media Effect: Advances in theory and Research*, Hillsdale: New Jersey: Lawrence Erlbaum Associates, pp.436.
49) McQuail, D., *op. cit.*, pp.387-388.

3. 문학비평 연구(Literacy Criticism Research)

수용자 연구 영역에서 문학비평 연구가 차지하는 영역은 그렇게 넓은 것 같지 않다. 왜냐하면, 이미 앞에서 지적한 바와 같이 맥퀘일은 자기의 수용자 연구 전통과, 젠센과 로젠그렌의 이른바 '문학비평'과는 별로 연관성이 없다고 주장함으로써, '문학비평' 패러다임이 수용자 연구전통과는 별로 연관성이 없다는 점을 암시하고 있기 때문이다.50)
한편 로리머도 그의 수용자 연구에 대한 7가지 접근에서 '문학비평 접근'을 포함시키지 않고 있다.
그러나 이와 대조적으로 주창윤은 「텍스트와 수용자의 상호작용: 수용연구의 관점」이라는 논문에서 수용연구(reception studies)의 용어를 '문학/예술비평'과 '미디어/문화연구'에서 함께 사용하고 있다고 말함으로써, 다문히 젠센과 로젠그렌의 접근법을 따르고 있는 것처럼 보인다. 그에 의하면, 문학 수용 연구와 미디어 수용 연구는 텍스트와 독자 혹은 수용자 사이의 상호작용에 관심을 갖고 있다는 점에서 공통점을 지니고 있지만, 문학 수용 연구는 실제 독자를 연구하지 않는다고 말한다. 따라서 주창윤은 이 논문에서 문화/예술비평과 관련되어 있을 경우 문학 수용 연구로, 미디어/문화 영역의 경우는 미디어 수용 연구로 부르고 있고, 또한 문학독자는 독자로, 미디어 독자는 수용자로 분리해서 용어를 사용하고 있다.51)
그러면 여기에서 다시 젠센과 로젠그렌의 입장으로 돌아가서 그들이 말하는 문학비평 연구를 간단히 살펴보기로 하였다.
젠센과 로젠그렌에 의하면 서구사회의 예술과 과학의 발달은 커뮤니케이션의 문학적 형태의 등장과 밀접하게 관계되어 있다고 한다.52)

---

50) Ibid., p.36; 박창희(역), 상게서, 36쪽 참조.
51) 주창윤, 1999, 「텍스트와 수용자의 상호작용: 수용연구의 관점」, 김정기·박동숙 외, 『매스미디어와 수용자』, 커뮤니케이션북스, 105쪽.
52) Jensen, K. and K. Rosengren, op. cit., pp.211-212.

수용자론

　여기에서 가장 중요한 점은 전통적으로 모든 인지적·미학적 체험을 담고 있는 텍스트의 해석과 관계되어 있다는 점이다. 해석의 규칙은 일반적으로 사회생활력과 문화적 실천을 발전시키는 것이다. 물론 기독교의 전통에서 성경이나 기타 종교적 텍스트의 해석은 개인과 사회 전체를 분열시킬 수 있는 논쟁을 불러일으키기도 했다.
　근대사회 질서의 발달과 더불어 문학은 기본적으로 여가의 영역 속에 있는 사적인 개인으로서의 독자에게 보내는 커뮤니케이션의 형태로 재정의하게 되었다. 한편 이것은 역시 문학적 비평의 목적을 재정의하는 복잡한 과정을 수반하게 되었다. 특히 특정한 역사적 작가들에 의해서 문학이 어떻게 역사적 시공을 초월할 수 있는 예술적 체험을 갖도록 할 수 있는가를 설명하거나 이를 증명하도록 강조하는 결과를 낳게 됐다.
　이러한 노력들은 독자들의 교육에 대한 규범적인 접근방법을 의미하고 있으며, 그것은 최소한 독자들이 문학적 전통에 대한 적절한 반응을 배워야 한다는 것이다. 그것은 곧 문학적 커뮤니케이션의 효과를 배우는 것을 의미한다. 그러나 그러한 효과에 대한 경험적 연구는 문학연구의 주된 임무는 아니다.
　그럼에도 불구하고, 그 효과에 대한 몇 개의 경험적 연구 및 실험적 연구가 1920년대를 전후해서 이루어졌는데 그 대표적인 예가 리차스(I. A. Richards)와 유럽과 미국에서의 그의 후계자들에 의해 새롭게 이루어졌다.
　젠센과 로젠그렌에 의하면 오늘날 문화적 연구에는 세 가지의 수용자 개념을 찾아볼 수 있다. 첫째, 독자의 역할에 대한 역사적 분석틀의 확대, 즉 수용미학(reception aesthetics)은 문학적 주제의 역사적 이전과 변형을 규명함과 동시에 문학적 이해의 조건을 연구한다. 둘째, 텍스트-독자 상호작용의 미시적 측면에 대한 유사한 오리엔테이션이 또다른 다양한 문학적 접근방법 속에서 찾아볼 수 있는데, 그 예의 하나가 '독자-반응이론(reader-response theory)'이다. 셋째, 근대 미국이나 유럽에서 ≪포에틱스(Poetics)≫나 ≪스피엘(SPIEL: Siegener Periodicum zür Inter-

national Empirisehen Literaturwissenschaft)≫과 같은 저널에 발표되는 것으로, 이는 심리적·사회학적으로 오리엔트된 문학적 수용의 경험적 연구이다. 문학적 비평연구는 대부분 독자들이 문학을 어떻게 취급하는가에 대한 질문에 대답하는 연구라기보다는 문학의 텍스트 구조가 독자들에게 어떻게(무엇을) 적용하는가의 질문에 대답하는 연구에 초점을 맞추고 있다.53)

4. 문화론적 연구(Cultural Studies)

수용자 연구에 지적인 지도를 제공해주고 있는 맥퀘일, 젠센과 로젠그렌, 그리고 로리머의 수용자연구의 패러다임을 비교해보면, 첫째 맥퀘일의 경우, '수용분석(reception analysis)'을 문화론적 전통에 포함시키고 있는 것과 대조적으로, 젠센과 로젠그렌, 그리고 로리머는 다같이 '문화론적 연구(Cultural Studies)'와 '수용분석'을 엄격하게 구별하고 있는 점이 특징이라 하겠다. 특히 로리머는 문화론적 연구와 수용분석으로부터 페미니스트 연구(Feminist Research)를 분리시키고 있는 점도 다르다.

젠센과 로젠그렌, 그리고 로리머는 문화론적 연구의 지적 뿌리를 대체로 비슷하게 생각하고 있는 것처럼 보인다. 젠센과 로젠그렌은 현대문화 연구의 뿌리를 19세기 고전사회학의 일원인 뒤르케임(Emile Durkeim), 맑스, 베버를 비롯하여, 현대 유럽과 미국에 있어서 문화론의 선구자로 볼 수 있는 아도르노, 호르크하이머, 호가트(Richard Hoggart), 윌리암스, 캐리(James Carey), 그리고 갠스(H. Gans)를 들고 있다.

젠센과 로젠그렌이 거명한 문화론자 가운데 고전사회학자와 현대 미국에서 활동하고 있는 저명한 문화론자인 캐리와 갠스를 여기에서 제외한다면, 이들이 거명한 문화론자들은 아도르노와 호르크하이머의 '프랑크푸

---

53) *Ibid.*

수용자론

르트학파'와 그리고 호가트와 윌리암스의 영국 문화론 연구학파(British Cultural Studies)의 두 학파로 대별된다. 로리머는 문화론적 연구의 지적 뿌리를 1930년대와 1940년대 프랑크푸르트학파의 활동과 1960년대와 1970년대의 영국의 문화론적 연구학파의 활동으로 나누고 있는 점에서 젠센과 로젠그렌의 입장과 매우 유사하다.

그러나 여기에서는 문화론적 연구를 영국의 문화론적 연구만을 살펴보기로 하겠다. 프랑크푸르트학파의 문화론, 즉 대중문화론은 앞 장에서 이미 살펴보았기 때문이다.

터너(Graeme Turner)에 의하면 영국에서 문화연구에 대한 관심을 갖게된 이유가 여러 가지이지만, 제2차세계대전 이후 문화적·경제적·정치적 상황의 변화에 따른 노동자계급 문화와 사회의 본질에 대한 사회과학적 관심의 부활을 들 수 있다. 여기에서 논의의 주제는 노동계급이 부르주아가 되었고, 그들의 생활조건이나 이데올로기가 중류계급의 그것과 차별성이 없게 되었으며, 따라서 그들의 생활과 문화에 대한 관심이 높아지게 되었다[54]는 것이다.

로리머는 터너의 의견과는 다소 상이하게 전후 영국에 있어서 대중문화의 증가현상, 특히 그것이 노동자계급에 끼친 심대한 영향에 대하여 일부 영국 지성인들의 관심을 끌었는데, 그들이 바로 호가트와 윌리암스라고 말한다.[55]

어쨌든 영국에서 '문화론 연구'는 호가트의 『읽고 쓰기 능력의 이용(The Uses of Literacy)』과 윌리암스의 『문화와 사회(Culture and Society 1780~1950)』, 『장구한 혁명(The Long Revolution)』의 출판과 함께 시작되었다고 해도 과언이 아니다. 이들 저서들은 1780년과 1830년 간의 영국 노동계급의 형성에 관한 톰슨(E. P. Thompson)의 개념을 보완시켰다고 본다.

---

54) Turner, G., 1990, *British Cultural Studies: An Introduction*, Boston: Unwin Hyman, pp.41-42; 김연종(역), 1995, 『문화연구입문』, 한나래, 55-57쪽 참조
55) Lorimer, R., *op. cit.*, p.166.

제2장 수용자연구의 변천과정

호가트는 1964년 버밍엄 대학(Birmingham University)에「현대 문화 연구소(Center for Contemporary Culture Studies)」를 설립, 소장에 취임하였고 1969년 홀(Stuart Hall)이 소장직을 계승함으로써 영국에서의 이른바 '문화론 연구(Cultural Studies)'가 꽃을 피우게 되었다.

'문화론 연구'의 선구자인 호가트와 윌리암스는 모두 좌파 리비스(Leavis)주의자로서 텍스트 비평방식을 대중가요나 대중소설 등을 해독하는 데 사용하였다.56) 이로 인해서 이들은 영국에서 대중문화를 연구할 수 있는 교육의 장을 열었다는 평을 받았다.57)

대중문화에 대한 호가트의 입장은 리비스주의와 같은 엘리트 문화관과 많은 점에서 공통점을 갖고 있다. 그가 대중문화에 대하여 비난하는 것은 노동계급에 제공되는 대중문화가 도덕적 진지함을 상실해간다는 것이고, 노동계급의 오래되고 건강한 문화구조까지 파괴한다는 데 있었다. 그러나 그의 대중문화관이 리비스주의와 다른 점은 노동계급문화에 대한 애착이다. 그는 좋은 과거로 '풍요롭고 충만한 삶'이라고 불렀던 1930년대의 노동계급문화를 지칭한 것이었는데, 그 시대의 그 문화야말로 리비스주의자들이 비난하고 저항했던 문화이다.

윌리암스는 영국 '문화론 연구'의 지적 스승이다. 그만큼 문화연구 발전에 기여한 그의 이론적 영향은 매우 컸다. 윌리암스는 그의 저서『장구한 혁명』을 통해서 문화를 세 가지 카테고리로 나눈다. 첫째, 문화는 어떤 절대적 또는 보편적 가치라는 관점에서 이상적인 것으로 인간이 완벽함에 이르는 과정이나 그 상태이며, 둘째, 문서화된 기록들, 셋째, 문화는 '특정한 삶의 방식에 대한 묘사'를 의미한다.58)

여기에서 세 번째 카테고리의 문화에 대한 정의가 '문화론적 연구'의 핵심을 이룬다. 윌리암스는 이를 다음과 같이 정의하였다.

---

56) *Ibid*.
57) Story, J., 1993, *An Introductory Guide to Cultural Theory and Popular Culture*, Simon & Schuter; 박모(역), 1995, 『문화연구와 문화이론』, 현실문화연구, 70쪽.
58) Williams, R., 1975, *The Long Revolution*, London: Penguin, p.57.

수용자론

"문화는 특수한 삶의 방식에 대한 묘사이다. 그것은 예술과 교육뿐 아니라 제도와 일상적인 행위에서도 어떤 종류의 의미와 가치를 표현한다. 이러한 정의를 기준해서 보면 문화에 대한 분석은 특별한 종류의 삶이나 문화에 숨겨져 있거나 드러나 있는 의미와 가치를 분명히 하는 것이다."59)

윌리암스의 문화에 대한 이러한 정의는 문화를 생각하는 데 세 가지 새로운 방식을 열어주었다. 첫째는 문화가 특정한 삶의 방식이라는 인류학적 관점, 둘째, 문화가 어떤 의미와 가치의 표현이라는 것, 셋째, 문화분석 작업이 '특정한 삶의 방식이나 특정한 문화에 내재되거나 표출된 의미와 가치들을 명확히 하는 것이 되어야 한다는 주장이다.60)

윌리암스의 이와 같은 문화의 정의에서 우리가 발견하게 되는 것은, 바로 일상생활에서 평범한 삶을 실천하고 있는 평범한 사람들이야말로 문화생산의 담당자요, 주체임을 읽을 수 있다는 점이다. 이러한 기본적 아이디어는 영국 문화론 연구에 일관되게 관통되고 있는 능동적 수용자 혹은 능동적 해석자 개념으로 구현되어 있다고 본다.

또한 윌림암스의 문화론에서 중요한 위치를 차지하는 것은 문화가 단순히 경제구조의 반영물이나 결과물이 아니라 그 자신이 생산한 결과물이라는 주장이다. 다시 말해서 윌리암스는 정통 맑스주의의 상부구조와 하부구조의 사회이분법(社會二分法) 내지 경제결정론을 거부하고 알튀세의 이른바 문화구조의 '상대적 자율성'과 이에 따른 '중층적 결정론(over-determination)'을 받아들이고 있다는 점이다. 윌리암스가 알튀세의 개념을 도입한 것은 그것이 문화를 '특수하고 다양한 삶의 방식'을 창조하는 본질적인 사회과정이라고 보는 자신의 생각과 부합된다고 보았기 때문이다.61)

---

59) Williams, R., *ibid*.
60) Story, J., *op. cit.*, p.82.
61) Williams, R., 1977, *Marxism and Literature*, London: Oxford Univ. Press, p.19; Turner, G., *ibid*.; 김연종(역), 상게서, 82-83쪽 참조.

제2장 수용자연구의 변천과정

윌리암스의 문화에 대한 해석이 돋보이는 것은 엘리트주의적인 리비스주의와는 달리 일상생활의 텍스트 및 실천행위에서 생산되는 평범한 사람들이 살아 있는 경험을 문화라고 규정하는 '민주주의적 해석'이라는 데 있다.62)

평범한 사람들을 문화생산자로 본 시각에서 좀 더 구체적으로 노동자계급을 문화생산자로 생각한 사람이 톰슨(E. P. Thompson)이다. 톰슨은 그의 저서『영국 노동계급의 형성』을 통해서 노동계급은 그 자체의 생성에서부터 존재한다고 주장한다.63) 이러한 주장은 맑스가 말하는 "역사는 사람들이 만든다"는 주장에 입각한 것인데, 이 주장은 1790년에서 1830년 사이에 형성된 영국의 노동계급 형성을 지칭한 것이라고 보아진다. 톰슨은 주장하기를 이때 이미 영국이 경험해온 것 중에 가장 분명한 대중문화가 등장했다는 것이다.64)

톰슨 자신은 이 연구에서 결코 문화주의(culturalism)라는 용어를 받아들이고 있지는 않지만, 이 책은 평범한 사람들로서 노동자계급의 경험과 가치, 생각, 활동, 소망에 관한 것이다. 즉 노동자계급의 문화인 것이다. 그런데 터너에 의하면 윌리암스는 문화를 총체적인 삶의 방식 혹은 실천으로 규정한 데 비해, 톰슨은 문화를 사회계급 내에 존재하는 이익과 세력의 마찰로 이해한다는 것이다. 다시 말해서 톰슨은 윌리암스와는 달리 맑스주의 전통 안에서 문화이론을 전개하였다는 것이 된다.65)

영국에서 문화연구의 새로운 장을 연 것은 1969년 호가트를 대신해서 홀이 버밍험대학 현대문화연구소의 소장이 되면서부터이다. 문화연구가 알튀세의 이데올로기 이론과 그람시의 헤게모니 이론(hegemony theory)을 도입, 이를 독특하게 접합시켜 발전시킨 것은 전적으로 홀의

---

62) Story, J., *ibid.*; 박모(역), 상게서, 85쪽.
63) Thompson, E. P., 1980, *The Making of the English Working Class*, Harmondsworth: Penguin, p.8.
64) Thompson, E. P., 1961, "The Long Revolution," *New Left Review*, No. 9/10. may/June & July/August, pp.24-33, pp.34-39.
65) Turner, G., *op. cit.*, p.69; 김연종(역), 86쪽 참조.

수용자론

연구에 힘입었다고 해서 과언이 아니기 때문이다.

영국 문화연구에 홀이 크게 기여한 것은 아무래도 미디어의 이데올로기적 기능에 대한 분석일 것이다. 이 분석은 미디어가 중요한 문화적·이데올로기적 세력, 사회관계와 정치문제에 대한 정의를 내리고 수용자들에게 대중적 이데올로기를 형성, 혹은 변형시키는 데 지배적인 역할을 담당하는 존재로 정의된다.[66]

이 분석은 미디어의 행위적 효과보다는 이데올로기적 효과에 분석의 초점을 맞추고 있다. 즉 미디어와 이데올로기의 관계를 텍스트 내의 의미화 체계의 분석을 통해 연구되었다. 이러한 기호학적·이데올로기적 연구는 홀의 논문 「텔레비전 담론의 기호화와 해독(Encoding and Decoding in Television Discours)」으로부터 시작되었다고 본다. 이 논문을 통해서 홀은 문화적 생산과 수용자의 해독이라는 새로운 방법론 및 이론을 정착시켰다.

피스크는 홀의 이와 같은 기호학적 이데올로기 접근과 미국종의 행동과학적 접근을 대비시켜 설명하고 있다. 그에 의하면 행동과학 혹은 행동주의적 접근은 커뮤니케이션을 메시지의 전달로 보고, 어떻게 송신자와 수신자가 기호화(encoding)하고 해독화(decoding)하며, 어떻게 송신자가 커뮤니케이션의 채널과 미디어를 이용하는가에 관심을 갖는다. 또한 커뮤니케이션이나 정보의 효율성과 정확성에 관심을 갖는다. 이 접근은 커뮤니케이션을 한 사람이 다른 사람의 심리상태나 행동에 영향을 미치는 과정으로 본다. 따라서 만일 커뮤니케이션의 효과가 송신자가 의도한 바와 다르거나 양적으로 적었을 경우 이를 커뮤니케이션의 실패로 규정한다.

이와 대조적으로 기호학적 이데올로기 접근은 커뮤니케이션을 '의미의 생산과 교환'으로 본다. 이 접근은 메시지 혹은 텍스트와 인간간의 상호작용과 그 결과로서 의미의 생산에 주목한다. 한편 두 접근간에는

---

[66] Hall, S., 1980, "Introduction to Media Studies at the Centre," in S. Hall et al.(eds.), *Culture, Media, Language*, London: Hutchinson, p.117.

제2장 수용자연구의 변천과정

메시지 구성에 대한 그들의 이해에도 차이가 있다. 행동과학적 '과정 모델(process model)'은 메시지를 커뮤니케이션 과정을 통해서 전달되는 것으로 본다. 이들은 메시지 구성을 결정하는 데 결정적인 요인을 '의도'라고 믿는다. 따라서 메시지는 송신자가 어떤 의미를 그 속에 의도적으로 삽입시키는 것이다. 물론 송신자의 의도는 말로 나타낼 수도 있고 않을 수도 있으며, 의식적일 수도 그렇지 않을 수도 있다.

이와 대조적으로 기호학적 이데올로기 접근은 메시지를 기호의 구성으로 보는데, 그것은 수용자와 상호작용을 통해서 의미를 생산하는 것이다. 메시지의 전달자로서 송신자는 그 중요성이 낮아지며 대신 강조점은 송신자로부터 수신자로 옮겨져 수신자가 텍스트를 어떻게 읽는가를 강조한다. 여기에서 '읽기'는 독자가 텍스트와 상호작용하거나 교섭할 때 일어나는 의미발견의 과정이다. 이 교섭은 수용자의 문화적·이데올로기적 경험과 텍스트를 구성하는 기호와 코드와의 상호작용이라고 할 수 있다. 여기에는 텍스트에 관한 어떤 공유된 이해가 내포된다.

따라서 상이한 사회적 경험이나 상이한 문화 그리고 이데올로기를 경험한 독자들은 동일한 텍스트 속에서 다른 의미를 찾아낸다. 이와 같이 동일한 내용으로부터 각각 다르게 의미를 발견하고, 다르게 의미를 해석하는 것은 문화적 의미의 차이 혹은 이데올로기 의미의 차이이지 결코 커뮤니케이션 실패를 의미하지 않는다.[67]

그러나 기호학적 이데올로기 접근과 행동과학적 접근의 가장 큰 차이점은 수용자의 관점에서 찾을 수 있다. 일반적으로 말해서 행동과학적 접근의 커뮤니케이션 연구에서 지배적인 수용자개념은 '피동적 수용자'이다. 물론 여기에서 이용과 충족 연구를 제외하면 말이다. 이와 대조적으로 기호학적 이데올로기 접근에서 수용자개념은 기본적으로 '능동적 수용자' 혹은 '능동적 해석자'라는 점이다. 기호학적 이데올로기 접근에서 말하는 '능동적 해석자' 또는 '능동적 수용자' 개념은 또한 이용과 충족 연구에서 규정하고 있는 능동적 수용자개념과도 다르다.

---

67) Fiske, J., 1992, *Introduction to Communication Studies*, London: Methuen, pp.2-4.

수용자론

　매스커뮤니케이션 연구 분야에서 능동적 수용자개념을 처음 이론적으로 제시된 것은 '이용과 충족' 연구에서다. 그러나 1960년대 이후 이 연구는 능동적 수용자를 단순히 심리학적 문제성에 입각해서 개인과 연관되고 있는 사회적 상황으로부터 추상화된 욕구화 과정 그리고 심리적 상태에 전적으로 의존하고 있다. 다시 말해서 이용과 충족 연구는 심리학적 기원의 욕구와 충족의 기초적 구조를 어떤 사회구조 내지 사회체계의 틀 속에서 효율적으로 고정시키지 않고 이를 단순히 심리학적 틀 속에서 규명하려고 한다.

　따라서 엘리어트(Philip Elliott)가 주장한 바와 같이 이용과 충족 연구가 다루고 있는 개인의 대내적 과정(intra-individual process)은 모든 개인들의 총합체에 일반화시킬 수는 있으나, 그것들을 사회구조나 사회과정 속에 어떤 의미있는 방법으로 전환시킬 수는 없는 것이다.[68] 왜냐하면 종래의 이용과 충족 연구에서 수용자는 하나의 '원자화된 개인'이며, 그들은 그들의 활동에 대하여 의미의 틀을 제공해주는 집단이나 하위집단으로부터 추상화된 개인으로 취급되고 있기 때문이다. 이와 같은 관점에 대하여 머독(Graham Murdock)은 다음과 같이 말한다.

　　"사람들의 매스미디어 관여도와 그들의 전반적인 사회적 상황과 의미체계와의 관계를 만족스럽게 볼 수 있는 것을 제공하기 위해서는 개인적인 것보다는 사회적 상황으로부터 출발할 필요가 있다."[69]

　이용과 충족 연구에서 보는 능동적 수용자개념과는 대조적으로 기호학적 이데올로기적 접근에서 보는 능동적 수용자개념은 대체로 다음과

---

68) Elliott, P., 1973, "Uses and Gratification Research: A Critique and a Sociological Alternative," in J. Blumler and E. Katz(eds.), *The Uses of Mass Communications*, Beverly Hills: Sage, p.6.
69) Murdock, G., 1974, "Mass Communication and the Construction of Meaning," in N. Armistead(ed.), *Reconstructing Social Psychology*, Harmondsworth: Penguin, p.213.

같은 전제 위에 있다. 수용자의 미디어 접촉동기는 물론 개인적이고 사적인 측면이 있게 마련이다. 그러나 여기에서 간과해서 안될 점은 어느 정도로 이들 개인들의 미디어 접촉이 문화적 구조와 집단 속에 유형화되고 있는가 하는 점이다. 그것은 수용자들의 텍스트에 대한 상이한 해석을 그들이 위치하고 있는 사회경제적 구조와 연계시키는 접근방법인 것이다. 다시 말해서, 그것을 다른 집단과 계급성원이 어떻게 상이한 문화적 기호를 공유하는가, 어떻게 주어진 메시지를 상이하게 해석하는가를 나타내는 것이며, 그것은 개인적인 특수성의 차원이 아니라 체계적으로 그들의 사회경제적 지위와 관련짓는 것이 된다. 그것은 단적으로 수용자들간의 상이한 하위문화적 구조와 구성 그리고 상이한 집단과 계급 간에 상이한 문화적 기호의 공유가 상이한 영역의 수용자들에게 메시지의 해독을 결정할 것이라는 전제에 입각한 것이다. 이같은 접근방법은 수용자는 곧 하위문화 구성체의 일원이거나 성원집단으로서 특정 방법으로 메시지 해독에 대한 문화적 지향성을 공유할 수 있는 집단의 성원임을 강조한 것이다. 그것은 수용자들이 사회적으로 어떤 입장에 서 있는 개인들의 집단으로 구성되고 있음을 의미하며, 그 개인의 해독은 공유된 문화구성체에 의하여 틀지어진다는 것을 전제한 것이다.70)

몰리는 그의 연구서 *The Nationwide Audience*를 통해서 수용자가 갖는 사회적·계급적 배경에 의해서 미디어가 다양하게 해독된다는 것을 실증적으로 증명하고자 했으며, 그의 접근방법이 이용과 충족 접근방법과 근본적으로 상이하다는 것을 강조하였다. 여기에서 강조점은 이용과 충족 연구의 능동적 수용자개념과 그의 기호학적 접근에서의 능동적 수용자개념과의 차이점임은 두말할 필요가 없다.

그러면 여기에서 다시 홀의 '기호화/해독화' 모델로 돌아가서 영국 문화론 연구의 기호학적-이데올로기적 접근의 특성을 살피기로 하겠다. 홀의 이른바 기호화(encoding)/해독화(decoding)론은 메시지 발신과 수

---

70) Morley, D., 1980, *The Nationwide Audience: Structure and Decoding*, London: British Film Institute, pp.12-15.

수용자론

신을 기계론적으로 파악해온 미국의 행동과학의 커뮤니케이션 모델을 비판하고 미디어의 메시지는 그것이 만들어질 때나 받아들일 때나 여러 가지 요인이 개입하기 때문에 '다의적(polysemy)'이라는 것이다.[71]

홀은 커뮤니케이션 과정을 상호 연결되어 있으나 상대적으로 자율성을 가지고 접합되어지는 여러 가지 일상적 실천을 통해서 생산, 유지되는 언설의 구조적인 질서로 파악한다. 이 경우 커뮤니케이션 과정의 한 쪽에 있는 것은, 단일의 주체로서의 '송신자'라기보다는 텍스트 생산을 향해 접합되어진 여러 계기의 복합적인 과정으로서의 '기호화(encoding)'이다.

한편 커뮤니케이션 과정의 다른 쪽에는 상황 지워진 주체, 다시 말해서 능동적 수용자에 의한 텍스트의 소비, 즉 '해독화(decoding)'가 존재한다. 여기에서 중요한 것은 해독화가 해독의 차원이 기호화의 차원과 같지(등가) 않다는 것이고 동시에 해독화는 기호화로부터 상대적 자율성을 가지고 있다는 점이다. 따라서 미디어 텍스트는 그 생산과 소비의 양면에서 해석과 기술(記述) 실천이 경합하는 기호적인 장이라고 할 수 있다. 기호화의 과정에서 텍스트에 부여된 여러 의미는 해독화에 있어서 텍스트 해석을 선험적으로 결정하지 않는다. 텍스트 소비의 과정은 잠재적으로 항상 기호 내지 언어의 다의성(polysemy)과 연결되어 있다. 홀은 이 다의성(多義性)의 개념을 단순한 의미의 다원성(plurality)과는 근본적으로 다르다는 것을 강조한다. 미디어의 텍스트가 소비되어지는 과정에서 작용하는 여러 해석 코드는 등가(等價)의 다양성으로 열지어진 것이 아니라, 그들간에는 불균등한 관계가 있고 중층적이라는 것이다.[72]

홀이 말하고 있는 텍스트의 이러한 다의성 개념은 바흐친(Mikhail Bakhtin)의 '다성성(polyphony; heteroglossia)' 개념과 유사하다. 여기서 다의성 개념을 좀 더 구체적으로 이해하기 위하여 바흐친의 다성성 개

---

71) Hall, S., 1980, "Encoding/Decoding," in S. Hall et al.(eds.), *Culture, Media, Language*, London: Hutchinson, p.132.
72) Hall, S., *ibid.*, 1980.

넘을 간단히 설명하겠다. 뉴컴브(Horace Newcomb)는 텔레비전이 갖는 다성성(multivocality), 즉 필연적으로 모순된 언설을 내포하고 있음에 틀림없는 언설의 단편을 논의하기 위하여 바흐친의 '다성성(多聲性)' 개념을 인용하였다.73) 바흐친은 도스토예프스키(Dostoyevski) 연구에서 다성화음적(polyphonic) 소설이라는 개념을 사용하였는데, 원래 'Polyphony'는 음악용어로서 대위법(對位法)을 사용한 다성음악을 지칭한다. 대위법이란 처음에는 일정한 선율을 '정선율(定旋律)'로 정하고 이 정선율의 흐름에 그것과는 다른 별개의 선율을 '대위선율(복수)'로 결합시키는 것인데, 두 개 이상의 각각 독립한 개성적인 독자의 선율의 흐름을 동시에 결합하는 작곡의 기법이다.74)

바흐친은 많은 발언으로 구성된 하나의 텍스트, 즉 '이질적인 어휘집으로의 텍스트(polyphonic text 혹은 text)'와 그 담론이나 세계관에서 '단일의 어휘집(homophonic text 혹은 monoglot text)'으로서의 텍스트를 구별하였다.75)

여기에서 바흐친의 용어로서 'polyphony(다성법)' 소설은 도스토예프스키와 떼어놓을 수 없다. 바흐친에 의하면 소설사상 도스토예프스키가 이뤄놓은 전환점의 첫째는 당시 지배유형이었던 'Homophony(Monologuism)' 소설과는 분명히 다른 다성법의 소설을 창출한 점이라는 것이다.76) 바흐친은 초판 『도스토예프스키론』 제1장에서 도스토예프스키 창작의 기본특성인 Polyphony 소설의 요인을 "우리들 테제의 세 개의 요인"이라고 말하고 이를 구체적으로 논증하고 있다. 그 세 개의 요인은 다음과 같다.77)

---

73) Newcomb, H., 1984, "On the Dialogic Aspects of Mass Communication," *Critical Studies in Mass Communication* 1:1, pp.34-50; Fiske, J., 1987, "Television Culture," *op. cit.*, p.89 인용.
74) 北岡誠司, 1998, 『バフチン: 對話とカーニヴァル』 東京: 講談社, p.411.
75) Fiske, J., 1987, *op. cit*, p.89.
76) 北岡誠司, 상게서, p.411.
77) 상게서, p.66.

1. 폴리포니(Polyphony)적으로 구상된다고 하는 조건 하에서 작중인물과 그 소리가 상대적으로 자유롭고 자립적이다.
2. 폴리포니적인 구상 속에서 이데아를 제시하는 독자의 방법
3. 소설 전체를 구성하는 새로운 결합의 원리

이와 같이 도스토예프스키에 대한 연구에서 바흐친은 이 러시아 작가의 소설이 마치 카니발처럼 '다성화음적'인 구조를 가지고 있어서 그 안에 타자의 목소리를 포함하고 있다고 주장하였다. 예를 들어 『카라마조프의 형제들』과 같은 텍스트의 경우, "타자의 담론이 주인공의 의식과 말에 은밀하게 점진적으로 끼여들고 있다"[78]고 주장하였다. 바흐친에게 있어서 소설적 담론은 하나의 고정된 어휘집이나 단일한 의미가 아니라 의미들의 교차점이다. 따라서 도스토예프스키의 소설은 자신 속에 타자의 말을 포함하는 대화적인 말을 통해 우리에게 동일한 종류의 통찰에 이르게 한다.[79]

이에 대하여 바흐친은 다음과 같이 말한다.[80]

"'폴리포니' 소설은 구석구석까지 대화적이다. 소설 구조의 모든 요소 사이에는 대화적인 관계가 있다. 즉 대위법적으로 대치되고 있다."

물론 바흐친이 말하는 '대화적'이란 『소크라테스와의 대화』[81]를 지칭

---

78) Lechte, J., 1994, *Fifty Key Contemporary Thinkers*, London and New York: Routledge; 김시무·곽동훈(역), 1996, 『현대문화를 위한 현대사상가 50』, 현실문화사, 30쪽.
79) 정성철·박노영(역), 1997, 『현대사상가 50』, 현실문화연구, 30쪽 인용.
80) 北岡誠司, 상게서, p.412.
81) 바흐친은 『소크라테스와의 대화』의 특징을 첫째, 진실은 대화적이고, 진실에 대한 사고도 대화적이다. 진실은 고립된 인간의 머리 속에서 나오지 않고 거기에 존속하지 않는다. 진실은 원래 진실을 탐구하는 사람들 사이에 대화적으로 교환하는 과정에서 낳는다. 소크라테스는 '의론' 속에서 사람들을 서로 부딪히게 하고, 교환시킨다. 그 교환의 결과로써 진실이 태어난다. 이 태어나는 진실과 관련해서 소크라테스는 스스로를 '산파'라고 부른다. 둘째, 이론(異論) 대치의 '신크리시스'와 도발의 '아나크리시스'이다. 이것은 바흐친이 소크라테스 대화의 두 개의 기본적 기법이라고 부른 것이다. 여기에서 '신크리시스'로

한 것임은 물론이다.

바흐친은 모든 기호 영역이 동시에 이데올로기 영역이라는 것이고, 따라서 기호학은 이데올로기학과 같은 의미로 파악해야 한다는 것이다.[82]

또한 바흐친은 주의 깊게 이 다성성을 권력관계의 문맥 속에 위치 지우고 있다. 각각의 사회집단은 서로서로 별개의 언어공동체와 관계되고 있고, 서로서로 독자의 목적에 상응해서 말이나 의미를 강조하기 위해서 그 집단 독자의 하위문화에 그 말이나 의미가 스며들도록 끊임없이 싸우고 있는 것이다.

사회적 권력을 가진 집단의 언어는 스스로의 지배력을 확대하려고 하며, 거기에 종속적 집단의 언어는 그 권력에 저항하고, 그 권력과 교섭하고, 그 권력으로부터 도망치려고 한다.[83]

바흐친은 다음과 같이 말한다.

"'다성성(polyphony or heteroglossia)'은 텍스트에 영향을 미치는 문맥의 탁월성을 보증한다… 모든 발언(utterances)은 실천으로는 메울 수 없는 세력 매트릭스의 기능을 하고 있다는 점에서 이질적인 어휘집(heteroglot)이다. 이 다성성은 구심적인 세력과 원심적인 세력인 세력이 충돌하는 장소에 관해서 가능한 한 밀접하게 개념화된 것이다."[84]

이해되는 것은, 일정한 대상에 대한 상이한 시각의 대치와 대비이다. 한편 '아나크리시스'로 이해되고 있는 것은 말상대를 도발해서 그의 말을 끄집어내고, 그의 생각을 말하게 하는 그것도 최후까지 말하게 하는 기법이다. 셋째, 이데올로기서의 대화의 참가자이며, 넷째, 본음(本音)을 토해내는 시련상황의 설정이고, 마지막으로 바흐친이 소크라테스의 대화의 특징으로 들고 있는 것은 이데아가 그것을 담당하는 인간(소크라테스, 그리고 대화의 참여자들)의 상과 유기적으로 맺어져 있다는 점이다. 北岡誠司, 상게서, pp.323-327 인용.

82) Bakhtin, M., 1973, *Marxism and the Philosophy of Language wirh V. N. Volishonor*, L. Matejka and L. R. Titunik(trans.), New York: Seminar Press; 吉見俊哉, 2000, 『カルチュラル・スタディーズ』, 東京: 岩波書店, p.50 인용. 위 책은 Volishonor 이름으로 처음 발간되었으나 실은 바흐친의 저서로 인정되고 있음.

83) Fiske, J., 1987, *op. cit.*, p.89.

84) Bakhtin, M., 1981, *The Dialogic Imagination*, Austin: Univ of Texas Press,

수용자론

다성성(polyphony-heteroglossia)과 다의성(polysemy) 그리고 모순(contradictions)은 상호 연관된 개념이라고 말한다. 왜냐하면 그것들은 모두 사회적 상이와 불평등이 텍스트로서 재현되는 방법이기 때문이라는 것이다.[85]

한편 홀은 텔레비전 메시지가 다의적이긴 하지만 제한적일 수밖에 없다고 말한다. 왜냐하면 메시지의 지배적 독해 내지 우선적 독해(preferred reading)되었기 때문이라는 것이다. 그런 점에서 볼 때, 텔레비전 담론의 기호화는 해독의 범위와 수준을 제한하는 과정이라고 할 수 있다. 만일 아무런 제한이 없다면 시청자들은 그들이 원하는 대로 한없이 메시지를 해독하게 될 것이다라고 하였다.[86]

그는 의미해독의 제한성과 수용자의 상호작용(해석작용)의 폭을 재기 위하여 파킨(Frank Parkin)의 가치체계의 유형을 도입하였다. 파킨의 가치체계란 사회적 세계를 지각하고 해석할 경우에 작용하는 의미체계를 말한다. 그것은 각각 상이한 사회적 원천을 가지며, 계급적 불평등에 관해서 상이한 도덕적 해석을 촉진한다는 것이다. 여기에서 가치체계는 ① 지배체계의 수용, ② 지배체계와의 타협, ③ 지배체계에 대한 반대 등의 세 가지이다.[87] 홀은 파킨의 세 가지 가치체계를 텔레비전의 의미해독에 관한 세 가지 해독 유형으로 변형시켰다.

여기에서 홀이 가설적으로 제시한 세 가지 해독화는 '지배적-패권적 코드 - 해독(dominant-hegemonic code or reading)', '교섭적 코드 - 해독(negotiated code or reading)', '대립적 코드 - 해독(oppositional code or reading)'이다. 여기에서 '지배적-패권적 코드'의 메시지 해독은 시청자가 가령 텔레비전 뉴스 보도나 시사 프로그램에 내포된 의미를 전부 그대로 받아들여 해독하는 것을 말한다. 이와 같은 해독은 '우선적 해독

---

p.276; Fiske, J., 1987, *ibid.*, p.90 인용.
85) Fiske, J., 1987, *ibid.*, p.90.
86) Hall, S., 1980, *op. cit.*, p.132.
87) Parkin, F., 1972, *Class Inequality and Political Order*, London: Poladin.

(preferred reading)'이라고 부른다.88) 텔레비전의 텍스트는 다의적이지만 수용자들은 그 가운데 어떤 의미를 우선적으로 읽게끔 방향지어져 있다. 다시 말해서 기호작성자(encoder)가 의도한 바대로 텍스트의 의미를 받아들이는 것을 의미한다. 그러나 홀은 그 해독이 '지배적-패권적'이지만 결정적인 것은 아니라는 데 주의를 환기시킨다.

교섭적 해독은 "사건에 대한 지배적인 부호의 합법성을 인정하되 개별적인 상황에 대해서는 보다 교섭적인 적용을 가하는 것"을 말한다. 교섭적 해독은 지배적 코드의 정통성을 인정하지만 수용자의 특정한 사회적 조건에 따른 해독을 받아들인다. 다시 말해서 전체적 차원, 추상적 차원에서는 지배적 코드의 정통성을 받아들이지만 자의적·주변적 차원에서는 거기에 대립한다는 것이다.

한편 '대립적 해독'은 '우선적 해독'에 정반대되는 급진적 해독(radical reading)을 의미한다. 그것은 대안적이고 대립적인 의미체계로부터 도출하기 때문이다. 다시 말해서 대립적 해독은 지배적 해독과는 정반대되는 해독이다. 홀은 이 세 가지 해독을 서로 분리된 것으로 보지 않는다. 그는 가장 중요한 정치적 시점은 본래 교섭적인 방법으로 의미화되고 해독되었던 사건이 대안적 해독을 갖기 시작하는 때라고 말한다.89) 따라서 텍스트 의미의 해독과정은 담론의 투쟁과정이라고 할 수 있다. 홀은 「기호화/해독화」라는 논문을 통하여 텍스트의 다의적 속성과 능동적 해독자로서의 텔레비전 수용자의 새로운 개념의 필요성을 강조하였다.

에반스(W. Evans)가 지적했다시피 문화론적 연구 내지 수용 분석연구(reception analysis)는 다음과 같은 두 개의 가설, 즉 ① 수용자는 항상 능동적이며, ② 미디어 내용은 '다의적'이거나 항상 해석이 열려 있다로 특징지을 수 있다.90)

---

88) Hall, S., *op. cit.*, p.137.
89) *Ibid.*, p.38.
90) Evans, W., 1990, "The Interpretative Turn in Media Research," *Critical Studies in Mass Communication Research* (2).

수용자론

그러나 영국의 '문화론 연구' 내지 '수용분석'의 지적 세계에서는 이 두 가지 가설과 관련된 논란이 심각하게 전개되고 있다. 이에 대해서는 다음에서 고찰하려는 '수용분석'에서 이 문제를 좀 더 구체적 설명하기로 하겠다.

홀의 기호화/해독화 모델을 경험적인 방법을 통해서 밝히려고 시도한 사람이 몰리이다. 몰리가 실시한 BBC 보도 프로그램 Nationwide 조사 연구와 이와 관련된 문제도 '수용분석'에서 설명하도록 하겠다.

한편 로리머는 1950년대에서 현재까지 영국 문화연구의 역사는 여러 가지 차원에서 설명될 수 있으나, 크게 두 개의 발전 선상에서 설명할 수 있다고 하였다. 첫째는, 노동자계급 문화에 대한 연구이다. 그 초점은 젊은 남녀 노동자계급의 문화이었다. 그 주된 관심은 젊은 남녀 노동계급들의 대중문화(mass culture) 이용이었다. 그것은 그들 자신을 위한 '성의 정체성(gender identities)'을 창조하고 정의하기 위해 대중문화를 이용한다는 것이다. 가령 젊은 남녀 노동계급들의 의복선택, 청취음악 종류, 모터바이크(motorbike)나 스쿠터(scooter) 소유 여부 등이 그 문제와 관련된다. 이런 것들은 그들의 이미지를 만들고 그들의 퍼서낼리티를 정의한다는 것이다. 이러한 젊은 노동자계급 남녀의 대중문화 이용은 대중문화의 생산물에 의해서 이들이 조종된다는 시각 대신 이들이 대중문화 생산물을 취하고 그것들을 새로운 '자아-정의'를 창조하기 위해 이를 조작한다는 관점이다. 이러한 시각은 프랑크푸르트학파의 시각과는 매우 대조적이다. 이런 시각은 다분히 문화를 삶의 실천으로 보는 윌리암스의 문화개념에 입각해 있다고 볼 수 있다.

이러한 과정의 고전적 연구가 헵디지(Dick Hebdige)의 『하위문화: 스타일의 의미(Sub-Culture: The Meaning of Style)』(1979)[91]이다. 여기에서 헵디지는 기호학적 분석을 통하여 하위문화적인 의상, 음악, 행동양식, 가령 펑크족의 의상, 레게 음악, 테디 보이(Teddy Boy)들의 복고주의 등에 의하여 생성된 것을 해석한다. 이러한 하위문화의 예들은 모두 텍

---
91) Hebdige, D., 1979, *Subculture: The Meaning of Style*, London: Methuen.

스트로 취급된다. 따라서 하위문화연구는 텍스트 분석의 일환이 된다.

이들 하위문화연구의 또 다른 특징은 젊은 층의 문화적 스타일을 저항의 상징적인 형식으로 해석하고 있다는 것이고, 주안점은 의미의 생성에서 사회적 실천으로 옮겨졌고, 지금은 실천 그 자체보다는 실천에 참여하는 사람들이 부여하는 의미가 가장 큰 관심이 되고 있다.[92]

헵디지는 청년들의 하위문화가 이미 상업적으로 제공된 상품들을 자신들의 목적과 의미에 적합하도록 바꾸는 과정을 잘 설명하고 있다. 생산물들은 그 생산자들이 의도하지 못한 방식으로 조합되거나 변형되며 상품들은 재조명되어 반대의 의미를 나타낸다. 그 예로 에드워드 왕조풍 재킷을 입은 테디 보이들이나, 이탈리아의 수트를 입을 모드(Mode)들, 그리고 호주머니 안감이나 옷핀을 사용하는 펑크족 등은 청년들의 하위문화가 지배문화의 부모세대 문화 양쪽에 대해 상징적 저항의 형태로 해석한다.[93] 노동계급 의상에 대한 스킨헤드족(skinheads)의 삽화는 점차 부르주아에 물들어가는 노동계급문화에 대한 도전으로 해석된다.[94] 영국 문화연구의 전통에서 또 다른 하위문화연구 분야는 여성수용자들에 대한 페미니스트 연구이다. 페미니스트 연구는 다음 장에서 살피겠다.

로리머는 영국의 현대문화연구에서 또 다른 중요 연구분야는 필름과 텔레비전 분석이라고 말한다. 여기에서 텔레비전 분석은 이미 앞에서 설명한 홀의 '기호화/해독화' 가설과, 몰리의 이에 대한 민족지학적 경험조사로 이어지는 '수용분석(Reception Analysis)'에서 다루고 있으므로 여기에서는 생략하기로 하고 영화분석에 관해서 간단히 살펴보기로 하겠다.

로리머가 말하는 필름 분석은 1970년 영국필름협회(The British Film Institute)의 저널 《스크린(Screen)》에서 행해졌다. '스크린 이론'이란,

---

92) Turner, G., *op. cit.*, p.113; 김연종(역), 상게서, 135쪽 참조.
93) Story, J., *ibid.*; 박모(역), 상게서, 175쪽.
94) Turner, G., *op. cit.*, p.115; 김연종(역), 상게서, 137쪽.

수용자론

필름 저널 ≪스크린≫을 통해서 주장된 영화분석 이론이다. 스크린 이론이란 구조주의, 후기구조주의와 기호학 그리고 정신분석과 맑시즘을 접합한 이론으로, 특히 알튀세의 구조주의적 이데올로기 이론과 라캉의 정신분석이론의 영향을 가장 크게 받았다. 말하자면 '스크린 이론'은 필름을 담론(discourse)으로서 분석하기 위하여 라캉 등의 이론적 틀을 적용한 것이라고 할 수 있다. 여기에 중심 인물이 맥케이브(Colin MacCabe)와 허드(Stephen Hearth) 등이다. 그들은 우선 시네마 '표상(representation)'의 형식구조에 관심을 갖고 있었으며, 이러한 표상이 관객으로 하여금 이를 관람하고 아는 어떤 방식을 어떻게 구성하는가를 묻는 것이었다. 그들은 자본주의적 사회관계의 재생산에서 필름의 역할에 대하여 결론을 내린 바 있다. 다시 말해 그들은 텍스트에 대한 엄밀한 분석 대신 해독에 의해서 시네마의 이데올로기적 기능에 관한 광범한 주장을 하는 것이었다. 이러한 그들의 주장을 뒷받침하기 위하여 제일 먼저 필요한 것은 이론적 배경인데, 그 핵심이론은 이미 앞에서 지적한 바와 같이 알튀세의 구조주의적 이데올로기 이론과 라캉의 후기구조주의적 정신분석이론이었다. 말하자면, '스크린 이론'은 필름을 담론(discourse)으로 분석하는 것인데, 이것은 바로 라캉이나 알튀세의 이론을 적용한 것이다.[95]

그 목적은 시네마 텍스트가 독자들에게 주체성을 부여하는 상징적 메커니즘을 규명하려는 것이다. 스크린 이론에 의하면 시네마 텍스트가 관람자를 주체로 자리매김함으로써, 필름의 이야기(narrative) 속에 그들을 꿰매버린다는 것이다. 다시 말해서 모든 주체를(관람자) 지배이데올로기 내에 위치지우고(subject in ideology), 거기에 종속시킨다(subject to ideology)는 것이다.[96]

---

95) Moores, S., 1993, *Interpreting Audiences: The Ethnography of Media Consumption*, London: Sage, p.13.

96) Fiske, J., 1992, "British Cultural Studies and Television," in R. Allen(ed.), *Channel of Discourse Reassembled*, London: Routledge, pp.285-288.

닐(Steve Neal)은 후기구조주의와 정신분석이론의 틀에 입각해서 영화와 텔레비전 수용자의 성격을 '텍스트의 생산성'이라는 시각만으로 이론화된다고 주장하였다. 여기에서 관객의 역할은 순수하게 형식주의의 용어에서 인지되어지는 대상이며, 말하자면 텍스트에 각인된 어떤 위치에 지나지 않는다는 것이다. 이 '텍스트 속의 주체'라는 수용자 인식은, 말하자면 현실의 사회적 주체와 크게 벌어져 있는 것이 된다. 바꿔 말하면, 이 이론에 의하면 텍스트와 사회적 주체가 대화를 가질 여지가 없는 것이 된다. 텍스트야말로 의미가 나타날 수 있는 유일한 원천이며, 텍스트의 의미를 읽는 한에 있어서 관객이 정하는 주체의 위치가 비로소 정해진다. 바꿔 말하면 ≪스크린≫지의 이론에서는 시네마 독해는 텍스트 구조에 의해서 완전히 규정되어지는 것이 된다. 이것이 바로 텍스트 결정주의이다. 이와 같이 관람자가 시네마 텍스트 상의 주체로 이해하는 한, 그들은 무력하고 수동적인 존재에 지나지 않는다. 결국 ≪스크린≫지의 이론은 해독자(reader)에 대한 텍스트의 위력과 '수용자 부재'의 문제로 귀착된다.[97]

5. 수용분석(Reception Analysis)

수용자 연구에서 수용분석을 하나의 독립적인 카테고리로 분류한 것은 이미 앞에서 지적한 바와 같이 젠센과 로젠그렌의 분류 카테고리, 그리고 로리머의 카테고리에 따른 것이다. 그러나 「Nationwide Audience」 연구를 통해서 문화론 연구전통에서 민속지학(ethnography)이라는 경험적 분석방법을 도입 '수용분석'의 길을 처음으로 연 몰리는 그의 대표적인 연구 *Nationwide Audience*와 *Family Television*을 다같이 '문화론적 연구(Culture Studies)' 안에서 설명하고 있을 뿐이다. 또한 1992년에 발간된

---

[97] Ang, I., 1996, "On the Politics of Empirical Audience Research," in I. Ang (ed.), *The Living War*, London: Routledge, pp.38-39.

그의 저서 *Television, Audience and Cultural Studies*에서도 그의 연구를 포함해서 브룬스든(Brundsdon), 홉슨(Hobson), 모델스키(Modelski), 래드웨이(Radway), 앵(Ang) 등의 대표적인 연구들을 영국의 'Cultural Studies' 혹은 'Cultural Studies의 미디어 연구'로 표현하고 있을 뿐, '수용분석(reception analysis)'이라는 용어를 전혀 사용하고 있지 않다.

몰리는 다만 알래슈터리(Petti Alasuutari)가 1999년 편집발행한 *Rethinking the Media Audience*에서 「To Boldly Go…: The Third Generation of Reception Studies」라는 에세이를 마지막 장에 게재하고 있는데, 몰리가 여기에 사용한 'Reception Studies'라는 용어도, 이 책의 편집자인 알래슈터리가 서론에서 제기한 「수용연구의 세 가지 위상(Three Phases of Reception Studies)」이라는 논문에 대한 대응 논문으로, 실제로 타이틀만 '수용연구'로 표시되었을 뿐 내용에서는 '수용분석' 혹은 '수용연구'라는 용어를 거의 사용하지 않고 있는 경향이 있다.[98]

또한 「달라스 보기(Watching Dallas)」의 연구로 유명한 앵(Ang)은 1996년에 발간한 그의 저서 *The Living Room War*(1996)[99]에서, 몰리의 'Nationwide Audience'는 "일반적으로 이론적으로나 방법론적으로도 'Cultural Studies' 가운데 획기적 출발점으로 파악되어왔다"라고 표현하고 있고, 이런 류의 연구를 '경험적 수용자' 연구로 표현하고 있음을 본다.

여기에서 흥미로운 점은 왜 영국의 문화연구자 당사자들은 그들의 연구들을 몰리의 예와 같이 '문화론적 연구(Cultural Studies)'로 포괄적으로 사용하고 있는 데 비하여, 비(非)영국 연구자들은 왜 '문화론적 연구'와 '수용분석'(혹은 '수용연구')을 분리해서 보는가이다. 여기에서 비영국 연구자들이란 젠센과 로젠그렌, 그리고 로리머 등이 대표적인 예이다. 젠센은 덴마크 코펜하겐대학(Copenhagen University) 커뮤니케이션 교

---

98) Alasuutari, P., 1999, *Rethinking the Media Audience*, Sage, p.195.
99) Ang, I., 1996, *Living Room Wars: Rethinking Media Audiences for a Postmodern World*.

수이고 로젠그렌은 스웨덴 룬드대학(University of Lund) 사회학 교수이며, 로리머는 캐나다의 사이먼·프레이저대학(Simon Frazer University) 사회학 교수이다. 여기에서 이러한 문제를 제기하는 이유는 영국의 문화론 연구자들이 그들의 문화연구의 기본적 취지와 연구내용 등을 외국 연구자들이 그릇되게 소개하고 있다고 불평을 하고 있기 때문이다. 그들의 불평은 우리와 같은 비영국 연구자로 하여금 영국의 문화론 연구를 이해하는 데 크게 참고가 된다.

몰리는 영국 문화론자들의 그러한 불평들은 몇 가지 예를 들어 다음과 같이 설명하고 있다.

"첫째, 많은 논자들이 적절히 그 위험성을 지적하고 있는 것처럼 '문화론 연구(Cultural Studies)'는 더욱 기호화되고 제도화되고 있으며, 어떤 특별한 권위를 띠고 왔을 뿐 아니라 이 분야에서의 연구를 손쉽게 하기 위한 가벼운 모델로서 영국 문화연구가 당초부터 발전해온 사회적 배경(1960~1970년대)과는 상이한 사회를 향해서 국경을 넘어 수출되어왔다. 나는 앵(I. Ang)과 함께 어떤 논문을 통해서 영국의 문화론적 연구가 출판수출산업을 경유해서, 문화연구 일반이라는 막연한 무국적인 학적 패러다임으로 이식해가는 위험성을 비판한 바 있다. 즉 '문화론 연구'의 장소와 타당성은 사회적 배경에 의해서 여러 가지일 수도 있고, 문화로서 그 장소 고유의 형식을 가진 정치적·지적인 언설의 개별성과 결부되지 않으면 안된다…. 문화론 연구가 그 사회적 배경과 깊이 관련되고 있음을 잊어서는 안된다. 문화론 연구의 권위화나 개념의 추상화 풍조를 바꾸기 위해서는 지금까지의 것에 주의 깊게 대처하지 않으면 안된다.[100]

이에 대해 터너(G. Turner)도 두 가지 나쁜 풍조를 지적하고 있다.[101]

---

100) Ang, I. and D. Morley, 1989, "Mayonnaise Culture and Other European Follies," *Cultural Studies* 3(2), pp.135-136.
101) Turner, G., 1990, "It Works for Me: British Cultural Studies, Australian Cultural Studies, Australian film," Paper presented to Cultural Studies: Now and in the future, Conference, Univ. of Illinois, April, Reprinted in L.

수용자론

하나는 결국 '잉글랜드(England)'의 문화연구에 지나지 않는 것이 영국의 '문화론 연구'로 포장되어왔다는 것이고, 또 하나는 영국적 요소 그 자체를 '없는 것으로 하는' 풍조라는 것이다. 그 결과 가령 영국의 미디어 의미산출 실천을 묻는 것이, 마치 미디어 일반의 의미산출 실천을 묻는 것으로 보여져서, 마치 영국의 사례만이 어떤 의미에서 본질적인 것으로 표준이 되고, 그 이외의 세계의 모든 것은 그 응용의 예가 되고 만다. 분명히 그 뒤에 생기는 것은 부당한 형태로 문화적·정치적 국경을 무시해서 TV의 텍스트와 수용자를 동질화하는 풍조가 형성되어 개개의 사례를 적절히 그 사회적 배경과 연결한 분석이 안된다고 비판하였다. 또한 몰리는 터너의 다음과 같은 주장을 인용한다. "영국의 문화론 연구의 관점을 가령 미국이라고 하는 '대중에 대한 생각이 지배적인 문화적 정의에서 전혀 다른 위치에 있는 사회'에 수출함으로써, 결국 영국 연구의 많은 것에 내재하고 있는 문화적 낙관주의를 재생산한다고 하는 문제있는 풍조에 박차가 가해졌다는 것이다."[102] 결국 시대와 장소가 다르면 같은 것도 항상 같은 의미를 갖는다고 볼 수 없다는 것이다. 몰리는 그러한 예를 이번에는 미국의 경우를 들어 비판한다.[103]

"오늘날 특히 북미 학자들 가운데는 '문화론 연구'를 어떤 종류의 포스트모던 이론과 거의 동일시할 뿐 아니라 때로는 단순한 이론으로 취급하는 경향이 있는 것 같다. 고도로 추상적인 이론적 개념을 감사하는 태도는 홀이 '필요불가결한 신중성'이라고 부른 이 분야의 연구가 반드시 가져야 할 자세와는 근본적으로 어울리지 않는다. 이러한 이론 숭배의 경향에는 여러 가지 원인이 있으며 또한 여러 가지 결과를 낳기도 한다. 그 원인에 관해서 말하자면 제일 먼저 오코너(A. O'Connor)가 지적한 것처럼 "미국에서는 문화론 연구를 구체적 예로부터 이론으로 읽

Groosburg et al.(eds.), 1992.
102) Turner, G., *op. cit.*, p.25.
103) Morley, D., 1992, *Television, Audiences & Cultural Studies*, London & New York: Routledge, pp.2-3.

는다는 것은 어려운 일이다. 그 실례의 대부분이 영국 고유의 것이기 때문이다… 미국 학생들의 어느 정도가 Nationwide 프로그램을 본 일이 있을 것인가"[104]라고 반문한다.

또한 앞에서 언급한 이론 숭배가 초래하는 결과와 그 의미에 대해서도 몰리는 다음과 같이 비판한다.[105]

"오코너가 말한 것처럼, 영국의 문화론 연구를 사용한 미국에서 연구의 하나의 주목할 만한 특징은 사회적 재생산과 정치 속에 커뮤니케이션과정을 위치지울 의식이 없다는 점이다. 홀의 연구가 미국에 보급되어 사용되는 가운데, 홀은 종종 '상부구조의 이론가, 커뮤니케이션을 물질적 혹은 정치적 한계와 억압으로부터 효과적으로 분리시켜 이론화'한 것으로, 더욱이 포스트모던의 제목 하에서는… 실천, 형식, 제도로서 문화의 의미는 잃어버렸다라는 문맥으로 소개되고 있다"는 것이다. 따라서 "홀 자신이 인정하고 있는 바와 같이 이러한 왜곡에 의해서 홀이 말하는 문화론 연구가 갖는 한정적이나 현실에 적극적으로 대응하려는 방식 하나가 잃어버릴 위험이 있다"고 비판하고 있다.

미국에서의 영국의 문화론 연구에 대한 몰리의 비판은 우리나라에서의 영국의 문화론 연구와 결코 무관하지 않으리라고 여겨진다.

그러면 여기에서 다시 '수용분석' 혹은 '수용연구'로 돌아가서 이를 살펴보기로 하겠다.

맥퀘일은 말하기를 수용분석은 독립적인 전통이라기보다는 현대문화연구에서 효과적으로 수용자를 연구하는 데 그 목적이 있다고 하였다. 즉 미디어 텍스트의 '해독'에서 '독자'의 역할을 중점적으로 강조하고 있다. 또한 그것은 매스미디어에 의해 제공된 지배적이거나 헤게모니적인 의미에 저항하거나 전복하려는 힘을 수용자에게 요구한다. 따라서 수용분석은 의식적으로 '비판적인' 측면에 놓이며, 질적이고 민족지학적

---

104) O'Connor, A., 1989, "The Problem of American Cultural Studies," *Critical Studies of Mass Communication* 6(4), p.407.
105) *Ibid.*, p.4.

방법의 사용에 의해 특징지어진다고 하였다.106)

한편 젠센과 로젠그렌은 문화연구 전통의 몇 가지 측면이 수용분석에 섞여 있다(blend into)고 말한다. 그것은 앵, 몰리 그리고 래드웨이와 같은 연구에서 찾아볼 수 있다는 것이다. 이런 맥락에서 수용분석은 보다 포괄적인 언어로 취급되고 있고, 수용에 관하여 사회과학적 접근과 인문학적 접근을 통합하려는 여러 가지 형태의 질적인 경험적 수용연구를 담지하고 있다고 말한다.107)

보다 넓은 의미에서 수용분석의 전통은 '상징적 상호작용이론'에서 정신분석에 이르는 다양한 틀 위에 뿌리를 두고 있다. 보다 구체적으로는 수용미학과 독자-반응이론의 두 가지 전통 가운데 하나에 뿌리를 갖고 있으며, 한편으로 현대 수용분석이 기대하고 있는 이용과 충족 연구의 전통에 뿌리를 두고 있다고 말할 수 있다. 수용분석 전통의 뿌리를 젠센과 로젠그렌의 주장에 따른다면, 수용분석은 확실히 윌리암스나 호가트의 초기 영국의 문화론 연구의 전통과는 차별되는 포괄적이고 확대된 접근방법이라고 할 수 있을 것이다. 그러나 앞에서 살펴본 바와 같이, 몰리 등의 영국 문화론 연구의 핵심자들은 수용분석을 어디까지나 영국의 '문화론 연구'의 범주 안에서 틀지우고 있음을 알 수 있다. 따라서 문제는 여전히 그대로 남는 것인데, 이 연구에서는 몰리나 앵과 같이 영국 '문화론 연구'의 중심적 연구자가 견지하고 있는 입장을 따르고자 한다.

그러나 우선 수용분석의 입장에 서 있는 연구자의 주장들을 먼저 살펴본 뒤, 문화론 연구와 수용분석의 연관성에 관해서 본 연구자의 입장을 설명하고자 한다.

앞에서 잠깐 소개한 알래슈터리(P. Alasuuntari)는 1999년에 발간한 그의 편저 *Rethinking the Media Audience*의 제1부 「서론」에서 수용연구의 세 가지 상(phase)을 제시하고 있다. 여기에서 세 가지 상이란 수용

---

106) McQuail, D., *op. cit.*, p.367; 박창희(역), 상게서, 40쪽 참조.
107) Jonsen, K. and K. Rosengren, *op. cit.*

제2장 수용자연구의 변천과정

자 연구 그리고 '수용자 민속지(audience ethnography)'의 발전과정을 '3세대(third generation)'로 규정해서, 각 세대마다 수용자 연구의 특성을 설명하고 있다. 알래슈터리는 여기에서 또한 수용자 연구 그리고 수용자 민속지를 '문화적 미디어 연구(cultural media research)'에 포함시켜 '문화적 미디어 연구'의 3가지 상을 논한다. 알래슈터리는 '문화적 미디어 연구'의 제1세대로 '수용연구(reception research)'를 들고 있다.108)

① 1세대: 수용연구(reception research)
그는 매스커뮤니케이션 연구(research)에서 수용연구(reception studies)의 탄생을 홀의 『텔레비전 담론의 기호화와 해독화』로 거슬러 올라간다. 그에 의하면, 미디어 연구에서 수용연구로 알려진 것은 처음부터 문화론적 연구, 그리고 버밍햄 연구소와 연관되어 있으며, 그러나 후에 수용이론이 다른 뿌리가 있다는 것이 지적되었다고 말한다. 첫째, 수용이론은 '이용과 충족' 패러다임으로 알려진 연구에서 이미 제기된 주제에 의해서 연구되었고 다시 논의되었다. 둘째, 매스커뮤니케이션 연구에서 수용연구는 역사적으로 1960년 후반 문예비평(Literary Criticism)에서 발견된 독일의 수용이론에 의해서 선행되었고, 후에 이로부터 영향을 받았다. 알래슈터리는 이와 같이 다른 뿌리와 영향에도 불구하고 홀의 「기호화/해독화」 논문은 수용연구의 기본적 토대가 되었다고 주장하였다. 또한 수용연구는 문화론적 연구라는 광범한 지적 운동의 지류로 이해되고 있다는 것이다. 그리고 홀의 '기호화/해독화' 모델은 상이한 수용자들에 의한 텔레비전 프로그램의 수용에 관한 일련의 경험적 연구를 탄생시켰는데, 그 첫 번째가 몰리의 *The Nationwide Audience*라고 말한다.109)

② 2세대: 수용자 민족지학(audience ethnography)
앨래슈터리는 문화적 미디어 연구의 제2세대를 '수용자 민족지학'이

---
108) Alasuutari, P., *op. cit.*, pp.2-4.
109) *Ibid.*, pp.4-5.

라고 호칭한다. 그에 의하면 몰리의 세미나 연구는 앵을 비롯하여 홉슨, 카츠와 리비스(Katz and Liebes), 리비스와 카츠(Liebes and Katz) 등의 애정연속물(romantic serials)의 수용에 관한 연구로 이어졌다. 여기에서 질적인 수용자 수용연구란 하나의 프로그램 분석과 시청자들의 심층면접법을 실시함으로써 특정 수용자간의 수용을 연구하는 것이다. 그러나 경험적 수용연구 수의 증대에 따라 모든 수용연구에서 일련의 점차적인 전환이 생겼는데, 알래슈터리는 이를 '신 수용자 민족지학 패러다임(New Audience Ethnography Paradigm)'[110]이라고 부른다.

알래슈터리에 의하면 '신 수용자 민족지학(new audience ethnography)' 은;

㉠ 기존의 정치에 관한 관심으로부터 정체성 정치(identity politics)에 관한 관심, 특히 '성(gender)'에 관한 문제로 관심이 변화되었다. 이러한 예는 일상적 시사 프로그램에 대한 수용의 관심이 픽션 프로그램, 특히 애정물 프로그램에 대한 관심과 비슷할 정도로 증가하고 있는 사실에서 알 수 있다고 말한다. 이러한 연구는 '성'의 정치에 집중되고 있는데 여기에서 담론은 성이 프로그램 속에서 어떻게 취급되고 있는가, 그리고 여성 시청자들이 제공된 프로그램을 그들의 일상생활과 경험에 비추어 어떻게 해석하고 있는가에 초점을 맞춘다. 이러한 연구는 특히 페미니스트 연구자들에 의해서 주도되고 있는데 그들은 이러한 수용연구를 통해서 새로운 연구 기반을 조성하고 새로운 문제를 제기 한다. 이러한 페미니스트 수용연구는 앞에서 문화론 연구에 하위문화 연구의 하나로 설명한 바 있다.

㉡ 프로그램 내용에 관한 관심이 줄어든 대신 미디어의 기능에 대한 관심이 대폭적으로 증대되었는데, 알래슈터리는 그 대표적인 예를 룰(James Lull)의 『텔레비전의 사회적 이용의 분석』과 몰리의 *Family Television*을 든다. 가족 내에서 텔레비전 기능의 관심 증대는 어떤 면에서 옛 미국의 이용과 충족 패러다임의 재생으로 볼 수 있다는 것이다.

---

110) *Ibid.*

제2장 수용자연구의 변천과정

그러나 알래슈터리에 의하면, 옛 패러다임과는 달리 이 새로운 수용자 민족지학은 텔레비전을 일상생활에서 대화를 위한 사회적 자원의 측면에 혹은 텔레비전이 가족 생활에서 (성의) 권력관계를 재생산하고 반영한다는 측면에 초점을 맞춘다.

또한 실버스톤(Roger Silverston)[111])의 연구와 같이 가정에서 커뮤니케이션 테크놀로지와 커뮤니케이션의 역할에 관한 큰 프로젝트는 텔레비전과 기타 미디어의 사회적 이용에 관한 증대하는 관심을 반영한다는 것이다.[112])

ⓒ 이러한 제2세대의 수용자 민족지학 연구는 특정 프로그램이나 혹은 연속물을 취급하지만, 연구자들은 프로그램의 수용을 설명하는 대신 '해석적 공동체(interpretive community)'를 규명하려고 한다. 가령 연구자는 집단의 일상생활을 연구하고 이들과 프로그램의 이용(수용), 그리고 이들과 미디어에 대한 관계를 연구한다. 그들은 일상생활에 있어서 미디어의 역할을 연구하지만 프로그램의 수용에 대한 일상생활의 의미나 영향에 대해 연구하지 않는다. 이들 연구는 말하자면 '해석적 공동체'에 대한 민족지학적 사례연구라고 할 수 있다. 이들 연구자들은 마치 말리노프스키(Malinowski)와 같은 고전적 인류학자와 마찬가지로 수용자 민족지학에서도 적절한 민족지학적 연구가 되기 위해서는 최소한 수개월 동안 현지 체류, 참여 관찰이 필요하다고 주장한다. 그러나 문화인류학자나 사회학의 질적 조사자들은 이 방법에 회의를 가진 사람도 많다. 한편, '민족지학적' 연구는 때로는 한 집단의 사람들에 대하여 단순히 질적인 심층면접을 실시하는 경우도 있다. 실제로 한 가정에서 오랜 기간 동안 참여관찰법을 실시하는 연구자의 가능성은 제한될 수밖에 없다는 것이다.[113])

---

111) Silverston, R., "From Audience to Consumer: The Household and the Consumption of Communication and Information Technologies," *European Journal of Communication* 6, pp.135-154.
112) Alasuutari, P., *ibid.*, p.5.
113) *Ibid.*, pp.5-6.

수용자론

③ 제3대: 구성주의적 시각(Construction View)

알래슈터리는 문화적 수용자 연구의 새로운 '아젠다', 다시 말해서 수용연구의 제3세대의 출발점을 1980년대 후반으로 잡고 있는데, 그 이유는 이때 몇 사람의 연구자들이 '수용자 민족지학(audience ethnography)'의 문제에 대하여 논의를 시작했기 때문이라고 말한다. 예를 들면, 앨러(Martin Allor)는 대부분의 수용자 연구들이 처음부터 TV수용자를 'TV 세트 앞에 앉아 있는 개인으로 보는 것'을 당연한 출발점으로 삼는다고 비판한다. 그에 의하면 이러한 출발점은 인식론적으로 매우 순진한 사실주의이며, 시청자들을 단순한 유목으로 개념화하고 기계 앞에 앉아 있는 개인들의 집단과 동일시한다. 그는 이러한 문제점을 극복하기 위하여 수용자개념 자체를 포기하자고 주장하면서 "수용자는 어디에도 없고, 아무 데도 살지 않으며, 다만 분석적 담론 내에만 위치한다"고 하였다. 그러므로 수용자는 전적으로 특정 분석 관점에서 생산된 담론적 구성임을 명심해야 한다고 주장하였다.114)

룰(James Lull)도 같은 맥락에서 "TV수용자는 어디에도 존재하지 않는 반면, 실제 시청자들은 모든 곳에 존재한다"고 주장하였다.115)

또한 래드웨이도 프로듀서, 텍스트 그리고 수용자라는 하나의 특정 회로 대신 사람들의 일상생활이 연구의 대상이고, 출발점이어야 한다고 주장하였다.116) 알래슈터리에 의하면 이와 같이 전통적인 민족지학(ethnography)은 심하게 비판받았다고 말한다. 그러나 알래슈터리는 제3세대가 언제 등장했는가, 그 분명한 시기 그리고 이를 대표하는 연구자나 연구 리스트와 같은 분명한 패러다임으로 인식하기보다는 이미 앞에서 논의된 비판적 담론에서 뿐 아니라 다수의 제2세대 연구들의 토론

---

114) Allor, M., 1988, "Relocating the Site of Audience," *Critical Studies in Mass Communication* 5(3), pp.217-233.
115) Lull, J., 1988, "The Audience as Nuisance," *Critical Studies in Mass Communication* 5(3), p.242.
116) Radway, J., 1984, *Reading the Romance: Women, Patriarchy, and Popular, Literature*, Chapel Hill: Univ. of North Carolina Press.

파트 속에서 찾아볼 수 있는 사실 혹은 새로운 경향으로 인식해야 한다는 것이다. 이러한 비판과 자기 성찰의 물결은 일상생활에 있어서 미디어의 위치, 수용자의 개념, 그리고 이에 따라 전반적인 구도 속에서 미디어 연구 자체의 위치를 전반적으로 다시 생각해야 한다는 것이다. 이러한 결과로 인해서 문화론적 수용자 연구의 제3세대 혹은 새로운 아젠다가 생겨났다는 것이다.

알래슈터리에 의하면, 수용연구의 제2세대는 미디어와 미디어 이용에 대한 틀을 확대해서 연구하는 데 있다는 것이다. 따라서 수용자에 대한 민족지학적 사례연구나 혹은 개별적 프로그램의 분석을 그만둘 필요는 없으며 다만 연구의 주안점은 특정 수용자에 의한 프로그램의 해독이나 수용을 찾아내는 데 국한해서는 안되며, 거시적으로 현대의 '미디어 문화'를 파악해야 된다는 것이다. 이러한 '미디어 문화'는 특히 담론을 구조화하거나, 담론에 의해서 구조화된 토픽이나 활동과 같은 일상생활의 미디어의 역할 속에서 파악하는 것이다.

제3세대는 프로그램과 프로그래밍에 대해 계속 관심을 가지지만 일상생활의 한 요소로서 그들의 이용으로부터 유리된 텍스트 연구에 대해서는 관심을 갖지 않는다.

알래슈터리에 의하면 제2세대의 수용연구는 미디어 연구로부터 일상의 '해석적 공동체' 연구로 전환을 내포하고 있다는 것이다. 가령 젠센은 주장하기를 매스커뮤니케이션 연구의 중심적 분석대상을 미디어 밖에 위치해놓고, 미디어와 수용자가 구성하는 공동체와 문화에 있다는 것이다.[117] 이것은 슈뢰더(K. Schröder)가 지적한 바와 같이 민족지학과 일상성에 대한 이러한 발전은 조사의 초점이, 미디어의 실종으로 보일 위험성이 있다는 것이다.[118] 이에 비해 제3세대 수용연구는 미디어를

---

117) Jensen, K., "Television Future: A Social Action Mythodology for Studying Interpretive Communities," *Critical Studies in Mass Communication* 7(2), pp 1-18.
118) Schröder, K., 1994, "Audience Semiotics, Interpretive Communities and the 'Ethnographic Turn'," *Media Research Media, Culture & Society* 16, pp.337-347.

다시 미디어 연구의 중심부로 되돌려놓았다는 데 차별성이 있다는 것이다. 그러나 여기에서 문제는 미디어와 미디어 메시지, 즉 기호화된 텍스트는 반드시 특정의 '해석적' 공동체에 의해서 해독된다는 것보다는 보다 넓은 의미로 생각해야 한다는 것이다. 이와 같은 연구는 그러한 조사설계로 시작하며 연구자가 기획하고자 하는 큰 그림, 혹은 추구하려는 큰 질문은 현대세계에서 미디어의 문화적 위치이다. 알래슈터리에 의하면, 이러한 거시적 연구는 미디어와 미디어 내용을 현실로서, 그리고 현실의 표상이나 왜곡으로 생각하는 틀에 관한 질문을 포함한다. 가령 프로그램에 관한 이러한 담론이나 틀 그리고 시청이나 수용자에 관한 담론이나 틀이 어떻게 프로그램 그 자체에 각인되어 있는가? 미디어 사용과 미디어 메시지를 둘러쌓고 있는 문화적 관심은 무엇인가? 또한 이러한 거대한 조사 프로그램은 미디어 조사 자체의 역할에 관한 질문도 포함한다. 이러한 관심이 어떻게 매스커뮤니케이션 연구의 이론적 모델 속에 각인되고 있는가 등이 그것이다.[119]

이상에서 살펴본 바와 같이 알래슈터리가 의미하는 제3대 수용연구는 그의 표현대로 현대사회(세계)에서 미디어의 문화적 위상이라고 하는 거시적인 사회학적 접근이라는 것이다. 이와 같은 접근을 그는 미디어 수용에 있어서 담론적 혹은 '구성론적 접근(constructionst approach)' 그리고 질적 수용연구라고 부른다.[120] 이러한 구성론적 접근에 대한 발전은 연구자들이 해독(decoding)의 '결정론적 순간(determinant moment)'으로부터 보다 거리를 둔다는 것을 의미한다. 이것은 곧 미디어 메시지에 대한 시청자들의 정신적 처리과정이나 해석에 대한 심리학적 관심을 보다 사회학적 시각에 길을 양보해야 한다는 것이다. 결국 문화적 연구의 새로운 아젠다는 보다 넓은 시각에서 미디어 이용과 수용으로의 전환이 필요하게 된다. 미디어 메시지를 오직 그들의 진실성이나 효과의 시작으로부터 취급하는 대신 미디어와 프로그램 그리고 메시지가 사회

---

119) Alasuutari, P., *op. cit.*, p.7.
120) *Ibid.*, pp.6-7.

적 현실의 일부로 보는 관점으로 전환을 의미한다고 주장한다.121)

이 연구는 앞에서, 수용자 연구의 분류 카테고리 가운데 젠센과 로젠그렌, 그리고 로리머의 분류와 같이 '문화론 연구'와 '수용분석(혹은 수용연구)'의 분리보다는 수용분석(수용연구)의 카테고리를 '문화론 연구'의 하나의 하위 연구(sub-studies)로 위치지우는 입장에 따르고자 하였다. 그럴 경우, 로리머가 '페미니스트 연구'를 수용분석과 함께 '문화론 연구'에서 분리시키고 있는 점과 같이 이 연구에서도 '페미니스 연구'는 수용분석과 같이 '문화론 연구'의 하위 연구분야가 된다.

그러면 여기에서, '수용분석(수용연구)'과 '페미니스트' 연구를 포괄하는, 이른바 '문화론 연구'의 핵심적 아젠다, 그리고 이와 관련된 여러 가지 논의점을 요약해서 설명하기로 하겠다.

'문화론 연구'가 1970년대 시작된 초기 연구에서 오늘날까지 발전되어온 과정에는 문화론 연구의 핵심적인 연구주제와, 이에 대한 접근방법 및 조사방법에 대한 논의와 비평이 계속 이어져왔다. 이러한 과정 속에서 '문화론 연구'의 기본적 특성 내지 기본적 전제는 에반스가 지적한 바와 같이 ㉠ 수용자는 항상 능동적이라는 점, ㉡ 텍스트는 다의적(多意的)이고, 열려 있다는 점이다.122) 여기에다 한 가지를 부가한다면 ㉢ 민족지학적(ethnography), 질적 조사방법(qualitative research)이라고 할 것이다. 여기에서 만일 젠센 등과 같이 '문화론 연구'로부터 '수용분석(수용연구)'을 따로 떼어서, 또 다른 수용자 연구의 카테고리로 분리해야 한다면, '문화론 연구'에 민족지학적 조사방법을 도입하기 이전의 문화론 연구, 즉 몰리의 'Nationwide Audience' 연구 이전의 문화연구, 다시 말해서 호가트나 윌리암스, 그리고 톰슨의 초기 연구로부터 홀의 미디어 대한 이데올로기 연구까지가 문화론 연구의 카테고리가 될 것이고, 반면 홀의 '기호화/해독화 가설'을 민족지학적 경험적 방법을 도입

---

121) *Ibid.*, p.17.
122) Evans, W., 1990, "The Interpretive Turn in Media Research," *Critical Studies in Mass Communication* 7(2).

해서 검증하였던 'Nationwide Audience' 연구로부터 그 이후 문화론 연구의 틀 속에서 민족지학적 조사방법을 사용한 제반 수용자 연구가 젠센 등이 말하는 수용분석이 될 것이다. 따라서 이 연구의 기본적인 입장은 몰리 등과 같이 수용자 연구를 포괄적으로 '문화론적 연구'로 보되, 구태여 연구 경향의 특성을 논할 경우, 문화론 연구와 수용분석의 경계를 문화론 연구에서 민족지학적 조사방법의 도입 이전과 이후의 연구로 구분하는 것이 문화론 연구와 수용분석(수용연구) 간의 모호성을 선명하게 밝히는 기준이 된다고 본다. 또한 이러한 분기점은 곧 문화론적 연구는 전통적 이데올로기가 강조된 연구이며, 수용분석부터는 이데올로기가 점차로 덜 강조되어지는 연구경향으로 설명될 수 있다.

그러면 앞에서 지적한 바와 같이, 총괄적 의미의 '문화론적 연구'의 중심적인 주제 그리고 이와 관련된 제 논의점을 살펴보기로 하겠다.

1) 홀(Stuart Hall)의 '기호화/해독화' 가설과 몰리(David Morley)의 'Nationwide Audience' 연구의 제 문제

몰리의 'Nationwide Audience' 연구는 BBC의 시사특집 프로그램 <Nationwide>를 소재로 계급이나 사회적 입장이 시청자에 의한 미디어 해독에 어떤 영향을 미치는가를 사회학과 기호학의 두 가지 방법을 사용해서 분석한 것이다. 다시 말해서 이 연구는 독자를 메시지의 특정 해독으로 이끌려는 텍스트의 이데올로기 구조와 메커니즘을 기호론을 사용하여 분석, 독자의 사회적 위치(직업, 교육, 계급)가 그 해독과 어떻게 관계되는가를 사회학적으로 조사하려 한 것이다. 여기에서 그 전제가 되고 있는 이론이 홀의 「기호화/해독화」 가설이다. 이 논문은 메시지 발신과 수신을 기계론적으로 파악해온 미국 행동과학의 커뮤니케이션 모델을 비판하고, 아울러 이미 알튀세의 이데올로기 이론이나 라캉의 정신분석 이론에 의거한 극단의 '텍스트 결정론' 내지 '텍스트 주체론'의 입장에서 당시 '문화론적 연구'와 논쟁해오던 '≪스크린≫지(誌)'

파를 비판하기 위해서 쓰여졌다. 또한 이 논문은 미디어의 메시지는 그것이 만들어질 때나 받아들일 때, 여러 가지 사회적 요인이 개입하기 때문에 다의적(多義的)이라는 것(그리고 수용자는 능동적이라는 것), 그럼에도 불구하고 메시지의 지배적 해독(우선적 해독)이 처음부터 기호화(encoding)되어 있음을 주장한 것이다.[123]

이를 위하여 몰리는 <Nationwide> 프로그램을 편집한 테이프를 연령, 직업, 학력, 인종, 계급으로 나눈 26그룹에게 시청하게 한 다음, 30분 정도 자유롭게 토론을 하도록 하였다. 이 토론 기록은 그의 최초의 연구 데이터가 되었다.[124]

<Nationwide> 연구의 배경에는 1970년대 후반 버밍험대학 현대문화연구소의 연구 방향, 즉 문화를 계급간의 지배와 투쟁으로 접근하는 알튀세의 이데올로기 이론을 중요한 이론적 지주로 삼았다. 이 시기 연구소의 여러 프로젝트 그룹은 메시지의 제조와 수용에 있어서 이데올로기의 영향력, 그리고 그 지배적 메시지에 대한 종속집단의 대항적 해독의 가능성을 밝히려고 했다. 몰리는 <Nationwide>의 시청자 인터뷰를 통해서 사회적 결정론이 안되도록 주의하면서 미디어 해독이 개인적 자질이나 기호가 아닌 사회적 요인에 의해서 결정되어지는 부분이 있음을 발견하였다. 몰리는 "텍스트 내지 메시지의 의미는 텍스트에 파묻혀 있는 코드와 수용자들이 갖는 코드와의 상호작용에 의해서 생성된다는 것을 이해해야 한다"고 주장하였다.[125]

<Nationwide> 연구는 그 후 높이 평가되면서도 비판을 받게 되었다. 피스크도 몰리의 연구를 높이 평가하면서도 몰리가 발견한 것은 파킨(Parkin)의 견해를 홀이 전개한 것인데, 상이한 해독(reading)을 낳게 하는 경우에 계급의 역할이 과대하게 평가되고 있다는 것과 해독의 결

---

123) Hall, S., 1980, "Encoding/Decoding," in S. Hall et al.(eds.), *Culture, Media, Language*, London: Hutchinson.
124) Morley, D., 1980, *The Nationwide Audience: Structure and Decoding*, London: British Film Institute, pp.22-35.
125) *Ibid.*, p.18.

정 요인의 다양성이 과소평가되었다고 비판하였다.[126]

한편 "특히 이 이론의 한계는 다른 사회적 요인에 비하여 계급의 영향을 너무 과대평가하고 있고, 세 개 타입의 해독이 거의 동등한 존재라고 하고 있다는 점이다. 실제로 완전한 지배적 해독이나 절대적인 대항 해독은 거의 발견되지 않았고, 결과적으로 TV 시청은 그 텍스트와 사회적으로 다양하게 위치화되고 있는 독자간에 찾아볼 수 있는 전형적인 타협과정이다"[127]라고 하였다. 이와 같이 홀이 미디어의 여러 가지 해독화에 있어서 계급의 중요성을 과대평가해서 해독을 결정하는 다른 요인을 경시하였다는 피스크의 비판에 대해, 몰리는 "그러한 점은 홀이 아니라 퍼킨이야말로 의미의 시스템과 계급제도 간의 위치화의 관계를 기계적으로 연결시킨 장본인인 것 같다. 홀의 「기호화/해독화」 논문은 그 점에서 퍼킨의 과오를 되풀이하지 않으려고 주의를 기울인 것이 뚜렷이 보인다. 홀은 퍼킨의 모델을 보강하려고 하였기 때문이다"라고 홀을 옹호하고 있다. 몰리는 또한 「Nationwide Audience」에서 다른 사회적 카테고리보다도 계급의 분석을 명확하게 우선한 것도 홀이 아니라 몇 개의 이론적 고찰에서 몰리 자신이 그렇게 한 것이라고 주장하고 있다.[128]

또한 홀의 '기호화/해독화' 모델에 대한 피스크의 앞의 비판과 함께 수용자의 능동성과 관련하여 '기호화'보다 '해독화'를 우선하는 '해석주의'에 치중하고 있다는 비판에 대해서,[129] 몰리는 홀이 최초로 '기호화/해독화' 모델을 이론화했을 때, 중심 논점은 '우선적인 해독(preffered reading)'이라는 생각에 있었다고 주장한다.[130] 그러나 한편으로 홀은 그에 대신하는 '교섭적 해독' 혹은 '대항적 해독'의 가능성을 인정하였다.[131]

---

126) Fiske, J., 1987, *Television Culture*, London: Methuen, p.63.
127) *Ibid*.
128) Morley, D., 1992, *Television, Audience, Cultural studies*, London: Routledge, pp.14-15.
129) Evans, W., 1990, "The Interpretive Turn in Media Research," *Critical Studies in Mass Communication* 7(2).
130) Morley, W., *op. cit.* p.29.

2) 텍스트와 수용자 간의 인터액션의 제 문제

피스크나 에반스의 주장을 여기에서 구태여 인용할 필요 없이 문화론 연구 혹은 기호학적 미디어 연구의 가장 중요한 전제는 수용자가 능동적이라는 점이다. 이것은 곧 능동적 수용자개념을 뜻하는 것인데, 이 개념은 문화론 연구의 틀 속에서 '주체(subject)'개념으로 이어진다. 이 문제가 곧 '텍스트상의 주체(subject in text)'와 '사회적 주체'의 문제이다.

첫째, 여기에서 '텍스트상의 주체' 개념은 맥케이브(MacCabe), 허드(Hearth) 등이 정통적인 ≪스크린(Screen)≫지 이론 속에서 발전시킨 이론이다. 이 이론은 앞에서 간단히 살펴보았듯이, 주로 알튀세의 구조주의 이론 내지 라캉의 정신분석 이론을 도입해서 형성된 개념이다. ≪스크린≫지에 발표된 이 언설에 의하면 영화와 텔레비전의 수용자 성격은 '텍스트의 생산성'이라는 시각, 다시 말해서 '텍스트에서 산출'된다는 시각으로부터만으로 이론화된다는 것이다. 여기에서 영화관객의 역할이란 순전히 형식주의의 용어에서 인지되어지는 대상이며, 말하자면 텍스트 속에 각인된 어떤 위치에 지나지 않는다는 것이다. 이 '텍스트 속의 주체'라는 수용자 인식은 말하자면 현실의 사회적 주체와 크게 벌어져 있는 것이 된다. 이 이론에 의하면 텍스트와 사회적 주체가 대화관계를 가질 여지가 존재하지 않는다. 텍스트야말로 의미가 나타날 수 있는 유일의 원천이며 텍스트의 의미를 읽는 한에 있어서, 관객이 정하는 주체의 위치가 구축된다. 말하자면 읽을 때에만 존재하는 텍스트상의 주체이다. 환원하면 ≪스크린≫지의 이론에서는 TV 해독은 텍스트 구조에 의해서 완전히 규정되는 것으로 파악된다. 그런 점에서 ≪스크린≫지 이론은 '텍스트 결정주의' 혹은 '수용자 부재' 이론으로 불린다.[132]

이론적으로 말하면, 그것은 역사성이나 사회성을 무시한 사고이며, 영화와 TV의 관객성을 과도하게 일반화시킨 이론이라 할 수 있다.[133] 방

---

131) *Ibid.*
132) Ang, I., 1996, *The Living Room War*, London: Routledge, p.38.

수용자론

 방법론적으로 말하면, 텍스트의 구조만을 분석함으로써 텍스트 내부에서 관객이 표상된 방식을 충분히 이해할 수 있다는 생각의 수법이다. 그래서 정치적으로 이 이론은 TV 시청에서 저항이나 책략의 여지를 일체 인정하지 않았다. 이같은 시각은 관람자 혹은 시청자들을 마치 텍스트 속의 '수인(囚人)'으로 파악한 것이다.134)

 이와 같이 ≪스크린≫ 이론은 관람하거나 시청하는 주체(관람자·시청자)에 텍스트의 힘을 논하고(강조하고), 보는 주체를 지배이데올로기 내에 위치시키도록 기능하는 텍스트의 전략들을 이론적으로 복잡하게 구성한 것이다.

 이미 앞에서도 지적한 바와 같이 텍스트 상의 주체이론은 알튀세 등의 구조주의적 이데올로기 이론을 도입해서 구성한 것이다. 알튀세에 의하면 이데올로기는 사람들의 머리 속에서 생각하는 상상의 세계이다. 그는 이데올로기를 개인들이 그들 존재의 현실적 조건에 대하여 갖는 상상적 관계의 표현이라고 정의하고 있다. 바꿔 말하면, 이데올로기 속에서 사람들은 자기의 현실적 생존조건을 상상적 형식으로 표상한다. 여기에서 문제는 현실의 조건을 표상하는 것이 아니라 현실과의 관계를 표상한다는 것이다. 다시 말해, 인간은 사회 속에서 자연과의 관계를 만들 때 타자와 자연을 포함한 세계와의 관계를 반드시 상상적 표상으로 전환한다는 것이다. 인간은 자기와 세계 사이에 상상의 베일을 친다. 이러한 우회적인 길말고는 인간은 현실과의 관계를 맺을 수가 없다. 말하자면 인간은 현실과 직접 관계를 맺을 수 없다. 인간은 상상적인 것을 불가피한 통로로 한다. 여기에 이데올로기의 필연성이 있다고 보는 것이다.

 사람은 공기 없이 살 수 없는 것처럼 이데올로기를 떠나서도 살 수 없다고 알튀세는 생각하였다. 그것은 마치 문화 없이 우리가 살 수 없는 것과 마찬가지이다. 그런 점에서 이데올로기는 문화와 동의어라고 해도 결코 무리는 아니다. 알튀세는 "인간사회는 역사상 그 생명활동에

---

133) *Ibid.*
134) *Ibid.*

제2장 수용자연구의 변천과정

불가결한 기본요소로서, 그 호흡작용에 불가결한 공기로서 이데올로기를 배출한다"고 하였다.135) 그런데 또한 알튀세는 인간이 세계와 역사에 있어서 자기의 위치를 지각하는 것은 이데올로기에 의해서라고 말하고 있다.136) 즉 인간은 세계를 이데올로기를 통해서 체험하는데, 그것은 세계 속에서 자기의 위치를 자각하고, '아이덴티티(정체성)'를 획득한 주체가 됨으로써 세계와 비로소 관계를 맺는 것이 된다. 알튀세는 이러한 이데올로기의 메커니즘을 '주체의 카테고리'에 의해서 설명한다.

여기에서 알튀세는 주체를 설명하기 위해서 라캉의 '호명(interpellation)'과 '부름(hailing)'이라는 용어를 빌려쓰고 있는데, 그는 이데올로기의 '호명' 기능에 대하여 다음과 같이 설명하고 있다.

"이데올로기는 담당자의 기능을 점하는 주체(일반)를 지명하는 기능을 받아들인다. 이를 위해서 이데올로기는 주체를 향해 당신이 주체라고 불러세워 그가 그 기능을 받아들이는 주체의 이유를 제공하지 않으면 안된다. 이데올로기는 개체에 호명하여 그를 주체(이데올로기 주체, 이데올로기적 담론(discours)의 주체)로 구성하고, 구조에 의해서 담당자의 기능으로서 정의되는 기능을 주체가 받아들여야 하는(주체로서 부름을 받은) 주체의 이유를 제공한다."137)

알튀세에 의하면 인간은 처음부터 '주체'가 아니다. 인간은 최초에는 단지 '거기에서 살고 있는 개체'에 지나지 않는다. 아직 이름도 없고 자기에 대하여 통일성의 지각도 없다. 이데올로기는 이 개체를 불러서 개체가 이름을 갖도록 하고, 그 이름을 통해서 자기 동일성(정체성)을 자각할 수 있는 주체로 구성한다. 따라서 이데올로기 주체들은 '호명' 또는 '부름'의 행위에 의해 만들어진다. 알튀세는 "여보시오" 하고 사람을 부르는 경찰관의 예를 든다. 호명을 받은 사람이 대답하며 돌아서면, 그

---

135) Althusser, L., 1969, *For Marx*, London: Allen Lane, p.238.
136) *Ibid.*, p.240.
137) Althusser, L., 1993, "Troit notes sur la théorie des discours," in L. Althusser(ed.), *Écrits sur la psychoanaeyse Freud et Lacan*, Stock/IMEC, p.134.

수용자론

사람은 질문을 당한 것이 되며, 경찰관의 언술의 주체가 된다는 것이다.138) 그렇게 해서 우리는 각각 '이데올로기 내의 주체(subject in ideology)'로서, 그리고 '이데올로기에 대한 주체(subject to ideology)'로서 구성된다. 피스크의 설명에 따르면, 이데올로기의 호명을 통해서 생물학적인 여성도 남성의 주체성을 가질 수 있다[즉 그녀는 가부장적 이데올로기를 통하여(호명을 통하여) 세계와 그녀 자신과 그 세계 안에서 그녀의 위치를 이해할 수 있다]. 그와 유사하게 흑인은 백인의 주체성을 가질 수 있고, 노동계층 한 구성원은 중산층의 주체성을 가질 수 있다.139) 여기에서 영화나 텔레비전의 텍스트를 이데올로기로 대체해보고 또 텍스트 관람 자체를 호명으로 대체할 경우, 우리는 영화라는 텍스트(이데올로기)를 관람함으로써 자연스럽게 텍스트 안에서 주체가 된다. 피스크의 예를 다시 하나 들어보기로 하겠다.

"텔레비전 시리즈인 <에이 특공대(The A-Team)>는 시청자를 남성적이고, 힘을 갈망하고, 특공대 내의 일원으로 호명한다. 그 프로그램의 수용자(시청자) 역할을 받아들이면서 우리는 단지 호명이 우리를 위해 생산해낸 주체의 위치를 받아들이는 것뿐만이 아니라 협조적인 시청행위에 의하여 텔레비전 시청의 사회적 실천과 가부장제 내의 주체들인 우리 자신들 안에 남성적인 이데올로기를 재생산하기도 하는 것이다. 그 프로그램은 우리를 부르고 있으며, 말이 걸어지는 우리로서 우리 자신들을 인식하면서, 우리는 프로그램이 제안하는 우리들의 이데올로기적 정의 안에서 주체들로서 우리 자신들을 구성한다."140)

둘째, '능동적 수용자'로서 '사회적 주체'는 '텍스트상의 주체'에 대한 비판개념으로 구성된 것이다. 그것은 '문화론적 연구'의 전통이나 틀 속에서 이해될 수 있는 개념이다. ≪스크린≫파의 맥케이브141)의 연구와

---

138) *Ibid.*
139) Fiske, J., 1992, "British Cultural Studies and Television," in R. Allen(ed.), *Channels of Discourse, Reassembled*, London: Routledge, p.288; 김훈순(역), 1994, 『텔레비전과 현대비평』, 나남, 339쪽 참조
140) *Ibid.*; 김훈순(역), 상게서, 340쪽 인용.

같이 시청자를 '텍스트상의 주체'로만 이해하는 경우, 그 시청자는 무력하면서 수동적인 존재가 된다. 이러한 입장에 대하여 몰리,142) 윌리암스,143) 닐144) 등은 《스크린》지를 통해서 비판적인 견해를 나타냈다. 그들은 여기에서 사회적으로 산출된 주체와 텍스트에서 산출된 주체가 전적으로 상이함을 강조하였다. 이들이 말하는 사회적으로 산출된 주체 다시 말해서 사회적 주체는 생활사(史)를 가지며, 특정의 사회구성(계층, 성, 연령, 종교 등) 속에서 살고 있다. 그것은 사회적이고 텍스트적이기도 한 어떤 복잡한 문화적 전통에 의해서 구성되고 있다. 주체성은 '현실'의 사회적 경험으로부터 그리고 미디어가 매개하거나 텍스트상의 경험으로부터 기인한 결과로서 생긴다. 실제의 TV시청자는 우선적으로 사회적 주체이다.145) 하틀리(John Hartley)는 사회적 차원에서 7개의 주체성을 다음과 같이 들고 있다.146)

"나는 이용할 수 있고, 강조될 수 있는 '아이덴티티'를 7개 제안하고자 한다. 그것들을 나는 7가지 타입의 주체성이라고 부르고 싶다…. 즉 자기, 성, 연대, 가족, 계급, 국가, 민족이다. 이 리스트는 추상적이면서 분석적이다. 이것들은 크게 중복되기도 하고, 상대적으로 강조되기도 한다(가령 계급보다는 가족처럼).

한편 빌레만(P. Willemen)은 '사회적 주체'와 '텍스트상의 주체'를 다음과 같이 설명한다.147)

---

141) MacCabe, C., 1976, "Theory and Film: Principles of Realism and Pleasure," *Screen* 17, pp.7-27.
142) Morley, D., 1980, "Texts Readers, Subjects," in S. Hall et al.(ed.), *Culture, Media, Language*, London: Hutchison, pp.163-173.
143) Willemen, P., 1978, "Notes on Subjectivity: On Reading Edward Branigan's Subjectivity under Siege," *Screen* 19, pp.41-69.
144) Neal, S., 1977, "Propaganda," *Screen* 18:3, pp.9-40.
145) Fiske, J., 1987, *Television Culture*, London: Routlege, p.62.
146) Hartley, J., 1983, "Television and the Power of Dirt," *Australian Journal of Cultural Studies* 1:2, pp.69-70.
147) Willemen, P., *op. cit.*

수용자론

"텍스트 속에, 그리고 텍스트에 의해서 구축되고 특징지어지는, '각인된 독자(inscribed reader)'와 '현실의 독자(real reader)' 간에는 건널 수 없는 갭이 있다. 현실의 독자는 어떤 하나의 텍스트에 대한 단순한 주체이기보다는, 그 사람의 생활사 속에서, 그리고 사회적인 구성물 속에서 존재하는 주체이다. 이 두 개 타입의 주체는 동등한 것이 아니다. 그러나 형식주의적인 관점에서 말한다면, '현실의 독자'는 '구축된 독자'와 일치된다고 생각된다."

이와 같이 '텍스트상의 주체'를 주장하는 이른바 '텍스트 결정주의'라고 말할 수 있는 조류에 불만을 품고 이를 비판하기 위하여, 다시 말해서 빌레만이 지적한 바와 같은 텍스트상의 주체와 '사회적 주체'와의 차이를 찾아내기 위하여, 몰리는 여러 상이한 사회적 위치에 있는 시청자 그룹들이 특정의 텍스트를 어떻게 읽고 해석하는가에 대하여 경험적인 방법으로 연구하게 되었다. 이 텍스트는 영국의 TV뉴스 해설 프로그램 <Nationwide> 속의 한 '이야기'가 사용되었다. 이 영상을 5인에서 10인까지의 소집단으로 구성된 시청자에 보여주었다. 그 소집단은 성원의 연령이나 인종도 고려되었지만, 주로 직업의 관점에서 구성하였다. 그가 직업의 관점에서 집단을 생각한 것은, 사회적으로 산출된 주체의 반응을 추적하고자 한 데 있고, 그리고 사회적 차원은 집단이 보편적으로 가지고 있는 것으로부터 출현되기 때문이었다. 직업은 계급의 제일의 결정요인이며, 계급은 사회적으로 동기화된 해독의 차이를 생성시키는 중요한 요인이다. 따라서 집단을 특징지울 경우, 직업은 가장 적절한 결정요인이 되었다.

어쨌든 몰리가 'Nationwide Audience' 연구를 시도한 가장 중요한 동기는 ≪스크린≫ 이론의 텍스트 결정주의를 뛰어넘는 일이고, 텍스트와 주체 관계를 텍스트에 각인된, 일반 개념적인 시청자라는 가설로부터 연역해야 할 선험적 문제로 설정하는 입장을 때려부수자는 것이었다.[148] 몰리의 연구는 다양한 복수의 사회적 주체에 의해서 하나의 텍

---

148) Morley, W., *op. cit.*, pp.38-39.

스트가 여러 가지로 해독되는 과정을 봄으로써, 다음과 같은 사실을 밝혔다. 첫째, 텍스트와 독자의 만남은 텍스트주의 이론이 파악한 것보다 훨씬 복잡하다는 것, 둘째, 그것은 다양한 힘의 작용에 의하며 - 어떤 역사적, 사회적, 기타의 텍스트에 의하여 - 항상 중층적으로 결정된다는 것, 그래서 그 다양한 힘은 텍스트나 그 독자 위에 작용할 뿐 아니라 동시에 주체 위에 작용한다는 것이다. 「Nationwide Audience」가 추구한 것은, 텍스트의 이름을 둘러싼 중층적인 경합이 항상 일어나서, 어떤 의미에서 상대적으로 자율화된 과정으로 해독의 모멘트를 파악한다는 생각이었다. 텍스트의 의미는 텍스트 그 자체에는 내재하지 않는다. 어떤 하나의 텍스트는 독자가 그것을 해석하는 다양한 언설간의 제 문맥에 의해서 여러 가지 의미를 갖게 된다는 것이다.[149]

그런 점에서 체니(D. Chaney)는 미디어 자체 분석의 유효성을 부정하면서 "미디어의 내용은 의미 그 자체에 있는 것이 아니라… 수용자와의 상호작용에 의해서만 의미를 가지기 때문"이라고 하였다.[150] 그것은 곧 의미는 사회적으로 결정된다는 것을 의미한다.

다시 말해서 의미는 사회적으로 위치지어진 독자와 텍스트와의 인터액션(교섭)에 의하여 만들어진다. 이러한 사실은 독자의 사회적 위치가 기계적으로 그들에게 의미를 낳게 한다는 것이 아니다. 사람들의 주체성, 자기의식, 그리고 그들의 사회관계는 유전적으로 혹은 자연발생적이라기보다 오히려 사회적으로 생기기 때문에 다양한 사회에 있어서 사람들의 사회적 역사는 다양한 사회적 경험과 여러 가지 사회력으로부터 형성한다고 본다. 그것들은 개인마다 다른 차이를 공급한다. 이러한 사회적 역사의 다양성은 필연적으로 주체 속에 모순을 낳게 한다.

이것을 몰리는 다음과 같이 설명한다. "어떤 사람은 동시에 생산노동자, 노동조합원, 사회민주당의 지지자, 소비자, 인종차별주의자, 가정의 주인, 아내에게 폭력을 휘두른 자, 그리고 크리스천일 수 있다."[151]

---

149) Ang, I., *op. cit.*, pp.38-39.
150) Chaney, D., 1977, *Processes of Mass Communication*, London: Macmillan.

몰리는 이러한 모순된 주체의 위치가 똑같이 효과적으로 움직이는 것이 아니고, 어떤 것이 다른 것보다 강하게 작용하고, 어떤 것은 다른 것에 의존하고 있다고 말한다. 이러한 상이한 사회적 위치가 역사적인 시청자와 교차해서, 어떻게 해서 같은 프로그램의 모순된 읽기를 낳게 하는 것이 가능한가를 분명히 설명하고 있다.152)

그로스버그(L. Grossberg)는 이런 성격의 주체를 '유랑하는 주체성(normadic subjectivity)'이라고 부른다.153) 이러한 호칭은 지배로부터 대항에 이르는 전 영역에 걸쳐 의미를 만들어내는 능력과 의미를 낳게 하는 시청자의 행동의 증거이며 이 행동의 기초에 있는 사회적 결정의 증거이기도 하다.154)

3) '다의적 의미'와 '기호론적 민주주의'에 대한 논의

텍스트와 수용자의 인터액션, 즉 경험적 방법을 통한 수용자의 텍스트 해독을 검증하는 새로운 접근방법, 이른바 수용분석은 문화론 연구의 지평을 넓혀 주었다. 이러한 새로운 접근방법은 텍스트나 수용자를 더 이상 독립적으로 볼 수 없고 따로 떼어놓고 볼 수 없게 되었다는 점이다. 여기에서 수용자는 항상 능동적이라는 점과 미디어 내용, 즉 텍스트는 항상 다의적 혹은 해석이 개방되어 있다는 두 가지 전제로 특징지을 수 있다는 것은 이미 앞에서 밝힌 바 있다.

피스크는 '기호화/해독화' 모델에 관한 논의에서 "이 이론의 의의는… 텍스트로부터 떨어져, 의미의 장소로서 독자에 향했다"는 데 있다고 주장하고 민족지학적(ethnography) 연구방법의 중요한 의의는 "다의성을 설명하는 것을 가능케 했다"는 데 있다고 주장하였다.155) 또한 그 가치

---

151) Morley, D., 1986, *Family Television*, London: Comedia, p.42.
152) *Ibid.*, pp.42-43.
153) Grossberg, L., 1987, "The Indifference of Television," *Screen* 28(2).
154) Fiske, J., *op. cit*., p.82.
155) Fiske, J., 1990, *Television Culture*, London and New York: Routledge, p.63.

는 텍스트상의 이데올로기적인 주체의 구축에서 사회적·역사적으로 위치지어진 인간에게로 강조점이 전환된 데 있다. 피스크는 이런 맥락에서 이제 텍스트로서 TV연구는 그것을 폐쇄적인 텍스트로서 취급하는 것을 그만두어야 한다고 주장한다. 즉 이데올로기상의 구조와 그 독자들에게 텍스트는 전면적이지는 않으나 상당한 영향력을 미친다는 시각을 버려야 한다는 것이다. 텍스트상의 선택이나 폐쇄라는 전략에 너무 관심을 기울이기보다 또 텍스트 구조에 의해서 선택된 의미를 추구하기보다는 독자의 사회적 경험으로부터 귀결되는 결과로서의 의미를 추구하기 위하여 TV를 개방하는 공간에 분석의 문을 돌릴 것을 주장하였다.156)

여기에서 피스크 주장의 문제는 수용자의 능동성을 부당할 정도로 특권화시키고 있다는 데 있으며,157) 또한 TV의 텍스트가 초기의 이론가들이 상정했던 것보다 다의적으로 열려 있다고 주장하는 점이다. 홉슨(Dorothy Hobson)은 이를 다음과 같이 비판하고 있다.

"메시지는 텍스트 속에서 단독으로 존재하는 것이 아니라, 프로그램을 독자적으로 해석하는 시청자에 의해서 변화되고 혹은 영향을 받게 되는 것이다."158)

피스크에게 있어 더욱 문제가 되는 것은 폭넓게 여러 하위집단이나 그룹에 속한 사람들이 문화적으로 자율적인 상황에서 자기 자신들의 의미를 구축하는 '기호론적 민주주의(semiotic democracy)'를 예찬하고 있는 점인데, 이것은 소비자 주권주의적 다원주의에서 중심적인 주제들을 적극적으로 수용한 것으로 이것은 소비자의 주권에 대한 자유주의적 주장을 무비판적으로 동조한 것이다.159)

---

156) *Ibid.*, p.96.
157) Morley, D., 1992, *Television Audience & Cultural Studies*, London and New York, pp.36-37.
158) Hobson, D., 1982, *Crossroad: The Dream of a Soap Opera*, London: Methuen, p.106.
159) Story, J., 1993, *An Introductory Guide to Cultural Theory and Popular Culture*,

수용자론

　피스크의 저서 『텔레비전 문화(Television Culture)』는 특히 쾌락에 대한 제 관점을 가장 명확하게 설명하고 있다. 그는 텔레비전을 이데올로기적 통제에 대한 즐거운 저항으로 해석하고 텔레비전이 제공하는 쾌락에 의미를 부여함으로써, 소비자의 권리를 인정하고 또한 그러한 권리 부여를 통해, 소비자를 만족시킨다는 의미에서 이를 '기호론적 민주주의'(semiotic democracy)라고 표현하였다.160) 그런 점에서 피스크는 '민중(people)'이 문화적으로 중독되어 있으며, 문화산업 생산주들의 경제, 문화, 정치적 자비에 의존하는 수동적이고 분별 없는 구제불능의 대중161)이라는 의견을 인정하지 않는다. 그는 대중문화가 동시에 진행되는 두 가지 경제, 즉 재정적인 것과 문화적인 것 사이의 순환 속에서 만들어지는 상품들로 구성된다고 말한다. 그러므로 재정적 경제가 교환가치에만 관심이 있다면, 문화적 경제는 사회가치, 즉 의미, 쾌락, 사회적 경제성 등에 초점을 맞춘다고 말한다.162)

　피스크는 문화경제에서 생산자로서 시청자의 힘이 매우 크다고 주장하면서 그 예로 소비자의 힘(즉 선택성)이 크기 때문에 생산자들은 도대체 어떤 것이 잘 팔릴지 예측하지 못한다는 것이다. 그에 의하면 "열세 개의 레코드 중 열두 개는 이윤을 남기지 못하고 텔레비전 연속극도 별 다르지 않으며, 돈깨나 들인 영화가 적자 보는 것도 예사이다"고 말한다.163) 그것은 곧 수용자의 힘이 그만큼 크기 때문이라고 말한다. 그것은 관객이 끊임없이 '기호학적 게릴라 전투'164)를 하기 때문이라는 것이다. 즉 생산자들은 관객을 상품 소비자로 흡수하려 하지만 관객은 그 문화적 텍스트를 자신의 목적에 맞게끔 바꿔 버린다는 것이다.165)

　　London: Simon & Schuster; 박모(역), 상게서, 269쪽.
160) Fiske, J., *op. cit.*, pp.224-237; Turner, G., 1990, *British Cultural Studies*, Boston: Unwin Hyman, p.221; 김연종(역), 상게서, 251쪽 참조.
161) Fiske, J., *op. cit.*, p.309.
162) *Ibid.*, p.311; Story, J., *ibid.*; 박모(역), 상게서, 269-270쪽 참조.
163) *Ibid.*, p.313; 박모(역), 상게서, 270쪽.
164) *Ibid.*, p.316; 박모(역), 상게서.

제2장 수용자연구의 변천과정

휘스테는 그러한 예로 호주 원주민 시청자들이 <람보(Rambo)>를 자기들의 정치적·문화적 투쟁에 맞게끔 저항적인 인물로 도용하고 있음을 들고 있다. 또한 피스크는 무주택자들이 자신들의 은신처에서 <다이하드(Die Hard)>의 비디오테이프를 반복하여 시청하는 동안, 악한들이 빌딩을 점거하면서 경관들과 당국자들을 공격하는 장면을 보고, 그들이 환호하는 것을 관찰했는데, 그는 이것을 지배적 해독에 저항하는 해독, 즉 저항적 해독이라고 보았다.166)

이상과 같이 수용자의 자율을 찬양하고, 주류 미디어 텍스트의 낙관적/속죄적 해독을 주장하는 피스크의 주장은 다만 단순한 효과모델에 도전할 뿐 아니라 포스트모던적 다원주의라고 하는 '기호학적 민주주의'에 있어서, 미디어의 영향력은 전혀 없다167)고 주장한다. 몰리는 이런 주장에 대하여, 이들 주장은 암묵적으로 수용자의 쾌락을 과대 평가하고, 용이하게 문화상대주의에 이르게 되는데, 그것은 커란(James Curran)도 말하는 것처럼, 문화로서의 가치 - 혹은 양질의 TV - 의 추구를 포기하는 인민주의(populist)의 입장을 취하고 신자유주의의 레토릭에 전적으로 휩싸여, 어떤 타입의 공공방송도 포기하려고 하는 규제원화주의를 정당화하는 것이 된다고168) 비판하였다. 또한 그는 사이터(Ellen Seiter)의 다음과 같은 주장을 인용한다.169) "수용자의 쾌락을 탐구하면… 할리우드에 의한 세계의 TV시장의 독점을 용인하게 한다."170) 몰리는 또한 피스크가 칭찬하는 '기호론적 민주주의'에 대하여, 그것은

---

165) *Ibid.*; 상게서.
166) Kellner, D., 1995, *Media Culture: Cultural Studies, Identity and Politics between the Modern and the Postmodern*, London: Routledge, *op. cit.*, pp.37-38; 김수정·정국화(역), 1997, 『미디어 문화』, 새물결, 78-79쪽 참조.
167) Fiske, J., "British Cultural Studies and Television," in R. Allen(ed.), *Channels of Wiscourse, Reassembled*, London: Methuen; 김훈순(역), 상게서 참조.
168) Morley, D., 1992, *op. cit.*, p.26.
169) *Ibid.*
170) Seiter, E. et al., 1989, "Introduction," in E. Seiter et al.(eds.), *Remote Control*, London: Routledge, p.5.

소비자 주체의 다원주의라는 보수적 이데올로기에 간단히 휩싸이게 된다고 말한다.171)

피스크의 이른바 '기호론적 민주주의'론은 특히 커란과 같이 영국에서 비이데올로기적 중도적 입장의 연구자들과 미국의 주류 학자들로부터 심한 비판을 받고 있다.

첫째, 커란의 이른바 매스커뮤니케이션 연구에 있어서 '신수정주의(new revisionism)'172)에 대한 비판을 보자. 커란이 '신수정주의자'로 호칭한 대상은 분명치 않으나, 문화론적 연구학파 가운데 민족지학적 조사방법(ethnography)을 도입한 '수용분석(수용연구)' 연구자들은 표적으로 한 것이지만, 몰리에 의하면, 커란이 비난한 표적은 '신수정주의'라고 하는 넓은(막연한) 것이었으나, 그 주된 표적은 피스크의 연구에 크게 영향을 받은 최근의(주로 미국의) 문화론적 연구의 응용예(應用例)인 것처럼 보인다는 것이다.173)

간단히 말해서 '신수정주의'에 대한 커란의 비판은 다음과 같이 이어진다. "이 수정주의는… 독창적이고, 혁신적인 연구라고 자칭하나… 그 어느 것도 아니고"174) 무릇 "다원주의의 낡은 그릇을 따뜻하게 데워서, 새로운 요리라고 내놓은 격이다"175)라고 하였다. 그는 또한 "수정주의자들은… 실은 재발견의 과정에 지나지 않는 것을 혁신적이라고 제시하고 있으며"176) 그 수정주의를 "지금까지 오해하고 있는 사람들을 이론적으로 공격하고 계몽하는 바와 같은 지적 진보의 예로서 단정적인 모습"177)으로 그릇되게 묘사하고 있으나, 실상 수정주의자들이 하고 있

---

171) Morley, D., *op. cit.*
172) Curran, J., 1990, "The New Revisionism in Mass Communication Research," *European Journal of Communication* 5(2-3), pp.135-164.
173) Morley, D., *op. cit.*; Shudson, M., 1987, "The New validation of popular Culture: Sense and Sentimentality in Academia," *Cultural Studies in Mass Communication* 4(1) 참조.
174) Curran, J., *op. cit.*, p.135.
175) *Ibid.*, p.51.
176) *Ibid.*, p.146.

제2장 수용자연구의 변천과정

는 것들이란 "회고적으로… 과거에 실추한 지식으로 되돌아가고 있다"는 것이다.[178] 또한 커란에 의하면, "이같이 새로운 연구에 의해서 달성된 '진보'의 대부분은 '효과연구' 및 '이용과 충족 연구' 학파에 의한 기존의 연구에 분명히 되돌아간 것이거나 예견되어진 것으로서, 수정주의자들은 미숙하게도 그것을 알지 못한 것에 지나지 않는다"고 비판하였다. 커란은 이에 대하여 다음과 같이 말한다.

"일부 수정주의 비평가들은 현재 다소 유사한 주장을 상이한 문제로 공식화하고 있다. 수용자 자율성을 증명하려는 수용연구는 미디어를 지배 담론이 재생산되는 수단으로 바라보는 관점에 도전하고 있다. 또한 이런 신수정주의에 의하면 어떤 지배적인 담론도 없으며, 오직 다원적인 목소리의 '기호론적 민주주의'만이 남아있다. 그러나 이런 주장은 그 사례를 과장되게 진술하는 경향이 있는데 특히 수용자는 미디어의 영향을 받지 않은 것으로 과장하고 있다."[179] "…이들 연구는 주류 효과연구의 변화와 일치한다. 한 세대 동안 미국의 실증주의적인 연구를 지배했던 '소효과모델'은 점차적으로 다원주의 전통의 연구자들로부터 공격을 받게 되었다. 다원주의 전통의 연구자들은 미디어가 특정한 환경에서는 수용자의 신념, 인지 및 의견에 실제로 상당한 영향력을 행사한다고 주장한다. 이렇게 주장하면서도 그들은 다원주의적인 기준의 핵심적 논거와 근거를 제한하고 있다. 따라서 이상할 정도로 모순적이게도, 기호론적 민주주의에 대한 수정주의의 찬양자들은 다원주의가 단념하고 있는 입장으로 이동하고 있다. 그들은 수정주의보다는 복고적인 행동에 참여하고 있다. 자신들이 불신하며 받아들이지 않는 과거의 지식으로 되돌아가고 있다는 것이다."[180]

또한 수용자의 자율성에 대한 수정주의자의 강조(몰리의 'Nationwide

---

177) *Ibid.*
178) *Ibid.*, p.150.
179) *Ibid.*, p.151.
180) *Ibid.*, p.153.

수용자론

Audience' 연구 결과)에 대하여 커란은 효과연구(effect studies) 전통에서 제시된 선택적 노출(selective exposure), 선택적 지각(selective perception) 등에 나타난 이른바 '보강효과(reinforced effects)' 내지 '한계적 효과(limited effect)'가 유용하게 분석해놓은 것을, 다양한 '해독'이라는 느슨한 개념으로 분칠한 데 지나지 않는다고 비판하고 있다.[181]

이상과 같은 커란의 비판에 대하여 몰리는 정중하게 다음과 같이 반론을 제기한다.[182] 커란의 주된 전략은 수용자 연구의 주류파가 지금까지 무시해온 사람들의 연구를 인용함으로써, 자기의 주장을 보강하는 것이다. 그러한 사람들은 단순한 '효과'의 강력이론에 반론해서, 미디어의 수용이라는 사회적 상황의 문제를 강조하였다. 커란은 이를 인용해서, 이러한 문제가 근래 주목되고 있다는 것 등, 낡은 술을 새 부대에 넣는 꼴이라고 비난한다. 이러한 의론에는 두 가지의 난점이 있다. 하나는 역사편찬의 문제 혹은 이야기(story)로서의 역사에 관한 문제, 또 하나는 지혜의 문제이다. 이러한 문제를 커란은 올바르게 다루고 있지 못하다. 첫째의 문제는 최근의 역사논쟁의 중심이고, 라이트(P. Wright)나 그 외의 사람들에 의해서 현재로부터 본 역사의 역할의 문제로서 수 년 전에 연구 의제가 되었던 것이다[183]... 커란의 역사관은 실제로 그가 주장하는 것 이상의 것이 되지 않도록 주의할 필요가 있다. 몰리의 두 번째 문제는 역사에 대한 지혜의 문제로, 지금부터 15년 전에는 커란이든 누구든 이런 문제에 대하여 쓸 수 없었던 역사였으며, 그런 가운데 '신수정주의'의 영향으로 수용자연구 분야의 인식이 변하고 따라서 역사적으로 중요한 인물이나 연구에 관한 이해가 수정됨으로써 처음으로 가능했다. 이러한 변화의 덕택으로 커란과 같은 역사연구자가 커뮤니케이션 연구의 역사를 뒤돌아서 재독할 수 있게 된 것이고, 중요한 것은 '수정

---

181) *Ibid.*, pp.147-148; Curran, J., D. Morley and V. Walkerdine(eds.), 1996, *Cultural Studies and Communications*, London: Arnold; 백선기(역), 1999, 『대중문화와 문화연구』, 한울, 478-482쪽 참조
182) Morley, D., *op. cit.*, pp.22-24.
183) Wright, P., 1985, *On Living in an Old Country*, London: Verso.

제2장 수용자연구의 변천과정

주의적' 분석의 영향을 받은 현재이기 때문에 비로소 과거의 연구의 의미도 평가할 수 있다. 그와 같은 연구의 많은 것은 주류 커뮤니케이션 연구의 주변에 위치지어졌을 뿐이었다고 말한다. 그는 또한 "만일 학문의 추가 다시 한 번 보는 것과 수정하는 것 사이의 미세한 선에 따라서 흔들린다면 '재고한다(재개념한다)'는 작업은 분야가 발전하기 위한 다이나미즘의 원동력이 된다"는 것이다. "당연하게도 역사에 관해서 근소한 차이가 있다고 해서 다른 사람을 그렇게 비난할 수는 없는 것이다. 즉 역사란 다만 우리들이 있는 곳에 찾아오는 것으로서, 최후에 가서(분명하게든, 암묵적이든) 역사 그 자체에 관해서 의론이 요구되어지는 불행한 사태로 끝나는 일은 없다"고 신랄하게 반론을 제기하고 있다.[184]

한편 커란은 '신수정주의'에 대한 비판의 사례 가운데, 수용연구를 '이용과 충족' 연구와 관련해서 비판하고 있는데, 이 부문은 뒤에서 살펴보기로 하겠다.

둘째, 미디어에 대한 문화론적 연구, 특히 피스크나 앵 그리고 래더웨이 등의 수용연구에 대한 미국의 주류학자들의 비판 역시 신랄하다. 버드(B. Budd), 엔트만(Robert M. Entman) 그리고 스타인만(Clay Steinman) 등의 논의에 의하면,[185] 현재의 수용자 연구는 이제 "사람들이 지배적 미디어를 그 내용에 반해서 자기들 자신을 세력화시키기 위하여 사용하는 습관이 있다"는 것을 당연하게 가정하고 있고, 그 결과 현재 미국에서 전개되고 있는 문화론적 연구에서 미디어 연구의 태반이 갖는 중요한 메시지는 낙천적인 것이 되어버렸다고 분석한다. "그 메시지에 무엇이 기호화(encoding)되든, 해독화(decoding)에 의해서 구제되게 마련이다. 미디어의 지배는 약하고, 별로 효과가 없다. 그것도 사람들이 스스로 의미와 쾌락을 만들어내기 때문이다." 이를 다르게 표현한다면, "하루에 몇 시간 TV를 보고, 영상, 광고, 가치관을 소비하는 사람들을 걱정할

---

184) Morley, D., *op. cit.*, pp.23-25 인용.
185) Budd, B., R. Entman and C. Steinman, 1990, "The Affirmative Character of American Cultural Studies," *Critical Studies in Mass Communication* 7(2).

수용자론

필요가 없다. 사람들은 이미 비판적이고 능동적인 시청자·청취자이며, 미디어에 휘둘리는 문화적 중독자가 아니다"[186]라고 주장한다. 이들의 논의는 매우 심각한데, 그 이유는 이 '긍정적' 모델에는, 텍스트의 구성에 영향을 미치는 경제, 정치, 이데올로기라고 하는 권력에 관한 문제를 모두 무시하는 것을 정당화하는 경향이 있기 때문이라고 한다.[187] 여기에서 결정적으로 문제인 것은 미디어를 소비하거나 해독화하는 과정에서 생기는 문화적 전도(subversion)의 사례를 설명하는 매우 특수한 민족지학 연구의 중요성을 너무 강조한다는 점이다. 버드 등은 '오스트레일리아 원주민 어린이(Aboriginal Austlarian children)'들이 흑인이 등장하는 TV드라마를 자기 이미지에 적합하게 보강하게끔 재구성하는 것을 관찰한 연구에 기초해서, 피스크[188]가 이렇게 매우 특수한 사례를 위험할 정도로까지 일반화하고 있는 것에 대하여, 이는 매우 우려할만한 일이라고 비판하였다.[189] 피스크의 그러한 해석은 매우 특수한 상황 하에서 발견한 하나의 반응을 사회적 배경으로부터 끄집어내어, '해독화' 일반의 모델로 제시하는 것이 된다. 몰리는 이같은 사실은 "부분이 전체가 되고 예외가 규칙이 되는 꼴"이라고 꼬집고 있다.[190]

머독(Graham Murdock)은 정치경제학적 시각에서 피스크 등의 이러한 '기호론적 민주주의'에 대하여 어떤 형태든 단순한 텍스트 결정론으로 후퇴해서도 안되지만 텍스트가 완전히 열려 있어서, 마치 수용자 각자가 자유롭게 소유할 수 있고, 자기에 맞는 것은 무엇이든 선택할 수 있는 상상상의 '쇼핑몰'인 것 같은 조잡한 상상도 역시 피하지 않으면 안된다고 비판하였다.[191]

---

[186] *Ibid.*, p.170.
[187] Brundson, C., 1989, "Text and Audience," in E. Seiter et al.(eds.), *Remote Control*, London: Routledge, 참조.
[188] Fiske, J., 1986, "Television: Polysemy and Popularity," *Critical Studies in Mass Communication* 3.
[189] Budd, B. et al., *op. cit.*
[190] Morley, D., 1992, *op. cit.* p.30 인용.

셋째, 수용연구와 '이용과 충족' 연구의 관계는 민족지학적 조사방법(ethnography)을 도입함으로써 '문화론 연구'의 새로운 지평을 연 몰리의 'Nationwide Audience' 연구는 '이용과 충족(uses and gratification)' 연구와 여러 가지 면에서 운명적 관계를 가지고 있다고 말할 수 있다. 몰리가 'Nationwide Audience' 연구를 하게 된 배경에는 이미 앞에서 언급한 바와 같이 '스크린 이론'의 '텍스트 결정주의'에 대항하기 위한 동기도 있었지만, 주류의 행동주의적 커뮤니케이션 모델 특히 기능주의적인 '이용과 충족' 패러다임의 능동적 수용자개념을 극복하는 데 주안점이 있었다.

그와 같은 측면은 그의 연구보고서「The Nationwide Audience」제2장 "사람은 미디어를 어떻게 이용하는가?: 이용, 충족, 의미(what people do with the media: uses, gratifications, meanings)"에 잘 나타나고 있다.192) 그는 여기에서 '이용과 충족' 모델이 최소한 두 가지 측면에서 근본적인 결점을 갖고 있다고 주장하고 있다. 그 하나가 메시지의 과도한 공개성이다. '이용과 충족' 모델의 두 번째 한계는 불충분한 사회학적 성격에 있다는 것이다. '이용과 충족'은 기본적으로 심리학적 문제성인데, 이것은 개인적인 관심을 사회적 상황으로부터 추상화된 정신상태와 욕구 그리고 과정에 의존한다. 특히 후기의 이용과 충족 연구는 어떠한 사회역사적 틀 안에 이를 효과적으로 자리매김 없이 심리적 기원의 욕구와 충족의 기초적인 구조만을 규명하려고 한다는 것이다. 다시 말해서 이용과 충족은 '대내적' 과정('intra-individnal' process)만을 대상으로 취급한다는 것이다. 왜냐하면 '이용과 충족'은 수용자를 그들의 활동을 위한 의미의 틀을 제공하는 집단과 하위집단으로부터 추상화된 원자화된 대중적 개인으로 보고 있기 때문이다(마치 초기의 '자극과 반응

---

191) Murdock, G., 1989, "Critical Inquiry and Audience Activity," in B. Dervin et al.(eds.), *Rethinking Communication*, Vol. 2, Newbury Park and London: Sage, p.234; Morley, D., *ibid*., pp.31-32 인용.

192) Morley, D., 1980, *op. cit*., pp.12-15.

의 모델'처럼).193) 몰리는 주장하기를 머독(Graham Murdock)이 말한 것 처럼194) "사람들의 매스미디어 접촉과 그들의 전반적인 사회적 상황과 의미체계 간의 만족할 만한 관계를 제공하기 위해서는 개인적인 맥락보다는 사회적 맥락에서 출발해야 한다는 것이다. 다시 말해서 개인적인 '욕구'의 아이디어를 구조적 모순의 관념으로 대체해야 하며 또한 하위문화의 관념을 도입해야 한다"는 것이다. 여기에서 하위문화란 사회구조의 특정 분야에 있는 집단에 의해서 발전된 표현의 양식과 의미 체계를 말한다.195)

결론적으로 몰리는 「Nationwide Audience」에서 "우리들은 심리학적 문제성과 해석의 개인적 차이를 강조하는 '이용과 충족' 연구와는 근본적으로 손을 끊을 필요가 있다"196)고 주장하고 있다.

몰리의 '이용과 충족' 연구에 대한 비판에 대하여, '이용과 충족' 연구의 핵심적 위치에 있는 연구자는 물론 중도적인 입장에 있는 연구자들로부터 신랄한 비판이 가해졌다. 한편 일부에서는 긍정적인 평가를 받기도 하였다. 그 가운데 우선 이른바 '신수정주의자' 비판에 앞장서고 있는 커란의 비판으로부터 살펴보기로 하겠다.

커란의 '문화론적 연구'에 대한 포괄적인 비판, 즉 '신수정주의'에 대한 비판의 핵심은, 가령 "옛 술을 새 부대에 집어넣은 꼴"이라거나 또는 "다원주의의 낡은 접시를 따뜻하게 데워서 새로운 요리라고 내놓은 것과 같다"197)는 표현의 비아냥 가운데 핵심 대상은 바로 몰리의 「Nationwide Audience」 연구를 비롯하여, 민족지학적 경험주의를 도입 적용한 이른바 '수용분석(수용연구)'임이 분명하다.

---

193) *Ibid.*
194) Murdock, G., 1974, "Mass Communication and the Construction of Meaning," in N. Armistead(ed.), *Reconstructing Social Psychology*, Harmondsworth: Penguin, p.213.
195) Morley, D., *op. cit.*
196) *Ibid.*, pp.12-14.
197) Curran, J., *op. cit.*, p.151.

커란은 우선 이런 말로 시작한다. "수정주의자 사이에 자신들의 연구의 우월성을 선언하기 위하여 사전에 이용과 충족 연구의 단점을 지적하는 것이 다반사다… 앵은 수정주의 접근은 과거의 전통과는 달리 '쾌락'이 발생하는 이유의 메커니즘에 주목하고 쾌락이 이용과 충족이라는 본질주의적인 개념을 채택하지 않기 때문에 향상된 것이라고 주장한다. 그녀의 주장에는 일견 맞는 구석이 있으나 기존의 전통이 욕구에 대한 본질주의적인 정의를 채택했다는 주장은 부분적으로만 옳을 뿐이다. 실제 수정주의적 민속지학적 연구가 앵이 공격한 초기의 전통적 이용연구 간에는 상당히 유사점이 있다. 이것은 헤르조그가 40년 전 실시한 미국 라디오 일일 연속극 청취에 대한 이용연구와 네덜란드의 <Dallas> 수용에 대한 연구를 비교함으로써 입증될 수 있다… 이들 두 가지 연구들은 모두 드라마 연속물이 수용자 성원들의 문제들을 상대화하여 더 인내하거나, 아니면 실제로 즐겁게 만들 수 있는 방법을 지적하고 있다. 또한 두 연구 모두 드라마 연속물이 이상화되긴 하지만 즐길 수 있는 동일시의 영역을 제공하는 방식을 보여주고 있다. 그러나 헤르조그는 드라마 연속물의 실제 내용에 거의 주목하지 않기도 하지만, 또한 충족의 본질주의적 정의에도 의존하지 않았다. 실제 그녀는 몇 가지 방식에서 드라마 연속물에서 여성의 쾌락에 대해 앵보다 더 사회적으로 처한 입장에 대한 설명을 제공할 수 있었는데, 앵의 경우, 편지보다는 인터뷰 자료를 이용했기 때문이다. 아주 단순화해서 말하면 이용과 충족 연구는 수정주의 접근의 새로움을 주장하는 사람들이 표현하는 방식과 항상 유사하지는 않다. 그러나 두 전통들 사이에는 유사성이 있다. 더구나 전체적으로 수용분석에서 비롯된 추론이 항상 새로운 방향을 향한 것은 아니었다. 몇 가지 사례에서 이러한 추론은 결국 과거의 다원주의의 경향이 부활하여 새로운 요리법으로 탈바꿈하여 생겨나게 된 것이다"[198] 라고 하였다.

또한 문화론적 연구에 대한 비판은 실제로 '이용과 충족' 연구의 중

---

198) *Ibid*., pp.150-151.

수용자론

심적 학자들에 의해서도 제기되고 있으나, 한편으로는 이들이 문화론 연구 학파의 수용연구를 아전인수격으로 해석하고 있다는 점이 매우 홍미롭다. 가령 불루머, 그레비치(Gurevitch) 그리고 카츠는 해독화 과정에서 독자의 역할에 주목하는 해석주의자는 이용과 충족 연구를 생각게 한다… 왜냐하면 이용과 충족 연구는 얻어진 회답의 중충성을 처리하는 데 장점을 갖고 있기 때문이다199)라고 주장한다. 또한 이용 연구자인 로젠그렌은 래드웨이의 연구가 "간접적으로, 이용과 충족 연구의 일반적인 타당성을 강력하게 확증"시켜 주고 있으며, 더욱이 "래드웨이는 그녀 나름대로 이용과 충족 연구를 재창조했다"고 분석하고 있는 것이다.200) 또한 앵에 의하면 몰리의 「Nationwide Audience」 연구는 이용과 충족 연구라는 매스커뮤니케이션 연구에서도 가장 '주류파'에 위치하고 있는 수용자 연구에 오랫동안 몰두해온 연구자들로부터도 호의적으로 받아들여지고 있다는 것이다. 이들 주류파 연구자들은 몰리의 연구서와 그와 관련된 연구에 대해, '비판적' 연구자들이 그들의 방향으로 한 발 다가온 중요한 첫 걸음이라고 보거나, 또한 그들이 '능동적인 수용자'에 전념해온 것을 '비판적' 연구자들이 기본적으로 인정하고, 그 연구 축적을 보다 정밀하게 하는 데 공헌하고 있다고 보기도 한다는 것이다. 더욱이 '비판적' 시각에서 발전해온 몇 개의 개념을 그들 자신의 시각으로 차용해서 편입하려고 하는 이용과 충족 연구의 연구자도 있다고 앵은 비판한다.201)

앵에 의하면 개념상의 우호관계를 수립하려고 하는 이용과 충족 연구자들의 이런 움직임의 배경에는 '비판적' 연구자들 간에 어떤 유의 방법론적 접근이 일어나고 있다고 생각해서 즐거워하는 모습이 보인다는

---

199) Blumer, G., M. Gurevitch and E. Katz, 1985, "Reaching out: a Future for Gratification Research," in K. Rosengren et al.(eds.), *Media Gratification Research*, Beverly Hills: Sage.

200) Rosengren, K., 1985, "Growth of a Research Tradition," in K. Rosengren et al.(eds.), *Media Gratification Research*, Beverly Hills: Sage, p.278.

201) Ang, I., 1996, *Living Room Wars*, London and New York, p.39.

것이다. 적어도 그들은 '비판적' 연구자들이 경험적 연구에 대한 불신감을 거두어들였다라고 소리 높이 주장하고 있다는 것이다. 블루머와 그 레비치 그리고 카츠와 같은 이용과 충족 연구의 고관 레벨의 사절단은 호의적이며 자부(慈父)와 같은 우아한 음색으로 또 하나의 '진영'에 '도달했다'고 선언했던 것이다.202) 더욱이 이 두 개의 연구 시작이 합병되고, 그간의 '양 진영'간의 적대관계는 학문상의 '가상분쟁'에 지나지 않았다고 말할 뿐 아니라, 궁극적으로는 양자가 공통의 프로젝트에 통합되어 갈 것이라는 예견까지 나타나고 있다고 주장한다.203) 앵에 의하면 이용과 만족연구의 중심적 연구자의 한 사람인 로젠그렌은 다음과 같은 낙관적이라고 할 수 있는 예견을 제시하고 있다.204) "여러 학파의 멤버에 의하여 똑같은 주제군이 경험적으로 연구되고 있기 때문에, 지금까지의 심한 의견 차이는 서서히 해결되어서, 이들 여러 가지의 연구시각들은 하나의 시각으로 수렴해갈 것이다"205)라고.

몰리에 의하면 이러한 논의의 문제는 첫째, 문화론 연구와 이용과 충족 연구를 참다운 의미로 연결시키려고 하기보다는, 실은 해석주의적 생각을 이용과 충족 연구의 언어로 환원시키려는 그릇된 시도라는 것이다.206)

한편 앵은 이용과 충족 학파의 문화론 연구와의 '학문적 수렴'의 희망사항에 대하여 다음과 같이 부정적 입장을 나타낸다.

"수용자 연구에 있어서 근래의 발전을 이와 같이 '학문적 수렴'이라는 관점에서 파악한다면, 문화론적 연구에 있어서 '민족지학(ethnography)'적 연구가 행해진 의도를 너무 단순화시켜 오해해 버릴 것이다. 분명히 문화론적 연구와 이용과 충족 연구는 로젠그렌이 말한 것처럼 표면적으로는 같은 주제를 탐구하고 있는 것처럼 보일지 모른다. 그러나

---

202) Blumler, et al., 1985, *op. cit.*, p.275; Ang, I., *ibid.* 인용.
203) Ang, I., *ibid.*, pp.39-40.
204) *Ibid.*
205) Rosengren, K., 1983, "Communication Research: One Paradigm, or Four?" *Journal of Communication* 33, p.203.
206) Morley, D., *op. cit.*, p.24.

수용자론

단지 의견의 '상의'란(그 대립이 심하든 심하지 않든) '비판적 시각'을 '주류파'의 시각으로부터 나눌 수 있다는 것을 의미하지 않는다. 무릇 이 양자간의 상의는 경험적 연구를 실시하되 목적과 상황에 대하여 인식론적으로나, 이론적으로도, 혹은 정치적으로도 분명히 다른, 말하자면 태도의 근본적인 차이를 나타낸 것이라는 것이다."207)

앵은 다시 논의를 계속한다. "가령 수용자가 '능동적이다'라는 가설이나, TV를 시청한다는 행위는 '사회적 실천이다'라는 가설은 여기에서 논의되고 있는 양자의 입장에 공유되고 있는 것이다. 문제는 각각의 연구 시각에 있어서 이 '능동성'이라는 생각이 사회적 행위주체와 권력이라는 보다 큰 이론이 어떻게 접합되어 있는가 하는 것이다. 텍스트는 많은 의미를 산출한다. 그러나 이를 독자/시청자가 텍스트의 의미와 교섭가능하기 때문이다"라는 착상만으로는 이른바 '학문적 수렴'을 가능케 하는 충분한 조건이 갖추었다고 말할 수는 없는 것이다. 가령 리베스(T. Liebes)는 말하기를 "이 학문적 수렴의 중심점은 메시지와 그 수신자 간의 상호작용은 항상 교섭이라는 형식을 취하며, 그것은 미리 결정되지 아니한다라는 인식에 있다"208)고 하였다. 따라서 여기에서 주목해야 할 근본적인 차이는 그러한 교섭을 어떻게 파악하는가라는 점에 나타나고 있다. 말하자면 '미리 결정되지는 않는다' 하더라도 '결코 결정되지 않는다'라고 할 수도 없는 것이다.209) "'이용과 충족 연구'의 학자들의 태반은 자유주의적인 다양성에 기초한 사회개념을 갖고 있다. 그들이 생각하고 있는 사회에서 개인은 이념적으로는 자유이며, 어떠한 외적 권력에 의해서도 간섭을 받지 않는 주체라고 생각한다. 이에 대해서 문화론적 연구에서는 맑스주의적/(탈)구조주의적 가설에 기초해서 개개인은 사회적 주체에로 구성해가는 관계성과 구조의 망 속에서만 개개

---

207) Ang, I., *ibid.*, pp.39-41.
208) Liebes, T., 1986, "On the Convergence of Theories of Mass Communication and Literature Regarding the Role of the Reader," Paper presented to the Sixth International Conference on Culture and Communication, October, p.1.
209) Ang, I., *ibid.*, pp.41-42.

인은 항상 주체로 나타나게 되고 거기에 반드시 짝지어져 있다고 생각한다. 그렇다고 해서 우리들은 예정대로 움직이는 자동기계처럼 주체성을 빼앗기로 있다는 것이 아니다. 주체성이나 '교섭적' 주체가 스스로의 삶을 구축하기 위한 시도는, 그들이 파묻혀 있는 존재의 구체적 상황에 따라서 '중층적으로 결정(overdetermined)'된다… 더욱이 복잡한 구조를 가진 중층적으로 결정되는 시청자의 위치와 수용자의 특성을 어떻게 파악할 것인가의 문제는, '비판적 연구'와 '주류파 연구'의 차이를 밝힐 수 있는 중요한 논점이다. 그 차이를 간결하게 말하면, 이용과 충족 연구는 '텍스트의 재발견'이라고 할 수 있는 방향으로 나아가는 데 비하여, 문화론적 연구의 시각은 서서히 텍스트로부터 떨어져 나가는 방향으로 나아간 것처럼 보인다… 문화론적 연구의 연구 목적은 '수용자의 능동성'을 보다 정밀한 분류법으로 해부하고 정리하는 것이 아니며, 그렇게 함으로써 최종적으로 '수용자의 능동성'의 모든 차원에서 완전하고 일반화된 공식지도를 손에 넣는 것도 아니다. 무릇 내가 생각하는 한 사회적, 정치적, 경제적, 그리고 문화적인 제 힘의 중층적인 접합 속에서 어떻게 '수용자의 능동성'이 접합되는가 하는, 보다 역사적 또는 문맥적 통찰에 도달하는 것이 여기에서 목표로 한 것이다. 문제는 '수용자의 능동성'을 독립된 또는 분리 가능한 어떤 연구 대상으로 이해하는 것이 아니라, 그 '수용자의 능동성'이 마치 현재 진행중의 문화적 실천과 그 관계성이라고 하는 복잡한 네트워크 속에 항상 묻혀 있다는 것을 이해해야 한다는 것이다."

앵은 또한 문화론적 연구의 TV수용자 연구에서 중요한 것은 TV시청의 다이나믹스가 매우 다종다양하고 불규칙하고 자율적으로 보이더라도 그것을 항상 사회적 권력의 한 형식의 작동과 관련지어서 파악해야 한다는 사고"라고 말하고 있다.[210]

이용과 충족 연구에 대한 앵의 장황한 반론 내지 방어적인 언설에도 불구하고 또한 몰리가 「Nationwide Audience」에서 분명하게, 즉 "우리

---

210) *Ibid.*

들은 '이용과 충족 연구'와는 근본적으로 손을 끊을 필요가 있다"[211]고 주장했음에도 불구하고 몰리의 두 번째 연구서 「Family Television」에서 "새로운 수용자 연구는 이용과 충족 연구의 몇 가지 통찰에 힘입은 바 있다"[212]고 말한 것에 주목할 필요가 있다. 이것은 최근 유행하고 있는 학문적 수렴과 학제적 연구의 수요와 평행해서 몰리가 원래부터 갖고 있었던 반골 자세를 잃어가고 있는 것처럼 보인다. 앵에 의하면 「Family Television」은 「Nationwide Audience」에 비해서 전체적으로 논조가 조용하고 논쟁을 피하고 있고, 「Nationwide Audience」에서 중심적인 의미를 가지고 있었던 다른 이론적 시각에 의의를 제기한 비판적 태도가 보이지 않는다고 말한다. 또한 앵은 주장하기를 몰리 자신은 그의 분석에서 가장 중요시한 것은 가정에 있어서 시청행동 그 자체를 이해하는 것이며, 더욱이 'TV를 시청하는 것'이라고 말하고 있는데 이 말 뒤에 숨어 있는 여러 가지 다양한 의미를 분명히 하려고 했다고 말한다. 실제 이 책의 서문으로 홀이 헌사하고 있는 문장에서와 같이[213] 이들 가변성(variability)과 다양성(diversity), 차이성(difference)이라는 개념이야말로 「Family Television」 담론에 있어 중심적인 문제였다.[214]

그런데 여기에서 이러한 차이성을 강조하는 것 자체가 몰리의 연구를 이용과 충족 연구의 사고에 근본적으로 연계시켜 준다고 볼 수 있다. 왜냐하면 이용과 충족의 연구자들에게 있어, 다원성과 다양성의 아이디어는 그들 연구를 추진하는 원리이기 때문이다. 어쨌든 앵은 몰리의 입장을 끝까지 방어하고 옹호한다. 그녀에 의하면 몰리의 연구를 정밀하게 검토해보면 그의 가장 중요한 관심은 '차이' 혹은 '다양성' 그 자체가 아니고, 그 차이라는 것은 경험주의적 면접자료로부터 거의 자동적으로 나타나는 엄연한 사실 등이 아니라는 것이다. 그것은 '해석'의 문

---

211) Morley, D., 1980, *op. cit.*, p.14.
212) Morley, D., 1986, *op. cit.*, p.15.
213) Hall, S., 1986, "Introduction," in D. Morley(ed.), *Family Television: Cultural Power and Domestic Leisure*, London: Comedia/Routledge.
214) Ang, I., *op. cit.*, p.48 인용.

제이며, 이 '해석'이라는 단어의 형식적 혹은 고정적인 의미가 아니라 문화적·해석적인 의미에 있어서 문제가 되는 현상이라는 것이다. 이렇게 해서 문화론적 연구에 있어서 '차이' 그것이 아니라 차이의 의미가 문제가 된다. 그것은 해석적인 것만이 - 즉 그 차이의 문맥성과 사회적 혹은 문화적인 토대와 영향을 고려함으로써만이 - 파악 가능한 문제라는 것이다.[215]

4) 쾌락과 저항의 문제: 이데올로기로부터의 후퇴

홀이 일찍이 선언한 바와 같이 문화론적 연구의 출발성과 그 연구의 정당성은 바로 '이데올로기의 회귀(rediscovery of ideology)'[216]에서 찾을 수 있다. 그만큼 '문화론 연구'의 틀 속에서 수용자 연구의 특성은, 에반스(W. Evans)가 지적한 바와 같이 수용자의 능동성과 텍스트의 다의성[217]과 함께, 이데올로기성이라는 데 있다. 따라서 커란이 문화론적 연구 특히 수용연구 '신수정주의자'로 호칭하면서 이 연구를 이용과 충족 연구와 같은 옛 술을 새 부대에 집어넣은 꼴이라고 비난하지만 결국, 문화론 연구는 이데올로기적 맥락에 서 있는 데 비하여, 이용과 충족 연구는 그렇지 않다는 데 차이성을 찾을 수가 있다. 말하자면 두 연구 간의 차별성은 이데올로기적인 접근인가 아닌가에 있다고 볼 수 있다.

그러나 몰리가 홀의 '기호화/해독화' 가설을 민족지학적·경험적 방법을 도입하여 검증하려 했던「Nationwide Audience」연구 이후, 수용분석(수용연구)이 풍성해지는데, 그 대표적인 예가 몰리의 두 번째 연구인「Family Television」, 홉슨의「Crossroad」,[218] 앵의「달라스 읽기(Watch-

---

215) *Ibid.*, p.49.
216) Hall, S., 1982, "The Rediscovery of 'Ideology': Return of the Repressed in Media Studies," in Gurevitch et al.(eds.), *Culture, Society and Media*, London: Methuen, p.64.
217) Evans, W., *op. cit.*
218) Hobson, D., 1982, *Crossroad: The Drama of a Soap Opera*, London: Methuen.

ing Dallas)」,[219] 래드웨이의 「애정소설 읽기(Reading the Romance)」[220] 등의 조사연구이다. 이들 연구의 특성은 대체로 페미니스트적 시각에서 문화연구를 접근했다는 데 있고, 이들 연구내용의 핵심은 여성들이 대중문화를 접촉함으로써 그 텍스트로부터 즐거움(쾌락)을 맛보는 동시에 저항적 읽기를 실천한다는 것이다. 이들 연구에서 공통적으로 제시되고 있는 수용자의 즐거움 내지 쾌락의 강조는 문화와 미디어에 대한 전통적인 이데올로기 연구의 틀에서 크게 벗어난다고 볼 수 있다. 이미 앞에서 지적한 바와 같이 프랑크푸르트학파의 대중문화와 미디어 연구에서, 쾌락의 개념은 수용자의 피동성을 조장하고 대중의 허위적 욕구 내지 허위의식을 재창출하는 기본적 개념으로 이해되고 있기 때문이다. 그러한 문맥에서 터너는 이같은 연구경향을 '이데올로기의 후퇴(retreat from ideology)'[221]라고 호칭하고 있다.

그러면 여기에서 페미니스트적 문화연구의 대표적 사례로 들 수 있는 래드웨이의 「애정소설 읽기」와 앵의 「달라스 읽기」를 간단히 살펴보고 아울러 피스크의 입장을 포괄적으로 살펴보기로 하겠다.

(1) 래더웨이의 「애정소설 읽기」

래드웨이의 연구 대상은 스미스턴(Smithton)에 사는 42명의 애정소설을 읽는 여성 독자들이다. 이들은 서점의 단골 고객들로서 서점 주인의 주도로 만든 독서클럽 회원들이다. 래드웨이의 연구 핵심은 이 상징적 공동체였다. 이들을 대상으로 집단 토의, 면접, 비공식적인 토의 그리고 이들과 서점 여주인 간의 교류에 대한 관찰을 실시하였다.

래드웨이에 의하면 애정소설을 읽는 것은 주인공이, 독자가 오이디푸

---

[219] Ang, I., 1985, *Watching Dallas: Soap Opera and the Melodramatic Imagination*, London and New York: Methnen.

[220] Radway, J., 1984, *Reading the Romance: Woman, Patriarchy and Popular Literature*, Chapel Hill and London: Univ. of North Carolina Press.

[221] Turner, G., 1990, *British Cultural Studies: An Introduction*, Boston: Unwin Hyman, p.215; 김연종(역), 상게서, 244쪽 참조.

스 시기 이전의 어린 시절 이후로 느껴보지 못한 보살핌과 관심의 원천이 되는 환상 때문이다. 그러므로 애정소설 읽기는 여성들이 적절한 보상 없이 매일매일 남에게 주는 그러한 감정적 구원을 간접적으로 경험하는 수단이 된다. 래드웨이는 여성 독자들의 애정소설 독서를 똑바로 이해하기 위해서는 텍스트 자체뿐 아니라 애정소설 읽기라는 행위도 함께 고려해야 한다는 것이다. 여기에서 여성 독자들이 애정소설 읽기의 쾌락을 묘사하기 위해 '탈출'이라는 용어를 대화중에 사용하고 있는데, 이것은 여성들이 인정하고 있는 '보살피는 아내와 어머니'라는 핵심적 역할에 대한 요구들을 일시적으로나마 거부하는 것이 된다. "이 경험이 대리경험임에도 불구하고 이것이 일으키는 즐거움은 진짜"라고 래드웨이는 말한다.222)

"나는 애정소설 읽기가 스미스턴 여성들에게 값지게 여겨지는 이유가 그 경험이 일상적 생활과 다르기 때문이라는 결론을 내리는 것이 논리적이라고 생각한다. 이것은 일상의 문제와 책임이 주는 긴장에서 풀려난 휴식이 될 뿐 아니라 여성이 자신의 필요나 욕망, 쾌락에 몰두할 시간이나 공간을 만들어준다. 또한 이는 이국적인, 또는 이미 말했듯이 다른 곳으로 옮겨가거나 탈출하는 수단이기도 하다."223)

래드웨이에 의하면 「애정소설 읽기」의 결론을 내리기는 아직 어려우나, 첫째, 애정소설 읽기는 여성들이 스스로 거부하는 사회적 역할을 일시적으로 거절하게 만들기 때문에 '저항적'224)이라는 것이다. 둘째, 애정소설의 서사구조는 가부장제와 이를 구성하는 사회적 행위와 그 이데올로기를 단순히 재현하고 추천하는 구조로 되어 있다는 것이다.225)

---

222) Radway, J., *op. cit.*, p.100.
223) *Ibid.*, p.61.
224) *Ibid.*, p.210.
225) *Ibid.*; Story, J., *op. cit.*; 박모(역), 상게서, 193-197쪽 참조

(2) 앵의 「달라스 읽기」

　　1980년대 초 전세계적으로 인기를 끌었던 멜로 드라마 <달라스 (Dalla)>를 경험적으로 연구하기 위하여, 앵은 광고를 여성지 *Viva*를 통하여 내고 시청자들로 하여금 <달라스>에 대한 시청 태도를 편지로 우송해줄 것을 요청하였다. 이 광고가 나간 후 <달라스>의 팬들과 혐오자 측으로부터 42통의 편지를 받았다. 앵은 이미 현존하는 욕구를 만족시키기 위한 것으로 알려진 쾌락보다는 오히려 '쾌락이 유발되는 작용구조'에 관심을 더 두었다.226) 앵이 받은 편지에 의하면, <달라스>가 주는 쾌락이나 불쾌는 현실성의 문제와 밀접하게 관련되어 있었다. 그들이 어떤 프로그램을 '좋거나' '나쁜' 것으로 보는 것은 그것을 '현실적'인 것으로 보는가, 혹은 '현실적'인 것으로 안 보는가에 의해 달려있었다. 우리 자신의 삶을 텍사스 백만장자들의 삶과 연결시키는 이러한 능력이 바로 이 프로그램에 감정적 현실성을 부여하는 것이 된다. 우리는 부자가 아니더라도 공통점, 즉 남녀관계와 깨진 관계들, 기쁨과 슬픔, 병고와 건강 등의 근본적인 공통점을 가지고 있다. 이 프로그램을 실제 보는 사람들은 이 이야기의 특수성에서 그 주제의 보편성으로 주의를 집중시키는 것이다. 어쨌든 어떤 다른 요소가 포함되었든지 간에, <달라스>의 쾌락 중 일부는 분명히 시청자들이 그 허구적 세계와 자신들의 일상생활 사이에 만들 수 있는 또는 만들기 원하는 유동성의 정도와 관련되어 있다. 앵은 다음과 같이 말한다. 허구세계에의 비약이란 현실의 거절이 아니라 허구세계와의 유희이다. 그것은 허구와 현실과의 사이에 논의할 경계를 설정하면서 더욱 그 경계를 유동화시키는 게임이며, 거기에는 상상력에 의한 허구세계에의 참여가 즐거움으로 경험된다.227) 따라서 이런 사람들에게 '달라스'가 주는 쾌락은 일상생활의 단조로움에 대한 보상도 아니고 도피도 아닌, 바로 일상생활의 한 차원이라는 것이다.228)

---

226) Ang, I., *op. cit.*, p.9.
227) *Ibid.*, p.49.

제2장 수용자연구의 변천과정

　한편 피스크는 그의 저서 *Television Culture*의 서론에서, "나는 TV를 의미와 즐거움의 담당자/유발자로 정의한다"고 말하고 "더욱이 사회의 내부에 있어 의미와 즐거움의 생성과 순환의 과정으로서 문화를 파악하고, 그 문화 담당자/유발자로 TV를 규정한다"고 말한다. 또한 텔레비전 문화에 대한 연구가 TV의 문화적 차원과 자본주의 경제에서 상품으로서의 TV라는, 두 가지 측면의 관계를 고찰하고, 여러 가지 상의한 상황에 놓인 시청자에게 TV의 텍스트성이 어떤 의미를 가지고 있는가? 그리고 즐거움을 부여하고 있는가를 보여주고 있는가? 이같은 문제를 주제로 취급한다고 하였다. 이와 같이 피스크는 TV 문화가 즐거움의 담당자요 유발자라는 기본적 전제에서 출발하고 있다.[229]

　그는 "우리들 문화에 있어서 TV의 역할에 관한 어떤 논의에서도, 사람들이 TV를 즐기고, TV시청이 우리들 생활 속의 쾌락에 주요 원천이라는 점에서는 의문의 여지가 없다"고 말한다.[230] 또한 이 '쾌락'이라는 언어는 최근 비판적 논의에 널리 등장하고 있으나, 우리들이 TV의 인기를 이해하는 데 결정적인 위치를 점하고 있다는 것이다. 그러나 이를 확실하게 정의하기는 곤란하다고 말한다. 왜냐하면 그것은 다의적이면서 문맥의 상의에 따라 상이한 의미를 지니고 있기 때문이다. 피스크에 의하면, 이 말을 정신분석학적으로 보면 그것은 욕망과 관계를 갖고, 인간적 행위의 주된 동기로 자리매김하는 경향이 있다. 라캉의 이론에서 발전한 페미니스트 연구에 의하면, 가부장제 하에서는 남성의 쾌락이나 여성의 쾌락이 상이한 형태로 경험될지 모르나, 일반적으로는 쾌락과 불쾌의 기원은 모든 인간의 유아기에 공통한, 유아심리적 과정에 위치지어지고 있다는 것이다. 더욱이 그 본질적 구조가 '젠더(gender)', 계급, 인종, 교육 혹은 종교 등의 사회적 영향이 미치기 이전에 결정된다는 점도 아울러 시사되고 있다. 즉 쾌락이란 말의 정신분석학적 용법에

---

　228) *Ibid.*, p.83; Story, J., *op. cit.*; 박모(역), 상게서, 200-203쪽 참조.
　229) Fiske, J., 1987, *Television Culture*, London and New York: Routledge, p.1.
　230) *Ibid.*, p.224.

수용자론

서는, 쾌락원리가 보편적인 인간 존재와 밀접하게 맺어져 있다는 것이다.[231] 이에 대해 바르트(Roland Barthe)는 'Plaisir'[232]이라는 말을 사용한다. 그것은 본질적으로 문화적 기원을 가진 쾌락을 지칭한다. 그리고 무아적(無我的)·무의식적 작용이 아니라, 성적 오르가슴과 같은 신체와 관련된 의미를 가진 육체적 쾌락을 가리키는 말로 'Jouisance'라는 말을 사용한다. Jouisance라는 말은 프로이트의 '정동(情動)'이란 말과 유사하다.[233] 일반적으로 찾아볼 수 있는 다른 용법은 강조점이 사회적 특성에 있다. 이 경우 쾌락의 의미를 사회구조와의 관계나, 쾌락을 경험하는 주체의 사회적 실천과의 관계에서 찾는다. 전자의 경우가 추상적이고 단일의 의미를 추구하는 데 대하여, 이 용법은 보다 구체적이고, 복수의 의미를 갖는다.[234] 총괄적으로 보면 쾌락에 관한 정신분석학적 견해에서는 그것을 지배적인 이데올로기의 순응의 결과로 본다. 멀비(Lawza Mulvey)에 의하면, 쾌락이란 가부장제적 영화가 순응적인 관객에게 제공하는 보수에 지나지 않는다. 그래서 이런 영화야말로 헤게모니의 가장 중요한 작용요인이라는 것이다.[235]

그런데 쾌락에 관한 두 개의 언설에 의하면, 쾌락을 저항과 파괴의 요인과 결부시키고 있다. 바르트)에 의하면 다른 포스트모더니즘과 같이 쾌락은 이데올로기에 대항적이며, 멀비의 생각처럼 이데올로기로부터의 보수(報酬)가 아니다.[236]

멀비는 그 논문에서 그의 이론적 기반을 프로이트의 쾌락을 보는 권력이론에서 취하고 있다. 그녀에 의하면 할리우드의 주된 관객은 마치 'peeping Tom(틈으로 엿보기 좋아하는 호색가)'의 입장에 있다는 것이다.

---

231) *Ibid.*
232) Barthes, R., 1975, *The Pleasure of the Text*, New York: Hill & Wong.
233) Fiske, J., *op. cit.*, p.224.
234) *Ibid.*
235) Mulvy, L., 1975, "Visual Pressure and Narrative Cinema," *Screen* 16:3, pp.6-18; Fiske, J., *ibid.*, pp.224-225.
236) Fiske, J., *ibid.*, p.224.

제2장 수용자연구의 변천과정

거기에는 스크린이 밝은 방의 창처럼 되어 눈에 보이지 않는, 그리고 특정할 수 없는 엿보기 좋아하는 사람이 창 속을 들여다본다는 것이다. 그가 타인의 비밀사항이나 사생활을 볼 수 있다는 가능성이야말로, 타자에 우월한 권력을 부여한 것이 된다. 이러한 엿보기 쾌락은 남성이 여성의 신체를 봄으로써 생기기 때문에, 할리우드에 있어서 이야기의 전형적인 진행은 남성의 행위를 중심으로 전개된다. 멀비에 의하면 엿보기의 욕망을 충족하는 데 생기는 쾌락은, 가부장제가 요구하는 것과 전적으로 연관되어 있다는 것이다. 그녀는 가부장제와 쾌락과 남녀간의 자연스러운 차이와의 사이에는 끊을 수 없는 관계가 구축되어 있다는 생각으로 접근하고 있다. 그래서 그녀는 가부장제를 인간의 본성에 의해 근거지우고 인간의 성욕과는 판별될 수 없는 것으로써, 가부장제적 권력을 논함으로써 영화의 쾌락을 설명하고 있다고 말할 수 있다.[237]

그 결과 페미니스트로서 멀비는 오늘날 우리들이 경험하는 쾌락을 파괴하고 새로운 쾌락으로 바꿀 것을 주장하게 된다. 피스크에 의하면, 그녀의 주장은 영화에는 타당하나 TV에는 그렇지 않다고 말한다. 왜냐하면 영화의 경우 거대한 밝은 스크린과 익명의 어두운 관람석 등이 pepping Tom 같은 상황을 TV보다 훨씬 정확하게 재생산하기 때문이라고 한다. 그러나 TV 화면은 영화에 비교하면 그럴 정도까지 불가피한 관계를 가질 필요도 없고, 보통 가족이 그 생활을 보내는 중심이 되는 거간에 놓여 있다. 말하자면 TV는 엿보기적인 것이 아니고 상호작용적이라는 것이다.[238]

한편 피스크는 주장하기를, 대중오락은 필연적으로 저항의 요인을 내포하고 있다는 것이다. 시청자가 이데올로기적으로 구성된 스스로의 주관성을 승인하고 강화하는, 이데올로기적인 추인의 즐거움은 그것이 실제로 즐거움을 가능케 하는 것이었다 하더라도 본질적으로는 저차원의 즐거움이라는 것이다.

---

237) Mulvey, L., *op. cit.*; Fiske, J., *ibid.*, pp.224-225 인용.
238) Fiske, J., *ibid.*, pp.229-230.

수용자론

피스크는 또한 TV가 제시하는 대중오락이 이데올로기나 사회적 통제로부터 도피하고, 혹은 저항하고, 이를 흘려보내는 여러 가지 방법을 설명하고 있다.239) 그는 여기에서 저항이란 문학적 의미나, 그보다 일반적인 용어법인 정치적 의미 내지 사회체제를 변혁한다는 그런 혁명의 의미로 사용하지 않고, 지배적 이데올로기가 제시하는 사회적 정체성(identity)과 그것에 뒤따르는 사회적 통제를 받아들이는 것을 거부하는 것이다. 이데올로기의 거부, 그 의미작용과 통제의 거부는 지배적인 사회체제에 대한 도전이라고는 말할 수 없을 것이다. 그러나 그것은 이데올로기에의 편입에 저항하고 직접적인 사회적 항의행동으로 나아가기 위한 필요요건인 사회적 차이의 감각을 유지하고, 강화해나가는 것과 연결된다는 것이다. 사회적 통제에 대한 대중오락의 대항관계가 의미하는 것은, 대중오락이 항상 저항이나 파괴의 잠재력을 내포하고 있다는 점이다. 즉 이 파괴적 활동 혹은 저항하는 활동이 사회적·군사적이라기보다 기호론적인 문화적이라는 사실은 그것이 갖는 효과를 그르치게 하는 것이 아니라고 주장한다.240) 또한 저항이란 권력이 불평등하게 배분되어 있는 사회에서 인기를 이해하기 위한 중심적 개념이다. 사회적 권력이 다양한 형태를 취하는 것처럼 사회권력에 대한 저항도 다양하다. 그에 의하면 모든 것에 대한 단일의 저항은 존재하지 않는다. 매우 다양한 저항점과 저항의 형이 존재하며, 매우 다양한 저항이 있다. 이같은 저항은 단지 권력에 대한 반대장이 아니라 그 자신 고유의 권력의 근원을 갖고 있다. 피스크에 의하면 이런 저항은 두 개의 타입으로 분류 가능하다. 이 저항의 두 타입은 두 개의 사회적 권력의 형태에 대응한다. ① 의미, 쾌락, 및 사회적 정체성을 구축하는 권력 ② 사회경제적 시스템을 구축하는 권력이 그것이다. 전자는 기호적 권력이고 후자는 사회적 권력이다. 양자는 상대적으로 자율적이나, 서로 밀접하게 결합되어 있다.241)

---

239) *Ibid.*, p.240.
240) *Ibid.*, pp.240-241.

한편 피스크는 저항과 관련해서 드 세르토(Michal de Certeau)의 연구,[242] 즉 권력자의 전략에 의해서 관리되고 있는 지배적 구조와 제도의 틈새에 상징적·물리적으로 침입하는 이점을 이용한 약자의 '전술'이라는 생각에 주목하고 있다.[243]

세르토는 『일상생활에서의 실천(The Practice of Everyday Life)』이라는 저서에서 하위집단들이 보다 크고, 보다 강력하고, 궁극적으로 체제로부터 결정적인 작은 승리를 얻어내기 위해서 취하는 방식을 강조하고 있다. 그는 대중문화의 구성원이 문화의 생산을 통제할 수 없는 반면, 문화의 소비를 통제한다고 주장한다. 민속지학의 수용자 연구처럼, 세르토는 대중문화가 얼마나 창조적인가, 그리고 대중문화의 구성원들이 지배집단의 이익을 인정하는 것처럼 보이면서도 얼마나 지속적으로 자신들의 이익을 충족시키는가를 강조한다. 만일 대중문화를 제공된 것들로 '꾸려가야' 한다면, 대중문화는 또한 제공된 것들을 목적에 맞게 변형할 가능성도 있다. 세르토는 이러한 여러 문화 양식과 생산물의 '때우기'와 '변경하기'가 저항적이라고 본다. 즉 강한 자에 대한 약한 자의 승리를 나타낸다는 것이다.

세르토는 그 예로 원주민 인디언에게 스페인 문화를 주입하려 했던 식민지 경영자들의 '성공'을 내부로부터 전복시킨 모호성을 들고 있다. 침탈에 굴복하고 동의하기까지 했으면서도 인디언들은 이따금 그들에게 부과된 의식, 포상법률을 침략자들이 염두에 두었던 것과는 전혀 다른 것으로 만들곤 했다. 인디언들이 이용했던 전복의 방식은 거부하거나 바꾸는 것이 아니라 선택의 여지없이 받아들여야 했던 체계를 이질적인 목적과 참조 사항들에 관련하여 이용하는 방식이었다. 밖에서 보면 식민화가 인디언들을 동화시킨 것 같지만 내적인 면에서 보면 인디언들은

---

241) Ibid., p.316.
242) de Certeau, M., 1984, *The Practice of Everyday Life*, Berkely: Univ. of California Press.
243) Morley, D., 1992, op. cit., p.29 인용.

수용자론

여전히 그에 대해 타자로 머물러 있었다. 도전할 수단을 갖고 있지 못했던 지배적 사회질서에 대한 그들의 이용법은 그것의 권력을 굴절시켰다. 인디언들은 지배적 사회질서를 벗어나지 않으면서도 그로부터 도피할 수 있었다.244) 세르토에 의하면 그러한 저항이나 전복이 이루어지는 방법에는 많은 일상적인 실천, 즉 대화, 독서, 쇼핑, 요리, 심지어는 아파트 셋집을 얻는 것까지 포함된다. 세르토는 다음과 같이 말한다.

"아파트를 빌리는 경우, 다른 사람(주인)의 소유물은 단기 체류자가 잠시 빌린 공간으로 변형된다. 말하는 사람이 억양과 특유의 말투를 통해서 자신의 모국어와 자신의 과거를 언어에 담듯이 임대인은 아파트를 자신의 행동과 추억으로 장식한다."245)

그는 여기에서 집주인의 공간을 변화시키는 임대인의 힘을 강조한다. 즉 임대인은 단지 아파트에 사는 것 외에 페인트를 다시 칠하거나 가구를 옮기거나 장식을 다시 하거나 정원을 바꾸거나 집에 친구를 불러들이거나 혹은 시끄러운 음악이나 파티로 이웃에게 폐를 끼칠 수 있다. 그러한 방법들을 동원해서 실제로 자신의 목적을 충족시키고 은연중에 집주인의 소유권에 도전하는 것이다.246) 또한 젊은이의 하위문화도 이런 예와 크게 다르지 않다. 즉 젊은이들의 하위문화들은 좋지 못한 용도를 일상용품을 도용하는 풍부한 예를 보여준다. 물건을 사지 않고, 구경만 하는 경우조차도 구매하는 쾌락을 구경하고, 이를 상상하는 쾌락으로 바꾸는 것으로 볼 수 있다.247)

세르토는 '아래에서 위로' 흐르는 영향력의 명확한 사례를 제시한다. 즉 고용인에 의한 고용주의 시간의 사용—라 페루크(la pezruque)이다. 이것은 직장의 전화를 사적으로 이용하거나 점심시간에 가정용 가구를 만들기 위해 기계를 사용하거나, 사무실의 사무용품을 도용하는 것 등

---

244) *Ibid.*; 박명진 외(편역), 1996, 『문화, 일상, 대중』, 한나래, 136쪽에서 인용.
245) *Ibid.*, p.xxi.
246) Turner, G., *op. cit.*; 김연종(역), 상게서, 245-246쪽에서 인용.
247) *Ibid.*, p.217; 김연종(역), 상게서, 246쪽에서 인용.

이 여기에 해당된다. 그것은 고용인의 돈을 절약하는 실질적인 효과를 가지고, 고용주의 돈을 쓰는 부가적인 쾌락을 만끽한다. 그것은 또한 저항의 이데올로기적인 효과를 가진다.248)

피스크는 세르토의 이러한 예를 인용하며, "우리는 너무나 오랫동안, 단순하게 사회적인 결정요인들과 권력을 동등하게 생각했다. 그래서 아래에서 위로의 힘이 실제로 얼마나 저항적이고 도피적이며, 분개하게 하는지에 대한 연구를 무시해왔다"라고 주장함으로써 세르토의 연구의 유용성을 옹호하고 있다.249)

이와 같은 피스크의 논의에 대하여 몰리는 "세르토의 연구는 확실히 재미가 있으나 피스크와 같이 그것을 부분적으로 해석하는 것은 많은 위험성이 따른다. 대중에 의한 저항의 요소를 너무 강조하는 것은 매우 위험한 일이라고 경고하고 있다."250) 몰리는 또한 에반스251)가 정확하게 논의한 바와 같이, '저항적' 혹은 '대항적' 해독의 예가 제시될 때, 그것이 무엇에 저항하는지 물어야 한다는 것이다. 왜냐하면 그것은 지배적 이데올로기나 일련의 의미화와 같은 개념적 배경에 대치함으로써 처음으로 '저항'이나 '대항' 등의 말이 의미를 갖기 때문이다. 그러나 많은 분석에서는 '대항적 해독'이 현실에서 무엇인가 실로 매우 불명료한 것이 사실이기 때문이라고 말한다.252)

에반스와 마찬가지로, 켈너(Kellner)도 수용연구에 있어서 '저항'과 '쾌락'의 강조에 대해 매우 비판적이다. 켈너는 문화론 연구의 어떤 조류는 저항을 물신화하였다고 주장한다. 그에 의하면, 문화론 연구는 저항의 형식과 유형들을 구별하지 않고, 저항 그 자체를 찬양하는 경향이

---

248) *Ibid.*, pp.217-218; 상게서, 246-247쪽에서 인용.
249) Fiske, J., 1988, "Meaningful Moments," *Critical Studies in Mass Communication*, Sept., p.249.
250) Morley, D., *op. cit.*, p.29.
251) Evans, W., 1990, "The Interpretive Turn in Media Research," *Critical Studies in Mass Communication* 7(2).
252) Morley, D., *op. cit.*, pp.38-39.

있다고 경고한다. 또한 수용자의 즐거움을 무차별적으로 찬양하는 일부 수용연구에도 이와 유사한 문제가 있다고 주장한다.[253]

그는 이러한 문제를 제기하기 위해 홀의 이른바 해독의 세 가지 유형, 즉 지배적 읽기, 교섭적 읽기, 저항적 읽기를 다음과 같이 설명한다.

"지배적 읽기란 수용자가 지배문화의 이익과 텍스트의 이데올로기적 의도에 부합하는 방식으로 텍스트를 수용하는 읽기이다. <Die Hard> 같은 마지막 부분에서 권위의 대변이자 영웅인 주인공이 고층건물을 장악한 테러리스트들을 끝장낸 후에 남성적 권력, 법과 질서, 사회적 안정이 회복된 것을 보고, 관객이 즐거움을 느끼는 것이 그 예이다. 반대로 대항적 읽기란 수용자가 텍스트를 해독할 때 지배적 읽기에 저항하는 것을 찬양하는 개념이다."[254] 피스크는 무주택자들이 자신들의 거처에서 <Die Hard>의 비디오테이프를 반복하여 시청하는 동안, 악한들이 빌딩을 점거하면서 경찰과 당국자들이 공격하는 장면을 보고, 그들이 환호하는 것을 관찰했는데, 그는 이것을 지배적 읽기에 저항하는 읽기라 하였다.[255]

저항적 읽기에 대한 피스크의 이러한 해석에 대하여 켈너는 매우 비판적이다. 그는 다음과 같이 비판한다.

"피스크와 같이 이러한 저항적 읽기, 즉 저항 그 자체를 찬양하는 경향은 <Die Hard>의 관람을 통해 입증된 무주택자들의 사회적 권위에 대한 저항은 남성적 행위의 야수성을 강화하거나 사회문제의 해결을 위해 물리적 폭력이 행사해야 한다는 주장에 봉사할 수 있다… 그러나 싸르트르, 파농(Fanon) 그리고 마르쿠제가 주장해온 바와 같이 폭력은 억압세력을 겨냥할 때 해방적일 수 있으나, 억압에 대해 투쟁하는 민중세력에게 행사되거나 아무런 방향 없이 자의적으로 폭발할 때는 반동적일

---

253) Kellner, D., 1955, *Media Culture*, London: Routledge, p.38; 김수정·정종희(역), 1997, 『미디어문화』, 새물결, 78쪽.
254) *Ibid.*, p.35; 상게서, 78쪽.
255) *Ibid.*, p.38; 상게서, 78쪽 인용.

수 있다… 피스크가 <Die Hard> 분석에서 가치를 부여한 저항은 실제로 전혀 저항이 아니며, 오히려 '악'의 위치를 차지하고 있던 자들을 처단할 때 느끼는 즐거움을 관습적으로 반복한 것에 지나지 않는다. 수용자들은 '나쁜 자들'이 폭력적으로 제거되는 장면을 보고 즐거움을 느끼도록 배워 왔고, 피스크의 무주택 남성들은 할리우드의 오락적 코드들과 관습에 단순히 반응한 것뿐이다. 문제는 피스크가 진보적 저항과 반동적 저항, 해방적 저항과 파괴적 저항을 전혀 구별하지 않고, 모든 저항을 긍정적으로 찬양하고 서로 다른 저항의 양상들과 유형들을 구별하고 평가하는 데 실패했다"256)는 것이다.

켈너는 또한 수용분석에 강조하는 즐거움에 대해서도 비판한다.

"내가 보기에 오늘날 일부 문화연구는 수용자의 즐거움에 관한 물신주의(物神主義)에 빠져 있는 것처럼 보인다. 과거의 급진이론이 특정 유형의 문화에 다소간 미학적 태도를 보인 것에 반발하면서 대중적 영화와 텔레비전 또는 기타 문화의 다른 형식에서 사람들이 느끼는 즐거움에 관심을 가져야 하고 이러한 즐거움이 긍정적으로 평가되고 이해되어야 한다는 주장이 대두되었다. 이것은 여러 가지 면에서 유용한 변화이긴 하지만, 단지 인기를 끌고 있고 즐거움을 생산한다고 해서 어떤 형식의 문화에 가치를 부여하는 오류를 범하게 될 가능성이 많다. 이와 같은 수박 겉핥기 식의 무비판적 접근으로 인해 일부의 문화연구는 즐거움의 유행을 구별하지 않았을 뿐만 아니라 즐거움이 개인들을 보수주의, 성차별주의 또는 인종주의에 얽매어두는 방식도 무시하게 된다"257)고 하였다. 켈너는 다시 계속해서 비판한다.

"따라서 <람보>, <다이 하드> 또는 <터미네이터> 같은 영화들이 극한적인 남성주의와 폭력적인 행동을 중심으로 즐거움을 동원할 때, 그것이 함축하고 있는 인종주의와 성차별주의는 즐거움에 관한 수용연구에서 어떤 위치를 차지할 것인가? 즐거움은 그 자체로서 자연적이지

---

256) *Ibid*.; 상게서, 78쪽.
257) *Ibid*., p.39; 상게서, 80-81쪽.

도 않고 순수하지도 않다. 즐거움은 학습되는 것이므로, 권력 및 지식과 밀접하게 연관되어 있다. 푸코 이후 권력과 지식이 밀접하게 맞물려 있고, 즐거움이 이 두 가지에 얽매여 있다는 것은 이제 상식이 되었다… 권력과 특권의 체계가 우리의 즐거움을 조건지은 결과, 우리는 어떤 의미에서 사회적으로 허용된 즐거움을 추구하지만 여타의 다른 즐거움은 회피하게 된다. 어떤 사람들은 인종주의적 농담을 듣고 웃는 것을 배우고, 다른 사람들은 야만적인 폭력의 행사를 보고 즐거움을 느끼도록 배운다. 그러므로 즐거움은 어떤 자극에 대한 조건화된 반응일 경우가 많고, 따라서 즐거움은 경험과 행동의 다른 형식들과 동시에 문제시되어야 하며, 즐거움이 삶과 사회를 개선하는 데 기여하는가 아니면 결국 우리를 억압적이고 속물적인 일상생활의 양식에 구속하는 데 도움을 주는가를 연구해야 한다. 그러므로 저항과 즐거움 자체가 문화적 텍스트를 전유함에 있어서 결코 진보적 요소로서 자리매김될 수 없으며 오히려 특정 시점에서 저항과 즐거움이 발생하는 구체적 조건과 그것들의 구체적 효과를 묘사하는 편이 나을 것이다."258)

5) 일상적 생활과 문화소비(TV이용)의 문제

현대사회에서 TV는 일상생활의 본질적인 부분을 차지하고 있다. 다시 말해서 TV는 사회적 현실의 기층에 있는 특정의 공간과 시간을 점유하고 있다. 실버스톤(R. Silverston)은 이와 같이 일상생활의 내부에 깊이 파고들어온 TV와 TV시청을 보다 깊게 이해하기 위해서는 무엇보다, 현대의 일상생활성을 말해주는 TV라는 미디어의 시공의 구성력과 그 미디어 자체를 사회적으로 편제(編制)해온 다이나믹한 사회적 과정과 상호 규정적 관계로 분석해야 한다고 주장하였다.259) 따라서 'TV와 일상생활'이라는 타이틀은 미디어가 깊게 개입한 현대의 일상생활 '경험

---

258) *Ibid.*, p.39; 상게서, 81-82쪽.
259) Silverstone, R., 1994, *Television and Everyday Life*, London: New York, p.2.

의 텍스처(texture of experiences)'를 역사적 시각에서 분석하는 것이다.

실버스톤의 이러한 접근은, 현대세계의 근본적인 특성, 즉 정치에 있어서 글로벌 폴리틱스(global politic)의 출현과 로카리즘과 리저널리즘(regionalism)의 재흥, 경제에 있어서 대량생산의 개혁과 소비자 권력의 고양, 그리고 문화에 있어서 매스미디어의 지배와 자기언급적 현실과 환상의 융합, 즉 '하이퍼리얼(hyper-real)'의 현대사회 혹은 포스트 사회에서 텔레비전이 접하고 있는 장소, 그 근본적인 기반이 무엇인가에서부터 문제를 제기하고 있다. 이와 같이 그는 텔레비전을 존재론적 그리고 현상학적인 현실로 접근하고 있는데, 이러한 관점은 다음과 같은 관찰결과에서 도출된 것이다.

실버스톤은 그 하나로 텔레비전의 한정 없는 일상성을 든다. 텔레비전과 같은 미디어 테크놀로지가 우리들의 일상생활의 구조 속에 이렇게까지 깊숙이 그리고 밀접하게 침투할 수 있는 길을 찾았다는 것은 도대체 어떻게 된 일인가? 그리고 그것이 거기에 정착한다는 것은 어떻게 된 것인가? 이러한 두 가지 질문에 대한 답은, 다분히 일상생활의 본질을 어떻게 이해하는가, 그 방법과 연관되어 있는 것 같다고 말한다.[260]

따라서 일상생활의 이해를 위해서는 그것이 비록 불완전하더라도, 일상생활 그 자체의 가능성의 조건을 이해하는 것이 그 전제가 된다. 즉 사회생활 전체의 가능성의 전제조건을 알아야 하는 것이다. 실버스톤에 의하면 현상학, 사회학, 정신분석학, 인류학 등이 일상생활의 문제에 각각의 방법으로 연관되어 있음을 밝히고 있다.[261]

일상생활의 문제는 19세기적인 합리성에 대하여 그리고 그 결과로 사회학을 지배해온 학문 경향에 대하여 비판적인 반성을 하는 데 있어 가장 풍부한 이론적인 자원을 제공하였다.[262] 여기에서 중심적인 역할은 훗설로부터 비롯되어 1960년 말 이후 슈츠(A. Schutz), 르페브르(H.

---

260) Ibid.
261) Ibid., pp.2-3.
262) 강수택, 1998, 『일상생활의 패러다임』, 민음사, 15쪽.

Lefebvre), 그리고 지식사회학적 접근을 시도한 버거(P. Berger)와 루크만(T. Luckman)의 『현실의 사회적 구성(The Social Construction of Reality)』[263] 그리고 사회질서 연구에서 일상적인 행위자의 관점 및 실천이 갖는 중요성을 강조한 가핀켈(H. Garfinkel)의 『민속방법론에서의 제 연구(Studies in Ethnomethodology』[264]가 그 대표적인 예이다. 그 이후에도 일상생활에 관한 연구업적들이 많이 나왔으나, 이 가운데 가장 많이 논의되고 있고, 또한 매우 대조적 입장을 나타내고 있는 르페브르와 슈츠의 일상생활이론을 간단히 살피는 것으로 그치겠다.

(1) 르페브르(Henri Lefebvre)의 일상생활 세계

르페브르는 맑스주의적 전통에서 일상생활의 문제를 본격적으로 다룬 최초의 이론가이다. 그는 일상생활과 전체 사회 혹은 역사와의 관계에 문제 등을 다뤘다. 그는 일상생활을 노동, 가정생활 혹은 사생활 그리고 여가시간의 세 영역 내지 요소들로 구성된 통일체라고 하였다. 그에 의하면 무엇보다도 인간과 인간적인 것을 생산하는 현실적인 창조가 이루어지는 곳, 그리고 그것이 완성되기 시작하는 곳이 일상생활이다.[265] 르페브르는 일상생활의 본질에 보다 가까이 접근할 수 있기 위해서는 변증법적인 모순을 정확히 파악해야 된다고 주장했다. 이를 위해서는 우선적으로 총체성, 즉 전체사회에 대한 인식이 요청되며 일상생활은 이들과의 변증법적인 관계 속에서 파악해야 한다는 것이다.[266]

그는 변증법적인 모순들에 보다 가까이 접근할 수 있기 위해 실천적인 관심이 요청된다고 하였다. 그는 일상성을 연구한다는 것은 일상성을 변화시키려고 하는 것이다. 그는 일상성 속에 존재하며 일상생활 전체를 관통하는 소외현상의 발견과 그것의 비판적인 극복을 강조하였다.

---

263) Berger, P. and T. Luckmann, 1971, *The Social Construction of Reality*, Penguin.
264) Garfinkel, H., 1967, *Studies in Ethnomethodology*, Cambridge: Polity Press.
265) Lefebvre, H., 1977, *Kritik des Alltagslebens*(Bd. Ⅱ), Kronberg/Taunus: Athenaüm Verlag, p.52; 강수택, 상게서, 49쪽 인용.
266) 강수택, 상게서, 51쪽.

따라서 그의 이론은 일상생활의 비판론이라고 할 수 있다.[267]

그에 의하면 일상생활의 비판은 사회전체에 대한 평가와 개념화를 함축하고 있다. 일상을 다루는 것은 일상성(그리고 현대성)을 생산하는 사회, 우리가 그곳에서 살고 있는 그 사회의 성격을 규정짓는 것이다. 겉보기에 무의미한 듯한 사실들 속에서 중요한 어떤 것을 잡아내고, 그 사실들을 잘 정돈함으로써, 이 사회의 정의를 내리고 또 이 사회의 변화와 전망을 정의해야 한다고 말한다. 우리에게 아주 가까우나 잘 알려지기 않은 현실, 즉 일상에 대한 비판적 탐구는 휴머니즘과 연결되어 있다는 것이다. 일상생활의 비판은 낡은 자유주의적 휴머니즘을 새롭게 하고, 그것을 혁명적 휴머니즘으로 대체시키려는 의도를 갖고 있다. 이 휴머니즘은 상부구조를 수정하는 수사와 이데올로기를 분석하는 것을 목표로 하지 않고, 다만 '삶의 변혁'을 목표로 한다.[268]

르페브르의 일상성 이론은 다분히 민중주의 그리고 노동자 중심주의와 연관되어 있다. 이 이론은 민중의 생활, 거리의 생활, 자기들이 느끼고 행하는 것을 거침없이 말하고 즐기고, 열광하고, 모험도 할 줄 아는 그런 사람들의 생활을 찬양한다. 이 이론은 '프롤레타리아트'의 강박관념과 체험의 애매모호성 속에 감추어진 그리고 사실성과 불확실성 속에 감추어진 정확성에 대한 철학자의 강박 관념을 동시에 내포하고 있다.[269]

르페브르는 현대를 '소비조작의 관료사회'로 낙인찍는다.[270] 이 사회 속에서 상상 속의 소비, 상상의 소비와 실제의 소비는 그것들의 한계를 긋는 경계선이 사라져 버렸다. 거기에서 노동계급은 고통스럽게도 소비의 기호들 사이에서 살고 있고, 기호의 거대한 덩어리를 소비한다. 이 계급의 일상성은 특히 강제들로 구성되어 있고 최소한의 소유만을 포함하고 있다. 이런 상황 속에서 의식은 상상의 수준에 머물러 있고 거기서 근

---

267) 상게서, 52쪽에서 인용.
268) Lefebvre, H., *La Vie Guotidienne dans Le Monde Moderne*; 박정자(역), 1995, 『현대 세계의 일상성』, 도서출판 古流·一念, 63, 69쪽.
269) 상게서, 73-74쪽.
270) 상게서, 113쪽.

수용자론

본적인 실망을 느낀다. 예속과 착취의 양식이 노동계급에게 그들의 진정한 조건을 은폐시키기 때문이다. 그들은 생산, 소비의 차원이나, 일상성의 차원에서 자신이 예속되고 착취되고 있음을 쉽게 알아차리지 못한다.271)

또한 일상 속에서 여성들은 떠밀려서 하나의 요새를 쌓고, 그러면서도 더욱 일상성에서 벗어나려고 애쓰고 있지만 의식의 함축적 의미는 피하고 있다. 그들은 끊임없이 항의를 하지만, 그것이 서투르고 주장의 방향도 잘 잡혀져 있지 않은 것은 그 때문이다. 한편 기계장치의 축에 해당하는 중간계급은 조작의 대상이며, 희생자이다.272)

스펙터클의 소비, 소비의 스펙터클, 소비의 스펙터클의 소비, 기호의 소비, 소비의 기호, 완결을 지향하는 각각의 하위체계는 이처럼 자기 파괴적인 선회를 제공한다, 일상성의 차원에서….273)

르페브르는 오늘날의 사회를 이른바 '소비조작의 관리사회'가 지배하는 일상성으로 보았다. 이 일상성은 계급의 전면적인(경제적·정치적·문화적) 전략의 산물로 보았다. 그리고 이 일상성의 지배가 초래하는 가장 중요한 결과는 사람들이 일상생활 속에서 본래적인 인간의 자질을 잃어버린 채 잠재적인 로봇, 즉 '일상인(homoquotidianus)'으로 전락해 버렸다는 점이다. 따라서 인간의 고유성을 되찾고 소외된 일상생활을 극복하기 위해서는 바로 일상성의 문제로부터 출발해야 한다는 것이다.274)

르페브르는 이 전체 일상성에 대한 문제제기로부터 출발하는 총체적인 혁명적 실천을 문화혁명이라고 부르고 있다.275) 여기에서 말하는 문화혁명은 새롭게 태어난 혁명사상의 실천을 의미한다. 르페브르에 의하면, 2천년 동안 세계와 자연환경 속에서 자연적·사회적 인간존재의 정체에 대한 탐구는 철학자들에 맡겨져 왔다고 말한다… 철학적 전통에 의해 형성된 비판적 사고는 실증주의적 명제를 반박한다… 철학은 한

---

271) 상게서, 139쪽.
272) 상게서, 141쪽.
273) 상게서, 159쪽.
274) 상게서, 259쪽; 강수택, 상게서, 77쪽.
275) 강수택, 상게서, 77쪽.

마디로 전체를 꿰뚫는 운동의 도로이다. 세계를 해석하는 철학은 재해석하고 거기서 변혁의 이론적 도구를 끌어내고, 그렇게 함으로써 이론적 혁명을 잘 수행하는 것, 이것이야말로 새롭게 태어난 혁명사상의 지평선이라고 선언한다.276)

그에 의하면 문화혁명은 하나의 개념이다. 그것은 맑스의 사상 속에 암묵적으로 들어 있고, 레닌(L. Lenin)과 트로츠키(L. Trotsky)의 저작 속에서 공공연히 언급되어 있다. 중국에서 모택동은 이것을 아주 특수한 조건 속에서 다시 취했다. 문화혁명은 문화의 창조를 그 의미와 목표로 삼고 있는데, 이때 문화란 제도가 아니고 생활양식이다.277) 문화혁명의 첫 번째 조건과 절차, 그리고 가장 중요하면서도 근본적인 요구사항은 다음과 같은 개념들, 곧 작품, 창조, 자유, 소유, 양식, 효용가치, 인간존재 등의 개념들을 전면적이고도 충만하게 재건시켜야만 하는 일이다.278)

(2) 슈츠(Alfred Shutz)의 일상생활세계

상호 주관적인 자연적 환경세계에 관한 훗설의 논의는 그 후로 이어지는 현상학적 이론의 중심 주제가 된다. 훗설은 자연적 태도에 상응하는 세계를 환경세계(umwelt)라고 부르고 있는데, 그는 '환경세계에 대한 나의 관계'를 다음과 같이 말하고 있다.

"나는 나의 환경세계의 주체임을 안다. 그러나 동시 나는 나를 둘러 쌓고 있는 현실에 나 자신이 현재 관련되어 있음을 발견한다."279) "이런 의미에서 나는 또한 환경세계의 구성원이기도 하다."280) 뿐만 아니라 이 세계를 구성하는 다른 인격체들도 나에게는 단순히 객체로서가 아니라 또 다른 주체로서 마주하는 주체들로서 경험된다. 즉 이들도 나처럼 자신의 환경세계에 관련되어 있는 주체임을 내가 안다는 것이다.

---

276) Lefebvre, H., *op. cit.*; 박정자(역), 상게서, 269쪽.
277) 상게서, 273쪽.
278) 상게서, 268쪽.
279) 강수택, 상게서, 126쪽.
280) 상게서, 127쪽.

여기서 나는 나의 환경세계이면서, 동시에 이들의 환경세계이기도 한 하나의 세계, 즉 우리의 상호주관적인 환경세계로 보게 된다. 우리의 상호소통은 바로 여기서 비로소 가능하게 된다."281)

훗설의 생활세계(lebenswelt)론은 슈츠의 일상생활세계의 이론으로 이어진다. 슈츠에 의하면 일상세계의 세계란 각성하고 성장한 인간이 다른 사람들과 같이, 그 속에서 그것에 대하여 행위하고 있는 세계이며, 또한 자연적 태도에 기초해서 하나의 현실로서 경험하고 있는 세계이다. 일상생활의 세계란 우리들의 태어나기 훨씬 이전부터 존재하고 다른 사람들, 즉 우리들의 조상들에 의해서 질서 있는 세계로서 경험되고 해석되어온 간주관적(intersubjective) 세계이며 또한 지금 우리들의 경험과 해석의 소어로서 주어진 세계이다. 따라서 이 세계에 관한 어떤 해석도, 이 세계에 관해서 지금까지 축적되고 준거 틀로서 작용해온 경험, 즉 우리들 자신의 경험이나 우리들의 양친이나 교사로부터 전수받은 경험에 기초해 있다.282)

그에 의하면 자연적 태도에 있어, 세계란 최초로부터 개인의 사적인 세계가 아니라 우리들 모두에 공통한, 우리들이 이론적 관심에서가 아니라 실제적인 관심을 가진 간주관적 세계이다. 일상생활의 세계란 우리들의 행위와 상호작용의 장이며, 그것들이 향해지는 대상이기도 하다. 우리들은 이 세계를 지배하지 않으면 안되며 또한 이 세계에서 우리들이 다른 사람들과 같이 추구하고 있는 목적을 실현하기 위해서는 그것을 변화시키지 않으면 안된다. 즉 우리들은 단지 이 세계 속에서 활동하고 있을 뿐 아니라, 그것에 대해 활동하고 있는 것이다.283)

나의 일상생활의 세계는 결코 나만의 사적인 세계가 아니라 처음부터 간

---

281) Husserl, E., 1976, *Ideen Zu einer Reinen Phänomenologic und Phanomenologischen Philosophie I*, Husserliana, Bd. III/ I Haag. Martinus NiJhoff, p.60; 강수택, 상게서, 126-127쪽에서 인용.
282) Wagner, H.(ed.), 1970, *Alfred Schutz: On Phenomenology and Social Relations*, Chicago and London: The Univ. of Chicago Press, p.70.
283) *Ibid.*, pp.72-73.

제2장 수용자연구의 변천과정

주간적인 세계이다. 그것은 내가 친구의 인간과 공유하고 있는 세계, 타자에 의해 경험되고 해석되는 세계, 즉 우리들 모두에게 공통된 세계이다.[284]

슈츠의 기본적인 관심은 사회적 세계의 본질을 규정하고 탐구하는데, 이를 위하여 두 개의 개념, 즉 간주관성(intersubjectivity)과 적합성의 개념을 제시한다. 그에 의하면 일상생활의 세계는 간주관적이다.[285] 그는 말하기를 "세계는 다른 사람들에 의해서 살고 있다는 사실에 그치지 않고 간주관성에 의해서 우리들은 사회성원으로서 그들을 이해하고 강조함으로써 그들과 상호작용해야 한다"는 것이다. 간주관성은 세계 속에 존재하는 사물에 대한 객관적 감각을 구성한다고 슈츠는 말하고 있다. 그에 의하면 객관성이란 다른 사람들과 비슷하게 경험함으로써만이 가능하다는 것이다.[286]

이와 같이 세계를 다른 사람과 공유하는 것, 즉 세계에 관한 상호주관성은 타자도 자기와 똑같이 세계를 경험하는 것이 틀림없다는 신념을 가짐으로써 용이하게 되고 또 타자의 관점에 서서 서로의 동기나 관점을 이해하는 능력을 갖는 것이 촉진된다. 인간은 타자를 주체 - 객체라는 관계(당신의 관계)로서도 파악할 수 있음과 동시에 타자를 객체 또는 주체(우리들의 관계)로서도 파악할 수 있다. 인간은 또 타자를 상징, 즉 직접적으로 경험할 수 없는 타인의 행동을 행하는 그들의 관계로서도 파악할 수 있다. 사회적 세계에서는 그러한 개인의 행위는 본질적으로 자유이며 미래를 지향한다. 인간행위의 의미해석은 본질적으로 미래와의 이같은 관련에서 얻어질 수 있다[287]는 것이다.

한편 슈츠의 '간주관성'을 설명하는 중요개념이 커뮤니케이션이다. 커뮤니케이션 행위는 본래 합목적인 성질을 갖는 것이라고 본다. 슈츠는 "어떠한 행위도 미래지향의 자연발생인 활동"이라고 말하고 있으며

---

284) Ibid., p.163.
285) Ibid., p.147.
286) Ibid., p.147.
287) Ibid., pp.146-174.

수용자론

"어떠한 행위도 본질적으로 동기에 따른 외래적인 목표, 즉 이야기를 듣는 쪽의 사람이 어떤 방식으로든 그것을 감지하도록 하는 데 있는 것"이라고 하였다. 좀 더 넓은 의미에서 사람들은 본래의 목적을 달성하고 사회생활에 참가하고 경험세계를 파악하기 위해서 커뮤니케이션을 하는 것이다.[288] 슈츠는 커뮤니케이션의 필수요건을 자세히 고찰하고 있는데 그는 다음과 같이 말하고 있다.[289]

커뮤니케이션은 목적이 있는 기호에 뒷받침되고 있다. 그것은 송신자가 상대방에 대하여 적절한 반응을 일으키지 않더라도 수용자에 대하여 자기 자신을 이해해주도록 하는 의도를 다소라도 갖고 있다. 그러나 커뮤니케이션을 가능케 하는 일정한 필수요건이 갖추어지지 않으면 안된다.

여기에서 보다 중요한 전제요건은 다음과 같다.[290]

① 기호는 공통성을 가지며, 공통의 의미를 내포하고 있지 않으면 안 된다. 커뮤니케이션은 어떤 경우에도 외부세계의 현상이 송신자에 의해서 만들어짐과 동시에 외부세계의 현상이 해석자에 의해서 이해되어져야 한다. 다시 말하면 커뮤니케이션은 외부세계의 현실 속에서만이 살아 있는 것이다.
② 커뮤니케이션에서 사용하는 기호는 상대방도 충분히 이해할 것이라는 관점에서 송신자에 의해서 항상 미리 이해되고 있다. 커뮤니케이션은 송신자에 의한 해석의 틀과 해석자가 커뮤니케이션 기호에 대하여 갖는 해석의 틀이 실질적으로 일치하는 것을 전제로 한다.
③ 완전한 일치는 바랄 수 없다. 그것은 당사자가 살아온 경험이 다르며, 따라서 사람에게 무수한 경험 속에서 무엇이 적절한 관련성을 갖는가의 구조가 사람에 따라 틀리기 때문이다. 그러나 그 관

---

288) *Ibid.*, p.149.
289) *Ibid.*, pp.202-203.
290) *Ibid.*, pp.202-203.

련성 시스템의 차이가 크면 클수록 커뮤니케이션의 성공기회는 그만큼 적어진다.
④ 일련의 추상, 상징은 송신자와 해석자에 의해서 공통성을 갖지 않으면 안된다.

결론적으로 말해서 슈츠의 생활세계에서 커뮤니케이션 행위는 전달행위든 수용행위든, 내적으로 닫혀진 것이 아니라 본질적으로 상호주관적인 것이라는 점이다. 슈츠는 이를 다음과 같이 설명하고 있다.291)
"모든 커뮤니케이션은 송신자와 상대방과의 사이에 서로간의 파장을 합치는 동조관계를 전제로 한다. 이 관계는 자기의 내면적인 시간에 타자의 경험을 유입시켜 서로 그것을 나눠 가짐으로써 성립한다. 즉 '우리들'이라고 하는 공동성을 경험함으로써만이 성립하는 것이다. 더욱이 서로 커뮤니케이션을 하는 것은 외면적·내면적 시간의 모든 차원에서 상대와 동시에 공유하는 것을 전제로 한다. 다시 말해서 같이 나이를 먹는 것과 같은 것이다. 이와 같은 것은 모든 커뮤니케이션에 대하여 분명히 말할 수 있는 것이다."

어쨌든 TV의 일상성에 관한 연구시각은 종래의 매스커뮤니케이션 연구의 주류를 형성해온 효과연구와 이용과 충족 연구로 대표되는 미국의 사회심리학적 접근방법, 그리고 그 접근방법이 전제로 해온 미디어 수용자를 사회적 관계로부터 절단해서 2항 대립적인 도식의 추상적인 자리매김과는 전혀 다르다.

(3) 실버스톤(Roger Silberston)의 일상생활세계
TV라는 미디어가 사회적으로 정착해가는 경우, 그것을 수로화시키는 사회적 맥락의 중요성과, 그러한 일상성의 문맥 자체를 미디어가 편제해가는 역동적 과정을 가족, 가정, 교외, 교외=TV문화, 소비라고 하는 중층적인 심급(구조)으로 파악하려는 것이 실버스톤의 의도이다.292)

---
291) *Ibid.*, pp.218-220.

(4) 몰리(D. Morley)와 홉슨(D. Hobson)의 연구

실버스톤이 제시한바, TV이용을 일상생활의 맥락에서 조사한 최초의 연구는 몰리의 「Family Television」일 것이다. 그러나 방법론적 맥락에서 본다면, 홉슨(Dorothy Hobson)의 「Crossroad」가 더 앞섰다고 볼 수 있다. 「Crossroad」는 초저녁에 방송되는 연속극인데, 이 프로그램의 제작사가 미드랜드(Midland) 지방에 있고, 시청자의 상당수가 미드랜드와 영국 북부에 사는 사람들이기 때문에 프로그램에도 지역적인 특성이 많이 나타난다.293) 따라서 이 연구의 특성은 '지역적 상황(domestic situation)'의 맥락에 조사가 실시되었다는 점294)과 연구자가 연구 대상자들, 즉 시청자들과 함께 그들의 가정에서 텔레비전을 시청하였을 뿐 아니라 그들과의 인터뷰, 연속극을 보는 동안의 관찰, 그리고 시청 후에 함께 나눈 '길고 자유로운(unstructured) 대화'를 통해서 자료를 수집했다는 점이다.295) 실제로 몰리는 「Family Television」에서 홉슨의 민속지학적 연구방법과, 가정에서 텔레비전 시청에 성별의 차이가 미치는 영향력으로부터 아이디어를 얻은 것임을 인정하고 있다.296)

홉슨 이후로 텔레비전 시청은 일상생활에 스며들어 있는 사회적이고 집단적인 행위라는 인식이 일반화되었다. 몰리의 관심도 텍스트에서 가정 시청 상황 그 자체로 옮겨갔다.297) 그 결과 '소비단위'는 더 이상 개인이 아니라 가족 전체가 되었다. 또한 몰리의 연구는 텔레비전 시청이 가족의 기능을 대체했다고 보기보다는 텔레비전이 어떻게 가족의 경제적·문화적 필요에 흡수되었는가를 밝히는 데 주력하였다.298)

---

292) Silverstone, R., 1944, *op. cit.*, pp.1-23.
293) Turner, G., 1990, *op. cit.*, p.137; 김연종(역), 상게서, 162쪽 참조
294) Nightingale, V., 1996, *Studying Audience: The Shock of the Real*, London and New York: Routledge, p.69.
295) *Ibid.*, p.139.
296) Morley, D., 1986, *ibid.*, p.136; Turner, G., *ibid.*, p.144; 김연종(역), 상게서, 169쪽.
297) Morley, D., 1986, *op. cit.*, p.14.
298) *Ibid.*, p.21; 김연종(역), 상게서, 170쪽.

제2장 수용자연구의 변천과정

홀이 「Family Television」의 서문에서 밝혔듯이 몰리는 '서로 엄격히 분리되어 있는 두 가지 질문－해석의 문제와 이용의 문제'를 융합시켰다고 본다.299)

몰리에 의하면, 가정에서 텔레비전 이용에 대한 모든 연구는 가족 내의 힘의 구조에 대한 의문을 포함시켜야 한다. 이것은 당연히 성의 문제와 가족 내의 성의 불균등한 분배의 문제와 관계가 있다. 성별의 차이는 이 연구에서 가장 중요한 요소가 되고 있다. 이 연구의 목적은 상이한 사회적 지위를 가진 다양한 유형의 가정 내에서 텔레비전 이용의 변화를 설명하는 데 있다고 하였다. 다음은 이 연구의 주된 관심사다.300)

① 점차 다양해져가는 가정 내 텔레비전 수상기의 이용－텔레비전 프로그램의 수신, 비디오게임, 텔레텍스 등
② 상이한 시청(committment)의 유형과 특정 프로그램의 반응
③ 가정 내 텔레비전 사용의 역동성: 시청의 선택은 어떻게 표현되며, 가족들 사이에서 어떻게 조정되는가? 시간대에 따른 시청 선택과 관련된 특정 가족 구성원의 힘의 차이, 텔레비전 내용이 가족 내에서 이야기되는 방식
④ 텔레비전 시청과 다른 가족 생활간의 관계: 여가에 관한 정보원으로서의 텔레비전 시청을 결정하는 요인으로서 여가에 관한 관심과 일301)

몰리 자신은 그의 분석에 있어서 가장 중요시한 것은 가정에 있어서, 시청행동 그 자체를 이해하는 것이었다. 그밖에 그는 'TV를 시청하는 것'이라는 하나의 말 뒤에 숨어 있는 여러 가지 다양한 의미를 밝히려고 하였다.

몰리는 그의 논문 「수용자의 재개념화」302) 이래 일관되게 수용자가

---

299) *Ibid.*, p.9.
300) *Ibid.*, pp.144-145; 김연종(역), 상게서, 170쪽.
301) *Ibid.*, p.50; 김연종(역), 상게서, 170쪽.

수용자론

텔레비전을 시청하는 가운데 행하는 해독의 문제에 관심을 집중해왔다고 해서 과언이 아니었다. 그러나 「Family Television」에 이르러 몰리는 수용자가 일정한 타입의 프로그램 소재에 관하여 지배적, 교섭적 혹은 대립적 해독을 하는가 하는 문제보다는 수용자가 어떤 타입의 소재를 선택하는가, 선택하지 않은가라는 문제를 취급하는 것이 보다 적절하다고 하였다.303) 즉 수용자의 해독과정의 문제 이전에 프로그램 소재의 수용이라든가 거기에 관심은 나타내지 않는가의 문제를 취급해야 된다고 주장하고, 이와 반대로 파킨(Parkin)의 연구로부터 도출된 지배적·교섭적·대항적 해독 모델이 한계에 도달했음을 인정하고 있다.

따라서 몰리가 「Family Television」의 분석에서 가장 중요시한 것은 가정에 있어서 수용자의 해독이 아니라 가족의 상호작용과 텔레비전의 시청행동과의 관계를 이해하는 것이었다. 여기에서 그가 주로 분석한 것은 텔레비전과 성(gender), 프로그램 선택에 있어서 파워와 컨트롤, '텔레비전에 관한 담론', '프로그램 타입의 선호', '채널 선호' 등의 항목이었다. 조사결과를 보면, 가령 '프로그램 선호'의 경우 남성은 뉴스 등의 '사실적'인 프로그램을 선호하고 여성은 '드라마' 등의 '픽션' 프로그램을 선호한다는 것이 명확하게 나타났고, 여성의 경우 '사실적' 프로그램을 선호하는 것은 고학력의 사람들에 한정되고 있다는 것, 남성은 '차선'의 선택으로 생각하면서 텔레비전을 시청하고 있다는 것, 만일 남성이 '사실적' 프로그램을 선호한다고 말하는 것은, 가정에 있어서, 스테레오 타입화하고 있는 '남성'으로서의 역할 연기를 하고 있기 때문인지도 모른다고 하였다.

그는 '프로그램 타입의 선호'에 관해서 명백하게 결론을 내리고 있지 않다. 그러나 몰리는 '프로그램 타입의 선호'와 수용자의 문화적 능력과의 연관성에 관하여 그 가능성을 다음과 같이 시사하고 있다.

---

302) Morley, D., 1974, "Reconceptualising the Media Audience," stencilled paper, Centre for Contemporary Cultural Studies, Univ. of Birmingham.
303) Morley, D., 1986, *op. cit.*, p.45.

"우리들 사회 속에서 불평등하게 분배되고 있는 문화적 능력의 형태가 있고 어떤 사람은 특정 타입의 프로그램 소재를 본 경우도, 그것을 이해하거나 그로부터 즐거움을 얻기 위한 문화적 능력을 가지고 있지 않은, 이것은 텔레비전 영역의 외부, 즉 가족의 사회화와 교육에 의해서 결정되고 있는 사실이다."304) 몰리의 이러한 시사는 사회구조의 여러 가지 부분에 여러 가지 형태의 문화적 능력이 분포되고 있다고 말하는 브르디외의 주장과 많은 부분에서 연관성을 찾아볼 수 있다. 그러나 몰리는 이에 대하여 직접 언급한 일은 없다. 다만 머독(G. Murdock)이 구조와 행위의 두 차원의 연결을 이해하는 방법으로 브르디외의 '아비투스(habitus)' 개념의 유효성을 주장하는 것은 옳다고 말하고 있다.305) 브르디외는 언어 능력과 함께 문화적 능력을 '아비투스'로서 설명하고 있다. 말하자면 아비투스로서의 문화적 능력이나 언어적 능력을 문제 삼고 있다. 브르디외에 의하면, 아비투스란 "지속적이고 변화 가능한 성향의 체계, 구조화하는 구조로서 기능하게끔 경향지어진 구조화된 구조"306)를 의미한다. 다시 말해서 이것은 구조와 실천 사이에 매개로서 작용하는 사고, 인지, 성향의 무의식적인 쉐마(schema)의 체계라고 볼 수 있다.307) 브르디외의 생활양식 연구는 현대사회에서 출신배경, 교육자본 그리고 문화실천(취향) 사이에 밀접한 상관성이 있음을 보여준다.308) 다시 말해서 브르디외가 보여주고자 한 것은 취향과 문화적 실천의 다양성과 차별성이 단순히 개인적 취향과 재능에 따르는 것이라기보다는 출신계급과 교육 등 사회문화적 환경에 의해 얻어지는 유산이라

---

304) Morley, D., *ibid.*, p.44.
305) Morley, D., 1992, *op. cit.*, p.19.
306) Bourdieu, P., 1977, *Outline of a Theory of Practice*(trans. by R. Nice) Cambridge Univ. Press, p.72.
307) Mander, M. S., 1987, "Bourdieu, The Sociology of Culture and Culture Studies: A Critique," *European Journal of Communication*, Vol. 12, No. 4. December, p.428.
308) 정선기, 1999, 「일상적 활동과 생활양식」, 현택수 외, 『문화와 권력: 부르디외 사회학의 이해』, 나남출판, 94쪽.

수용자론

는 점이다.309) 이같은 맥락에서 브르디외는 가족이 개인의 아비투스(habitus)의 교화와 발달의 장소이며, 아비투스의 무의식적인 스킴의 체계를 의식적으로 전달하는 것을 그 과제로 삼고 있는 것이 교육제도이며, 또한 개인의 성향이 집단적·계급적 아비투스의 구조적 변용의 산물이란 것을 문제로 삼은 것이다. 몰리가 문화적 능력의 구조적 분포라고 말한 것은 이같은 브르디외의 논의의 문맥에서 이해되어진다. 브르디외는 사회적·문화적 지배의 재생산을 설명하는 관건 개념으로 아비투스 개념을 그러한 문맥에서 전략적으로 설명하고 있는 것이나, 여기에서 그러한 논의를 검토할 장이 아니기 때문에 생략하기로 하겠다.310) 그러나 여기에서 강조하고자 하는 점은 몰리가「Family Television」연구를 통해서 문제시하고자 한 것, 즉 사람들은 일정한 텔레비전 프로그램의 소재를 선호하고, 선택하는 그 행위의 배후에 아비투스로서의 문화적 능력의 구조적 분포라고 하는 중요한 문제가 잠재하고 있다는 점일 것이다.

이와 같은 관점에서 본다면 럴(J. Lull)의 연구는 매스미디어의 문화적 소비를 너무 가정에서의 소비에 초점을 맞추고 있는 점에서 너무311) 좁은 시야에 빠지게 되고, 가족을 보다 넓은 사회적 문맥에 놓는 데 거의 실패했다고 보아진다.312) 럴은 가족을 '사적인 사회단위'로 특징짓고 있으나 가족은 사회적·정치적인 환경에 깊이 연결되어 있고 그 환경에 의하여 양자의 상호작용이 활성화되고, 가족 성원은 보다 넓은 집합적 심성에 연결되어진다.313) 이러한 이유로 몰리는「Family Television」과「정보화 커뮤니케이션 기술의 가정에서의 사용」연구를 사적 공간과 공적 공

---

309) 현택수, 1999,「아비투스와 상징폭력의 사회비판」, 현택수 외, 상게서, 112쪽에서 인용.
310) Garnham, N. and R. Williams, 1980, "Pierre Bourdieu and the Sociology of Culture," *Media, Culture & Society*, Vol. 2. No. 3.
311) Lull, J., 1980, "The Social Uses of Television," *Human Communication Research*, 6(3), p.199.
312) Carrage, K., 1990, "Interpretive Media Study," *Cultural Studies in Mass Communication* 7(2).
313) Carrage, K., *op. cit.*, p.89.

제2장 수용자연구의 변천과정

간을 연결하는 여러 가지 미디어의 역할이라고 하는 보다 넓은 '준거 틀' 속에서 시도한 것이고, 그렇게 함으로써 일상생활의 분석을 정치, 권력, 문화라고 하는 거시적인 사회적 문제의 보다 넓은 시야와 연결시키려고 한 것이다.314)

6) 기든스(A. Giddens)의 구조화이론(Structuration Theory)

로리머(Lorimer)는 이미 앞에서 지적한 바와 같이 수용자 연구의 일곱 가지 패러다임 중 하나로 '구조화이론(Structuration Theory)'을 들고 있다.315) 물론 여기에서 사용하는 용어 'Structuration'은 기든스의 용어임은 물론이다. 로리머가 이 '구조화이론'을 다른 연구자와는 달리 수용자 연구의 중요 접근방법으로 생각하고 있는가를 알기 위해서는 그의 주장을 우선 들어볼 필요가 있다. 따라서 이 장은 주로 로리머의 주장을 소개하는 것으로 그치겠다.

주요 사회이론 가운데는, 제도(institution)가 '이데올로기의 손아귀 속(in the group of ideology)'316)에 있는 수동적 수신자에게 의미를 강요(부과)하는 결정적 권력을 가지고 있다고 강조하는 접근방법과, 소비는 선택과 의미-구성의 능동적 과정이라고 주장하는 접근방법 간에는 항상 이론적 긴장이 있어 왔다. 사회과학에서 이와 같은 2분법은 오랫동안 존재해왔다. 이런 경향은 우선 개인적 주체의 삶을 결정하는 제도적 구조(혹은 장치)의 권력을 강조하는 맑스주의자들의 이론에서 찾아볼 수 있다. 알튀세의 '이데올로기적 국가장치 이론(ideological state apparatus)'317)은 그 대표적인 예의 하나다.

---

314) Morley, D., 1992, *op. cit.*, p.40.
315) Lorimer, R., *Mass Communications*, Manchester: Manchester Univ. Press.
316) Frager, E., 1992, "Teenage Girls Reading Jackie," in Paddt Scannel et al.(eds.), *Culture and Power*, London: Sage.
317) Althusser, L., 1971, "Ideology and Ideological State Apparatus," in L. Althusser(ed.), *Lenin and Philosophy and Other Essays*, New York and London:

수용자론

한편 제도의 힘을 강조하는 접근과는 대조적인 사회과학적 접근은 '인간 행위수행(human agency)'을 강조하는 접근방법이다. 이 접근은 행위주체이론이라고 볼 수 있는데, 개인은 그 자신을 위하여 행동할 수 있고, 그들은 사회적 제도에 의하여 단순히 지배되지 않고 그들의 삶을 스스로 규정하고 통제하는 인간이라는 주장이다. 이러한 두 개의 대립적 입장을 조정하려고 노력하고 있는 대표적인 사람이 기든스이다. 그가 그렇게 시도하고 있는 사회이론이 이른바 '구조화이론'이다. 그의 구조화이론은 행위(action, agency)와 구조(structure)의 상호의존성을 전제로 한다. 다시 말해서, 행위와 구조의 개념은 서로를 전제한다고 기든스는 주장한다.[318] 구조는 행위자(agent)와 사회적 실천을 동시적으로 구성하며, 또 이러한 구성이 발생되는 가운데 '존재'한다.[319] 따라서 구조는 행위의 밖에 있는 것이 아니라 일상생활에 있어서 구체적인 활동을 통해서만 재생산되고, 역사적으로 만들어지고 변화되는 것이다. 행위가 구조에 따르는 한, 행위를 통해서 구성되는 구조로서 분석해야 한다는 것이다. 기든스에 의하면, 문화적 생산이론은 우리들로 하여금 인간행위수행(human agency)에 초점을 맞추기를 요구한다. 우리들은 실제적 의식과 준거적 맥락, 그리고 실제적 행위를 위해서 언설(speaking)과 대화(talk)가 제공하는 틀(framework)을 이해하지 않으면 안된다는 것이다. 왜냐하면 주체가 서술적(predicative)인 활동에 참여할 수 있는 능력은 언어의 습득을 통해서이기 때문이라는 것이다. 기든스의 주장에 의하면, 언어라는 것은 원래 성취되어져야 할 것과 관련되어 있다. 즉, 의미를 가진 언어의 구성은 지속적인 관행으로 사회생활에 있어서 형식의 구성과 분리될 수 없으며,[320] 의식의 주장에 대한 구조주의적 탈신비화는 주체성이 언어 속에서 그리고 언어를 통하여 구성된다는 것이며[321] 'I'

Monthly Review Press.
[318] Giddens, A., 1979, *Central Problems in Social Theory*, London: Macmillan, p.3.
[319] *Ibid.*, p.5.
[320] *Ibid.*, p.4; 윤병철·박병래(역), 1998, 『사회이론의 주요쟁점』, 문예출판사, 13쪽 참조.

라는 주체성 구성은 오직 '타자와의 담론(discourse of the other)'을 통해서만, 즉 의미작용(signification)을 통해서만 구성된다는 것이다.322)

미첼(David Mitchell)은 기든스의 구조화이론의 핵심을 다음과 같이 요약하고 있다.

"구조의 이중성(duality) - 구조화(structuration)는 구조(structure) 보태기 행위(action)이다. 여기에서 구조는 제도적 강제와 언어적 기호 그리고 행위가 수반되는데, 이러한 공식적 - 비공식적 강제는 일상화된 사회적 실천 속에서 재생산된다. 따라서 구조화 이론은 미시적 차원과 거시적 차원 간, 해석적 행위(agency)와 제도의 기능적 분석 간의 거리를 좁힌다.

- 지력이 있는 인간 행위자 - 인간 주체성은 일상적 행위, 즉 실제적 의식의 수행과 이해를 지배하는 함축적 규칙의 풍부한 배열인 내포적 지식과 때로는 명시적인 지식을 수반한다. 이것이 사람들이 이해하고 행동하는 기반이다.
- 이중적 해석학 - 사회분석적 지식은 인간 행위자가 이미 알고 있는 지식을 '매핑(mapping)'하고 재해석하기도 한다.
- 시간 - 공간 - 구조화이론은 시간적/역사적인 것을 공간적/지리적인 것과의 조합을 포괄한다. 예를 들면, 여러 제도와 관련하여 개인이 그의 일상적 행위에서 밟았던 구조적 행보(길)를 추적하는 것이다.323) 이러한 오리엔테이션에 입각해서, 기든스는 커뮤니케이션을 사회를 이해하는 데 중요하다고 보았다. 그는 특히 담화(talk)에 관심을 두었다. 그는 이에 대하여 다음과 같이 말하였다. "매일매일의 활동 맥락에서 행해지는 '담화(이야기)'는, 의미작용(signification)의 근본적인 '운반자'이다. 왜냐하면 이것은 성숙된 행동적·개념적인 맥락에서 작용하기 때문이다. 일상적 '담화'는 분명히 '이 세계 속에 삶의 미디움'이며, 거기에서 '대상(reference)'과 의미가 얽혀진다.324)

---

321) *Ibid.*, p.38; 윤병철·박명래(역), 상게서, 55쪽 참조.
322) *Ibid.*; 상게서.
323) Mitchell, D., 1989, "Current Issues in the Formation of Social and Communication Theory," Presentation given at ICA Meeting, Dublin.

기든스 자신은 매스커뮤니케이션에 관해서 별로 논문을 쓴 일이 없지만, 그의 아이디어는 매스커뮤니케이션 연구, 특히 수용자 연구에도 상당히 유용하다고 생각된다.325)

7) 페미니스트 연구(Feminist Research)

영국 문화연구의 전통 하에서 또 다른 하위문화연구 분야는 여성 수용자에 대한 페미니스트적 연구라고 할 수 있다. 여기에서 말하는 페미니스트적 연구란 좁은 의미에서는 여성들의 대중문화에 대한 소비의 연구라고 할 수 있다. 그러나 넓은 의미에서 페미니스트 연구는 이러한 범위를 훨씬 넘는다는 것은 더 말할 나위가 없다. 사실 페미니스트 연구는 문화론 연구와 많은 면에서 공통성을 갖고 있다. 그러나 그들 연구의 역사는 전혀 다르다. 페미니스트 연구는 1950년대 후반 미국에서 처음 발전된 이래 오늘날 전세계로 확산되었다. 맑스주의와 마찬가지로 페미니즘은 현대사회의 성격에 대해 매우 비판적이다. 그것은 현대사회가 원천적인 불평등에 기초해 있기 때문이다. 맑스주의는 자본소유와 계급의 불평등이라는 뿌리에 근거하고 있으나, 페미니즘은 인간적 불평등과 부당성에 뿌리를 두고, 여성에 대한 남성의 가부장적 지배를 비판한다. 이러한 불평등은 현대의 삶의 모든 권력영역, 즉 경제적·정치적·문화적 권력영역에서 널리 보편화되고 있다는 것이다.326)

피스크에 의하면 사회권력은 전체로서 사회구조에 의해 제공되는 계급이나 집단 이익을 얻기 위한 힘이다. 그리고 사회적 투쟁은 종속되는 것들에 의한 힘의 논쟁이다. 문화의 영역에서 이 논쟁은 의미를 위한 투쟁의 형태를 취한다. 종속계급들이 다양한 방식으로 이러한 과정에

---

324) Giddens, A., 1987, "Structuralism, Post-structuralism and the Production of Culture," in A. Giddens and R. Turner(eds.), *Social Theory Today*, Cambridge: Polity Press, pp.195-223.
325) Lorimer, R., *op. cit.*, pp.172-173.
326) *Ibid.*, p.169.

제2장 수용자연구의 변천과정

저항하기는 하지만, 그 투쟁에서 지배계급들은 전제로서 사회의 '상식'으로 그들의 이익에 기여하는 의미들을 '자연화'하고, 정도를 다양화하도록 시도하고, 그들의 이익에 도움이 되도록 의미를 만들려고 시도하는 것이다.327) 이러한 맥락에서 페미니스트 비판은 문화적 생산이 어떻게 여성들에 대한 억압을 자연스럽게 만드는 데 기여하고 있는가에 주목한다. 광고는 이를 관찰하는 데 매우 명백한 하나의 장소이며328) 필름, 텔레비전, 대중소설들은 또 다른 명백한 사이트임이 분명하다. 맥로비(Angela McRobbie)는 어린 소녀들이 어떻게 <플래시댄스>와 같은 영화 속에 구축된 가부장적 이데올로기에 의문을 제기하고 그것들에 대한 페미니스트적인 해독을 생산해낼 수 있는지를 보여준다.329)

또한 쿤(Annette Kuhn)도 지배적 이데올로기가 텍스트의 구조를 통해 작용할 때 그를 거부하는 페미니스트적인 담화를 여성들이 어떻게 회복시킬 수 있는지를 보여준다.330)

한편 페미니스트 연구는 대중문화를 여성의 생활 안으로 끌어들여서 여성들이 대중문화를 왜 좋아하는지, 그 정치적 함의는 무엇인가를 규명하려 한다. 이들 연구의 맥락에는 맥로비의 지적처럼 대부분의 하위문화 연구들이 여성적인 것을 과소평가해온 데 따른 반작용이 깔려 있으며, 여기에 여성해방주의적 이데올로기가 접합되었다고 볼 수 있다.331)

---

327) Fiske, J., 1992, "British Cultural Studies and Television," in Robert Allen (ed.), *Channels of Discourse Reassembled*, The Univ. of North Carolina Press, p.285; 김훈순(역), 1994, 『텔레비전과 현대비평』, 나남, 335쪽.
328) Williamson, J., 1978, *Decoding Advertisements: Ideology and Meaning in Advertising*, London: Boyars.
329) McRobbie, A., 1984, "Dance and Social Fantasy," in A. McRobbie and M. Nava(eds.), *Gender and Generation*, London: Macmillan, pp.130-161; Allen, R., *op. cit.*; 김훈순(역), 상게서에서 인용.
330) Kuhn, A., 1982, *Women's Pictures: Feminism and Cinema*, London: Routledge and Kegan Paul; Allen, R., *ibid.*; 김훈순(역), 상게서에서 인용.
331) McRobbie, A., 1981, "Setting Accounts with Sub-Cultures: A Feminist Critique," in T. Bennett et al.(eds.), *Culture, Ideology and Social Process: A Reader*, London: Open Univ. Press, pp.112-124.

수용자론

　로리머는 이러한 유의 대중문화물을 남성의 독자나 시청자에게 소구하거나 이야기하는 서사적 장르(stories-narrative genres)의 유형으로 서부극이나 제임스 본드 소설 등의 모험이야기를 들고 있고, 여성 독자에게 소구하는 연애소설을 들고 있다. 이러한 연구의 대표적 텍스트가 래드웨이의 「연애소설 읽기」332)이다. 이와 유사한 경우는 TV에서도 찾아볼 수 있는데, 여성 시청자들의 경우를 연구한 가장 대표적인 텍스트가 앵의 「달라스 보기」333)이다.

　한편 주넨(Van Zoonen)은 페미니스트 분석을 세 개의 전통, 즉 자유주의적, 급진적, 그리고 사회주의적 페미니즘 분석으로 나누고 있다.334) 대중문화에 대한 페미니스트적 접근의 성격은 버밍험 현대문화연구소의 문화연구 전통과 페미니즘의 이론적 시각이 접합되었다고 볼 수 있다. 따라서 이 연구는 양면성을 지니고 있다. 하나의 측면은 문화론적 입장에서 여성 수용자의 대중문화 수용이요, 다른 하나의 측면은 페미니즘의 시각에서 문화를 접근하는 방식이다.

　이들 연구의 대표적인 예는 브룬드슨(C. Brundson), 홉슨(D. Hobson), 맥로비(A. McRobbie), 래드웨이(J. Radway) 그리고 앵(I. Ang) 등의 연구를 들 수 있다. 이들 연구들의 특징은 기존의 여성 시청자 대상의 텔레비전 드라마에 대한 관습적인 설명에 비판을 제기하고 있으며 특히 텔레비전 드라마가 제공하는 쾌락의 정통성에 이의를 제기한다.335)

　이들 연구의 구체적 내용은 다음 장의 '수용분석'에서 설명하겠다.

---

332) Radway, J., 1984, *Reading the Romance: Woman, Patriarchy and Popular Literature*, Chapel Hill, Ne: Univ. of North Carolina Press.
333) Ang, I., 1985, *Watching Dallas*, London: Methuen; Lorimer, R., *op. cit.*, p.169.
334) Van Zooner, L., 1991, "Feminist Perspectives on the Media," in J. Curran and M. Gurevitch(eds.), *Mass Media and Society*, London: Edward Arnold, pp.33-54.
335) Turner, G., 1990, *British Cultural Studies: An Introduction*, Boston: Unwin Hyman, pp.82-83; 김연종(역), 1995, 『문화연구입문』, 한나래, 101쪽 참조.

제3장
수동적 수용자론과 능동적 수용자론

1. 수동적 수용자론

커뮤니케이션 연구에서 '수동적 수용자' 개념은 원래 미디어 수용자론 그 자체의 연구에서 구성된 개념이기보다는 미디어 효과연구의 과정에서 구성된 개념이라고 보는 것이 옳을 것이다.

구체적으로 말한다면, 바우어(R. Bauer)가 '완고한 수용자(obstinate audience)'[1] 개념을 제시하고, 이 개념에 기초해서 능동적 수용자개념이 구성되고, 이 개념을 토대로 '이용과 충족' 패러다임이 등장했다. 수동적 수용자개념은 능동적 수용자개념의 상대 개념으로 등장한 것이다. 즉, 능동적 수용자개념이 등장하기 이전에 수동적 수용자개념화는 이루어지지 않았다.

1930년대 중반기부터 시작된 미디어 효과연구는 초기의 대효과이론에서 1940년대 이후 소효과이론으로 전환했다. 그러나 효과연구는 1960년대에 들어와 이용과 충족 연구로 발전하였다. 이 과정에서 미디어의 대효과현상, 다시 말해서 미디어의 피하주사 효과를 설명하는 이론적 틀 또는 개념으로 등장한 것이 수동적 수용자개념이다.

매스미디어의 대효과현상을 뒷받침하는 개념과 이론으로 적용된 '수

---

1) Bauer, R., 1964, "The Obstinate Audience: The Influence Process from the Point of View of Social Communication," *American Psychologist* 19, pp.319-328.

수용자론

동적 수용자론'은, 사실상 대중사회 이론가들의 극단적인 스테레오타입에 의해 묘사되었다. 그것은 비관적 또는 부정적 대중사회이론의 중심 개념인 대중(mass)의 개념(이미지)에서 연유된다.

대중의 개념은 부정적이고, 비관론적인 개념이며, 그 뿌리는 르봉(Le Bon)의 군중(crowd, mob)[2]의 개념으로 대표된다. 비합리적·비이성적·충동적 무리로 규정짓는 르봉의 군중개념은 대중개념의 극단적이 예라 할 수 있다.

그러나 일반적으로 사회학자들은 대중의 특성을 쿨리(C. Cooley)가 말하는 '일차집단(primary group)'[3]의 붕괴로 사람들간의 연결고리가 끊어져 버린 대중사회에서 인간의 성격으로 묘사하고 있다. 그 대표적인 사람이 블루머(Herbert Blumer)와 워스(Louis Wirth) 등이다. 블루머는 대중의 특성을 ① 이질적(heterogeneous)인 사회계층에 의해서 구성되고 있으며, ② 익명(anonymous)의 개개인에 의해서 구성되고, ③ 구성원간에는 상호작용이나 경험의 교환이 거의 이루어지지 않고 있으며, ④ 구성원간에는 거의 조직이 안되고 있다고 보았다.

이와 같이 규정하고 있는 블루머는 대중에는 사회적 조직성이 없고, 습관이나 전통의 묶음이 없고, 확립된 규칙이나 형식이 없으며, 정의성(情宜性)이 없고, 지위역할의 구조가 없고, 확립된 리더십이 존재하지 않는 '원자화된 개인(atomized individual)'이라고 규정하고 있다.[4] 이러한 블루머의 견해를 보다 명확화한 것이 워스이다. 그에 의하면 대중은 ① 다수인 집합체이며, ② 지구상의 광범한 지역에 흩어져서, 상호 접촉하고 있고, ③ 직업, 지위, 이해, 생활수준 등에서 이질적이며, ④ 익명(匿名)의 개인들의 집합체이고, ⑤ 조직된 집단을 구성하지 않으며, ⑥ 공

---

2) Le Bon, C., 1893, *The Crowd: A Study of the Popular Mind*, London: Ernest Benn.
3) Colley, C., 1998, *On Self and Social Organization*, Chicago and London: The Univ. of Chicago Press, pp.179-184.
4) Blumer, H., 1939, "The Mass, the Public and Public Opinion," in A. Lee(ed.), *New Outlines of the Principle of Sociology*, New York: Barnes and Noble.

제3장 수동적 수용자론과 능동적 수용자론

통의 관습이나 전통이 없고, 개개인의 행동을 규제하는 제도나 규칙이 없으며, ⑦ 무소속의 개인으로 성립하거나 떨어져 있는 실체로서의 개인으로부터 성립한다.5) 리즈만은 이를 '고독한 군중'이라고 했다.6)

대중에 대한 이와 같은 시각은 프랑크푸르트학파의 비판사회론의 시각과 일치하고 있다. 대중사회론자들은 대중의 이미지를 '창백(grey)'하고, '균일(uniform)'하며, '무규범(anomie)'하고, '얼굴이 없으며(faceless)', '속기 쉽고(gullible)', 강력한 선전자에 무방비하며, 대중행동에 관한 한, 동질적인 개개인의 무리들이라고 규정한다.7)

이와 같은 사회학적 신화(sociological myth)도 어떤 점에서 매스미디어 스스로에 의해서 만들어낸 이미지의 모조품이라고 할 수 있다. 대량적으로 확산된 그와 같은 이미지는 가령 1930년 나치당의 뉘른베르크(Nürenberg) 군중집회에서 외친 수많은 군중들의 함성에서, 또는 웰스(Oson Welles)의 <우주전쟁>이라는 라디오 드라마를 청취하고 심리적 공포(psychological panic)를 일으킨 100만 명의 미국 라디오 청취자, 특히 집으로부터 도망나간 수많은 사람들의 모습에서 찾을 수 있으며, 이른바 '1984년의 오웰의 유령(Owellian Specter)'8)에서도 그 모습을 찾을 수 있다. 이와 같은 부정적인 대중의 이미지와 그 시각이 그대로 미디어 수용자개념으로 이어지게 되었고, 그것이 수동적 수용자론의 지적 기반이 된 것이다.

사실상 미국에서 매스커뮤니케이션의 꽃이라고 볼 수 있는 효과연구에 있어서 수용자의 이미지는 수동적 수용자이다. 수용자는 항상 송신자의 입장에서, 보다 구체적으로는 언론산업이나 문화산업 또는 광고주

---

5) Wirth, L., 1946, "Consensus and Mass Communication," in W. Schramm(ed.), *Mass Communication*, Urbana: Univ. of Illinois Press.
6) Riesman, D., 1953, *op. cit.*
7) Blumer, H., *op. cit.*
8) Biocca, F., 1998, "Opposing Conceptions of the Audience: The Active and Passive Himispheres of W. C. Theory," in J. Anderson(ed.), *Communication Yearbook* 11, p.56.

수용자론

인 재벌기업이나 정권담당자들인 이른바 체계(system) 입장에서 바라보는 표적 수용자(target audience)인 것이다.

송신자의 입장에서 보는 수용자란 송신자가 마음만 먹으면 설득가능하고, 조종가능한 그러한 피동적인 수용자이다. 그런 점에서 효과연구에 있어서 커뮤니케이션을 주도하는 자는 언제나 송신자이며 수용자는 송신자의 의도적인 메시지를 받아들일 수밖에 없는 수동적인 존재자에 지나지 않는다.

이와 같은 설득연구 내지 효과연구의 기본적 전제가 라스웰(H. Lasswell)의 패러다임[9])에서 그리고 호브랜드(C. Hovland)의 커뮤니케이션의 정의[10])에 잘 나타나고 있다. 호브랜드는 커뮤니케이션을 "송신자가 수신자의 태도나 행위를 변용시키기 위하여 의도적으로 메시지(자극)를 보내는 과정이다"라고 정의하고 있다. 여기에서 수신자는 송신자를 위해서 언제라도 그들의 태도나 행위를 변용당하는 수동적인 수용자인 것이다.

설득연구나 효과연구는 바로 이와 같은 커뮤니케이션의 정의, 즉 커뮤니케이션의 틀 내지 이론적 시각에 기초하고 있음은 물론이다. 따라서 커뮤니케이션 모델이나 호브랜드의 커뮤니케이션 정의의 초점은 항상 수신자이며, 수신자들이 송신자의 메시지를 어떻게 받아들이는가에 있다.

커뮤니케이션의 효과는 송신자가 의도한 대로 결과가 나타나지 않을 경우, 그 원인과 책임은 수용자인 개인에게 돌아가며, 수용자인 개인은 비난의 대상이 된다.

카플란(N. Caplan)과 넬슨(D. Nelson)이 지적한 바와 같이[11]) 만일 어

---

9) Lasswell, H., 1948, "The Structure and Function of Communication in Society," in L. Bryson(ed.), *The Communication of Ideas*, New York: Harper.

10) Hovland, C., L. Janis and H. Kelly, 1953, *Communication and Persuasion: Psychological Studies of Opinion Change*, New Haven: Yale Univ. Press, p.12.

11) Caplan, N. and S. Nelson, 1973, "On being Useful: The Nature and Consequences of Psychological Research and Social Problem," *Americans Psychologist* 28, pp.199-211.

떤 사람에게 문제가 생겼다면 그것은 어디까지나 그 사람의 잘못이고, 그 사람에게 책임이 있는 것이지 사회나 체계에 있는 것이 아니라는 해석이다. 이와 같은 개인(수용자)에 대한 질책론(individual blame)은 전통적 커뮤니케이션 모델의 기본적 발상이라고 할 수 있다.

이와 같은 주장에 대해 로저스(E. Rogers)는 다음과 같이 말하고 있다.[12]

"체계에 대한 질책(system blame)보다도 오히려 개인에 대한 질책이 사회문제에 대한 대부분의 정의(definition)에 충만되어 있다. 사회를 변화시킬 수 있는 어떤 규정자도 찾아볼 수 없기 때문에 그들은 앞의 주장을 받아들이고 있다. 그러한 주장은 커뮤니케이션 연구에 있어서 심리적 변수에 초점을 맞추도록 작용한다. 따라서 종종 문제 규정자가 개인적 차원에서 문제의 원인을 찾고자 하는 것은, 곧 연구자의 주요 변수가 된다. 텔레비전 폭력과 공격성, 농민의 근대화 그리고 설득이 바로 그 대표적인 예이다."

로저스가 주장한 바와 같이 만일 한 어린이가 텔레비전 범죄 드라마의 영향을 받고 범죄행위를 했을 경우, 비난의 대상은 어린이의 성격이나 그 어린이를 잘못 가르친 부모에게 돌리는 반면, 그러한 시청각적 범죄 자극제를 제작하고 판매하여 경제적 이윤을 취하는 사회체계의 지배구조 또는 미디어 체제(media establishment)는 전혀 비난의 대상이 안된다.

매스커뮤니케이션의 효과연구는 대체로 이상과 같은 기본적 전제, 즉 '수동적 수용자'의 이론적 틀에 입각해 있다.

미디어 효과연구의 하나인 '지식격차(knowledge gap)' 연구는 우리나라 매스커뮤니케이션 학계에서는 별로 관심을 끌지 못하고 있으나, 효

---

12) Rogers, E., 1975, "Where We are in Understanding the Diffusion of Innovation," W. Schramm & D. Lener(eds.), *Communication and Change in the Developing Countries: Ten Years After*, Honolulu: Univ. of Hawaii/East-West Center Press, p.213.

과연구에서 매우 중요한 위치를 차지하고 있다. 이 연구도 이와 같은 이론적 틀에 입각해 있다. 효과연구의 또 다른 대표적 예로 지칭되고 있는 '계발(배양)이론(cultivation theory)' 또한 수동적 수용자 전통의 후계자에 속하고 있다.

거브너(G. Gerbner)는 이에 대해 다음과 같이 말하고 있다.[13]

"오늘날 인간들은 텔레비전과 더불어 상징적 환경 속에 태어난다. 텔레비전 시청은 인간들에게 어떤 생활양식과 모습을 형상화시킴과 동시에 그들의 일상적인 생활의 한 부분이 되었다. 텔레비전은 개인을 보다 거대하고 포괄적인 세계, 다시 말해서 텔레비전이 스스로 만들어낸 그와 같은 세계로 연계시켜 준다. 텔레비전 내용은 그들의 정보원(information sources)을 구체화하고 더욱 확대하며 이를 지배한다. 메시지에 대한 끊임없는 접촉은 그들의 가치와 시각을 보장하고 확인시키며 그리고 이를 더욱 풍요(배양)롭게 한다."

이미 우리들은 효과연구 내지 설득 커뮤니케이션 연구의 기본적인 가정의 하나가 수용자를 능동적 수용자로 규정하기보다는 수동적 수용자로 규정하는 것이라고 보았다. 그런데 이들 효과연구 결과를 시대적 변천과 관련해서 보면 1920년대에서 1940년대까지는 강효과(powerful effects) 또는 피하주사적 효과(hypodermic needle effects) 이론이 지배적이었다. 1940년대 이후부터 1970년대 초까지는 소효과이론 또는 한계효과(limited effects) 이론이 지배적이었으며, 1970년대부터는 다시 강효과이론이 지배적인 효과이론으로 재등장했다고 주장되기도 한다.

1970년대 이후에 재등장했다고 주장되는 강효과이론이란 맥콤브(M. McCombs) 등의 '논제설정(agenda-setting)' 연구와 거브너의 '배양이론(cultivation theory)' 그리고 노이만(E. Noelle Neumann)의 '침묵의 나

---

13) Gerbner, G., L. Gross, M. Morgan & N. Signorielli, 1986, "Living with Television: The Dynamics of the Cultivation Process," in J. Bryant & D. Zillmann (eds.), *Perspectives on Media Effects*, Hillsdale, N. J.: Lawrence Erlbaum, pp.17-39.

선형 가설(spiral of silence)' 등으로 대표된다.

　1930년대에 지배적인 강효과이론의 이론적 틀 내지 설명원리는 대중사회론이었고 대중사회에 있어 대중은 '원자화된 개인'이었다. 그런데 1930년대에 지배적인 대중사회이론은 1940년대 라자스펠트(Lazarsfeld) 등의 도시사회학자들의 투표행태연구인 Erie County 연구와 Elmira County 연구를 통해서 발견된 '일차집단의 재발견(rediscovery of the primary group)'으로 그 이론적 허구성이 증명되었던 것이다. 즉 대중사회이론은 경험적 실증연구에 의해서 그 이론적 정당성을 상실했던 것이다. 그 결과로 두 번의 투표행태연구에서 발견된 매스미디어 효과는 대효과이론이 아니라 소효과이론이었다.

　그런데 문제는 1970년대에 들어와 다시 미디어의 대효과이론이 등장한 것이다. 그러면 여기에서 새로 등장한 대효과이론과 1930년대에 지배적이었던 대효과이론 간에 어떤 차이점이 있는가? 아니면 어떤 유사점이 있는가? 1930년대의 대효과이론을 뒷받침하는 사회이론이 대중사회이론이었다면, 1970년대에 재등장한 미디어 강효과이론을 뒷받침하는 사회이론은 새로운 대중사회이론이어야 하는가? 새로운 대중사회이론은 30년대의 대중사회이론의 재방문인가? 아니면 전혀 새로운 성격의 대중사회이론이어야 하는가? 새로운 대중사회의 등장은 새로운 대중의 등장을 의미하는가?

　이러한 연구문제는, 앞에서 고찰한 바 있는 벨의 1970년 이후 미국 사회의 문화적 모순론의 관점이나, 1980년대 이후 등장한 포스트모던 사회이론 등 여러 가지 사회학적 관점에서 설명될 수 있는 문제이다. 어쨌든 커런(F. Currun) 등이 주장한 바와 같이 커뮤니케이션 이론은 사회이론이어야 한다면 새로운 강효과이론의 재등장은 이를 뒷받침하는 새로운 대중사회이론의 필요성이 요구된다.

2. 능동적 수용자론

종래의 미디어 효과연구의 기본적 전제는 송신자는 항상 능동적이며, 커뮤니케이션의 주도권을 쥐고 있는 반면, 수신자로서의 수용자는 항상 수동적이라는 일반도식에 입각해왔다는 데 그 특징이 있다. 그런 점에서 미디어 효과연구는 비인간주의적 접근이라고 할 수 있다.

이와 같은 비인간주의적 미디어 효과연구에서 인간중심적 접근으로 패러다임 전환(paradigm shift)을 시도한 최초의 매스커뮤니케이션 연구가 '이용과 충족(uses and gratification)' 연구이다. 왜냐하면 매스미디어와 수용자 간의 관계에 대한 전통적인 접근방법인 종래의 효과연구는 송신자는 능동적인 반면, 수용자는 수동적이어서, 송신자의 자극(의도된 메시지)을 일반적으로 받아들인다는 것이 그 전제이다.

이러한 효과연구의 커뮤니케이션 모델이 피셔(A. Fisher)가 말하는 기계론적 시각(mechanistic perspective)[14]이며, 그 극단적인 모델이 S→R 모델이다.

이에 비해 이용과 충족 연구는 능동적인 것은 송신자가 아니라 수용자라는 기본적인 가정에서 출발하고 있다. 수용자는 능동적으로 미디어와 미디어 내용을 그가 지향하는 욕구와 동기에 입각해서 자율적으로 선택한다는 것이다.

그런 점에서 '이용과 충족' 연구의 기본적이고 중심적인 개념은 '능동적 수용자' 개념인 것이다. 이와 같이 '이용과 충족' 연구의 등장은 커뮤니케이션 연구에 있어서 비인간주의적 접근방법 대신, 인간주의적 접근방법이 등장했다는 데 크나 큰 의의를 지니고 있다.

'능동적 수용자'를 최초로 개념화한 사람은 바우어(R. Bauer)이다. 바우어는 '능동적 수용자'를 '완고한 수용자(obstinate audience)'로 개념화했다.[15] 이를 기초로 해서 '교환모델(transactional model)'을 제시했다.

---

14) Fisher, B. A., 1978, *Perspectives on Human Communication*, New York Macmillan Publishing Co., pp.99-134.

제3장 수동적 수용자론과 능동적 수용자론

'완고한 수용자' 개념은 1956년 바우어와 짐머만(C. Zimmerman)이 제시한 개념이다.

여기에서 바우어 등이 제시하고 있는 교환모델은 시장(market)에서 사용되는 언어에서 찾아볼 수 있는 말, 즉 "교환은 서로 공평한 것이며, 서로 물건을 교환하고 양쪽 사람은 서로 자기의 물건값만큼 값을 받기를 기대한다"는 말에서 찾는다. 여기에서 바우어가 강조하는 교환 (transaction)의 내포적 의미는 선택의 강조를 의미한다. 선택은 자주적이고 완고한 시민에 의해 보증되고 정착된 것이다. 선택의 자유와 그 선택의 실천은 곧 수용자 행동의 하나의 기호(sign)이다.[16]

바우어가 생각하고 있는 '완고한 수호자'의 이미지는 고전적 자유민주주의의 핵심을 이르고 있는 이성적이고 주체적이며 자유롭고 풍요로운 삶을 영위하는 이상적이고 자립적 시민이다. 그런 점에서 '능동적 수용자'에 대한 바우어의 기본적인 시각은 다분히 도덕적인 것이고, 규범적인 개념인 것이다.[17]

그런데 능동적 수용자론에서 우선적으로 문제시되고 있는 것은, 수용자의 능동성에 관한 것이다. '능동성'이란 과연 무엇인가? '수용자의 능동성'은 '수용자의 피동성(audience passivity)'에 대응해서 분명히 개념화할 필요가 있다. 실제로 '능동성'에 대한 개념은 오랫동안 매스커뮤니케이션 연구에서 광범하게 사용되어 왔으나, 이를 이론적 차원에서 적절히 규정한 예가 없었다.

그러나 그동안 '수용자의 능동성'에 대한 함축적인 의미가 내포된 개념은 매스커뮤니케이션 연구에서 사용된 예는 많다. 비오카(F. Bioca)는 수용자의 능동성에 대한 정의를 다섯 가지로 분류해서 제시하고 있다. 이를 보면 다음과 같다.[18]

---

15) Bauer, R. and C. Zimmerman, 1964, "The Effects of an Audience on What is Remembered," *American Psychologist* 19, pp.319-328.
16) *Ibid*.
17) Biocca, F. A., *op. cit.*, p.70.
18) *Ibid*, pp.51-54.

① '선택성(selectivity)'으로서 수용자 능동성
② '공리성' 또는 '유용성(utilitarianism)'으로서 수용자 능동성
③ '의도성(intentionality)'으로서 수용자 능동성
④ '관여(involvement)'로서 수용자 능동성
⑤ '영향으로부터의 부동성(imperviousnoss to influence)'으로서 수용자 능동성

이들 다섯 가지 정의 혹은 영역은 상호 배타적이라기보다는, 상호 중첩되기도 하고, 실제에서는 상호 보완적이기도 하며, 또는 어느 정도 상호 의존적이기도 하다. 이들 다섯 가지 정의에 관련된 연구를 살펴보면 다음과 같다.

① '선택성'으로서 수용자 능동성: 여기에서 선택성의 의미는 미디어 이용에 관한 선택을 하는 데 있어서 관여되는 활동을 의미한다. 이 선택성을 수용자의 활동 내지 능동성으로 보는 시각은 '선택적 주목(selective attention)', '선택적 지각(selective perception)', '선택적 기억(selective retention)'[19] 등의 이론에 근거하고 있으며, 미디어와 프로그램 그리고 내용 선택의 연속적인 과정으로 묘사되고 있다. 이용과 충족 연구에 있어서 '선택성'이라는 용어는 대부분 '선택적 노출(selective exposure)'이라는 뜻으로 사용된다. 그러나 최근 들어 '선택적 지각(selective perception)'이나 '선택적 기억(selective retention)'의 영역에까지 확대하려는 시도가 엿보인다.
② '공리성' 또는 '유용성'으로서 수용자 능동성: 선택성 개념의 확대로서, 연구자들은 선택과정의 유용성(utility)을 강조하고 있다. 이와 같은 입장은 수용자들을 자아·이기주의적 소비자로 보는 것이다. 이 개념은 단순한 선택성을 넘어서 많은 경우 수용자측의 어떤 방

---

19) Klapper, J., 1960, *The Effects of Mass Communication*, New York: Free Press, pp.19-26.

어성을 의미하기도 하며 개인의 분명한 욕구와 동기를 충족시키기 위한 일정한 수준의 합리적 선택성을 의미한다.[20]
③ '의도성'으로서 수용과 능동성: 이 개념은 능동성의 인지적 차원을 보다 강조한다. '의도성'은 입력 정보의 '스키마(schema)'적 과정과 구조화를 의미하기도 한다. 미디어 소비와 주목은 '스키마 드라이브'라고 말할 수 있다. 소비와 기억의 유형들은 수용자들의 동기 퍼서낼리티 그리고 개인적인 인지처리 구조의 뚜렷한 정표 구실을 한다.[21]
④ '관여'로서 수용자 능동성: 일반적으로 수용자가 미디어를 경험하는데 '휩쓸리거나' 혹은 '몰두'하면 할수록 관여성이 높다고 말한다. 이것은 감정야기(affective arousal)라고 불려진다.[22] 레비(M. Levy)는 '판매'라는 명칭을 '감정야기(affective arousal)'의 수준과 '인지조직(cognitive organization)' 그리고 정보구조화의 수준을 다함께 특징지우기 위해 사용했다. 또한 이 개념은, '패러소셜 인터액션(parasocial interaction)'과 같은 능동적인 관여와 같은 행동적 표명을 지칭하기 위해 사용하기도 한다.
⑤ '영향의 부동성(imperviousness to influence)'으로서 수용자 능동성: 이 개념은 원래 바우어의 '완고한 수용자'를 자칭한 것이다.[23]

이상에서 살펴본 바와 같이 수용자의 능동성에 대한 개념 구성은 매

---

20) Dervin, B., 1980, "Communication Gaps and Inequities: Moving toward a Reconceptualization," in B. Dervin and M. Voight(eds.), *Progress in Communication Science* 2, New York: Ablex.
21) McGuire, W., 1974, "Psychological Motive and Communication Gratification," in J. Blumler and E. Katz(eds.), *The Uses of Mass Communication: Current Perspectives on Gratification Research*, Newbury Park, C. A.: Sage, pp.167-196.
22) McGuire, W., *op. cit.*, p.381; 김용호(역), 상게서, 100쪽.
23) Bauer, R., 1964, "The Communication and His Audience," in L. Dexter and D. M. White(eds.), *People, Society, and Mass Communication*, New York: Free Press.

수용자론

우 다양하지만, 루빈(A. Rubin)이 지적한 것처럼 '능동성'이라는 개념은 규정하기가 쉽지 않다.[24] 그래서 레비와 윈달(B. Windahl)은 이 개념이 매스커뮤니케이션 이론의 핵심을 이루고 있음에도 불구하고 수용자의 능동성의 의미가 뚜렷이 개념화되지 못했고, 직접적인 연구도 별로 안 되었다고 지적하였다.[25]

그럼에도 불구하고 수용자의 능동성 또는 능동적 수용자 개념은 특히 1970년대 이후 발전된 인간중심적, 인본주의적 커뮤니케이션 연구의 기폭제가 되었다. 그것은 종래의 커뮤니케이션 연구가 주로 수용자연구에 집중되고 있으면서도 커뮤니케이션의 주체자인 수용자를 송신자의 표적 대상으로만 인식해왔기 때문이다.

그러면 이제 '능동적 수용자' 개념을 뒷받침할 수 있는 이론적 접근 방법을 살펴보기로 하겠다. 능동적 수용자론의 이론적 접근은 수용자를 단순히 미디어 수용자에 한정시키지 않고 보다 넓은 의미에서 인간 커뮤니케이션의 담당자로서 그리고 그 주체자로 보는 관점 말한다. 능동적 수용자에 대한 이론적 접근을 다음과 같이 분류하여 살펴보고자 한다.

① 이용과 충족 연구 및 이용과 충족 연구에 대한 신기능주의적 접근
② 상징적 상호작용의 접근
③ 규범론적 접근
④ 슈츠(A. Shutz)의 현상학적 사회학의 접근
⑤ 하버마스의 커뮤니케이션적 행위이론의 접근
⑥ 인지 심리학적 접근
⑦ 규범론적 접근

---

24) Rubin, A., 1986, "Uses Gratifications, and Media Effects Research," in J. Bryant & D. Zillmann(eds.), *Perspectives on Media Effects*, Hillsdale, N. J.: Lawrence Erebaum, p.293.

25) Levy, M. and S. Windahl, 1985, "The Concept of Audience Activity," in K. Rosengren, L. Wenner & P. Palmgreen(eds.), *Medi Gratification Research: Current Perspectives*, Newbury Park, C. A.: Sage.

제3장 수동적 수용자론과 능동적 수용자론

1) 이용과 충족 연구 및 이용과 충족 연구에 대한 신기능주의적 접근

매스커뮤니케이션 연구분야에서 능동적 수용자 개념이 처음으로 이론적으로 제시되고, 이를 적용한 연구가 '이용과 충족' 연구이다. 이 연구에 관해서는 앞에서 설명했으므로 여기에서는 이 연구가 갖고 있는 이론적 약점과 이를 보완하는 대안적 연구의 하나인 신기능주의적 접근(neofunctionalism)에 대해 설명하고자 한다.

1960년대 이후 이 연구는 능동적 수용자를 단순히 심리학적 문맥에 입각해서 개인과 관계되고 있는 사회적 상황으로부터 추상화된 욕구화 과정 그리고 심리적 상태로만 규정해왔다. 다시 말해서 종전의 이용과 충족 연구는 심리학적 기원의 욕구와 충족의 기초적 구조를, 사회구조 내지 사회체계의 틀 속에서 효율적으로 연관시켜 고려하지 않고, 단순히 심리학적 틀 속에서만 규명하려고 했다.

따라서 엘리어트(P. Elliott)가 적절히 지적한 바와 같이,[26] 이용과 충족 연구가 다루고 있는 개인의 대내적 과정(intra-individual process), 혹은 심리화 과정도 모든 개인들에게 일반화시킬 수는 있으나, 그것들을 사회구조나 사회과정 속에 어떤 의미있는 방법으로 전환시킬 수는 없는 것이다. 왜냐하면 종래의 이용과 충족 연구에서 수용자는 하나의 '원자화된 개인'이며 그들의 활동에 대해 의미의 틀을 제공해주는 집단이나 하위집단으로부터 추상화된 개인으로 취급되고 있기 때문이다.

이와 같은 관점에 대해 머독은 다음과 같이 말한다.[27]

"사람들의 매스미디어 관여도와 그들의 전반적인 사회적 상황과 의미

---

[26] Elliott, P., 1973, "Uses and Gratification Research: A Critique and a Sociological Alternative," in J. Blumler and E. Katz(eds.), *The Uses of Mass Communication*, Beverly Hills: Sage, p.6.

[27] Murdock, G., 1974, "Mass Communication and the Construction of Meaning," in N. Armistead(ed.), *Reconstructing Social Psychology*, Harmondworth: Pengun, p.213.

수용자론

체계와의 관계를 만족스럽게 볼 수 있는 틀을 제공하기 위해서는 개인적인 것보다는 사회적 상황으로부터 출발할 필요가 있다."

한편 종래의 이용과 충족 연구의 중심적 개념인 능동적 수용자 이론이 갖고 있는 약점과 비이론적 측면을 보완하고 세련화시키려는 접근방법의 하나가 이용과 충족 연구에 대한 신기능주의적 접근방법이다. 신기능주의는 파슨스(T. Parsons) 이론의 새로운 조명 또는 새로운 적용을 의미한다.

따라서 신기능주의는 파슨스 이론의 재방문(revisited)이라고 할 수 있다. 근래 유럽을 중심으로 파슨스 이론에 관한 연구가 많이 나타나고 있는데 특히 하버마스[28]나 부리카(F. Bouricard)[29]에 의한 연구가 그 대표적인 예이다.

신기능주의 이론의 공식적인 선언은 1984년 미국사회학회 학술발표회에서 신기능주의가 특별주제로 선정되고, 여기에서 발표된 논문들은 알렉산더(J. Alexander)가 편집하여, 『신기능주의』라는 책으로 발표된 데서 찾는다.

그는 이 책의 서문에서 신기능주의의 특성을 6가지로 나누어 설명하고 있는데[30] 여기에서 두 가지만 예로 들면 다음과 같다.

- 기능주의는 사회 각 부문의 상호연관성에 대한 일반적 도식을 제공하고 있다. 이 이론은 사회가 여러 요소(elements, variables or sub-system)에 의해서 구성되고 있으며, 그 여러 가지 요소와 상호작용이 하나의 유형을 형성한다. 그 유형은 다른 주변환경으로부터 뚜렷이 구별된다.
- 기능주의는 구조와 함께 행위에 초점을 맞춘다. 그것은 두 가지 측

---

[28] Habermas, J., 1981, "Talcott Parsons: Problems of Theory Construction," *Sociological Inquiry* 51, pp.173-196.
[29] Bouricard, F., 1981, *The Sociology of Talcott Parsons*, Chicago: Univ. of Chicago Press.
[30] Alexander, J., 1985, "Introduction," in J. Alexander(ed.), *Neofunctionalism*, Newbury Park, C. A.: Sage, p.5.

제3장 수동적 수용자론과 능동적 수용자론

면으로 볼 수 있는데 첫째, 사회에 대한 제약적 형태와 사회구성원의 행위를 동일한 차원에서 취급한다. 둘째, 사회적 행위 분석의 경우에는 구조적 제약에 대한 제공이나 신념체계와 같은 비구조적 요소의 실천도 동등하게 취급한다.

파슨스는 사회체계를 인간행위의 동적인 과정 속에서 기능적 통일성을 확립하고 존속하는 것으로 보았다. 따라서 그의 이론은 '행위이론(action theory)'이다.[31] 그의 행위이론은 개인의 행위에 관한 이론인 동시에 사회행위에 관한 이론이다. 그런데 그의 사회적 행위의 초점은 합리적인 사회적 행위이다. 그는 현대사회에서 인간은 합리성을 추구하는 경향이 있다고 보았다. 합리성 개념은 베버로부터 영향을 받았다.

베버에 의하면,[32] 사회적 행위란 행위자 또는 여러 행위자에 의하여 주관적으로 생각한 의미에 입각해, 타인의 태도에 관련을 갖고, 타인의 과거, 현재 또는 미래에 기대되는 태도를 방향짓는 행위를 의미한다. 따라서 타인이나 제3자를 매개하지 않는 혼자만의 행위, 가령 기도나 명상 등은 사회적 행위라고 볼 수 없다는 것이 된다. 다시 말해서 유의미한 관련을 갖는 모든 개인의 행위만을 사회적 행위로 규정하고 있다.

파슨스는 이를 더욱 발전시켜, 사회체계란 사회적 행위가 조직화한 것이라고 했다. 파슨스의 행위이론의 관심은 유기체로서의 개인의 내면에 있는 생리적인 여러 과정보다도 상황에 대한 행위자의 지향성(orientation)의 조직에 있다. 이들 관계가 행위하는 단위로서 집합체에 언급할 경우, 집합체에 소속하는 성원행위의 모든 것이 아니라, 그들이 성원의 자격으로 수행하는 행위, 즉 사회적 행위만을 지칭한다.

---

31) Parsons, T. and E. Shils(eds.), 1951, *Toward a General Theory of Action*, New York: Harper & Row, p.45.
32) Weber, M., 1953, "Sociologische Grundbergriffe," *Wirtsebaft und Gesellschaft, 1921-1922*; 阿閉吉男・內藤莞爾(譯), 1953, 『社會學の基礎槪念』, 東京: 角川文庫; Gerth H. & C. Mills, 1982, *From Max Weber*, London: Routledge & Kegan Paul, pp.55-57.

여기에서 행위하는 단위가 개인이든 집합체이든 행위자의 행위지향성이 문제가 된다. 행위자가 그 자신의 목적이나 관심과의 연계성에서 행위에 부여하는 의미에 의해서 행위할 때 행위는 지향성을 갖게 된다. 각 행위의 지향은 일종의 '지향의 객체'를 내포한다.

지향의 객체란 한 사람 또는 다수의 행위자의 요구를 채워주고 목적을 달성하는 양식에 몇 개의 다른 길을 선택할 수 있는 가능성을 부여함과 동시에 한계를 설정하는 것이기 때문에 상황에 관련된 객체이다.[33]

객체에 대한 행위의 지향은 필연적으로 선택이 따른다. 선택은 인식적인 식별에 의해서, 즉 객체의 위치화·특색화에 의해서 가능하다. 따라서 행위이론은 인간의 행동을 분석하기 위한 하나의 개념도식이라고 할 수 있다. 여기에서 행동이란 규범에 따라서 에너지를 소비함으로써 상황 내의 목적에 도달하게끔 방향지어지는 것을 의미한다.

이렇게 볼 때 행동은 ① 목적·목표 또는 무엇인가 예기된 사태의 달성을 지향하며, ② 상황 내에서 생기며, ③ 규범에 의해서 규제되며, ④ 에너지, 노력 또는 동기화하는 힘의 소비를 포함한다. 이같은 요소가 구비된 인간의 행동이 사회적 행위이다.

한편 행위자의 지향의 체계는 다수의 한정된 지향에 의해서 구성된다. 이들 행위의 지향은 각각 그가 무엇을 바라고 있는가, 그가 무엇을 보는가, 그가 바라보는 객체로부터 바라는 것을 어떻게 얻으려고 의도하고 있는가(규범에 의해서 규제되고 있는, 현재적·잠재적인 그의 행위의 계획)의 견지에서 행위자가 상황에 대하여 갖는 개념이다.

이상에서 살펴본 바와 같이 신기능주의의 개념화는 상황에 있는 행위자(actor)로부터 출발한다. 행위자는 행동을 할 수 있는 현상, 다시 말해서 상황에 있어서 목표달성에 지향하고 있는 행위로 규정된다. 여기에서 상황(situations)은 3개 타입의 대상이다. 즉 사회적, 퍼서낼리티적, 그리고 문화적인 것이다.

---

[33] Parsons, T. and E. Shils(eds.), *op. cit.*, p.45.

제3장 수동적 수용자론과 능동적 수용자론

한편 행위자의 개념은 개인이나 집단 차원으로 볼 수 있다. 다시 말해서 어떤 상황에서 수단을 통해 목표를 추구하는 행위자는 개인일 수도 있고 집단일 수도 있으며 조직·운동·사회이거나, 또는 이들간에 일어나는 많은 현상이라고 할 수 있다. 이렇게 볼 때, 어떤 구체화된 행위자나 행위는 퍼서낼리티 체계, 사회체계, 문화체계, 행위상황 그리고 동시적으로 그들의 상호작용의 표출일 수도 있다.

로텐버틀러(E. Rothenbuthler)는 신기능주의적 접근방법을 미디어의 이용과 충족 연구에 적용시키고 있다. 그는 이용과 충족 연구의 신기능주의적 재구성(neofunctionalist reformulation)에 대해 다음과 같이 말하고 있다.[34]

① 수용자의 능동성에 관한 가정은 논리적으로 일관성있게 이론적 구조 안에 통합한다. ② 수용자에 대한 파슨스의 개념화는 '행위의 일반이론(general theory of action)'의 틀 속에서 가능하다. 따라서 사회의 행위자의 개념화는 이에 준거해서 가능하다. ③ '행위의 일반이론'에 있어서 '유형변수 도식(pattern variable scheme)'은[35] 어떤 상황에서 행위자의 지향성에 대해 다섯 가지로 분석하여 상이한 측면을 규명할 수 있다. 다시 말해서 '유형변수 도식'은 미디어에 대한 수용자들의 지향성 유형에 관한 현재까지의 지식을 조직화할 수 있고, 앞으로 이용과 충족 연구를 더욱 촉진할 수 있다. ④ '행위의 일반이론'은 사회화 이론과 연계되며, 연구자들로 하여금 수용자의 동기화, 역할 그리고 충족의 기원을 기초화하는 데 기여할 수 있다. ⑤ '행위와 일반이론'은 퍼서낼리티의 체계, 사회체계, 문화체계와 같은 세 개의 분석과 상이하다. 또한 구체적으로 상호관통적인 행위의 상황요소를 나타내고 있다. 다시 말해서 행위자는 개인 또는 집단으로 간주할 수 있다. 따라서 미디어 수용자의

---

34) Rothenbuthler, E., 1987, "Neofunctionalism for Mass Communication Theory," in S. Barkin and E. Fink(eds.), *Mass Communication Review Yearbook* 1, pp.68-80.
35) Parsons, T. and S. Shills(eds.), *op. cit.*, p.77.

이론화는 제도적 구조의 이론과 보다 거시적 사회과정의 이론과 연계될 수 있다.

한편 이용과 충족 연구에서 분석의 표준적 용어는 행위의 일반이론의 용어로 재인식된다. 수용자의 '욕구(need)'는 행위목표의 표현이 되고, '이용(uses)'은 행위의 수단이 된다. 욕구, 이용, 만족(gratification), 수용자의 능동성(audience activity)은 모두 사회적으로 구조화된 상황에서 커뮤니케이션 대상에 대한 수용자의 역할지향(role-orientation)의 요소로 간주할 수 있다.36)

이상과 같은 시각에 입각해서, 로텐버틀러는 이용과 충족 연구에 대한 신기능주의적 접근은, 욕구의 분석차원을 훨씬 초월하여 욕구충족 행위로까지 확대할 수 있다고 주장한다. 다시 말해서 이같은 재구성의 유용성은 첫째, 수용자 욕구에 대한 기존의 타이포로지는 '유형변수'의 측면으로 재조직할 수 있다. 둘째, 기존의 이용과 충족 연구의 약점으로 간주되는 이른바 '원자화된 개인'의 심리적 차원을 넘어서서 사회구조 속에 자리잡고 있는 행위자 또는 사회적 행위자의 위치로 끌어올릴 수 있다. 셋째, 파슨스의 '행위의 일반이론'을 적용함으로써 이용과 충족 연구는 명확하게 규정된 용어와 논리적으로 일관된 체계의 관계를 만들었고, 대이론적 구조에 동참할 수 있게 된다. 넷째, 욕구의 기원과 유형화에 대한 결정론적 설명(deterministic explanation) 대 임의적 설명(voluntaristic explanation)을 둘러싼 논의가 어렵게 되었다고 본다. 원래 이용과 충족 연구는 수용자가 완고하다는, 이른바 능동적이라는 임의적 가정에서 출발했는데, 스완슨(D. Swanson)은 이같은 임의적 가정에 회의를 나타낸 바 있다.37) 다섯째, 일반행위의 준거틀은 사회체계이론의 기초로 기여할 수 있다.

이같은 점으로 미루어보아 신기능주의적 입장의 이용과 충족 연구는

---

36) *Ibid.*, pp.77-78.
37) Swanson, D. L., 1977, "The Uses and Misuse and Gratiqication," *Human Communication Research* 3, pp.214-221.

이론적으로 사회이론, 행위이론 그리고 사회적 역할에 대한 개인의 사회화이론과 통합할 수 있다고 본다.38)

2) 상징적 상호작용의 접근

상징적 상호작용이론(symbolic interactionism)은 상징을 통한 인간의 상호작용 과정에 초점을 맞추고 인간의 사회에 의한 형성과 함께, 인간에 의한 사회의 형성이라는 문제를 밝히려는 이론이다. 이 이론은 미드(G. H. Mead)의 연구로부터 시작하여 1960년대 이후 불루머, 시부타니(T. Shibutani), 터너(G. Turner), 던컨(H, Duncan), 쿤(M. H. Kuhn) 등의 이론가들에 의해 크게 발전되었다. 이들은 인간의 상호작용이 상징적인 것이며, 그것이 인간과 사회에서 중요한 의미를 가지고 있음을 강조한다.

상징적 상호작용이론이 '능동적 수용자' 개념을 이론적으로 뒷받침할 수 있는 이론적 근거가 된다는 것은, 인간이 의미나 상징의 '해석'을 통해서 주체적 존재가 되며 인간을 주체적 존재로 가능케 하는 해석과정을 이 이론이 강조하기 때문이다.

특히 미드는 인간이 상징을 매개로 다른 사람의 태도를 받아들여 스스로의 자아를 형성하는 과정을 '역할취득(role-taking)'의 메커니즘으로 설명한다. 다시 말해서 인간은 타자(other)가 자기에게 대하는 태도, 즉 역할(기대)을 몸짓이나 말과 같은 상징을 통해 취득함으로써 스스로 자아(self)를 형성한다는 것이다. 다만 인간이 타자의 기대를 그대로 받아들이는 것만으로 자아를 형성하는 것이 아니라, 보다 적극적인 자아형성의 측면이 있다.

미드는 타자의 기대를 그대로 받아들일 수 있는 자아의 측면을 'Me'로 부르고, 이를 "인간 자신이 상상하는 하나의 조직화된 타자의 태도의 틀"이라고 규정하고 있다. 이에 비해 'Me'에 작용하는 또 하나의 자

---

38) Rothenbuthler, E., *op. cit.*, pp.78-80.

아의 측면을 'I'로 부르고 "타자의 태도에 대한 유기체의 반응"이라고 규정한다. 여기에서 'Me'와 'I'의 상호작용에 의해 인간의 자아가 형성된다고 본다.

미드의 제자인 불루머(H. Blumer)는 미드 이론의 특징적인 성격을 다음과 같이 지적하고 있다.39)

"상징적 상호작용에서 사회적 행위란 해석과정을 통해 서로 자기의 행위노선에 맞는 행위자들에게 머문다. 이와 대조적으로 사회학적 개념에서 일반적인 사회행위는 사회나 사회단위의 행위 속에 머문다."

불루머는 이와 같은 접근방법을 사회체계에 기초를 둔 접근방법과 비교하고 있다. 즉, 사회체계적 접근방법은 행위라는 것을 균형을 이룬 상태가 균형을 유지하려는 상태에서 시스템의 표출로 파악한다. 그는 이와 같은 접근방법은 "집단의 생활이나 집단행위라는 것도 각각의 생활상황에 맞게끔 하려고 하는 개개인의 집합적 또는 공공 일치적인 행위라는 관점을 무시하고 있다"고 비판하고 있으며, 또한 "인간사회의 조직은 사회행위가 이루어지는 틀이 되고는 있으나, 그 행위의 결정 요인은 아니다"고 말한다.40) 따라서 그에 의하면, 문화나 사회체계 내지 사회계층과 같은 요소들은 행위를 결정하는 것이 아니라 그 조건을 설정하는 것이 된다.41)

불루머에 의하면, 사회체계론 내지 기능주의 이론은 "의미를 규범적인 것으로 생각하고, 거기에 사람들이 적응하고 동조함으로써 사회의 안정이 유지되는 것"으로 본다. 그와 같은 관점은 "너무 사회만을 강조하는 인간관"이며, 인간을 "문화의 특정규범이나 가치에 의하여 완전히 틀지어진 것으로 생각할 수밖에 없다"는 것이 된다.42)

이와 같이 전통적인 기능주의 이론을 비판하는 상징적 상호작용이론

---

39) Blumer, H., 1969, *Symbolic Interactionism*, New York: Prentice-Hall.
40) *Ibid.*, pp.94-96.
41) *Ibid.*, pp.53-65.
42) *Ibid.*, pp.83-84.

은 의미를 규범적인 것으로, 인간에게 동조를 강요하는 것이라기보다 인간에 의해서 취급되고, 선택되고, 해석되고, 재구성되고 또는 수정됨으로써 자기가 생활하고 행위하는 세계를 창조하는 것으로 해석한다.[43]

다시 말해서 상징적 상호작용이론은 인간이 의미나 상징의 해석을 통해서 주체적 존재가 되는 것을 강조하고, 인간을 주체적 존재로 가능케 하는 해석과정에 초점을 둔다. 그런 점에서 기능주의 이론이 '규범 패러다임'이라면 상징적 상호작용이론은 '해석 패러다임'이라고 볼 수 있다.[44]

따라서 사회는 이와 같은 능동적인 인간에 의해서 만들어지는 역동적 구조라고 할 수 있다. 여기에서 우리는 미드나 불루머 등의 상징적 상호작용이론이 능동적 인간에 의한 커뮤니케이션 행위의 이론임을 알 수 있다. 이러한 커뮤니케이션의 중요성에 대한 미드의 관점은 다음에 잘 나타나 있다.[45]

"분트(Wundt)는 커뮤니케이션 과정 내에서 커뮤니케이션을 설명하기 위해서 커뮤니케이션 과정에 선행하는 것으로 자아를 전제로 하고 있다. 그러나 이와 반대로 자아는 사회과정이나 커뮤니케이션 과정의 관점에서 설명되지 않으면 안된다… 우리들이 커뮤니케이션에 대하여 중요성을 부여하는 것은, 유기체나 개인이 그 개인 자신에게 대상이 되는 행동형태를 커뮤니케이션이 만들어낸다는 사실에 있다."

이와 같이 미드의 근본적인 입장은 개인이란 사회적 관점에서 자기 자신과 커뮤니케이션을 한다는 데 있다. 다시 말해서 개인은 타인의 관점에 서서, 자기 자신에게 이야기하는 개인의 능력인 것이다. 이와 같은 '자기 자신과의 내적인 대화'와 그 결과에 의해서 사람은 단순히 사회에 의해서만 형성되어지는 것이 아니라 사회형성에 작용하는 것이 된다.

---

43) *Ibid.*, p.65.
44) Wilson, T. P., 1970, "Conception of Interaction and Forms of Sociological Explanation," *American Sociological Review* 35, pp.697-710.
45) Straus, A.(ed.), 1965, *Selected Papers on Social Psychology*, Free Press: Glence.

불루머에 의하면, '자신과의 내적 대화', 즉 '자기 자신과의 커뮤니케이션'은 객관적 사물이나 타자를 자기에게 표시하는 과정과 그 표시된 것을 해석하는 과정으로 구성된다. 여기에서 표시과정은 객관적 대상에 대한 상징을 그 배경으로부터 해방시키고 분리시켜, 그것을 단순한 자극으로부터 의미를 부여하는 과정이다. 표시과정은 인간이 대상에 대해 정면으로부터 대처할 수 있게 하며, 여기에서 해석과정을 낳게 된다.

해석과정은 의미 취급의 문제이며, 인간이 자기의 상황이나 자신의 행위의 방향에 비추어서 의미를 선택하고 체크하고 연장하고 재분류하고 변용시키는 것이다. 다시 말해서 "의미가 행위의 지침과 형상을 위한 도구로써 이용되며 재편성되어지는 생성발전적인 과정"인 것이다.[46]

사회는 이같은 인간의 자기와의 대화(커뮤니케이션)의 '일반화된 타자(generalized other)'와의 상징을 통한 커뮤니케이션 작용을 통해서 해석되고 구성되고 강조되어지는 세계이며 문화라고 볼 수 있다. 따라서 인간성과 사회질서 그리고 인간행위의 종합체계인 문화는 능동적인 인간 커뮤니케이션의 산물이다.

시부타니(T. Shibutani)에 의하면, "인간의 행동은 상호의존하는 상호작용 속에 구성된다." 그는 또 "인간의 퍼서낼리티는 친구간의 상호작용에 의해 나날이 발전하고 재확인된다"고 보며, 집단의 문화는 "커뮤니케이션 과정에서 생기며, 사람들이 생활조건에 공동으로 적응해감에 따라 지속적으로 재강화되는 적절한 행위모델로부터 성립된다"고 보고 있다.[47] 여기에서 인간은 "자기가 생활하고 행위하는 세계를 창조하는 것"이 된다.

---

46) Blumer, H., *op. cit.*, p.5.
47) Shibutani, T., 1961, *Society and Personality*, Englewood Cliffs, N. J.: Prentice-Hall, p.67.

제3장 수동적 수용자론과 능동적 수용자론

3) 슈츠(Alfred Shutz)의 현상학적 사회학의 접근

커뮤니케이션에 대한 현상학적 접근은 슈츠의 현상학 이론에서 찾아볼 수 있다. 슈츠의 현상학적 사회학은 훗설의 현상학과 베버의 사회학을 종합하려는 시도라고 할 수 있다. 여기에서 훗설의 현상학은 특정원리를 전제하지 않은 철학을 만들어내려는 것이다.

이 경우, 세계는 타자와 공유하는 것이며, 또한 일련의 외적 대상으로서 그것을 경험하는 모든 사람들에게 공통의 의미를 갖는 것이 된다. 현상학은 이 '세계'에 살면서, 행위하는 인간의 직접적인 의식경험에 인식의 기원을 두는 철학이다. 한편 베버 사회학의 관점은 의미있는 사회행위나 사회행동에 관한 것이다. 즉 그 행위란 행위자에 의해 의미가 부여되고 결국 다른 인간의 행동도 방향지어준다

슈츠는 「현상학과 사회관계론(On Phenomenology and Social Relations)」이라는 그의 논문집에서[48] "모든 사회과학은 사고와 행위의 '간주관성(inter-subjectivity)'을 자명한 것으로 생각하고 있다. 다른 인간이 존재하고 있다는 것, 사람이 사람에게 행위하는 것, 심벌과 기호에 의한 커뮤니케이션이 가능하다는 것, 사회집단이나 제도, 법체계나 경제체계 등이 우리들의 생활세계의 불가결의 요소라는 것, 이 생활세계가 고유의 역사와 시간, 공간에 대해 독자와 관계를 갖는 것 등등 이것들 모두는 모든 사회과학자가 연구를 행하는 과정에서 분명하고 암묵적이며 기초가 되고 있는 생각이다. 사회과학자는, 이러한 현상을 취급하기 위해 여러 가지 방법론적 장치-준거도식, 모형, 통계적 방법-를 개발해왔다. 그러나 이들 현상 그 자체는 단지 자명한 것으로만 생각하고 있다"고 말하고, 이러한 사회과학의 사고에 있어서 사람을 단순히 사회적 존재로 보며, 언어나 커뮤니케이션의 세계가 존재하고 있는 타자의 의식생활에 접근할 수 있다. 즉 나는 타자의 행위를 이해할 수 있고 타자도

---

48) Wagner, H.(ed.), 1970, *Alfred Shutz on Phenomenology and Social Relations: Selected Writing*, Chicago: Univ. of Chicago Press.

나와 나의 행위를 이해할 수 있다고 전제하고 있다는 것이다. 그러나 사회과학에 있어서 '자명성'은 절대적으로 '자명'한 것이 아니라는 것이다.

슈츠는 이러한 '자명성'에 대해 다음과 같이 반문한다. "그런데 도대체 어떻게 해서 상호이해와 커뮤니케이션은 가능한 것인가, 사람이 의도적이든 습관적이든 유의미한 행위를 행한다는 것, 즉 사람이 달성해야 할 목적에 이끌리게 되고 어떤 경험에 의해서 동기화되는 것은 어떻게 해서 가능한 것인가. 타자의 의미나 타자의 행위 및 그 행위의 결과의 의미를 해석한다는 것은, 관찰자나 행위의 수용자의 자기해석을 전제로 하고 있는 것이 아닌가… 사회적 상호관계를 해석하기 위한 방법은, 만일 그것이 그러한 방법의 기초에 있는 가정이나 그 의미에 대한 주의깊은 기술에 기초되지 않는 한, 어떻게 그런 정확성을 보증할 수 있는가"라고 반문한다.

슈츠에 의하면 이러한 반문은, 사회과학의 방법으로서는 대답할 수 없는 것이며 결국 철학적(현상학적) 분석을 필요로 한다는 것이다.

슈츠의 근본적인 관심은 '생활체계(life-world)'와 '사회적 관계의 세계(the world of social relationships)'로 요약할 수 있다. 그에 의하면 개인은 일상의 세계를 체험하고 경험에 의해 얻어진 지식의 축적에 의해서 의미를 찾으려고 한다.

이 경험을 통해서 세계를 이해하고 의미를 취득하는 가운데 그는 그것에 작용해서 어느 정도 자기 자신의 독특한 세계를 구축한다. 여기에서 의식의 대상은 사물, 인간, 에피소드, 기억, 환상, 개념 등 매우 광범위하고 다양하다. 따라서 현상학은 의식 속에 나타나는 이들 대상들의 본질을 이해함으로써 의식의 대상을 구성하고 있는 모든 현상을 규명하는 것이다. 여기에서 현상학자들은 의식을 의도적인 것으로 본다.

이것은 곧 의식이 객관적인 대상을 향해 있다는 것을 의미한다. 의식의 대상은 의식 속에서만 붙들 수 있기 때문에 우리들이 어떤 대상이나 사물을 아는 유일한 방법은 의식을 탐구함으로써만이 가능하다. 여기에

서 상호 배타적인 실재로서의 주체와 객체의 문제가 나온다.[49]

여기에서 현상학적 탐구는 주체를 경험함으로써 이루어지며 인간의 의식도 탐구의 핵심이 된다. 넓은 의미에서 현상학이란 주관적 경험과 그의 의식내용을 강조하는 철학이라고 볼 수 있다. 따라서 현상학에서 다루고 있는 인간과 그의 의식은 바로 우리가 초점을 맞추고 있는 '능동적 인간으로서의 개인'임은 의문의 여지가 없다.

슈츠는 '사회적 관계의 세계'의 본질을 규명하는 데 두 개의 개념, 즉 '간주관성'과 '적합성'의 개념을 적용하고 있다. 그에 의하면, 일상생활의 세계는 간주관적이라는 것이다.[50]

그는 이에 대해 다음과 같이 말하고 있다. "나의 일상생활의 세계는 결코 나만의 사적인 세계가 아니라 처음부터 간주관적인 세계이다. 그것은 내가 친구들과 공유하고 있는 세계, 타자에 의해서 경험되고 해석되어지는 세계, 즉 우리들 모두에게 공통적인 세계이다.[51]

만일 우리들이 이러한 공통의 세계, 다시 말해서 공통의 커뮤니케이션 환경을 타자와 같이 확인할 수 없다면, 우리들은 타자에게 있어서도 자기 자신에게 있어서도 인간일 수가 없을 것이다. 이 공통의 환경은 이해에 의해 성립되는 것이다.

이 이해는 그 자체, 제 주체가 그 정신활동에 있어서, 서로 상대를 동기화시키고 있다는 사실에 기초하고 있는 것이다. 이렇게 해서, '상호이해'와 합의의 관계, 이와 함께 공통의 커뮤니케이션 환경이 성립하는 것이다. 이러한 공통의 커뮤니케이션 환경을 특징짓고 있는 것은, 그것이 그러한 환경 속에서 서로 확인하고 있는 사람들에게 의존하고 있다는 사실이다.

커뮤니케이션 환경에 참가하고 있는 사람들은, 대상으로서가 아니라, 같은 주체로서, 즉 사회공동체에 있어서 친구로서 타자에게 주어지고,

---

49) *Ibid.*, pp.146-175.
50) *Ibid.*, p.147.
51) *Ibid.*, pp.163-164.

나는 커뮤니케이션 작용에 의해서 타자에 향하고, 또한 타자를 자기에게 향하고 있는 사람으로 취급하고, 더욱이 이러한 작용을 통해서 쌍방이 이 사실을 안다. 사회성은 이러한 커뮤니케이션 작용에 의해서 구성되는 것이다.[52]

슈츠는 타자이해를 통한 간주관성의 예를 음악 커뮤니케이션의 예에서 찾고 있는데, 작곡가와 그 곡의 수용자와의 관계, 연주자와 청취자 간의 관계를 그 예로 제시하고 있다.

그에 의하면 "내적 시간에 있어서 두 개의 일련의 현상, 즉 작곡가의 의식의 흐름에 속하는 것은, 동시에 음악이 진행해가는 흐름에 의해서 만들어낸 동시성에 의해서 생기는 것이다. 이러한 타자의 경험의 흐름의 내적 시간에 있어서 공유, 생생한 현재를 같이 숨쉰다는 것은 모든 커뮤니케이션의 기초에 있는 상호적인 동조관계, 즉 '우리들'이라는 경험을 구성하는 것이다"[53]고 말한다.

슈츠는 이상과 같은 이론적 틀 속에서 커뮤니케이션에 관한 중요한 문제에 대해 많은 해답을 제시하고 있다. 먼저 커뮤니케이션 행위는 본래 합목적적인 성질을 갖는 것이라고 본다.

그는 "어떤 행위도 미래지향의 자연발생적인 활동"이라고 말하고 있으며, "어떤 행위도 본질적으로 동기에 따른 외부적인 목표, 즉 이야기를 듣는 쪽의 사람이 어떤 방식으로든 그것을 감지하도록 하는 데 있는 것[54]이라고 하였다. 좀 더 넓은 의미에서 사람들은, 본래의 목적을 달성하고 사회생활에 참여하고, 경험체계를 파악하기 위해서 커뮤니케이션을 하는 것이다. 그는 다음과 같이 말하고 있다.[55]

"커뮤니케이션은 목적이 있는 기호에 뒷받침되고 있다. 그것은 송신자가 상대방에 대하여 적절한 반응을 일으키지 않더라도 수용자에 대하여 자

---

52) *Ibid.*, pp.164-165.
53) *Ibid.*, pp.209-217.
54) *Ibid.*, p.149.
55) *Ibid.*, pp.202-203.

제3장 수동적 수용자론과 능동적 수용자론

기 자신을 이해해주도록 하는 의도를 다소라도 갖고 있다. 그러나 커뮤니케이션을 가능케 하는 일정한 필수요건이 갖추어지지 않으면 안된다."

슈츠는 커뮤니케이션에 있어서 보다 중요한 전제조건을 다음과 같이 제시하고 있다.56)

① 기호는 공통성을 가지며, 공통의 의미를 내포하고 있지 않으면 안된다. 커뮤니케이션은 어떤 경우에도 외부세계의 현상이 송신자에 의해서 만들어짐과 동시에 외부세계의 현상이 해석자에 의해서 이해되어져야 한다.
② 커뮤니케이션에서 사용하는 기호는 상대방도 충분히 이해할 것이라는 관점에서 송신자에 의해서 항상 미리 이해되고 있다. 커뮤니케이션은 송신자에 의한 해석의 틀과 해석자가 커뮤니케이션 기호에 갖는 해석의 틀이 실질적으로 일치하는 것을 전제로 한다.
③ 완전한 일치는 바랄 수 없다. 그것은 당사자가 살아온 경험이 다르며, 따라서 개별인간들의 무수한 경험 속에서 무엇이 적절한 관련성을 갖는가의 구조가 사람에 따라서 틀리기 때문이다.
④ 일련의 추상, 상징은 송신자와 해석자에 의해서 공통성을 갖지 않으면 안된다.

결론적으로 말해서, 커뮤니케이션 행위는 전달행위든 수용행위든 내적으로 닫혀진 것이 아니라 본질적으로 상호주체적인 것이라는 점이다. 슈츠는 이를 다음과 같이 설명하고 있다.57)

"모든 커뮤니케이션은 송신자와 상대방과의 사이에 서로간의 파장(波長)을 합치는 동조관계를 전제로 한다. 이 관계는 자기의 내면적인 시간에 타자의 경험을 유입시켜 서로 그것을 나눠 가짐으로써 성립한다. 즉 '우리들'

---

56) *Ibid.*, pp.202-203.
57) *Ibid.*, pp.218-220.

이라고 하는 공통성을 경험함으로써만이 성립하는 것이다. 더욱이 서로 커뮤니케이션을 하는 것은, 외면적·내면적 시간의 모든 차원에서 상대와 동시에 공유하는 것을 전제로 한다. 다시 말해서 같이 나이를 먹는 것이 좋은 것이다. 이것은 모든 커뮤니케이션에 대하여 분명히 말할 수 있는 것이다."

4) 하버마스(Jürgen Harbermas)의 커뮤니케이션의 행위이론의 접근

프랑크푸르트학파의 비판이론의 제2세대로 지칭되고 있는 하버마스의 비판이론은 호르크하이머와 아도르노와 같은 제1세대의 비판이론과는 차이점을 나타내고 있다. 하버마스의 비판이론은 제1세대의 기본적인 관점을 이어가면서도 추상적인 논의에 그친 제1세대의 결점을 보완하여, 보다 구체성을 띠면서 비판이론을 보다 넓은 지평으로 전개하려고 한다.

하버마스의 비판이론에서 사용하고 있는 비판적이라는 말은 반성적이라는 의미가 내포되고 있다. 그것은 인간의 사회적 행위와 상호관계성을 행위주체 스스로의 자기반성과 그것을 지켜보는 인식주체의 반성적 인식이라는 이중의 반성작용으로 파악함으로써, 지금까지의 실증주의에 기초한 분석방법을 극복하려고 한 데 있다.

하버마스의 비판이론의 기본적인 전제의 특징은 인간개체의 역사적 행위나 현실의 일상적인 행위를 생활관련 하에서 파악하고 있는 데 있다. 또한 모든 개체는 어떤 문화적인 조건 하에서도 스스로를 재생산하고 자기를 형성해가는 실천주체로 삼고 있으며, 사회적으로 조직된 학습과정과 동일한 언어에 매개된 상호작용의 이해과정을 통해서 생활을 재생산하는 실천주체로 보고 있는 점이다.

그런 점에서 개체는 역사적으로나 사회적으로 이미 '존재 피구속성(存在 被拘束性)'을 띠고 있다고 본다. 그런데 여기에서 모든 개체가 '존재 피구속성'을 띠고 있다는 것은 그들의 인식과정 역시 생활연관에 존재 피구속적으로 영향을 받고 있다는 것이 된다. 여기에서 인식의 존재 구속성이란 지금까지 문화적 전통이나 사회제도, 규범체계에 의해서 인식

제3장 수동적 수용자론과 능동적 수용자론

이 크게 영향을 받는다는 것을 의미한다.

그 하나의 예로 하버마스는 언어를 변압기의 역할로 보고 있는 것과 같이 언어란 문화적 전통의 영향을 받으면서 만들어지며, 사회적인 약속으로 받아들여지고 있는 하나의 제도로 보고 있다. 그에 의하면 언어는 그런 점에서 문화분석의 관건이 된다.[58]

다시 말해서 언어는 현실의 산업사회가 가져다준 지식을 생활세계의 실천적인 의식에 관계지어주는 매체의 역할을 하는 것이다. 따라서 언어는 지배나 사회적 권력의 매체로서 조직되어진 폭력관계를 정당화하는 데 사용된다. 그런 점에서 하버마스는 언어를 이데올로기로 본다.[59]

하버마스는 이와 같이 사회적 약속으로서 통념이 되고 모든 개체의 공동성을 매개하여주는 제도나 규범체계가 곧 허위적 이데올로기며, 사람과 사람 간의 교통이나 의사소통도 이같은 허위적 이데올로기의 변압기로서의 언어를 통해 이루어진 '왜곡된 커뮤니케이션'이라고 본다.[60]

따라서 현실의 제도장치와 커뮤니케이션은 실은 허위의식에 의해 왜곡되어 버린 착각구조이며, 그것이 마치 정상적인 모습인 것처럼 생각하게 한다는 것이다.

이와 같은 하버마스의 이론적 증거들은 프로이트가 제시한 문화비판의 틀에 크게 의존하고 있다. 그는 제도적 장치를 모든 개체의 리비도(libido)적인 충동적 욕구를 무의식 속에서 억압하는 것으로 생각했다. 문화란 노동의 강제와 충동·총족의 포기에 입각한 제도적 장치인 것이며 지배제도나 문화적 전통으로 나타난다고 보고 있다.[61]

---

[58] Wuthnow, R., J. Hunter, A. Bergesen and E. Kureweil(eds.), 1984, *Cultural Analysis*, London: Routledge & Kegan Paul, p.194.

[59] McCarthy, T., 1984, *The Critical Theory of Jürgen Habermas*, Cambridge: Polity Press, pp.190-193.

[60] Habermas, J., 1970, "Toward A Theory of Communicative Competence," *Inquiry* 13, pp.360-375.

[61] Habermas, J., 1971, *Knowledge and Human Interest*, Boston: Beacon Press, pp.214-245.

하버마스가 프로이트의 관점을 도입한 것은 현대사회의 제도적 장치가 규범의 강제연관으로 존재하고 있지만, 오늘날에도 공적인 폭력이나 제재에 의하지 않고, 잠재적인 무의식적 메커니즘의 형식을 취하고 있다는 점에 공감하고 있기 때문이다. 또한 이같은 잠재적이며 무의식적 메커니즘에 의한 지배에 의해서 모든 개체는 집단적 노이로제에 걸려 있다고 본다. 이들 환자들, 즉 사회성원으로서의 모든 개체는 강제연관의 비정상성을 이상하게 느끼지 못하고 그것을 정상적인 것으로 생각하게 되고, 무의식중에 이를 받아들이게 된다고 본다.

이와 같은 강제연관의 본질이 무엇인가에 눈을 돌리기 전에 대상충족에 의해서 리비도적인 욕구가 충족되기 때문에 그들은 강제연관의 틀이 되고 있는 문화에 적대하기는커녕 더욱 무관심으로 빠져간다고 본다.[62] 이와 같은 도착적인 사회구조와 문화구조를 극복하려는 이론적 틀이 하버마스의 커뮤니케이션의 행위이론(communicative action theory)이다.

이 경우 앞서 지적한바, 프로이트의 정신분석 방법이 도착된 사회구조 분석의 강력한 준거체계가 된다. 여기에서 도착시된 허위의식적인 사회구조를 분석하는 데 사회병리학의 방법론이 주목되는 것은, 정신과 의사(과학적 세계를 이루는 인식주체)가 허위의식적인 이데올로기에 감염되어버린 환자(사회생활을 영위하는 당사 주체)에 대해 어떤 치료를 해주는 것이 아니라 의사와 환자 간의 상호 커뮤니케이션과 환자 자신의 자기반성 과정을 통해 치료된다는 사실에 있다.[63]

여기에서 의사와 환자 간의 대화(커뮤니케이션)는 왜곡된 커뮤니케이션으로부터의 해방이라는 의미에서 서로 환자이며, 서로 의사의 역할이 되어야 한다는 것이다.[64]

허위의식(이데올로기)의 강제연관으로부터 탈피하기 위해서는 이와 같

---

62) *Ibid.*, pp.274-288.
63) Habermas, J., 1970, "Toward A Theory of Communication Competence," *Inquiry* 13, pp.360-375.
64) Habermas, J., 1970, "On Systematically Distorted Communication," *Inquiry* 13, pp.205-218.

제3장 수동적 수용자론과 능동적 수용자론

은 상호 주체적인 커뮤니케이션이 만들어지지 않으면 안된다고 보는 것이다. 이와 같이 하버마스는 도착적인 사회구조와 문화구조의 왜곡된 커뮤니케이션의 처방을 위한 사회이론을 재조직하기 위해 커뮤니케이션적 행위이론을 전개하고 있다.

그것은 마치 콩트(A. Conte)가 프랑스혁명 이후 사회 전반의 혼란과 총체적 위기를 극복하기 위해 신학적·형이상학적 사회이론의 대안으로 과학적·실증주의 정신에 입각해서 『사회 재조직론(*Plan des Travaux Scientifique Necessaires pour Reorganiser la Societe*)』(1817~1823)과 『실증철학강의(*Cours de Philosophie, Positive*)』(1851~1854)를 저술한 동기와 비슷하다.

커뮤니케이션의 행위이론은 여기에서 모두 설명할 수가 없으므로 중심적 개념 내지 접근 방법을 '능동적 수용자' 개념과 관련된 부문을 중심으로 간단히 살펴보려 한다. 이 이론의 중심적 이론 내지 개념은 '행위의 합리성'이다. 하버마스에 의하면,65) 합리성이란 인식이나 지식의 획득과 연관된다기보다는 오히려 언어능력과 행위능력을 갖고 있는 주체가 어떻게 해서 지식을 이용하는가의 문제와 관계를 맺고 있다.

우리들이 '합리적'이라는 술어 표현을 보완할 수 있는 문법상의 주어는 지식을 자유롭게 사용하는 인간과 또 하나는 상징적 발언, 즉 지식을 포함하는 행위라는 것이다.

행위의 합리성을 접근할 때 합리성의 개념은 두 개의 다른 방향으로 전개된다. 우리들이 목적지향적 행위 속에서 명제적 지식을 비커뮤니케이션적으로 사용하고 있는 것으로부터 출발한다면, 어떤 인지적·도구적 합리성의 개념으로 합리성 개념 그 자체가 한정되어 버린다.

이에 비해 언어행위 속에서 명제적 지식을 커뮤니케이션적으로 사용하는 것으로부터 출발한다면 로고스의 종래의 생각과 연결되어 있는 보다 넓은 합리성의 개념, 즉 커뮤니케이션적 합리성이 전제된다는 것이다.

---

65) Habermas, J., 1984, *The Theory of Communicative Action, Vol. 1: Reason and the Rationalization of Society*, London: Heinemann, p.8.

하버마스에 의하면 커뮤니케이션적 개념에는 다음과 같은 의미가 내포되어 있다. 그것은 궁극적으로 강제를 수반하지 않는, 담론에 의해서 일치될 수 있고, 합의를 만들어내는 중요한 경험을 기초로 하는 것이다. 이러한 담론에 참여하는 여러 사람들은 처음에는 다만 주관적인 것에 지나지 않는 생각을 극복할 수 있다. 또한 공통으로 이성(理性)에 동기화된 확신을 가짐으로써 객관적 세계의 통일성과 더불어 그들의 생활연관의 상호주관성이 동시에 보증된다.66)

이상의 두 가지 방향으로 명제적 지식과 객관적 세계의 개념에 관한 합리성이 분석된다. 그런데 앞에서의 사례는 명제적 지식을 사용하는 방법이 다르게 나타나고 있는데, 그 사용의 한 측면은 도구적 처리가, 또 다른 차원에서는 커뮤니케이션적 이해가 합리성에 내재하는 목적으로 본다.

하버마스는 전자의 입장을 '실재론적' 입장이라 부르고, 후자의 입장을 '현상학적' 입장이라고 부르고 있는데, 이 입장은 초월론적 방향에서 문제제기를 행하고 합리적 태도를 취하는 사람들이 스스로 객관적 세계를 전제하지 않을 수 없는 사정을 성찰한다.67)

여기에서 현상학자들은 객관적 세계의 존재론적 전제로부터 단순히 출발하는 것이 아니라 그 전제 자체를 문제로 삼는다. 즉 커뮤니케이션 공동체의 구성원에게 있어 하나의 구체성있는 객관적 세계를 구성하기 위한 조건은 무엇인가를 묻는다. 세계가 객관성을 갖는 것은 언어능력과 행위능력을 가진 주체의 공동체에 있어, 세계가 한 개 또는 동일의 세계로 타당한 경우에 한정된다.

이러한 추상적인 세계 개념만이 커뮤니케이션적으로 행위하는 제 주체가 세계 속에서 일어나는 일 또는 실현에 필요한 조건이다. 이러한 커뮤니케이션적 실천에 의해서 동시에 제 주체는 자기들에게 공통된 생활연관, 즉 간주관적으로 공유된 생활체계를 확인할 수 있다.68)

---

66) *Ibid.*, p.10.
67) *Ibid.*, pp.11-12.

제3장 수동적 수용자론과 능동적 수용자론

하버마스에 의하면, 규범에 규제되는 행위, 자기표현적 서술 및 평가적 발언과 함께 확정적인 언어행위는 커뮤니케이션적 실천을 구성한다. 즉 생활세계의 배후에서 합의의 획득·유지 등을 목표로 삼고 더욱이 간주관적으로 승인된 비판가능한 타당성의 요구에 기초한 합의의 획득을 목적으로 하는 실천이 된다.

이 실천에 내재하는 합리성이 어디에 있는가 하면 커뮤니케이션에서 획득되어지는 동의는 궁극적으로는 근거에 기초하지 않으면 안된다는 점에 있다. 이 커뮤니케이션적 실천에 참여하는 사람들의 합리성은 그들이 적절한 상황 하에서 자기의 발언을 정당화시킬 수 있는가의 여부로 측정된다. 따라서 커뮤니케이션적 일상의 실천 속에 합리성이 내재하기 위해서는 이를 정당화하는 수단으로 담론의 실천을 행하지 않으면 안된다는 것이다.

담론이란 참여자들이 의문시하는 타당한 요구를 주제로 한 토론에 의해서 인정할지, 비판할지를 대화형태로 규정하는 것을 말한다. 토론은 문제가 되는 발언의 타당성 요구와 체계적으로 연결되어 있는 근거를 제출한다.

토론의 강점은 주어진 맥락 속에서 그 근거의 설득력에 비춰서 측정한다. 그리고 그 근거가 설득력을 갖느냐의 여부는 토론이 참가자를 설득할 수 있는가 없는가, 즉 각자의 타당성의 요구를 받아들이기 위한 정당성을 만들 수 있는가에 달려 있다.[69]

그런데 발언의 타당성은 경험주의적으로 확인될 수 없고, 절대주의적으로 기초될 수 없다. 담론(논의)의 논리학이 대답해야 할 문제는 다음과 같이 제기될 수 있다.

가령 문제가 된 타당성의 요구는 여하히 충분한 근거로 지지될 수 있는가, 근거 그 자체는 어떻게 해서 비판되어지는가, 몇 개의 논의 및 본질적으로 타당성의 요구에 관계되는 근거가 다른 논의보다 강하거나 약

---

68) *Ibid.*, pp.12-13.
69) *Ibid.*, pp.17-18.

하게 되는 것은 무엇 때문인가 등이다.[70]

　담론성의 발언에는 3개의 측면이 있다. 그 중 과정으로 볼 경우, 담론을 행하기 위한 보편적인 커뮤니케이션의 여러 형태가 문제가 된다. 여기에서 하버마스는 담론을 행하기 위한 보편적인 커뮤니케이션적 전제가 있다는 것이 '이상적인 발언(언어) 상황'을 결정하는 것이라는 점을 강조하려 한다. 다시 말해서 커뮤니케이션을 정리하는 보편적 조건, 즉 이상적인 발언 상황을 재구성하는 것이 옳다는 것이다. 또한 능력있는 발언자라면 누구든 담론에 참여하는 것으로 생각하는 한 그 조건은 충분히 만족시키게끔 전제해야 한다는 것이다.

　담론에의 참여자가 일반적으로 전제해야 할 것은, 그들의 커뮤니케이션 구조가 순형식적으로 서술할 수 있는 특색을 가지며 모든 강제를 배제하고, 공동으로 진리를 탐구한다는 동기 이외의 모든 동기를 배제하는 일이다.

　이러한 관점에서 담론(의론)이란 행위와는 별개의 수단에 의해서 이해를 지향하는 행위(반성적 방향을 취하는)의 계속이라고 파악할 수 있다.[71]

　하버마스에 의하면, 여기에서 '이해'라는 개념은 당사자간에 성립한 합법적으로 동기화된 화해를 뜻하는 것이다. 그것은 비판가능한 타당성의 요구에 비춰 측정된다. 즉 타당성의 요구(명제적 진리, 규범적 정당성, 주관적 성실성)에 의해서 제 발언 속에서 상징적으로 구체화된 지식이 여러 카테고리로 특징지어진다.[72]

　다시 말해서, 이해의 과정은 발언의 내용에 대한 찬동에 의한 동의, 그것은 합리적인 동기에 기초된 동의를 지향한다. 동의란 타자에 위압감을 주는 것이 아니고 조직에 의해서 상대방에 부과시키는 것도 아니다. 동의는 항상 서로간의 납득에 기초하는 것이다. 어떤 자의 언어행위는 수용자가 되는 타자가 원칙으로 비판가능한 타당성 요구에 대해 암

---

70) *Ibid.*, p.18.
71) *Ibid.*, p.25.
72) *Ibid.*, p.75.

제3장 수동적 수용자론과 능동적 수용자론

묵적이든 긍정의 태도를 취하고, 그것에 의해서 언어행위에 포함되고 있는 내용(의미)을 받아들일 경우에만 성취되었다고 말할 수 있다.73)

그러면 여기에서 말하는 타당성 요구는 어떤 개념인가? 하버마스에 의하면, 언어행위에 있는 수용자는 발화자가 제시한 타당성 요구를 '예(yes)'의 태도를 취함으로써 받아들이고, '아니오(no)'의 태도를 취함으로써 거부하게 된다. 따라서 커뮤니케이션의 참가자가 동의를 달성하는가 여부는 그때그때의 이런 '예/아니오'라는 태도결정의 여부에 의해서 특정된다. 여기에서 발화자는 이해지향적 태도를 취하게 되는데, 이해가능한 발언의 여하에 따라서 다음과 같은 청구를 내놓는다.74)

① 행해진 언명은 진(眞)이다(명제적 진리).
② 언어행위가 기존의 규범적 맥락과 관련에서 정당하다. 규범적 맥락 그 자체가 정당하다(규범적 정당성).
③ 나타난 발화자의 의도가 표현된 대로 마음속에 담겨져 있다(주관적 성실성).

이해가능한 언어행위의 내용을 거부하는 자는 진리성, 정당성, 그리고 성실성과 같은 세 측면 중 적어도 하나에 관하여 그 발언의 타당성을 부인하는 것이 된다. 정상적인 일상의 커뮤니케이션에서는 이러한 제 측면은 명확하게 나타나지 않는다.

그러나 합의가 성립 안되거나 문제가 되는 사항이 집요하게 발생할 경우, 능력을 가진 발화자는 개개의 세계 관계의 사이를 구별하고, 개개의 타당성 요구를 주체화하고, 객관적인 것, 규범적인 것, 주관적인 것 등 어떤 것도 그가 상대하는 무엇인가에 대해 어떤 태도를 취하는 것이다.

발화자는 언어사용에 있어 인지적 양식, 상호행위적 양식, 표시적 양

---

73) Habermas, J., 1990, *Moral Consciousness and Communicative Action*, Cambridge: Polity Press, p.134.
74) *Ibid.*, pp.136-137.

식 가운데 어떤 것을 선택하고, 이들 언어사용에 대응한 사실 확인적 언어행위, 규제적 언어행위, 표시적 언어행위 가운데 어떤 것을 선택한다. 그렇게 해서 진리문제, 정의문제, 성실의 문제 가운데 어떤 하나의 보편적 타당성 요구의 시각으로부터 선택한다. 그것은 커뮤니케이션에 기초하고 있는 일상의 실천은 타당성 요구의 상호주체적인 승인에 의존하고 있기 때문이다.

이상에서 우리들은 하버마스가 합리성의 문제에 접근하기 위해 '이해'의 개념에 초점을 맞추고 있음을 알 수 있다. 여기에서 이해과정이 목표로 하는 것은 타당성의 요구를 상호주관적으로 승인하는 데 기초하는 합의이다. 이 타당성 요구는 이미 커뮤니케이션에의 참여자가 상호 제기할 수 있고, 합리적으로 비판할 수 있는 것이다. 타당성의 요구에 준거함으로써 행위자는 구체적으로 세계와 연관성을 가져온다.

제 주체는 각각 자기의 표현에 의해서 세계 속의 어떤 것과 관계하기 위해, 이해를 위해 일반적으로 본질적인 의미를 갖는 형식적인 공동성을 가정하고 있다.[75]

하버마스는 이해과정의 원리적인 미적 구조를 ① 행위자의 3개의 세계연관 및 그것에 조응하는 객관적·사회적·구조적 세계의 개념에 의해 특징지우고, ② 명제적 진리, 규범적 정당성, 성실성 또는 확증성에 의해 특징지우며, ③ 합리적으로 동기화된, 즉 비판가능한 타당성의 요구를 간주관적으로 승인함으로써 기초되는 이해에 의해서 특징지우며, ④ 공통의 상황정의를 협동해서 창출하는 것으로 이해를 특징지었다. 그런데 객관성의 요구를 채워야 한다면, 이러한 이해과정의 합리적인 내적 구조는 어떤 의미에서 보편타당한 것이라는 것을 증명하지 않으면 안된다.[76]

하버마스는 이상과 같은 커뮤니케이션적 합리성이 갖는 보편성을 설명하기 위해 첫째, 커뮤니케이션적 행위개념을 형식화용론적으로 접근하는 방법을 도입했다. 이 경우 형식적 의미론, 언어행위론, 기타의 언

---

75) Habermas, J., *op. cit.*, p.102.
76) *Ibid.*, p.137.

제3장 수동적 수용자론과 능동적 수용자론

어화용론의 견해를 관련시켜서, 이해를 목표로 하는 언어행위의 일반법칙과 그 필연적 전제를 합리적으로 재구성하려고 했다. 이것은 이론 이전의 지식을 가정으로 해서 재구성하는 것으로 능력있는 발화자는 이해를 목표로 하는 행위 속에서 명제를 사용할 경우, 이 지식을 고려에 넣는다.

둘째로, 형식화용론적 견해가 경험적으로 이용할 수 있는 가능성을 평가하는 방법이다. 이를 위해, 세계의 연구영역, 즉 병리학적 커뮤니케이션의 유형에 관한 해명, 사회문화적 생활형태의 기반의 신화, 그리고 행위능력의 개체 발생 등이 그것이다. 여기에서 첫째의 경우는 체계적으로 왜곡된 커뮤니케이션의 유형에 관한 치료에 비춰 연구된다.

세번째의 경우, 형식화용론의 보편주의적 요구는 커뮤니케이션과 상호행위의 능력을 획득하기 위해, 피아제(J. Piajet)와 같은 발달심리학을 도입해서 접근하고 있다. 이해를 목표로 하는 행위를 재구성하는 것은 여러 가지 능력을 설명하는데 뒷받침되어야 한다. 그 능력의 개체 발생은 피아제의 '인지발달이론'이나 콜버그(L. Kohlberg)의 '도덕발달이론'[77]을 도입하고 있다.

마지막으로 사회학적 견해를 사회적 합리화의 이론에까지 끌어올리는 것은 하버마스가 가장 중요하게 여기는 부분이다. 그는 커뮤니케이션적 행위의 기본개념에 의해서 전개되는 합리화의 이론에 의해서 해명할 수 있는 제 문제를 전개하려고 하는 체계적 의도에서 베버로부터 파슨스까지의 개념적 전략, 제 가정, 의론을 논의한다.

한편 베버의 합리성 주제를 맑스주의적 입장에서 받아들인다는 아폴리아적 발전을 루카치로부터 호르크하이머, 아도르노까지 거슬러 올라감으로써, 의식이론적 견해의 한계를 밝힘과 동시에, 목적 합리성으로부터, 커뮤니케이션적 행위에로 패러다임을 전환한 이유를 밝히려고 했다. 또한 커뮤니케이션 이론에 의한 미드의 사회과학의 기초와 뒤르케임(E. Durkeim)의 종교사회학이 밀접하게 관련이 있어 언어로 매개되고, 규범으로 이끌어지는 상호행위의 개념을 개념발생적으로 설명하고 있다.

---

77) Kohlberg, L., 1981, *Essays on Moral Development*, Vol 1, San Francisco.

5) 인지 심리학적 접근

인지 심리학적 접근방법의 대표적인 예의 하나가 '지각적 수용자(perceptive audience)'이다. 이 개념은 군터(B. Gunter)가 호칭한 것이다.[78] 군터는 수용자가 그들 자신 텔레비전 프로그램에 대해 어떻게 인지적으로 반응하고 이해하는가를 규명하려는 데 초점을 두었다.

그에 의하면 텔레비전 시청은 수용자가 텔레비전 포맷과 내용의 일정한 규정에 관한 그들의 이해를 토대로 해서, 또한 그들이 스크린에서 본 것과 그들이 살고 있는 세계에 관해서 보다 직접적인 체험을 통해서 알 수 있는 것들을 비교함으로써 프로그램을 판단하고 해석하는 것을 인지적으로 능동적인 현상으로 보았다.

따라서 아동이나 청소년들은 텔레비전 내용에 의해서 수동적으로 배양되기보다는 그 내용을 능동적으로 해석한다는 것이다. 다시 말해서 텔레비전 시청자는 연령에 관계없이 프로그램에 대한 그들의 반응에 있어서 선택적으로 지각하고 판단한다는 것이다.

군터는 이를 파악하기 위해 두 개의 비교의 틀을 설정한다. 첫째, 사물이 텔레비전에 어떻게 묘사되고 있는가에 대한 수용자의 지각(주관적 기술)과 이들 내용분석에 나타난 내용(객관적 기술)을 비교한다. 또한 일정한 사회적 실체가 텔레비전 속에 어떻게 그려지는가에 대한 수용자의 지각과 그러한 사회적 실체가 현실생활 속에 어떻게 나타나고 있는가를 비교한다. 그렇게 함으로써 그 조사는 시청자들이 조사자가 행하는 것처럼 텔레비전에서 항상 동일한 의미를 해독할 수 없다는 것을 나타낸다.

이러한 비교를 통해서 수많은 사회집단이나 대상, 기구 그리고 사건들에 관해서, 이것들이 실생활 속에서 어떠한가에 대한 시청자의 지각을, 그것들이 텔레비전 속에서 어떻게 묘사되었는가에 대한 지각과 다르다는 것을 알 수 있다.

---

78) Gunter, B., 1988, "The Perceptive Audience," in J. Anderson(ed.), *Communication Yearbook* 11, Sage, pp.22-50.

제3장 수동적 수용자론과 능동적 수용자론

　　이상과 같은 문제들과 관련된 연구주제는 TV 범죄에 대한 청소년들의 지각, TV 범죄의 아동들의 지각, 성역할에 대한 지각 등을 들 수 있다.
　　군터는 또한 텔레비전이 어느 정도로 수용자의 사회적 태도, 신념, 가치 등에 영향을 미치는가를 규명하려고 했다. 이 연구는 텔레비전의 그러한 영향을 통제하는 데 인지적 또는 지각적 조정자의 중대한 역할을 강조한다. 특히 TV 내용의 이해에 대한 두 가지 측면은 시청유형과 사회적 지각 간의 관계를 조정하는 중요한 조정자로 여긴다.
　　첫째 관심은 현실을 TV 스크린에 묘사된 환상적인 내용으로부터 구별할 줄 아는 시청자의 능력이며, 둘째 관심은 이야기 줄거리를 효과적으로 따라가며, 그리고 어떻게 상이한 플롯 요소가 하나의 통일성있는 이야기를 형성하는 데 연관되어 있는가를 알 수 있는 능력이다. 여기에서 이러한 조정과정이 얼마나 상이한가에 대한 연구의 예의 하나가 '이야기 줄거리에 대한 이해'에 관한 것이다.
　　이 연구의 가정은, 사회적 현실에 관한 아동의 신념에 미치는 텔레비전의 영향은 텔레비전 드라마의 이야기 줄거리를 따를 수 있는 그들의 능력에 의해서 조정될 수 있다는 것이다.
　　콜린스(W. A. Collins)의 조사결과에 의하면,[79] 텔레비전 프로그램으로부터 시청한 사실을 기억할 수 있는 능력과 프로그램 속에 명백히 표현된 내용을 뛰어넘어서 추리할 수 있는 능력은 초기 그리고 중기 아동기 연령에 올라갈수록 향상되고 있다. 또한 여덟 살보다 어린 어린이는 순서의 연속과 시간으로 분리된 플롯 속에 사건간의 관계를 연결하는 데 큰 어려움이 있음을 조사결과는 나타내고 있다.
　　객관적인 내용분석으로부터 도출한 텔레비전 프로그램의 기술적 성격과 수용자의 주관적 관점으로부터 TV의 지각된 성격간의 비교는 반드시 일치되지 않는다. TV 내용에 대한 시청자의 지각적 평가와 인지적

---

79) Collins, W. A., "Effect of Temporal Separation between Motivation, Aggression and Consequences: A Developmental Study," *Developmental Psychology* 8, pp.215-221.

해석은 시청자에게 미치는 영향을 조정한다는 것이 발견되었기 때문에, 이러한 지각적이고 인지적 요인들을 프로그램 내용평가의 모델 속에 만들 필요가 있다고 군터는 주장한다.

군터는 말하기를, 배양효과연구자들은 텔레비전의 세계가 원래부터 복잡하다는 것을 잘 알고 있으나, TV에 의해서 전달되는 중요한 메시지나 의미가 수용자의 내용지각과 관련짓지 않더라도 인정할 수 있다고 그릇되게 가정하고 있다는 것이다. 조사결과에 의하면, 이해와 판단과정은 텔레비전 스크린에서 본 것에 대한 지각에 영향을 주며 텔레비전이 시청자들의 태도, 신념, 가치 그리고 행동에 미칠 수 있는 어떤 영향을 인지적으로 조정한다는 것이다.[80]

능동적 수용자에 대한 인지 심리학적 접근방법 가운데, 근래 크게 주목받고 있는 이론이 '스키마(schema) 이론'이다. 이 이론은 특히 매스커뮤니케이션 연구분야에서 '정보처리과정(information processing)'과 연관되어 있는 '인지적 과정(cognitive processes)'을 설명하는 데 매우 유용한 이론이기 때문이다. 가령 '이야기 스키마(story schema)'는 "이야기가 어떻게 구조화되었는가에 관한 기억"이라고 규정한다.[81] 이야기 스키마는 이야기 원형의 각 부분의 추상을 나타내며, 그 각 부분들이 어떻게 연결되어 있는가[예: 설정, 도입(시작), 핵심의 문제, 문제해결 등]를 나타낸다. 이들 부분들은 이야기들이 공통적으로 갖고 있는 요소를 강조하는 '이야기 문법(story grammar)'이라고 한다.[82]

일반 스키마 이론은 모호한 이론으로 비판되어왔다. 그러나 '이야기 스키마'는 텔레비전의 경우에는 매우 적절한 영역으로 인정되고 있다. 왜냐하면 모든 프로그램이 이야기를 전해주기 때문이다.

따라서 이러한 연구는 텔레비전 이야기에 대한 기억과 주목의 맥락

---

80) *Ibid.*, p.47.
81) Thorndyke and Yekovich, 1979, *A Critique of Schemata as a Theory of Human Story Memory*, Santa Monica, CA: Rand.
82) Mandler and Johnson, 1977, "Rememberance of Things Posed: Story Structure and Recall," *Cognitive Psychology* 9, pp.111-151.

속에서 이야기 스키마에 집중하고 있다.[83] 이야기 스키마는 이야기를 읽을 때, 정보를 조직하는 데 해석적인 틀을 제공하며 또한 그것은 기호화, 저장, 회복에 영향을 미친다.[84]

'이야기 스키마'는 읽을 때 다음과 같은 특성들을 나타낸다.

첫째, 중요한 이야기 내용을 기대하는 독자를 도와준다.

둘째, 정보의 계층적 저장을 도와준다. 즉 중심적인 이야기 내용은 주변적(우연적)인 정보보다 더욱 기억하도록 도와준다.

셋째, 보다 효과적으로 정보를 처리하게끔 한다.[85]

이러한 세 개의 특징적인 정보처리는 손다이크(Thorndyke)와 예코비츠(Yekovich)에 의해서 제시된 다섯 개의 스키마의 특성의 결과라고 본다.[86] 그 가운데 세 가지 특성은 '계층적 조직(hierarchical organization)', '인스턴시에이션(instantiation)' 그리고 '예측(prediction)'이다. 여기에서 '계층적 조직'은 이야기 정보가 그 이야기의 중요도에 입각해서 기억 속에 모여 있는 것을 의미한다. '인스턴시에이션'은 스키마 요소에 들어오는 정보를 배합하는 과정을 의미하며, '예측'은 스키마의 세 번째 부분으로, 이야기 내용이 부합되면 부수적인 정보에 관한 기대가 형성한다. 이와 같은 기대는 스키마의 원형과 개인의 과거 경험 그리고 이미 배합되어진 자극적 정보에 기초되고 있다.

이상과 같은 스키마 이론을 매스커뮤니케이션 분야에 도입, 이를 여러 가지 차원에 적용하고 있다. 가령 크로커(J. Crocker), 피스크 그리고 테일러(D. Taylor) 등은 심리(마음)가 매일 끊임없이 들이닥치는 새로운 정보를 어떻게 수습(대처)하고 있는가를 설명하는 데 스키마 구성을 이용한 바 있다.[87]

---

83) Meadowcraft, J. and B. Reeves, 1989, "Influence of Story Schema Development on Children's Attention to Television," *Communication Research* 16(3), June, p.356.
84) Thorndyke and Yekovich, *op. cit.*
85) Meadowcraft, J. and B. Reeves, *op. cit.*
86) Thorndyke and Yekovich, *op. cit.*

이 '스키마 구성(schema construct)'을 경험적으로 측정하려고 시도했던 최근의 연구 결과는 앞으로도 계속 스키마 이론이 매스커뮤니케이션 연구에 중요한 역할을 할 것이라고 제시하고 있다.[88]

스키마는 하나의 '인지구조(cognitive structure)'라고 볼 수 있다. 그것은 이전의 체험으로부터 추상화된 자극의 유형이거나 주어진 개념에 관한 조직화된 지식이라고 본다.

가령 정치, 경제 또는 사회보장과 같은 어떤 뉴스 토픽의 경우, 사람들은 그가 얻어낸 정도에 따라 전무의 상태로부터 많은 정도의 스키마를 가질 수 있다.

그러나 연구결과에 의하면 대부분의 사람들은 정보처리과정에서 비교적 적은 스키마를 이용한다. 예를 들어 '원형(prototypes)'[89]이나 '틀(frames)',[90] '스테레오 타입(stereotypes)',[91] 그리고 '인지적 지도(cognitive maps)'와 같은 용어는 모두 스키마 개념과 기본적인 주제를 다루고 있는 말이다.

6) 제도적 수용자 연구(Institutional Audience Research)

로리머는 수용자 연구의 마지막 카테고리로 '제도적 수용자 연구'(조사)를 들고 있다. 이 접근에 대해서는 맥퀘일이나 젠센/로젠그렌 모두 다 언급이 없는 카테고리이다. 여기에서 말하는 제도적 수용자 연구(조

---

[87] Croker, J., S. Fiske, and S. Taylor, 1984, "Schematic Bases of Belief Change," in J. Fiser(ed.), *Attitudinal Judgment*, New York: Springerverlag, pp.197-226.

[88] Wicks, R. and D. Drew, 1991, "Learning from the News: Effects of Message Consistency and Medium on Recall and Inference Making," *Journalism Quarterly* 68(1-2), pp.155-164

[89] Cantor, N. and W. Mischel, 1977, "Traits as Prototypes: Effects on Recognition Memory," *Journal of Personality and Social Psychology* 35, pp.38-48.

[90] Minsky, M., 1975, "Framework for Representing Knowledge," in Winston (ed.), *The Psychology of Computer Vision*, New York: McGraw-Hill.

[91] Lippmann, W., 1922, *Public Opinion*, New York: Macmillan.

제3장 수동적 수용자론과 능동적 수용자론

사)란 방송국이나 신문사 등 언론사 당사자가 그들의 정책자료를 수집하기 위하여, 자체적으로 혹은 민간조사기관에 의뢰하여 방송시청률, 프로그램 선호도 등의 방송 청취자 조사나, 그리고 신문사나 잡지사의 경우, 구독자 조사를 실시하는 것을 말한다.

지금까지 매스미디어의 수용자에 대한 연구는 주로 학계의 연구자들의 관심으로 이루어져 왔으나, 실제로 미국의 매스미디어 연구 역사에서 알 수 있듯이, 미디어의 수용자에 대한 관심은 학계에서보다는 언론사가 보다 먼저 관심을 가졌던 것이다. 1930년대 라자스펠트 등의 컬럼비아학파들에 의해서 실시된 각종 라디오 조사는 모두 미국 상업방송국의 재정적 지원으로 이루어진 것은 이미 다 아는 사실이다.

이와 같이 당초부터 미디어 기관들(institutions)은 사람들이 미디어를 접할 때 무엇을 읽고, 듣고, 시청하는가를 찾아내는 데 크게 관심을 가졌다. 그러한 정보는 실용적 가치를 갖고 있다. 그 정보는 방송사나 신문사로 하여금 그들의 수용자가 누구인지, 수용자의 시청 혹은 구독의 습관이나 선호도를 알 수가 있다. 그러한 정보는 확실히 경제적 가치를 가지고 있기 때문에 상업방송국은 시장이 더욱 경쟁적인 것처럼 광고를 팔기 위해 시청자에 관한 정확한 정보를 얻는 데 크게 관심을 갖게 되었다. 전통적으로 그러한 조사는 시청자의 크기에 초점이 맞추어져 있다. TV 프로그램의 수용자가 많으면 많을수록 광고업자들에게 더 매력적이기 때문이다. 그러나 1970년대부터 미국에서는 특정 프로그램을 선호하는 시청자들에 관한 정확한 정보를 제공하려는 '질적 인구통계'가 실시되고 있다.[92]

그러나 수용자 조사는 비상업적 방송국에서도 실시하고 있다. 영국의 BBC방송사는 1936년부터 청취조사과(Listener Research Department)를 두어, 자체적으로 청취자의 청취습관과 선호도에 관한 조사를 실시하였다. 여기에서 습관이란, 가령 사람들의 기상시간, 출근시간, 귀가시간, 취침시간 등과 같이 매우 단순한 것이었다. 질문사항은 "시청자들이 TV

---

[92] Lorimer, R., *op. cit.*, p.173.

를 여름보다 겨울에 더 많이 시청하는가?" 혹은 "남부 영국 사람들은 북부 영국 사람보다 어느 정도 많이 TV를 시청하는가?"와 같은 것이다. 이와 같은 정보는 프로그램 편성에 영속적이고 합리적인 자료로 제공되었다. BBC의 또 다른 조사는 청취자의 취향 선호도 조사이다. 가령 어떤 종류의 음악을 사람들이 듣기를 좋아하는가. 댄스 밴드 음악 혹은 오케스트라 음악, 오페라, 혹은 챔버 뮤직 등이다.93)

일본의 경우, 공영방송인 NHK는 방송문화연구소를 설치하여, 방송에 관련된 모든 분야에 대하여 조사연구를 실시하고 있다. 이 연구소에서는 매년 6월이나 7월에 TV와 라디오에 대한 전국 개인 시청률 조사를 실시하고 있다. 조사내용을 간단히 살펴보면 다음과 같다. 이 조사는 1996년 6월에 실시한 조사이다.

조사기간은 6월 3일(월요일)에서 9일(일요일)까지의 1주간이며, 조사대상은 전국 7세 이상의 전국민으로부터 무작위로 추출한 3,600명이다. 조사방법은 방송국별 요일시간대(5분 단위)의 일기식 조사표를 이용한 배포 회수법(개인 단위)이다.

TV의 경우, 조사내용은 1일의 TV시청 시간량, 요일별 평균 시간량(30분씩), 아침 프로그램 시청률, 낮과 저녁대 프로그램 시청률, 밤 7시대와 8시대의 프로그램 시청률, 밤 9시 이후의 프로그램 시청률, 가장 잘 보는 프로그램 등이다.

기타 교육 TV의 경우 주간 시청상황, 가장 좋아하는 프로그램, 그리고 위성방송의 경우 수신장치의 설치상황, 위성방송의 주간 시청상황, 가장 좋아하는 프로그램에 대한 조사 등이다. 라디오의 시청률 조사사항도 TV의 경우와 비슷하다.94)

오늘날 미디어 환경의 급속한 변화로 인해서, 방송의 경우 더욱 다양화

---

93) Scannel, P., 1988, "Radio times," in P. Drummond and R. Paterson(eds.), *Television and 9th Audiences: International Research Perspectives*, British Film Institute, London; Scannel, P. and W. Cardiff, 1991, *A Social History of Broadcasting, Vol. 1: Serving the Nation 1922-1939*, Oxford: Basil Blackwell.
94) NHK 放送文化硏究所, 1996, ≪放送と調査≫ 9月號 pp.40-51.

제3장 수동적 수용자론과 능동적 수용자론

되고, 상업화 경향이 더욱 농후해졌다. 그러한 경향은 결과적으로 공영방송과 상업방송 간, 그리고 상업방송사간의 시청자 획득 경쟁을 심화시키고 있으며, 이로 인하여 시청률에 대한 관심이 더욱 높아지게 되었다.

앵은 그의 저서 *Desperately Seeking the Audience*에서 시청률에 관하여 다음과 같이 설명하고 있다.[95]

시청률은 '수용자 측정'이라고 불리는 대규모 사업의 가장 특징적인 산물이며 대개 독립적이고 상업적인 목적으로 조직된 조사회사에 의해서 생산된다. 미국에서 지배적인 시청률 조사 회사는 닐슨(Nielsen)이다. 방송 네트워크와 방송국이 전체 시청률 조사 비용의 약 85%를 지불하는 것으로 추정된다. 또 다른 전국적인 시청률 이용자들은 광고 대행사와 광고주, 상업 텔레비전 제작의 투자자와 프로그램 제작자들이다. 시청률 자료는 프로그램 시청률 순위가 일상적으로 발표되는 업계지나 대중잡지에서도 이용된다.

시청률은 수용자 측정의 일정한 규칙에 따라 계산한 결과를 요약한 통계치다. 시청률은 수용자의 크기와 구성을 측정한다. 수용자 크기는 어느 저녁 어느 시간대에 어떤 프로그램을 또는 어떤 채널을 본 사람의 수를 말한다. 수용자 구성은 시청하는 사람들의 유형을 말한다. 즉 나이, 수입, 성별 등과 같은 인구학적 변인들로 정의된다. 수용자 측정은 전체 잠재 수용자와 측정 순간의 실제 수용자 양자에 관련되어 이루어진다.

조사결과는 시청률과 점유율이라는 두 가지 형태의 수치로 나타난다. 기술적 측면에서 시청률은 전체 '텔레비전 가구'에 대하여 측정 채널이나 프로그램을 시청한 가구의 측정 비율, 또는 인구학적 집단이나 일정한 조사지역 내의 모든 사람들에 대한 측정 채널이나 프로그램의 시청자 수의 추정 비율로 정의된다. 반면 점유율은 특정 시간에 텔레비전 수상기를 켠 모든 가구에 대하여 특정 프로그램이나 채널을 본 가구의 비율을 나타낸다. 시청률과 점유율은 업계의 표준어이다. 예를 들어, 시

---

[95] Ang, I., 1991, *Desperately Seeking the Audience*, London/New York: Routledge, pp.45-46; 김영호(역), 1998, 『방송수용자의 이해』, 한나래, 62-63쪽 참조

수용자론

청률 조사 보고서의 '힐 스트리트 블루스(Hill Street Blues) 15.7/26'은 시청률 15.7(텔레비전을 보유한 모든 가구 가운데 15.7%가 그 프로그램을 시청)과, 점유율 26(텔레비전이 켜져 있는 모든 시청 가구 가운데 26%가 그 프로그램을 시청)을 의미한다.96)

특히 상업 텔레비전의 정치경제학에 있어서 수용자 측정은 불가결한 지식 생산수단이다. 상업 텔레비전에서 수용자 정복의 절박성은 수용자를 시장(market)으로 위치화시킨 데 있다. 맥퀘일이 주장한 바와 같이 여기에서 수용자는 이중적인 의미에서 소비자다. 수용자는 텔레비전 프로그램의 소비자이자 프로그램을 통해 광고되는 상품의 소비자이기도 하다.97) 그러나 공영방송의 주된 관심은 시장으로서의 수용자(audience-as-market)가 아니라 공중으로서의 수용자(audience-as-public)이다.98) 공중으로서의 수용자는 소비자가 아닌 일반시민이다. 그들은 계몽되어야 하며 교양적이어야 하며, 많은 정보를 알아야 하고 또한 즐거워야 한다. 간단히 말해서 공영방송은 일반시민들이 민주적 권리와 의무를 수행할 수 있도록 봉사해야 한다.99) 이러한 맥락에서 공영방송은 미국적 상업 텔레비전과 같이 소비 쾌락주의와 아무런 관련이 없고, 그것은 매우 고귀하고 진지한 사업이다. 따라서 미국 텔레비전에서 찾아볼 수 있는 대중오락 프로그램들은 유럽의 공영방송에서는 덜 중요한 프로그램 장르로 생각되고 있다.100)

앵은 다시 다음과 같이 말한다. "광고주의 돈에 의존하지 않는 방송 체제는 시청률 자료가 필요없다. 그러나 BBC와 VARA를 포함한 많은 공영방송에서 수용자 측정은 대규모 사업이 되어왔다. 어떻게 이런 모순된 일이 일어났는가? 그리고 어떤 효과를 가져왔는가?" 그녀는 그 답변을 스미스(A. Smith)의 다음과 같은 글에서 찾으려고 한다. 스미스는

---

96) Ibid., p.46; 김영호(역), 상게서, 62-63쪽 참조
97) McQuail, D., 1987, *Mass Communication Theory*, London: Sage, pp.220-221.
98) Ibid., pp.219-220.
99) Ang, I., op. cit., p.29.
100) Ibid., p.29; 김영호(역), 상게서, 43쪽 참조

제3장 수동적 수용자론과 능동적 수용자론

이를 다음과 같이 이야기하고 있다.

"수용자 측정은 예비선거의 여론조사와 같은 정확성을 갖는다. 더 나은 방법이 항상 시도되어 왔으며, 조사방법의 신뢰도에 관한 복잡한 기술 논쟁이 있었다. 유권자를 표본추출하여 정치 선호도를 조사하는 것과 텔레비전 시청자를 표본추출하여 조사하는 것은 매우 다르다. 시청자 조사의 표본 가구는 아무도 없는 방안에 텔레비전만 켜 놓을 수도 있고, 방 안에 사람이 있더라도 시청하지 않을 수 있으며, 잠을 자거나 카드놀이를 하거나 헤드폰으로 음악을 듣고 있을 수도 있다. 영국에서의 수용자 측정이 방송사 수입 수준을 결정하기 위해서가 아니라, 단지 호기심을 만족시키고, 제도간의 경쟁심을 높이기 위하여 행해져왔다는 것은 다행한 일이다. 경쟁적인 상업체제에서도 잘못된 표본 추출법을 통한 수용자 측정은 중요한 문제이다. 프로그램, 채널, 혹은 회사 전체까지도 드러나지 않은 통계적 실수에 의해서 무너질 수 있다. 미국에서는 통계적 조사범위 내의 시청률 변화를 근거로 실험 프로그램에 대한 막대한 액수의 투자가 정기적으로 행해진다."[101]

7) 능동적 수용자론에서 주체성(Subjectivity)에 관한 제 논의

능동자적 수용자론의 주요 개념의 하나가 '이성(理性)'의 개념이라면, 이와 유사한 또 다른 개념의 하나가 '주체(subject)' 개념일 것이다. 그만큼 '이성'과 '주체'의 개념은 동일 차원의 개념이면서, 능동적 수용자 개념과 연속성을 지닌 개념이다.

그러나 이성의 개념은 규범적 접근의 차원에서 이미 간단히 살핀 바 있기 때문에 이 장에서는 주체의 개념에 대한 논의를 간단히 살피고자 한다.

---

101) Smith, A., "Licence and Liberty: Public Service Broadcasting in Britain," in C. MacCabe & D. Stewart(eds.), *The BBC and Public Service Broadcasting*, Manchester: Manchester Univ. Press; Ang, I., *op. cit.*, p.140; 김영호(역), 상게서, 170쪽 참조.

수용자론

커뮤니케이션 연구에 있어서 '주체'의 역할에 대한 관심은, 근대의 비판학파 일반이론 가운데 특히 스크린(Screen) 이론과 대중문화론을 중심으로 논의가 전개되어왔다. 그러나 이 개념의 이해는 결코 쉽지 않다. 피스크에 의하면, 그 이유는 첫째, 이 언어가 그동안 여러 가지 추상적 의미로 사용되어온 오랜 경위가 있고, 둘째, 이 개념은 자본주의자와 경험주의자 모두가 기본적으로 가정하고 있는 상식적인 관념, 즉 개인이라는 개념과 모순되고 있기 때문이다.[102]

구조주의와 맑스주의로부터 유래하는 이론은 개인이라는 개념을 주체라는 개념으로 대체하도록 요구한다. 왜냐하면 개인은 자연에 의해 생성되지만 주체는 문화에 의해 생성되기 때문이다. 개인에 대한 이론들은 사람들 사이의 차이에 초점을 맞추고, 이러한 차이들을 자연적인 것으로 설명한다. 다시 말해서 개인은 독자의 유전학적 구조를 가진 상의한 신체에 유숙하여, 개인성을 형성하고 있는 부분은 본질적으로 생물학적이고 자연계에 소속하고 있다. 이에 반해서 주체에 대한 이론들은 우리가 누구인지를 가장 생산적인 방식으로 설명하는 것으로서, 사회 내에서의 사람들의 공통적인 경험, 즉 문화적 학습에 초점을 맞춘다. 물론 문화적인 학습은 여러 가지 문화가 '개인'을 형성하는 의미, 개인으로서 우리들이 경험하는 자기의 의미와 관계를 갖는다. 사회적 관계의 네트워크에 있는 개인의 이러한 구조적 의미는 바로 '주체'와 관련되고 있다.[103] 오'셜리반(T. O'Sullivan) 등에 의하면, 주체(subject)라는 말에는 세 개의 주요 용법이 있다.[104]

① 정치적 이론에서 사용하는 주체: 국가나 법률의 종속자로서의 신민(臣民). 그가 권력에 따르고 있다는 점에서, 이 의미는 주체의 행동

---

102) Fiske, J., 1987, *Television Culture*, London and New York: Routledge, p.48.
103) *Ibid.*
104) O'Sullivan, T., J. Hartley, D. Saunders, M. Montgomery and J. Fiske, 1994, *Key Concepts in Communication and Cultural Studies*, London and New York: Routledge, pp.309-311.

자유가 결여되고 있음을 시사하고 있다.
② **관념론** 철학에서 사용하는 주체: 생각하는 주체, 의식의 장소(site). 이 의미는 주관과 객관의, 사상과 실체의, 자아와 타자의 분리를 시사한다. 따라서 이 의미에서 'Subjectivity'는 자기라고 생각되는 것을 표현하고 있으며, 현실에 존재하고 있는 것과는 대조적이다.
③ 문법에서 사용하는 주체: 주어-술어와 같은 문장의 주어, 어떤 언설이나 텍스트의 주제, 그것에 의해, 행동이 생기고, 결정된다.

이상에서 첫째 용법은 사회적 세력의 힘에 종속되고 있다는 의미를 갖는다. 가령 우리들은 법률에 따르고 있다(지배되고 있다), 어른의 권위에 따르고 있다(복종하고 있다) 등이다. "여왕폐하의 충실한 충복"이라는 말은 이 용법의 예이다. 여기에는 사회적으로 결정된 행동과 그 배경이 되는 태도가 포함될 뿐 아니라 개인의 내부보다는 외부로부터 발생한 '아이덴티티'라는 의미가 포함된다. 즉 'Subjectivity'는 사회관계의 소산이며, 한편으로 개인성은 자연 혹은 생물학적 소산으로 본다.

오'셜리반 등은 두 번째 용법을 다음과 같이 설명한다. "이 의미의 '주체성(Subjectivity)'은 의식의 장소를 나타낸다. 그러나 그것은 행동이나 의미의 소산이라기보다는 그것들의 원천으로 보여지는 부유하고 의식 내지 일원적 주체성을 나타낸다. 이 철학적 위치지움에 암시되고 있는 개인주의에는 '사유하는 주체'임을 규정하고, 조정하며 산출하는 장이라고 하는 사회관계와 언어에 의해서 연출되는 역할을 설명할 수 없다."[105]

세 번째 용법에는 언어, 언설, 텍스트의 역할을 개입시키고 있다. 이 이론은 하나의 언설이 주체(subjectivity)성에 의해서 표현되고, 받아들일 뿐 아니라 그것이 주체성을 만들어내는 것을 지적하고 있다.

이상과 같은 논의로부터, 주체성은 주로 세 가지 방법으로, 즉 사회를 통해서, 언어나 언설을 통해서, 정신과정을 통해서 우리들에게 작용하는

---

105) O'Sullivan, T. et al., *ibid.*, p.232.

사회관계의 소산이 된다. 어린이가 사회에 들어와서, 언어를 사용하게 되고, 의식을 형성하게 됨으로써, 이 사회관계는 만들어진다. 따라서 여기에서 주체성은 우리들의 개인성, 즉 타자와의 차이에 고유한 것이 아니라, 우리들이 소속하고 있는 여러 사회적 기관의 소산일 수도 있다. 이들 사회적 기관은 무수하게 존재하며, 서로 관계하고, 여러 가지 방법으로 개인 개인의 사회적 경험이나 생활사에 영향을 미친다.106)

한편 하틀리(Hartley)는 사회적 차원에서 주체성을 일곱 가지로 들고 있다.107) 그는 이를 다음과 같이 설명하고 있다.

"나는 이용할 수 있고, 혹은 강조할 수 있는 중요한 아이덴티티를 7가지 제안하고 싶다. 그 것은 내가 7가지 타입의 주체성이라고 부르고자 한 것이다. 즉 자기, 성, 연대, 가족, 계급, 국가, 민족이다. 이 리스트는 추상적이면서 분석적이다. 텔레비전이라는 구체적인 예에서는 이것을 리스트로 부를 수 없다. 왜냐하면, 이 일곱 개의 카테고리는 크게 중복되고 있고, 또 어떤 카테고리는 다른 것보다 강조되고 있기 때문이다(계급보다는 가족처럼). 어떤 것은 의미가 공존할 수 없는 카테고리도 있다(국가의 개념의 어떤 면은 어떤 의미에서 민족성이기도 하다).

피스크에 의하면 하틀리가 여기에서 말하고자 한 것은, 독자의 동일화(identification)를 조장하는 '텍스튜얼적 과정과 표상(textual processes and representations)'이라고 그가 호칭하고 있는 것에 대한 것이다. 가령 <탐정 하트(Hart) & 하트>의 어떤 장면을 이해하기 위해, 시청자는 가정지향의 청춘기의 백인 남성(탐정 하트)에 동일화하게끔 방향지어져 있다. 이를 추상적인 사회적 가치 내지 사회적 기관은 프로그램 속에서 구체적인 형식으로 표현되고 있다. 독자가 텍스트를 간단하게, 명확하게 이해하기 위해, 그것들을 전체로서 통합적인 주체를 설정해서 독자를 거기에 유도한다. 이 통합적인 주체의 설정은 이들 7개의 사회

---

106) Fiske, J., *op. cit.*, p.49.
107) Hartley, J., 1983, "Television and the Power of Dirt," *Australian Journal of Cultural Studies* 1:2, pp.69-70.

제3장 수동적 수용자론과 능동적 수용자론

적 기관 사이에 일어날 수 있는 모든 모순을 부정하고 서로 서로가 상호 부합하는 응집체가 되게끔 되어 있다. 가령 이 프로그램에서 탐정 하트의 경우 백인성과 남성 간에는 모순이 없고, 백인성과 미국성에도 모순이 없고, 계급성, 연령 간에도 모순이 없다. 이러한 통합성의 설정에 의해서, 우리들은 어떤 이유에서인가 '안다'. 가령 하트 일가는 악역보다는 교육정도가 높고, 도시에 살며, 북부에서 왔다는 것을 '안다'. 이러한 7가지 기관이 통일적으로 상호 지탱하는 기능 때문에 우리들은 이들 모두를 안다. 여기에서 사회적 기관의 통합적·주체적 기능은 TV에 한정되어 있지 않다. 실제 TV 리얼리즘 속에서 용이하게 그것이 기능한 것은 그것이 사회 속에서 활발하게 기능하고 있는 기관의 대표가 되고 있기 때문이다. 이들 사회적 기관은 우리들의 전생활이 주체성을 구축하게끔 동등하게 작용한다고 하는 이유에 의해서 텔레비전은 우리들에게 주체의 위치를 구성시킬 수가 있다.[108]

앞에서 말한 하틀리의 7가지 타입의 사회적 주체성은 곧 의미의 사회적 결정과도 일치한다. 왜냐하면 의미는 사회적으로 위치화된 독자와 텍스트와의 조정에 의해서 구성되기 때문이다. 따라서 디트로이트의 자동차 제조공장에서 일하고 있는 카톨릭 신자의 노동조합원은 위스콘신주의 프로테스탄트이며, 비정치적인 농업노동자와는 같은 노동자계급이더라도 전혀 다른 사회적 경험을 쌓고 있다. 또한 가부장제에 있어서 여성의 사회경험의 변천 범위는 훨씬 넓다.

이와 같이 사회적으로 산출된 사회적 주체는 생활사를 갖고, 특정의 사회적 구성(즉 계층, 성, 연령, 종교 등의 혼합) 속에 살고 있다. 그것은 사회적일 수도 있고 텍스트적일 수도 있는 복잡한 문화적 전통에 의해서 구성되고 있다. 주체성은 '현실'의 사회적 경험으로부터, 그리고 미디어가 매개 내지 텍스트상의 경험의 결과로서 생긴다. 따라서 실제의 텔레비전 시청자는 사회적 주체이다.[109]

---

108) Fiske, J., *op. cit.*, p.51.
109) *Ibid.*, p.62.

수용자론

피스크에 의하면 이같은 사회적 역사의 다양성은 필연적으로 주체 속에 모순을 낳게 한다. 피스크는 이에 대한 적절한 예를 몰리로부터 찾고 있다.

"어떤 사람은 동시에 생산 노동자, 노동조합원, 사회민주당의 지지자, 소비자, 인종차별자, 가정의 주인, 처에게 폭행을 가한 자, 크리스천일 수 있다."[110]

피스크는 또한 모순된 주체성을 설명하기 위해 몰리의 다음과 같은 설명을 인용하고 있다.

"가령 노동계급이고, 백인 남성의 급사(<Nationwide>를 보고 있는)가 직장으로부터 귀가해서 이번에는 자기의 가정이라는 문맥에서 <Nationwide>에 어떻게 반응하는가를 본다면, 이 문제는 보다 명백하게 설명될 수 있을 것이다. 우선 직장에서 함께 본 지지적/통상의 하급직 동료집단으로부터 떨어져서, <Nationwide>에서 방송되는 인터뷰의 뉴스를 가정이라는 맥락 속에서 볼 경우, 그의 '대항적' 읽기의 강도는 감소할 것이다. 그러나 <Nationwide>가 흘리는 여러 항목의 몇 개에 그가 어떻게 반응하는가를 가정적으로 보자. 그의 노동자계급이라는 위치는 그에게 노동조합이라는 언설을 도입시키고, 가정이라는 맥락으로부터 공급되는 틀을 약화시킬지 모르지만 다른 어떤 이유로 인해서 그는 최초의 항목에 대립적인 읽기를 만들어낼 것이다. 그러면서도 노동자계급이라는 위치는 도시 내부의 가정의 특별한 형태에 그를 결부시킨다. 이 형태는 제2차세계대전 이래 그의 눈 앞에서 전개된 아시아로부터의 이민에 의해서 문화적으로 변질되고 있다. 국민전선은 자기 영역의 이 변질에 관해서 지역적인 애국주의로부터 오는 공포를 표명하려고 한다. 거기에서 그는 젊은 흑인에 의한 가두 범죄 뉴스를 들으면 인종차별주의로 기울어진다. 즉 그는 이 시점에서 지배적인 해독에 접근한다. 그러나 도시내부 지역에 있어서 그 자신의 경험은, 그로 하여금 경찰이 천사가 아님을 믿게 한다. 거기에서 프로그램의 다음 항목이 '브릭

---

110) *Ibid.*, p.81; Morley. D., 1986, *Family Television*, London: Comedia, p.42.

제3장 수동적 수용자론과 능동적 수용자론

스톤(Brixton)' 폭동으로 옮겼을 때, 그는 젊은 흑인과 경찰 양쪽을 의심스럽게 생각하는 타협적인 해독을 만들어낸다. 여기에 이르러 그는 <Nationwide>에서 스위치를 시트콤 프로에 돌린다. 시트콤 프로의 이른바 노동자계급의 남성문화에 들어감으로써 프로그램의 지배적 해독을 하게 된다.111)

그러나 여기에 남은 하나의 문제는 하틀리와 몰리가 여기에서 주장하는 사회적 문제의 이론적 토대는 무엇인가 하는 점이다. 이미 앞에서 살펴본 바와 같이 몰리의 「Nationwide Audience」 연구의 가장 중요한 동기는 '스크린 이론'에서 주장하는 '텍스트상의 주체론'을 뛰어넘는 일이고, 텍스트와 주체와의 관계를 '텍스트'에 각인된, 일반개념적인 시청자라는 가설로부터 연역해야 할 선험적 문제로서 설정하는 입장을 때려 부수는 일이었다.112) 그런데 '스크린' 이론의 핵심인 텍스트결정주의 이론은 알튀세의 구조주의 이론과 라캉의 정신분석이론을 적용한 것이다.

한편 앵은 '문화론적 연구(Cultural Studies)'를 '이용과 충족 연구'와 대비하면서 "문화론적 연구는 마르크시즘적/(탈)구조주의적 가설에 기초해서, 개개인을 사회적 주체로 구성해가는 관계성과 구조의 망 속에서만이 개개인은 항상 나타난다. 즉 우리들은 반드시 거기에 틀지어 있다고 생각한다. 그렇다고 해서 우리들은 예정대로 움직이는 자동기계와 같이 주체성을 빼앗겨 있다는 것이 아니다"라고 하였다.113)

또한 앵은 문화론적 연구에서 "주체성이나 주체가 스스로의 삶을 구축하기 위해서 시도하는 '교섭(negotiation)'은 구조의 망 속에서 찾아볼 수 있는 존재의 구체적 상황에 상응해서 '중층적으로 결정'된다. 홀에 의하면 여기에서 말하는 '결정성(determinacy)'이란 특정 결과의 예언 가능성이라는 관점이 아니라 한계의 설정, 제한 역(域)의 확정 그리고 작동영역의 정의라는 관점에서 이해해야 한다. 이것은 홀이 'Marxism

---

111) Fiske, J., *ibid.*, p.82; Morley, D., *ibid.*, p.82에서 인용.
112) Morley, D., 1980, *op. cit.*, p.162.
113) Ang, I., 1996, *The Livingroom War*, London and New York: Routledge, p.41.

수용자론

Without Guarantees'라고 부른 것인데, 이것은 결정성에 대한 비결정주의의 이론이다. 그것은 그들 자신이 만들지 않은 조건 하에서만이 실행된다는 사실상의 법칙을 인식하는 입장이다"라고 하였다.[114]

앵이 주장하고 있는 '문화론적 연구'는 ① 맑시즘적/(탈)구조주의적 가설에 기초했다는 것이고, ② 개개인은 구조의 망 속에 틀지어 있고, ③ 주체가 스스로의 삶을 구축하기 위해서 시도하는 교섭은 중층적으로 결정된다는 것이 그 요점이다. 그러나 앵의 이상과 같은 주장은 문화론 연구의 이론적 근거가 다분히 알튀세의 구조주의이론임을 시사하고 있음에도 불구하고, 그 강조점은 중층적 결정이론이며, 이데올로기론이 아니므로 주체이론에는 상당한 모호성이 제기될 수밖에 없다. 여기에서 만일 알튀세의 '중층적 결정' 개념 대신 이데올로기론을 강조했을 경우, 그것은 자연히 '스크린'이론의 텍스트 결정이론이 되기 때문이다.

문화론적 연구 특히 수용연구에서 근거하는 능동적 주체이론, 즉 능동적·사회적 주체론의 이론적 뿌리를 찾기 위해 또 다른 예를 들어보겠다.

몰리에 의하면[115] '새로운 수용자 연구'의 제 문제를 다룬 논문에서 코너(G. Corner)는 "새로운 분야가 도착할 곳은 어떤 종류의 사회학적 정관주의이며… 시청관계의 일상생활(미시적)의 과정이 점점 강조되고, 미디어의 사회라고 하는 사회구조(거시적)에 대한 관심이 식어가고 있다"[116]고 주장하였다. 이에 대하여 몰리는 코너가 그의 논문에서 제시한 거시(macro)와 미시(micro)와의 관계를 잘못 이해했다고 비평한다. 여기에서 문제는 코너가 말하는 '거시'라는 개념이 기든스의 용어인 '구조화(structuration)'가 아니라 거기에 있는 제 구조라는 의미로 파악되고 있고, 그 의미로부터는, 사회적 구조(거시)가 일상적 과정(미시)을 통

---

114) *Ibid.*
115) Morley, D., 1992, *op. cit.*, p.18.
116) Corner, J., 1991, "Meaning, Genre and Context: the Problematics of Public Knowledge, in the New Media Audience," in J. Curran and M. Gurevitch (eds.), *Mass Media and Society*, London: Edward Arnold, p.4.

제3장 수동적 수용자론과 능동적 수용자론

해서 재생산될 가능성이 보이지 않는다는 것이다. 만일 구체적으로 생각된 의미로서 '구조'라는 용어를 사용해서 논하지 않는다면, 그러한 개념은 단순한 분석을 위한 구축물로, 무한히 많은 일상생활(미시)의 과정과 이벤트의 유형을 자세히 기술하는 데 지나지 않는다는 것이다.

몰리에 의하면, 이런 이유에서 현대문화연구소(CCS)의 미디어 그룹 연구는 그 발달단계에서부터 민족지학적 방법(ethnography)과 맺어졌다"는 것이다.117) "그것은 결코 개별성(미시적)을 중시하고, 전제(거시적)를 무시하는 것이 아니라 양쪽의 분석을 접합시키려고 할 것이다… 기든스가 주장하는 바와 같이 구조는 행위밖에 없는 것이 아니고 일상생활에 있어서 구체적인 활용을 통해서만이 재생산되고, 역사적으로 만들어지고, 변화되는 것으로 분석하지 않으면 안된다… 행위가 구조에 종속되는 한, 행위를 통해서 구성되는 구조로서 분석되지 않으면 안된다"고 몰리는 주장하고 있다.118)

다시 말해서 몰리의 주장에 의하면, 현대문화연구소의 미디어 그룹 연구의 이론적 배경은 앞에서 몰리가 지적한바 코너가 인용했던 일상적 용어로서의 '구조'도 아니고, 알튀세의 구조주의 이론(structuralism)도 아닌 기든스의 '구조화이론(theory of structuration)'이란 것이 명백하다. 기든스의 '구조화 개념(concept of structuration)'은 근본적으로 반복적인 사회생활의 특성과 관련되고 구조(structure)와 행위수행(ageney- action)의 상호 의존성(상호전제)을 보여주는 구조의 이중성(duality of structure)과 관련된다.119) 여기에서 기든스가 말하는 '구조의 이중성'은 사회학 이론에서 전통적으로 확립된 구조의 '이원론(dualism)'을 극복한 개념인데, 그는 두 개념의 차이를 다음과 같이 설명하고 있다.

"나는 사회적 실천을 실천적 의식과 함께, 사회이론에 있어서 전통적

---

117) *Ibid.*, p.19.
118) *Ibid.*
119) Giddens, A., 1979, *Central Problems in Sociological Theory*, London: Hutchinson, p.69.

수용자론

으로 확립된 두 이원론(dualism)을 연결하는 중요 요소로 간주한다. 하나는 자원론(voluntarism)의 형식과 결정론(determinism)적 형식 사이의 대비와 관련지어, 개인과 사회, 주관과 객관 그리고, 인식의 형식에 있어서 의식/무의식의 이원론이다. 단일한 개념으로써 구조화이론(structuration)은 이와 같은 이원론이 아니라 구조의 이중성(duality of structure)이라는 핵심적 개념을 구성한다. 여기에서 '구조의 이중성'이라는 것은 사회적 실천에서 형성되어지는 사회생활의 본질적인 순환성을 의미한다. 따라서 구조는 실천의 재생산의 산물이며, 또 재생산의 매개물이기도 하다. 구조는 행위자(agent)와 사회적 실천을 동시적으로 구성하며, 또 이러한 구성이 발생되는 가운데 '존재'하는 것이다."120)

기든스는 구조화이론의 특성, 즉 구조의 이중성 개념을 또한 다음과 같이 설명한다. "그렇게 구성된 구조화이론은 공시성과 통시성 또는 정태성과 동태성을 구분하지 않는다. 구조를 구속과 동일시하는 것을 거부한다. 왜냐하면, 구조는 가능성과 구속성을 동시에 가지며, 이 둘의 상호관계를 지배하는 사회체계의 조직의 조건을 연구하는 것이 사회이론의 특별한 과업 가운데 하나이기 때문이다… 또는 이 개념에 의하면 동일한 구조적 특성이 객체(사회)와 마찬가지로 주체(행위자)와 관련된다. 구조는 '퍼서낼리티'를 형성할 뿐 아니라 동시에 사회도 형성한다. 어떤 경우도 상호배타적이지 않다. 구조는 행위의 장애로서 개념화하기보다는 행위의 산출에 깊이 관련되어 있는 것으로 개념화된다."121)

기든스의 구조화이론에 대한 설명은 분명 몰리가 앞에서 주장한 바 있는 문화론적 연구의 이론적 토대가 되고 있음이 분명하다.

기든스는 그 이론에서, 구조화 행위와의 이중성과 관련하여, 인간 행위수행(human agency) 내지 행위주체 이론을 강조한다. 그는 "오늘날 사회이론이 직면한 다급한 과제는 주체의 개념적 제거가 아니라, 오히려 주관주의에 빠지지 않고 주체의 회복을 촉진하는 것이다"122)라고 주

---

120) *Ibid.*, pp.4-5.
121) *Ibid.*, pp.67-70.

제3장 수동적 수용자론과 능동적 수용자론

장하면서, 그가 생각하는 주체와 파슨스와 알튀세의 그것과 다르다는 것을 강조한다. 그는 다음과 같이 말한다.

"파슨스의 기능주의와 알튀세의 맑스 해석 사이에 유사성이 있음은 많이 지적되어왔다. 파슨스의 사회체계에 대한 기능적 문제의 확인은 알튀세의 사회구성체를 형성하는 영역의 개념과 유사하다. 가장 중요한 유사성은 두 사람의 사고체계가 주체와 객체의 이원론을 극복하는 데 관심―파슨스는 행위의 준거 틀을 통해서, 알튀세는 그의 '이론적 반인간주의(theoretical anti-humanism)'―을 갖는 것이지만, 두 사람 모두 주체가 객체에 의해 통제된다는 입장에 선다. 파슨스의 행위수행자(actor)는 문화적 얼간이(cultural dope)이며, 알튀세의 행위수행자(agent)는 어리벙벙한 '구조적 얼간이(structural dope)'이다.[123]

그러나 기든스의 행위수행자(agent)는 이와 전적으로 대비된다. 이에 대하여 기든스는 다음과 같이 설명한다. "모든 사회행위자들은 자신이 성원이 되어 있는 사회의 재생산 조건에 대하여 많은 것을 알고 있다. 이러한 것을 인식하지 못한 것이 기능주의와 구조주의의 근본적인 약점이다. 내가 강조하고자 하는 점은 행위자들이, 사회활동을 할 때, 이용하는 지식의 암묵적인 저장소인 실천적 의식과 행위자들의 담론의 수준에서 표현할 수 있는 지식을 포함하는 '담론적 의식'이라고 하는 것 사이에 차이가 있는 것이다. 모든 행위자들은 어느 정도 그들이 기여하여 구성하는 사회체계에 대한 담론적 통찰(discursive penetration)을 가지고 있다."[124]

이상에서 살펴본 기든스의 구조화이론에 준거해서 볼 때, 몰리 등의 수용연구자들이 생각하고 있는 능동적인 사회적 주체자는 구조에 대하여 제약을 받으면서 동시에 구조를 형성해가는 인간 행위수행자 내지 능동적 행위주체자임이 분명하다.

---

122) *Ibid.*, p.44; 윤병철·박병래(역), 1991, 『사회이론의 주요쟁점』, 문예출판사, 62쪽.
123) *Ibid.*, p.52; 상게서, 78쪽.
124) *Ibid.*, p.5; 상게서, 14쪽.

8) 텍스트상의 주체론

수용자를 텍스트상의 주체로 본 것은 전통적 스크린 이론에서다. 스크린 이론은 구조주의와 기호학에 정신분석과 맑시즘의 틀에서 형성된 것이다. 이들의 관점은 관람하는 주체에 대한 텍스트의 힘을 논하고, 관람하는 주체를 지배이데올로기 내에 위치시키도록 기능하는 텍스트의 전략들을 이론적으로 접근하려고 한다.[125] 이들의 관점은 맥케이브, 히드(Heath) 등을 중심으로 ≪스크린≫지에 발표된 것으로, 이들의 언설에 의하면 영화와 텔레비전의 수용자 성격은 '텍스트의 생산성'이라는 시각만으로 이론화된다는 것이다. 여기에서 관객의 역할이란 텍스트 속에서, 그리고 텍스트에 의해서 구축되고 특징지어진 '각인된(inscribed)' 어떤 위치에 지나지 않는다. 이렇게 볼 때 텍스트야말로 의미가 나타날 수 있는 유일의 원천이며, 텍스트의 의미를 읽는 한에서 관객이 점하는 주체의 위치가 구축된다. 이러한 관점은 바로 텍스트 결정주의라고 할 수 있다. 여기에서 관객은 텍스트를 읽음으로써, 즉 텍스트에 의해서 비로소 주체가 된다. 다시 말해서 텍스트상의 주체가 된다.

이와 같이 관객이나 시청자가 텍스트상의 주체로 이해되는 경우 그들은 비교적 무력하고 수동적인 존재로 인식되어진다. 그것은 사회적 주체성이 텍스트를 읽을 때에만 한시적으로 존재하는 텍스트상의 존재가 된다.[126] 그것은 마치 시청자들을 텍스트 속의 '수인'[127]으로 파악하는 것이나 다름없다.

이러한 텍스트상의 주체개념은 알튀세의 이데올로기 이론을 도입해서 구성된 것이다. 알튀세는 우리가 모두 '이데올로기적 국가장치(Ideologrial State Apparatus)'에 의해서 '이데올로기 내의 주체들(subjects-

---

125) Fiske, J., 1987, "British Cultural Studies and Television," in R. Allen(ed.), *Channels of Discourse*, London: Methuen, p.300; 김훈순(역), 상게서, 351쪽.
126) Ang, I., 1996, *op. cit.*, p.38.
127) *Ibid.*

in-ideology)'로 구성된다고 주장하였다. 알튀세에 의하면 인간은 처음부터 '주체'가 아니다. 인간은 최초에는 거기에 살고 있는 '개체'에 지나지 않는다. 아직 이름도 없고 자기에 대하여 통일성의 시각도 없다. 이데올로기는 이 개체를 불러서 개체가 이름을 갖도록 하고, 그 이름을 통해서 자기통일성을 자각할 수 있는 주체로 구성한다.

그뿐 아니라 다른 사람들과 일반적인 사회와의 우리들의 관계에 대한 우리의 의식 또한 구성된다. 그래서 우리는 각각 이데올로기 내의 주체로서(subject in), 그리고 이데올로기에 대한 주체(subject to)로서 구성된다. 알튀세는 주체를 설명하기 위하여 라캉의 개념 '호명'이라는 용어를 인용하고 있는데, 그에 의하면 이데올로기 주체들은 '호명(interpellation)'과 '부름(hailing)'의 행위에 의해 만들어진다. 알튀세는 "여보시오" 하고 사람을 부르는 경찰관의 예를 든다. 호명을 받은 사람이 "예, 나요?"라고 반문하며 돌아서면 그 사람은 질문을 당한 것이 되며, 여기에서 개인은 이데올로기가 자기만을 특별히 인정해준다는 환상을 갖게 된다고 본다. 여기에서 개인이 하나의 주체로 호명되는 이유는 그들이 추상적 의미의 주체가 내리는 계율들에 자유롭게 순종하도록 하기 위함, 즉 그가 (자유롭게) 자신의 주체화-종속화를 받아들이도록 하기 위한, 그래서 그가 그 주체화-종속화의 제스처와 행동을 오직 자기 스스로 하도록 하기 위함이다. 그들의 주체화-종속화에 의해서, 그리고 그것을 위해서만 주체가 존재하는 것이다.[128]

말하자면, 이 과정은 이데올로기가 호명을 통해서 개인을 주체로 불러내면서 동시에 이데올로기에 종속시키는 것으로 된다. 그것은 곧 근대 서양사상의 근간을 이루었던 개인 주체가 '종속(subjected to)의 위치'에서 '주인의(subject of) 위치'로 전환되는 역사가 전면 부인되는 것이다.[129]

---

128) 윤혜준, 1999, 「알튀세: 맑스주의적 주체비판」, 윤효녕 외, 『주체개념의 비판』, 서울대학교출판부, 145쪽에서 인용.
129) 상게서, 145-146쪽.

수용자론

　피스크는 텍스트의 이데올로기가 관객을 호명함으로써, 주체로 구성하는 과정을 텔레비전 시리즈의 시청의 예를 들면서 다음과 같이 설명하고 있다.

　"텔레비전 시리즈 <에이 특공대(The A. Team)>는 시청자를 남성적이고, 힘을 갈망하고, 특공대 내의 일원으로 호명한다. 시청자인 우리는 그 프로그램의 수신자 역할을 받아들이면서 단지 호명이 우리를 위해 생산해낸 주체의 위치를 받아들이는 것뿐만 아니라 협조적인 시청 행위에 의하여 텔레비전 시청의 사회적 실천과 가부장제 내의 주체들인 우리 자신들 안에 남성적인 이데올로기를 재생산한다. 그 프로그램은 우리를 부르고 있으며, 거기에 대답하는 우리 자신들을 인식하면서, 우리는 프로그램이 제안하는 우리들의 이데올로기적 정의 안에서 주체들로서 우리 자신들을 구성한다130)… 그러므로 생물학적인 여성도 남성의 주체성을 가질 수 있다(즉 그녀는 가부장적 이데올로기를 통하여 세계와 그녀 자신과 그 세계 안에서의 그녀의 위치를 이해할 수 있다). 그와 유사하게 흑인은 백인의 주체성을 가질 수 있고, 노동계층들 중의 한 구성원이 중산층의 주체성을 가질 수 있다."131)

　그러므로 빌레만(P. Willeman)이 지적한 것처럼, 텍스트상의 각인된 주체(시청자, 관객)와 현실의 사회적 주체 안에는 넘을 수 없는 갭이 존재한다. 앞에서 지적한바, 현실의 사회적 주체는 어떤 하나의 단순한 주체라기보다는 그 사람의 생활사 속에, 그리고 사회적 구성물 속에 존재하는 주체이다. 이 두 개 타입의 주체는 같은 것이 아니다. 그러나 형식주의적인 관점에서 말한다면, 현실의 독자는 구성된 독자와 일치한다고 생각할 수 있다.132)

　이상에서 우리는 텍스트상의 주체개념을 알튀세의 이데올로기 관점에

---

130) Fiske, J., 1987, *op. cit.*, p.288; 김훈순(역), 상게서, 340쪽에서 인용.
131) *Ibid.*, p.288; 김훈순(역), 상게서, 339쪽에서 인용.
132) Morley, D., 1980, *op. cit.*, p.159에서 인용; Willeman, P., 1998, "Notes on Subjectivity: On Reading Edward Branigan's Subjectivity under Siege," *Screen* 19, pp.41-69.

제3장 수동적 수용자론과 능동적 수용자론

서 해석해보았다. 그러나 여기에서 문제는, 앞에서 지적한 바와 같이, 알튀세의 주체개념은 근대 서양사상의 근간을 이루었던 관념철학의 주체개념, 즉 이성의 개념을 부인하는 것이 된다. 그럼에도 불구하고 알튀세의 주체개념은 이성적 주체개념을 전면에 내세워서 비판하고 있지 않다는 점이다. 그러나 알튀세 이후의 탈구조주의 이론 내지 포스트모더니즘의 주체이론은 이성적 주체개념의 비판으로부터 출발했다고 해도 과언이 아니다. 그들은 투명한 자의식을 지닌 주체의 합리적 판단과 인식, 그리고 행위를 대상세계에 대한 이해와 역사의 형성에 있어 중심적 축을 삼아왔던 모든 종류의 휴머니즘을 본격적인 비판 대상으로 삼고 있기 때문이다.133) 주체의 사망, 또는 저자의 죽음이라는 표현들은 인간중심주의에 대한 회의를 단적으로 표현한 것이다.134)

1960년대 푸코가 주체의 사망을 외치면서, 주체를 고발하고, 그 비판에만 입각해서 구조주의와의 관계를 구축할 때, 거기에 표적이 된 것은, 비역사적인 논리적 실체로서의 주체이며 통일적 종합의 작용인 의미부여, 근원적 경험으로서의 혹은 보편적 가치의 초역사적 지지체로서의 주체였다.135) 푸코에 의한 주체 형성사에 대한 고고학적 독해는 인식과 실천의 원점으로 간주되었던 주체개념을 냉정하게 해체한다. 니체와 프로이트에 의해 효과적인 방식으로 수행된 휴머니즘 전복 작업은 푸코에 의해 학문적으로 정밀화되었다.136)

이와 유사한 맥락에 위치에 있는 사람이 정신분석학자 라캉이다. 라캉의 주체 비판은 전통적인 절대주체의 위상을 축소시키는 동시에, 절대주체개념에 의해 억압받아온 인간주체들을 해방시키고 재구성하여, 주체개념을 재확립할 방향을 모색한다.137) 라캉에게 근본적으로 중요한

---

133) 윤평중, 1999,「푸코: 주체의 계보학과 윤리학」, 윤효녕 외, 상게서, 155쪽.
134) 윤평중, 상게서, 156쪽.
135) Gros. F. Michael Foucault, 1996, *Collection Que Sais Je?*, Presses Universitaires de France, Paris; 露崎俊和(譯), 1998,『ミシェル・フーコー』, 東京: 白水社, p.112.
136) 윤평중, 상게서, 166쪽.

것은 데카르트적 주체의 전복(즉 와해)이다. 라캉의 생각에 의하면, 인간이 자신을 하나의 주체로 개념화하는 것에 대한 프로이트의 공격이 코페르니쿠스의 혁명이나 다윈의 혁명보다 더 급진적이라는 것이다. 이 전복은 프로이트가 발견한 무의식을 통하여 일어났다는 것이다.[138] 따라서 라캉이 주체개념의 정립을 통해 도달하려는 실재주체(real subject)는 의식 주체가 아니라 무의식 주체이며, 의식과 무의식의 상호 역동적인 작용에 의해서만, 실재 주체로 나아갈 수 있다.[139]

라캉은 그의 저서 『에크리(E'crits)』[140]에서, 자아에게 있어 세계란 심상에 지나지 않고, 자아에 의한 세계의 지배란 자기 및 그 외부의 이미지에 의한 환상적인 지배라고 생각한다. 때문에 자아가 주체를 대표하는 것처럼 보이는 것은 경상단계(鏡像段階)에서와 같이 주체에 자율성과 전체성이라는 상상적 외관을 부여하고 있는 한에서이며, 거기에서 주체의 본질을 찾아내려는 것이 아니다. 참으로 주체가 이야기할 수 있는 장은, 자아라는 장소가 아니라 자아로부터 제외된, 의식밖에 위치한 자아에 있어서는 밖의 장에 요청하지 않으면 안된다.[141]

따라서 주체라는 것은 "주체는 …이다"와 같이, 주어와 술어를 붙여서 하나의 실체로 파악하려고 하면, 곧 이야기할 수 없는 벽에 부딪힌다. 말하자면 주체는 스스로의 장이 아닌 타인의 장소에 자기를 인도해서 처음으로 그 탄생을 본다.[142] 다시 말해서 주체란 무엇인가를 빼앗기는 체험 후에, 완전한 것으로 보이는 장소에 하나의 굴을 파고, 말할 수 없는 허(虛)의 요소가 낳음으로써 성립하는 모순에 찬 불합리한 것이다. 주체의 소멸 후, 주체는 한편으로 $S_1 - S_2$라는 '시니피엥(signifient)'

---

137) 정문영, 「라캉: 정신분석과 개인 주체의 위상축소」, 윤효녕 외, 상게서, 59쪽.
138) 상게서, 87쪽.
139) 상게서, 86쪽.
140) Lacan, M., 1977, E'crits: A Selection, A. Sheridan(trans.), N. Y.: Norton.
141) 福原泰平, 『ラカン: 鏡像段階』, 東京: 講談社, 1998, p.68에서 인용.
142) 상게서, p.162.

제3장 수동적 수용자론과 능동적 수용자론

의 연쇄에 의해서, 다른 '시니피엥'에 대해서만 표상되는 것이 되고, 두 개로 분할된다. 전자는 시니피엥의 출현에 의해서 그 존재가 소실된 빈 것인 데 비하여, 후자는 시니피엥으로 표상됨으로써 의미의 세계로 되돌아온 주체의 대리 표상된 모습이다. 이렇게 해서 주체는 소실되어 버린 무(無)로 존재하며, 그 존재에 있어서 부재한 것이 된다.[143]

주체의 소멸을 나타내는 라캉의 공식은 주체가 어떻게 해서 의미를 받아들일 수 있는가의 관점에서 설명한다. 즉 주체의 도장(印)인 첫 번째의 '시니피엥' S_1는 주체의 소멸의 흔적이며, 이것을 다른 시니피엥 S_2에 제시함으로써 처음으로 S_1이라는 凹의 흔적은 주체를 나타내는 시니피엥으로 기능하게 된다. 그런데 S_1이라는 주체의 핵이 되는 장소를 라캉은 데카르트가 말한 Cogito에 결부시켜, 이것을 자기의 상실 장소로 묘사한다. 데카르트의 유명한 말 "나는 생각한다. 고로 나는 존재한다"를 라캉은 "나는 존재하지 않는 곳에서 나는 생각한다"로 역전시킨다. 그래서 본래 자기가 있었던 장소로부터 이미 나는 소거되고 빼앗겨 버렸음을 밝히려고 한다. 이러한 사실은 주체가 탈중심화되었다는 데 멈추지 않고, 우리들은 어떤 자에게 이미 약탈되고, 무의미한 것으로 말소되었고, 그 장소에는 존재의 깊은 굴(穴)만이 입을 벌리고 있다는 것이 된다.[144]

이상에서 구조주의 내지 포스트 구조주의 이론을 발전시킨 대표적 사상가 알튀세, 푸코 그리고 라캉의 탈근대적 주체개념을 살펴보았거니와, 이와 관련해서 이들 이론들을 계승·발전시킨 포스트모더니즘의 이론가들의 주체개념을 간단히 살펴보기로 하겠다. 여기에서 이들 포스트모더니즘의 주체성에 대한 논의는 주로 켈너가 그의 저서 『미디어 문화 (Media Culture)』에서 살피고 있는 내용을 소개하는 것으로 끝맺겠다.

켈너에 의하면, 탈현대적 관점에서 볼 때 현대사회의 확장되고 복잡해지는 추세가 가속화될수록 정체성은 더욱 불안정하고 취약해진다. 이

---
143) 상게서, pp.162-163.
144) 상게서, p.170.

런 상황에서 탈현대성 담론은 정체성이라는 개념 자체를 문제시하며 그 것이 하나의 신화이자 환상일 뿐이라고 주장한다. 이런 상황에서 현대적 개인과 개인주의 문화의 산물인 자율적이고, 자기구성적인 주체는 파편화되고 소멸되고 있다는 주장들은 프랑크푸르트학파나 보들리야르 및 다른 탈현대 이론가들에 의해 다같이 주장되어 왔다.145)

탈구조주의 이론가들은 더 나아가 주체와 정체성이라는 개념 자체에 대하여 공격한다. 그들은 주관적 정체성 자체가 신화일 뿐이며, 언어와 사회의 구성물에 지나지 않는다고 말한다. 또한 주관적 정체성이라는 개념은 한 사람이 진정으로 실체를 가진 주체이고, 진실로 고정된 정체성을 가지고 있다고 생각하는 중층적으로 결정된 환상일 뿐이라는 것이다.146)

따라서 탈현대문화에서 주체는 찰나적 행복감의 연속으로 해체되고, 파편화되고 분리된다고 주장한다. 또한 탈중심화된 탈현대적 자아는 더 이상 불안을 경험하지 않으며, 현대적 자아의 이상이자 때로는 성과였던 깊이와 실체, 일관성 등은 더 이상 소유하지 않는다는 주장이다.147)

탈현대 이론가들은 주체가 대중으로 내파되었으며,148) 파편화되고 탈구되고, 불연속적인 경험양식은 주체의 경험과 텍스트 모두에서 탈현대적 문화의 근본적 특성이라고 주장한다.149)

보들리야르에 의하면, "탈현대적 미디어 사회 그리고 정보사회에서 한 사람은 기껏해야 '단말기의 한 항'에 불과하거나,150) 크로커(Kroker)

---

145) Kellner, D., *op. cit.*, 1995; 김수정·정종희(역), 상게서, 417쪽.
146) Jameson, F., 1985, "Postmodernism and the Consumer Society," in H. Foster(ed.), *Postmodern Culture*, Pluto Press; 이기우(역), 1995, 『포스트모던문화』, 신아출판사, 207쪽. Jameson, F., 1991, *Postmodernism or The Cultural Logic of Late Capitalism*, Durham: Duke Univ. Press, p.15, 20, 70, 108, 306.
147) Kellner, D., 1995, *op. cit.*; 김수정·정종희(역), 상게서, 418쪽. Jameson, F., *Ibid.* 1985; 이기욱(역), 상게서, 207-208쪽. Baudrillard, J., 1983, *Simulations*, New York: Semiotext.
148) Baudrillard. J., 1983, *In the Shadow of the Silent Majorities*, New York: Semiotext; 김수정·정종희(역), 상게서, 418쪽에서 인용.
149) Jameson, J., *op. cit.*, 1991. 9. 6.

제3장 수동적 수용자론과 능동적 수용자론

와 쿡(D. Cook)이 말한 것처럼 '환상적인 통제 시스템' 속에서 인공두뇌학적으로 처리된 효과일 뿐이다."151)

또한 "TV 자아는 탁월한 전자적 개인이며, 그가 거기에서 얻는 모든 것은 미디어의 모사물(simulacrum)로부터 얻은 것이다. 스펙터클 사회 속에 소비자라는 시장 정체성, 미세한 실타래처럼 엉켜 있는 은하… 정신적 외상을 지닌 연속물 같은 존재이다."152)

한편 보들리야르는 탈현대사회에서 텔레비전과 시청자들의 관계를 다음과 같이 패러디한다.

"텔레비전은 탈현대적 황홀경 속의 순수한 소음이고 순수한 내파이며, 하나의 '블랙 홀'이다. 이 '블랙 홀'에서 모든 의미와 메시지들은 급진적인 기호연금술과 이미지와 정보들이 완전한 포화상태에 이르는 끊임없는 살포와 그리고 의미가 해소되어 버리는 관성과 무심함으로 이루어진 소용돌이와 만화경 속으로 빨려들어간다. 거기에는 단지 단속적인 이미지들의 매혹만이 빛을 내고 명멸하며, 이 미디어 경관 속에서 더 이상 식별할 수 있는 효과를 내는 이미지는 존재하지 않는다. 이미지의 속도와 양의 증식은 이미지가 너무 재빠르게 이동함으로써 모든 의미작용 기능을 상실하고, 다른 이미지에만 무한히 준거하게 되는 탈현대적인 심상을 만들어낸다. 결과적으로 이러한 이미지의 증식은 포화상태, 무심함, 그리고 무관심을 낳음으로써 TV 시청자들은 피상적이고 무의미한 이미지들의 무한한 움직임이 연속되고 파편화된 거울방 속에서 영원히 길을 잃고 만다."153)

켈너 또한 '주체' 따위 것은 존재하지 않으며, 주체라는 관념은 순전히 이데올로기적이고, 사회적으로 구성된 허구라고 생각하기 때문에 '주체 위치'라는 용어를 사용하는 데 주저하게 된다고 말하고 있다.154)

---

150) Baudrillard, J., 1983, *op. cit.*; 김수정·정종희(역), 상게서, 418쪽에서 인용.
151) Kroker, A. and D. Cook, 1986, *the Postmodern Scene*, New York: Saint Martin's Press.
152) *Ibid.*, p.274.
153) Kellner, D., *op. cit.*, 1995; 김수정·정종희(역), 상게서, 424쪽에서 인용.

9) 규범론적 접근

능동적 수용자론에 대한 규범론적 접근은 바우어(R. Bauer)의 '완고한 수용자(obstinate audience)' 개념으로 싹텄다고 볼 수 있다. 왜냐하면 바우어가 생각했던 행동하는 수용자의 이미지는 고전적 자유민주주의의 핵심을 이루고 있는 이상적·주체적이며, 자유로운 삶을 추구하고 자유롭고 풍요로운 이상적·자립적 시민이었기 때문이다.155)

이와 같이 바우어가 생각했던 '완고한 수용자'란 실은 자유민주주의의 실질적인 여론 담당자인 민주적인 '시민(citizens)'인데 이 시민은 이성적이며 주체적인 시민이었다.

이러한 이성적이며 주체적인 시민이란, 곧 탈드(G. Tarde)가 말하는 공중(public)이며, 밀턴(J. Milton)을 비롯하여 밀(J. S. Mill) 그리고 제퍼슨(T. Jefferson)이 생각했던 '이성적인 인간'을 의미한다. 여기에서 말하는 '이성적인 인간관'은 초기 자유주의 이론을 성립시킨, 17~18세기 계몽사상에 대표되는 주지혁명(主知革命) 속에 깊이 뿌리를 박고 있다. 주지혁명은 이성(理性)의 우위론에 입각하여 인간의 이성적 존재로서의 확신, 인간의 이성적 판단력의 신뢰와 자연권의 강조로 특징지을 수 있다.

밀턴(John Milton)은 1644년에 출판된 『아레오파지티카(Areopagitica)』에서 "인간은 이성을 사용하여 정사선악(正邪善惡)을 구별할 수 있으며, 그 능력을 활용하기 위해서는 인간은 무제한 다른 사람의 사상이나 사고에 접근하지 않으면 안되며… 따라서 진리는 명확하게 증명 가능한 것이며 자유롭고 공개의 싸움터에서 자기를 주장할 것을 허용할 경우 자유롭고 당당하게 대결하면 진리가 스스로 증명될 것이다. 이성적인 인간에 의한 합리적인 토론은 일종의 자율조정 과정을 거쳐, 그것에 의해 진실하고 건전한 것이 승리하며, 불건전한 것은 패배할 것이다. 따라

---

154) 상게서, 430쪽.
155) Biocca, F. A., *op. cit.*, p.70.

서 정부는 이같은 싸움에 관여해서는 안되며, 사상의 자유시장에 인위적인 제한을 가해서는 안된다"156)고 주장했다.

여기에서 말하는 '사상의 자유시장(open market place of idea)'과 '자율조정과정(self-righting process)'의 두 개념은 인간의 이성론에 대한 강력한 신뢰에 기반하고 있다. 제퍼슨도 신문에 대한 그의 일반적인 의견은 진리와 허위의 분별은 이성에 의할 것, 이성의 작용이 행해지기 위해서는 사상의 자유시장이 필요하다고 다음과 같이 주장했다.157)

"우리들이 지금 여기에서 보는 경험만큼 흥미 깊은 경험도 없을 것이다. 우리가 신뢰하고 있는 이 경험은 결국 인간이 이성과 진리에 의해 움직여지는 것이라는 사실을 확정할 것이다. 따라서 가장 큰 목적은 진리에 이르는 모든 통로를 인간에게 개방하지 않으면 안되는 것이다."

이와 같이 자유주의 사상은 기본적으로 인간의 이성론에 입각한 합리주의적 사상이 그 정신적 토대가 되고 있음을 알 수 있다.

이성의 개념은 독일 관념론 철학 그리고 프랑스 계몽주의 철학에 배경을 둔다. 특히 관념론 철학 가운데서도 이성의 개념은 칸트의 철저한 자유의 도덕적 주체성과 함께 헤겔 철학의 중심에 자리잡고 있다. 칸트 철학의 주요 동기의 하나는 철저하게 자유로운 도덕적 주체성에 관한 정의였다. 그의 도덕철학의 핵심은 철저한 자유의 관념이다. 단지 이성적 의지로서 나를 구속하는, 순수한 형식적인 법칙에 의해서 규정되면서, 나는 모든 자연적인 고려나 동기로부터, 또는 그것들을 지배하는 자연적 인과성으로부터, 나의 자립성을 선언한다. 나는 철저한 의미에서 자유이며, 자연적 존재로서가 아니라 순수한 도덕적 의지로서 자기규정적이다. 도덕적 생활을 도덕적 의지에 의한 자기규정이라는 이와 같은 철저한 의미에서 자유와 같은 의미이다. 이것이 '자율'이다. 도덕적 주체는 올바르게 행위할 뿐 아니라 올바른 동기로부터 행위하지 않으면

---

156) Siebert, F., T. Peyerson and W. Schramm, 1963, *Four Theories of The Press*, Urbana: Univ. of Illinois Press, pp.45-46.
157) *Ibid.*

안되고, 그리고 올바른 동기는 도덕적 법칙 그 자체, 그가 이성적 의지로서 자기 자신에게 부여하는 도덕적 법칙에 대한 존경이다. 우리에게 경건함을 불어넣는 신성한 것은 신이 아니라 무릇 도덕법칙 그 자체, 이성이 스스로 내리는 명령이라고 칸트는 선언한다.158)

헤겔 철학의 핵심은 이성의 관념에 유래한 제 개념, 즉 자유, 주체, 정신, 개념으로부터 형성되는 하나의 구조이다. 헤겔은 철학적 사색을 통해 역사가 이성을 그리고 이성만을 문제삼는다는 것, 국가가 이성의 실현임을 주장하였다. 그러나 이성은 순수하게 형이상학적 개념이 아니라, 비록 관념론적인 형태를 띠고 있기는 하지만 자유롭고 합리적인 생활질서를 위한 물질적 노력을 보유하고 있다고 생각하였다. 헤겔 자신 그의 이성의 개념을 프랑스혁명에 연관짓고, 그 관계를 가장 강조하였다. 혁명이 요구하고 있었던 것은 "무릇 헌법에 있어서는, 이성의 권리에 따라서 승인되어지는 것 이외에는, 어느 것 하나 타당한 것이라고 인정해서는 안되는 것이다"159)라는 것이다. 헤겔은 역사철학에서 이 해설을 다음과 같이 언급하고 있다. "태양이 하늘 위에 뜨고, 유성이 그 둘레를 회전한 이래, 인간 존재가 그의 머리, 즉 사상에 의하여 현실세계를 쌓아올린다는 것은 이전에는 없었던 일이었다. 아낙사고라스(Anaxagoras)가 처음으로, 이성이 세계를 지배한다고 말한 바 있다. 그러나 이제 처음으로 인간도 사상이 정신적 현실을 지배해야 한다는 원리의 의식까지 도달하였다. 따라서 이것은 정신의 찬란한 서광이었다. 사유하는 존재자들도 다 같이 시대를 환호하고 축하하였다."160) 헤겔의 견해로는 프랑스혁명에 의해서 생긴 역사의 결정적 전환은 인간이 자기의 정신을 신뢰하게 되고, 주어진 현실을 이성의 기준에 따르도록 하는 것이었다. 그는 이성의 사용과 현존의 생활조건에의 무비판적인 맹종과를 대조시킴

---

158) Taylor, C., 1979, *Hegel and Mordern Society*, Cambridge Univ. Press; 渡辺義雄(譯), 2000, 『ヘーゲルと近代社會』, 東京: 岩波書店, pp.6-8.
159) Marcuse, H., 1941, *Reason and Revolution*, Boston: Beacon Press, p.5.
160) *Ibid.*

으로써 이러한 새로운 발전을 설명하였다. "이성은 항상 사유의 성과이다. 인간은 사유를 현존하는 질서나 널리 행해지고 있는 가치에 다만 적응시키는 것이 아니라, 자유로운 합리적 사유의 요구에 따라서 현실을 조직하기 시작한 것이다. 인간은 사유하는 존재이다. 인간은 이성에 의해서 자신의 가능성과 그 의식세계의 가능성을 인식할 수가 있다. 따라서 인간은 인간을 둘러싼 제 사실이 행하는 대로 내버려두는 것이 아니라, 이 사실들을 보다 높은 기준, 즉 이성의 기준에 따르도록 해야 한다. 그럼으로써 역사가 자유를 위한 끊임없는 투쟁이라는 것, 인간의 개성은 자기실현의 수단인 재산의 소유를 요구하고, 그래서 모든 인간의 인간으로서의 능력을 발전시키는 평등의 권리를 갖는다는 것, 이런 것들을 알게 될 것"이라고 하였다.161)

헤겔에 의하면 프랑스혁명은 이성이 궁극에 있어서 현실을 지배하는 힘을 가지고 있다는 것을 선언한 것이었다. 헤겔은 이를 총괄해서 프랑스혁명의 원리는 사상이 현실을 지배해야만 된다는 것을 주장한 것이다.

한편, 프랑스 계몽주의 철학자들 그리고 그들 혁명적인 계승자들 모두는, 이성을 객관적인 역사적 힘이라고 보고, 이 힘이 또다시 전제정치의 속박으로부터 해방될 경우, 세계가 진보와 행복의 장이 될 것이라고 생각하였다. "무력이 아니라 이성의 힘이 우리들의 빛나는 혁명의 원리를 보급시킬 것이다"162)라고 생각하였다. "이성은 그 자신의 힘에 의하여 사회의 비합리성을 제압하고 인류의 압제자들을 타도할 것이다. 모든 허위는 진리 앞에 사라지고, 모든 어리석은 짓은 이성 앞에 멸망할 것이다"라고 주장하였다.163)

한편, 이성을 커뮤니케이션 주체의 근간으로 보고, 그 사상적 구조를 규범론적으로 접근한 대표적인 예의 하나가, 세노오 고고(妹尾剛光)의 저

---

161) *Ibid.*, p.6.
162) Robespierre, quoted by George Mochon, 1937, *Robespierre et la querre Révolutionnaire*, Paris, p.7.
163) Robespierre in his report on the cult of the Être suprême, quoted by Albert Mathiez, *Autour de Robespierre*, Paris, p.112; Marcuse, H., *ibid.*, p.7.

수용자론

서 『커뮤니케이션 주체의 사상구조』이다.164) 그는 홉스와 로크 그리고 아담 스미스의 사회사상을 커뮤니케이션 주체의 사상으로 접근하고 있는 데 큰 의의가 있다. 이 책에서는 이 저자가 이들 사상가들의 사상을 어떻게 커뮤니케이션의 주체사상으로 접근했는가를 보기 위해 이 저자의 관점을 중심으로 이성적 주체의 규범적 접근을 간단히 살펴보기로 하겠다.

(1) 홉스(Hobbes)

홉스에 의하면, 인간의 욕구는 기본적으로 이기적이다.165) 그것 때문에 그들 인간의 욕구는 서로 대립하고 있다고 전제한다. 이런 인간의 자연상태에서 자유에서의 인간의 상태는 전쟁의 상태이며,166) 모든 인간의 모든 인간에 대한 전쟁상태이다.167) 이와 같이 인간의 자연상태는 전쟁상태이고, 평화를 바래는 인간의 정념이 현실에서 평화를 만들어 내기 위해서는 '교육과 훈련'을 통해서만이 가능하다고 하였다. 그런데 인간에게는 이성이라고 부르는 것이 있는데, 홉스가 여기에서 이성이라고 부르는 핵심은 자연법을 알게끔 신이 인간에게 준 '빛' 혹은 자연법을 고하는 신의 '영원한 말씀'168)이거나 '인간의 마음, 마음으로 이해하는 힘'169)이다.

여기에서 자연법은 인간이 자기 이외의 인간에 대해서 어떠해야 하는가를 인간에게 지시하는 인간에 공통된 도덕 기준이다.170) 그러한 자연

---

164) 妹尾剛光, 1996, 『コミュニケーションの主体の思想構造』, 北樹出版社.
165) 상게서, p.34.
166) 상게서, p.36. Hobbes, T., 1640, *The Elements of Law, Natural and Politic*, edited with a Preface and Critical Note by F. Tünnies, London: Simpkin, Marschall and Co.(1889); 2nd ed., London: Frank Cass & Co. Ltd.(1969).
167) 상게서, p.36; Hobbes, T., *Philosophical Rudiments Concerning Government and Society*, London: R. Rayston, 1651; Repr. in The English works of T. Hobbes of Malmesburg, Sir William Molesworth(ed.), Bart, Vol. 1, London, 1841.
168) Hobbes, T., *ibid.*, p.18; 상게서, p.41.
169) *Ibid.*; 상게서, p.41.

제3장 수동적 수용자론과 능동적 수용자론

법을 인간이 이성의 힘에 의해서 알 수 있다는 것은, 인간에 공통적인 도덕의 기준이 있다는 것을 전제한 것이다.

홉스가 이성이라고 부르는 또 하나는 그 의미에 관하여 의견이 일치하고 있는 일반적인 흐름의 연쇄를 계산하는 것이다.171) 이 이성은 가치판단의 기준을 나타내는 이성과 맺어져서 작용하나 전자의 것만으로는 하나의 실질적인 판단을 만들어낼 수 없는 점에서, 가치판단의 기준을 나타내는 이성과는 다른 이성이다. 홉스는 올바른 원리에 기초되어 올바른 판단을 만들어내는 이성을 '올바른 이성' 혹은 '참다운 이성'이라고 부른다.172) 여기에서 사람이 무엇인가를 인식할 때, 경험에 의해서 의심할 수 없는 원리에서 출발하고, 말의 정의에 관하여 인간에게 공통적인 동의에 기초하여, 추론에 그릇됨이 없을 때의 결론이 '올바른 이성'에 따르는 것이라고 하였다.173)

홉스에 의하면, 가치판단을 할 때의 '올바른 이성'에는 두 가지의 이성이 있다. 첫째, 현실의 구체적 상황 속에서 구체적인 가치판단을 중첩함으로써, 그러한 판단의 바탕에 있는 궁극의 판단기준, 다시 말해 자연권 혹은 자연법을 정확히 찾아내는 '올바른 이성'174)이고, 둘째, '현실의 구체적인 상황' 속에서 자연법에 따르는 구체적인 행위는 무엇인가를 찾아내는 이성이다.175) 이것은 자연법을 전제로 해서, 인식을 바르게 하고, 추론을 틀리지 않게 올바르게 판단을 만들어내는 이성이다. 자기에게 있어, 장기간 현실의 선을 찾아내는 올바른 이성176)은 이를 통해

---

170) *Ibid.*; 상게서, p.41.
171) *Ibid.*; 상게서, p.41.
172) *Ibid.*; 상게서, p.41.
173) *Ibid.* p.1, 5, 12; 상게서, pp.41-42.
174) Hobbes, T., *Philosophical Rudiments Concerning Government and Society*, London, Ⅱ. 1. ⅩⅣ, p.16; 상게서, p.42.
175) *Ibid.*, Ⅱ. 1. ⅩⅣ; 상게서, p.42.
176) Hobbes, T., 1658, *Elementorum Philosophical Sectio Secunda de Homine*, London: Andrew Crooke; Trans. Charles T,. Wood et al., in Thomas Hobbes(ed.), *Man and Citizen*, Benard Gert Anchor Books, 1972; 상게서, p.42.

서 이루어진다. 홉스는 이렇게 해서, 인간에게는 공통적인 가치판단의 기준이 있고, 인간은 누구도 이성의 힘을 통해서 이 기준을 찾아낼 수 있다고 하였다. 그는 다음과 같이 말하고 있다.

"인간이 자연상태에서는, 모든 물건에 대한 권리, 바꾸어 말하면 좋은 자에게 좋은 일을 하고, 자기가 구해서 자기 것이 되는 모든 물건을 갖고, 사용하고, 향유하는 권리를 갖는다.[177] 즉 자연상태에서 인간은 무엇을 해도 옳다고.[178] 따라서 자기가 삶을 계속 이어간다는 것은 그 이외의 모든 것으로부터, 승리하는 선이라고 생각하는 이성은 자연상태 속에서 삶을 영속하기 위하여, '어떤 인간에게도, 그 인간의 선을 위하여, 이렇게 명한다. 평화를 손에 넣을 수 있는 한 평화를 구하라.'"[179]

홉스에 의하면, 이성의 이런 명령이 인간도덕의 법인 자연법이다. "이성 이외에 자연법은 있을 수 없고, 평화를 손에 넣을 수 있는 곳에서는 평화의 길을, 할 수 없는 곳에서는 방위에의 길을 우리들에게 지시하는 것 이외에 자연법의 원칙은 없다."[180]

자연법에 관한 이런 생각에 상응해서 이성에 따르는 것이 옳은 것이고, 이성에 반하는 것이 틀린 것이라고 하였다.[181] 따라서 자연권과 자연법 어떤 것도 '이성의 일반원칙'이 된다.[182]

(2) 로크(John Locke)

로크는 주장하기를, 이 세상에 있는 모든 사물은 그 성질에 맞는 독

---

177) Hobbes, T., 1640, *The Elements of Law, Natural and Politic*, p.1, 14; 상게서, p.44.
178) *Ibid.*; 상게서, p.44.
179) *Ibid.*; 상게서, p.45.
180) *Ibid.* p.1, 15; 상게서, p.45.
181) *Ibid.* p.1, 14; 상게서, p.45.
182) Hobbes, T., 1651, *Leviathan, or The Matter, Form and Power of a Common-Wealth Ecclesiasticall and Civil*, London: Andrew Crooke; Repr. with an Essay by the Late W. G. Pogson Smith, Oxpord: Clarendon Press, 1909; 상게서, p.46.

제3장 수동적 수용자론과 능동적 수용자론

자적인 활동방법에 따르고 있다.[183] 인간의 독자적인 활동은 이성에 따라 사는 것이다.[184] 그런데 자연법은 인간의 이성, 즉 어떤 자연에 견고히 뿌리내린 영원한 원칙으로, 자연법과 이성, 자연 간에는 조화가 있다. 따라서 인간은 자연법을 따르도록 되어 있다고 말한다. 또한 로크에 의하면, 인간 의무의 근원은 인간에 대해 권리와 힘을 가진 자, 즉 신의 지배와 명령, 신의 지혜와 권리-자연법과 실정법-이다. 따라서 인간에게는 자연법에 기초해서 자연에의 의무가 생긴다.[185] 의무는 모두 양심을 조이고, 마음 그 자체를 구속한다. 따라서 벌의 공포가 아니라 이성이 올바르다는 것을 파악했다는 것이 우리들에게 의무를 지우게 한다. 양심이 도덕에 따라 판단을 내리고, 우리들이 법을 어기면 벌을 받는다는 것이 당연하다고 선고한다.[186]

로크는 그의 저서 『인간지성론: 도덕과 관용의 주체의 구조』에서 "도덕행위는 이해력 있는 자유로운 행위주체의 선택에 기초한 행위뿐이다… 도덕의 근원은 이성에 따라 욕구를 억제하는 것"이라고 하였다.[187]

그에 의하면 '인간지성의 범위에 들어가는 모든 것은 ① 여러 사물이 그 자체 가지고 있는 성질, 사물간의 관계, 사물작용의 방법, ② 인간 자신이 이성있고, 자기의 위치로 행위할 수 있는 주체로서, 어떤 목적 특히 행복을 손에 넣기 위해서 행하는 것, ③ 이들 양쪽의 지식을 손에 넣고 커뮤니케이션하는 방법, 수단 중 어떤 것이기 때문에, 학문은 다음의 세 가지 종류, 즉 자연학, 실천학(윤리학), 기호학(관념과 언어학) 등으로 나눌 수 있다.[188]

---

[183] Locke, J., 1664, *Essays on the Law of Nature*, the Latin Text with trans. and edited by W. von Leyden, Oxford: Cladenson Press, 1954; 상게서, p.194.
[184] *Ibid.*, p.113; 상게서, p.194.
[185] *Ibid.*, Ⅵ, p.181-189; 상게서, 196쪽.
[186] *Ibid.*, Ⅵ, p.185; 상게서, 196쪽.
[187] Locke, J., 1693, *Some Thoughts Concerning Education*, London: A. and J. Churchill, Repr. in the work of John Locke, A New Edition, London, 1823, p.33, 38, 345, 52; 상게서, p.217.
[188] Locke, J., 1690, *An Essay Concerning Human Understanding*, London: Thomas

로크에 의하면, 인간의 자연상태는 "자연법의 범위 내에서 타인의 허가를 구하지 않고, 타인의 의지에 따르지 않으며, 자기가 적당하다고 생각하게끔, 자기 행위를 조율하고 자기의 소유물, 신체를 처리하는 완전한 자유상태이며, 힘이나 권리의 관점에서 '대등의 상태'"189)이다.

한편 자연법이란, "신이 인간 상호의 안전을 위하여 인간의 행위에 부과된 규율인 이성과 공통의 형평의 원칙"이며, "이성은 (자연)법이며, 그것에 물어보면 모든 인간은 대등하고 독립이므로 누구도 타인의 생명, 건강, 자유, 소유물을 손상시켜서는 안된다는 것을 모든 인간에게 가르친다."190) 자연법은 "평화와 모든 인간이 삶을 계속 영위토록 명한다."191)

"법이란 그 참뜻에서는 자유이며, 지성있는 주체가 그 참다운 이익지향을 제한하기보다는, 거기에 향하도록 지시하는 것으로, 그 법 아래 있는 사람들 일반의 선을 위해 이상의 것은 지시하지 않는 것이다"라고 로크는 말한다. 따라서 법의 목적은 자유를 없애고, 제한시키는 것이 아니라 자유를 살피고 넓히는 것이다. 왜냐하면 법을 알고, 지킬 수 있는 피조자의 어떤 상태에 있어서도, 법이 없는 곳에 자유가 없기 때문이다. 왜냐하면 자유란 타인으로부터의 속박, 폭력을 받지 않는 것으로, 그것은 법이 없는 곳에서는 있을 수 없기 때문이다.192)

(3) 스미스(Adam Smith)

세노오 고고(妹尾剛光)에 의하면, 스미스는 커뮤니케이션 주체의 구조

Basett; Peter H. Nidditch(ed.), Oxford: Clarendon Press, 1975, Ⅵ, ⅩⅪ, 1; 상게서, p.228.
189) Locke, J., 1690, *Two Treatieses of Government*, London: Awnsham Chuurchill, Repr. in John Locke, Peter Laslett(ed.), Cambridge: Univ. Press, 1960, Ⅱ, p.4; 상게서, p.235.
190) 상게서, pp.235-236.
191) *Ibid.*, Ⅱ, p.7; 상게서, p.236.
192) *Ibid.*, Ⅱ, p.57; 상게서, p.236.

제3장 수동적 수용자론과 능동적 수용자론

를 이성에 찾기보다는 인간이 다른 인간과 갖는 공감구조와 자기억제의 원리에 찾는다.193)

스미스는 그의 저서 『도덕감정론』에서 "인간에게는 근원적 힘으로서, 자기의 이익을 어디까지나 추구하는 자기애 혹은 이기심이 있고, 동시에 자기애와는 전혀 이질적인 힘으로 인간으로 하여금 자기 이외의 인간의 운명에 관심을 갖도록 하고, 자기 이외의 인간의 행복을 자기에게 필요한 것으로 하는, 그것으로부터 얻어지는 것이, 그러한 행복한 모습을 본다고 하는 기쁨 이외에 아무것도 아니지만 인간을 그렇게 하게 하는 어떤 근원의 힘이 있다"194)고 생각하였다. 그는 여기에서 후자의 힘, 그 작용을 공감이라고 부른다.195)

공감은 자기애와 마찬가지로, 인간의 의식 이전으로부터 작용하는, 인간에게 자연적인 움직임으로서196) 이성과는 구별되는 '직접의 감정, 느낌' 혹은 감각이다.197) 인간은 각자 독자의 체험을 통해서 살아가기 때문에, 자기 이외의 인간이 받고 있는 체험을 자기 스스로 체험할 수 없다. 인간은 상상력 속에서 상대의 인간이 놓여 있는 상황에 자기를 놓고 봄으로써 "정도는 약하지만, 상대의 인간이 느끼고 있는 것과 같은 어떤 것을 느낀다."198) 이 작용이 공감이다.

이와 같이 스미스가 말하는 의미의 공감은 "상대의 인간이 놓여 있는 상황에 자기를 놓고, 상대의 입장이 되어 생각한다"고 하는, 인간의 의식을 통한 감정의 작용이라고 생각한다. 이같은 생각은 인간을 단순한 물(物)이 아닌 자기 이외의 인간과의 커뮤니케이션을 통해서 움직이는

---

193) 妹尾剛光, 상게서, p.283.
194) Smith, A., "The Theory of Moral Sentiments," in D. D. Raphael and A. L. Macfie(eds.), *The Glasgow Edition of the Works and Correspondence of A. Smith*, Vol. 1, Clarendon Press, Oxford, 1976, p.1; 상게서, p.311.
195) *Ibid.*, p.6; 상게서, p.311.
196) *Ibid.*, pp.24-26; 상게서, p.311.
197) *Ibid.*, pp.502-504; 상게서, p.311.
198) *Ibid.*, pp.2-5; 상게서, p.311.

수용자론

활동의 토대로 본다.199)

공감은 이러한 구체적인 인간에 대한 공감의 체험을 통해서, 자기와는 아무 관계가 없는 인간에 대해서도 "상대의 인간이 자기와 같은 인간이라는 점으로, 어떤 인간에 대해서도 갖는, 넓게 인간에 대한 공감"200)이 만들어진다는 것이다.

『도덕감정론』에서 도덕의 기본적 원리는 공감말고도 자기억제의 원리가 있다고 말한다. 스미스는 이해가 갖지 않는 인간간에 '상대의 인간과의 협화가 당연히 얻어질 수 있는 정도의 감정의 일치를 낳게 하는 것'을, '사회를 만들어내는 것'으로 보고, 그 방식의 훌륭함을, '자기억제'의 덕으로 생각하였다. 이해가 갖지 않는 인간 가운데 공감과 자기억제가 작용함으로써 두 사람의 감정이 맞닿아 협화할 때, 이 두 사람이 갖는 감정을 자연의 감정이라고 하였다.201)

스미스에 의하면, 인간이 공감과 좋은 의도 그리고 자기억제를 움직여서, 한 사람의 커뮤니케이션의 주체로서 독립할 때, 필요한 것은 자기 이외의 인간과의 커뮤니케이션을 통해서 그 인간 속에 '공정한 관찰자'가 태어나게 하는 것이다.202) 이해의 대립이 없고, 이해가 갖지 않는 두 사람간에 일어나는 것과 같은 것이, 한 사람의 인간 속에 자기애와 자기애를 움직여서 행위하는 주체로서의 본래의 자기, 즉 당사자로서의 자기와 공정한 관찰자로서의 자기 간에 일어나고, 자기를 관찰자로서 자기가 좋다면, 인간은 만족해서 인정하고 자기 이외의 인간의 판단에 움직여지지도 않는다.

여기에서 스미스가 생각하는 '공정한 관찰자'는 "자기 행위에 당면하는 모든 사정이 알려진 때의, 자기 이외의 인간의 감정을 갖고, 각각의 인간 속에서 냉정, 공정하게 자기를 판단하는 존재이다."203) 여기에서

---

199) *Ibid.*, p.520; 상게서, p.312.
200) *Ibid.*, p.199; 상게서, p.312.
201) *Ibid.*, p.36; 상게서, p.316.
202) *Ibid.*, p.316; 상게서, p.330.
203) *Ibid.*, p.257; 상게서, p.331.

제3장 수동적 수용자론과 능동적 수용자론

　공정이란 자기의 이해 혹은 자기 이외의 특정 인간의 이해를 특별히 중요시하지 않고, '인간에 대한 공감'에 지탱된 '어떤 인간도 같은 한 사람의 인간이라는 생각'이다.[204] '공정한 관찰자'는 이러한 사정을 잘 아는 공정한 판단자의 판단에 따라서 자기애나 공감, 좋은 의도나 자기억제를 움직여서, 그 인간의 자유로운 행위를 이끌어간다.[205]
　스미스는 항상 자기의 이익만을 추구해서 '이기적 자기애'라는 '수동적 감정'과 '자기애'를 억제해서, 자기 이외의 인간에 보다 큰 이익을 위해서 자기 이익을 희생시키는 '관용적이고, 숭고한' '능동적인 힘'을 대비시켜, 자기애와 반대로 인간에게 능동적인 힘을 작용시킬 수 있는 것을, 이웃 사람에 대한 사랑, 인간에의 사랑이 아니라 그것보다 강한 힘이며, 자기는 대세 속의 한 사람에 지나지 않으며, 어떤 점에서 보면, 그 속에 다른 한 사람의 인간보다 우수하지 않다는 것을 인간에게 가르치는 '공정한 관찰자(이성, 원리, 양심, 가슴속에 사는 사람, 생각하는 사람, 우리들 행위의 위대한 재단사, 결재자)'[206]라고 하였다.
　세노오 고고에 의하면 스미스는 인간사회의 근저에는 자유와 정의가 끊임없이 움직이고 있는 것을 보았고, 스미스는 반복적으로 그러한 근거에서 살고자 하였다. 그것을 통해서 스미스의 이 신념은 하나의 사실이 되었으며 그것에 의해서 스미스 속에는 '공정한 관찰자'가 흔들림 없는 것으로 확신되고, 커뮤니케이션의 주체자로서의 기초가 확립되었다. 법과 경제의 연구에서 스미스가 밝히려고 했던 것의 하나는 자유와 정의에 적합한 인간과 사회의 존재성이 이 세계의 현실적 근거라는 점에 있었다는 것이다.[207]

---

204) *Ibid.*, 2판, pp.210-214; 상게서, p.331.
205) *Ibid.*, 2판, p.283; 상게서, p.332.
206) *Ibid.*, 2판, pp.210-215; 상게서, p.332.
207) 상게서, pp.378-379.

참고문헌

강수택. 1998,『일상생활의 패러다임: 현대사회학의 이해』, 민음사.
박명진 외(편역). 1996,『문화, 일상, 대중: 문화에 관한 8개의 탐구』, 한나래.
윤평중. 1990,『푸코와 하버마스를 넘어서: 합리성과 사회비판』, 교보문고.
윤효녕·윤평중·윤혜준·정문영. 1999,『주체개념의 비판』, 서울대학교출판부.
이강수. 1989,「미디어 수용자론의 이론적 전개」, 미디어수용자론의 전개와 방향 심포지엄 종합보고서, 서강대학교 언론문화연구소, 9-23쪽.
———. 1991,『현대 매스커뮤니케이션 이론』, 나남.
주창윤. 1999,「텍스트와 수용자의 상호작용, 수용연구의 관점」, 김정기·박동숙 외(편),『매스미디어와 수용자』, 커뮤니케이션북스.
한국언론연구원. 1994,『언론과 수용자』, 언론연구원총서 16, 한국언론연구원.
현택수·정선기·이상호·홍성민. 1999,『문화와 권력: 부르디외 사회학의 이해』, 나남.

Abercrombie, N. & B. Longhurst. 1998, *Audiences: A Sociological Theory of Performance and Imagination*.
Abercrombie, N., S. Hill and B. S. Turner. 1980, *The Dominant Ideology Thesis*, Boston: Allen and Unwin.
Adorno, T. W. 1991, *The Cultural Industry: Selected Essays on Mass Culture* (ed., with intro. J. M. Bernstein), London: Routledge.

참고문헌

Adorno, T. W., E. Frenkel-Brunswik, D. J. Levinson and R. N. Saford. 1950, *The Authoritarian Personality*, New York: Norton & Company, Inc.
Adorno, T. and M. Horkheimer. [1947], 1972, *Dialectic of Enlightenment*, New York: Herder and Herder.
Agger, B. 1992, *Cultural Studies as Cultural Theory*, London: Falmer Press.
Alasuutary, P.(ed.). 1999, *Rethinking the Media Audience*, London: Sage.
Alexander, J. 1985, "Introduction," in J. Alexander(ed.), *Neofunctionalism*, Newbury Park, C. A.: Sage.
Allen, R. 1987, *Channels of Discourse: Television and Contemporary Criticism*, Chapel Hill: The Univ. of North Carolina Press, 김훈순 역, 1992, 『텔레비전과 현대비평』, 나남.
──. 1992, *Channels of Discourse, Reassembled*, London: Routledge.
Althusser, L. 1966, *For Marx*, London: Penguin Books.
──. 1971a, "Ideology and Ideological State Apparatuses," in L. Althusser(ed.), *Lenin and Philosophy*, London: New Left Books.
──. 1971b, *'Lenin and Philosophy' and other essays*, London: New Left Books.
Althusser, L. and E. Balibar. 1970, *Reading Capital*, London: New Left Books.
Anderson, B. 1983, *Imagined Communities*, London: Verso.
Anderson, J. 1987, "Commentary on Qualitative Research," in T. Lindlof (ed.), *Natural Audiences*, Norwood, N. J.: Ablex.
Anderson, J. and R. Avery. 1988, "The Concept of Effects," *Journal of Broadcasting and Electronic Media* 32.
Ang, I. 1985, *Watching Dallas: Soap Opera and the Melodramatic Imagination*, London: Methuen.
──. 1987, "On the Politics of Empirical Audience," paper presented to 'Rethinking the Audience' Symposium, Blaubeuren, West Germany.
──. 1988, "Feminist Desire and Female Pleasure," *Camera Obscura* 16, pp.179-190.
──. 1989, "Wanted: Audience," in E. Seiter et al.(eds.), *Remote Control*,

London: Routledge.
———. 1990, "Culture and Communication," *European Journal of Communications* 5(2-3).
———. 1991a, *Desperately Seeking the Audience*, London: Routledge.
———. 1991b, *Watching Television*, London: Routledge.
———. 1995, *Living Room Wars*, London: Routledge.
Ang, I. and D. Morley. 1989, "Mayonnaise Culture and Other European Follies," *Cultural Studies* 3(2).
Ang, I. and J. Hermes. 1991, "Gender and/in Media Consumption," in J. Curran and M. Gurevitch(eds.), *Mass Media and Society*, London: Edward Arnold, pp.307-328.
Appignanesi, L. 1986, *Postmodernism*, London: ICA.
Arato, A. and Gebhardt, E.(eds.). 1978, *The Essential Frankfurt School Reader*, Oxford: Blackwell.
Arnold, M. [1869], 1960, *Culture and Anarchy*, London: Cambridge Univ. Press.
Atkin, C. 1972, "Anticipated Communication and Mass Mediated Information Seeking," *Public Opinion Quarterly* 36, pp.188-192.
Babrow, A., "Theory and Method in Research on Audience Motives," *Journal of Broadcasting and Electronic Media* 32, pp.471-478.
Bakhtin, M. 1968, *Rabelais and his World*, Cambridge, Mass.: Massachusetts Institute of Technology Press.
———. 1981, *The Dialogic Imagination*, Austin: University of Texas Press.
Ball-Rokeach, S. and M. G. Cantor(eds.). 1986, *Media, Audience, and Social Structure*, Newbury Park: Sage Publications.
Barker, M. and A. Beezer(eds.). 1992, *Reading into Cultural Studies*, London and New York: Routledge.
Barthes, R. 1968, *Elements of Semiology*, London: Cape.
———. 1972, *Mythologies*, London: Paladin.
———. 1975, *The Pleasure of the Text*, New York: Hill & Wang.
———. 1977, "The Death of the Author," in R. Barthes(ed.), *Image: Music Text*, London: Fontana.

참고문헌

Baudrillard, J. 1983, *Simulations*, New York: Semiotext(e).

―――. [1970], 1986, *La Société de Consummation: Ses Mythes Ses Structures*, Paris: Editions Denoél, 이상률 역, 1992, 『소비의 사회: 그 신화와 구조』, 문예출판사.

―――. 1988, *Selected Writings*, in M. Poster(ed.), Stanford, C. A.: Stanford University Press.

Bauer R. A. 1964a, "The Communicator and His Audience," in L. Dexter and D. M. White(eds.), *People, Society, and Mass Communication*, New York: Free Press.

―――. 1964b, "The Obstinate Audience: the Influence Process from the Point of View of Social Communication," *American Psychologist* 19, pp.319-328.

BBC. 1987, *Handbook On Audience Research*, London: BBC.

Bell, D. 1962, "America as a Mass Society," in D. Bell(ed.), *The End of Ideology*, New York: The Free Press.

―――. 1976, *The Cultural Contradictions of Capitalism*, New York: Basic Books, Inc.

Bennett, T. et al.(eds.). 1981, *Popular Television and Film*, British Film Institute.

Berbero, M. 1993, *Communication, Culture and Hegemony*, London: Sage.

Berelson, B. 1952, *Content Analysis in Communication Research*, Glencoe, Il.: Free Press.

Berelson, B., P. Lazarsfeld and W. McPhee. 1954, *Voting*, Chicago: The Univ. of Chicago Press.

Berger, P. and T. Luckmann. 1966, *Social Construction of Reality: A Treatise on the Sociology of Knowledge*, New York: Doubleday.

Best, S. and D. Kellner. 1991, *Postmodern Theory*, London: Macmillan.

Bhabha, H. K. 1994, *The Location of Culture*, London: Routledge.

Billings, V. 1986, "Culture by the Millions: Audience as Innovator," in S. Ball-Rokeach and M. Cantor(eds.), *Media, Audience, and Social Structure*, Sage Publications, pp.200-213.

Biocca, F. 1988, "Opposing Conceptions of the Audience: The Active and

참고문헌

Passive Himispheres of W. C. Theory," in Anderson(ed.), *Communication Yearbook* 11.
Blumer, H. 1939, "The Mass, the Public and Public Opinion," in A. Lee(ed.), *New Outlines of the Principle of Sociology*, New York: Barnes and Noble.
———. 1946, "Collective Behavior," in A. McClung Lee(ed.), *Principles of Sociology*, New York: Barnes & Noble, pp.185-186.
———. 1969, *Symbolic Interactionism*, New York: Prentice-Hall.
Blumler, J. 1978, "The Role of Theory in the Uses and Gratification Studies," *Communication Research* 6, pp.9-36.
Blumler, J., D. Dayan and D. Wolton. 1990, "West European Perspectives on Political Communication: Structure and Dynamics," *European Journal of Communication* 5, pp.275-276.
Blumler, J. and D. McQuail. 1968, *Television in Politics*, London: Faber.
Blumler, J. and E. Katz(eds.). 1974, *The Uses of Mass Communication: Current Perspectives on Gratifications Research*, Beverly Hills: Sage.
Blumler, J., M. Gurevitch and E. Katz. 1985, "Reaching out: A Future for Gratification Research," in K. Rosengren et al.(eds.), *Media Gratifications Research*, Beverly Hills, Calif.: Sage.
Bonnewitz, P. 1997, *Premières Lesons sur La Sociologic de P. Bourdieu*, Presses Universitaires de France, 문경자 역, 2000, 『부르디외 사회학 입문』, 동문선.
Boorstin, D. 1961, *The Image*, New York: Atheneum.
Bottomore, T. 1984, *The Frankfurt School*, London: Tavistock Publications; 진덕규 역, 1984, 『프랑크푸르트학파의 사회비판이론』, 학문과사상사.
Bourdieu, P. 1972a, "Cultural Reproduction and Social Reproduction," in R. Brown(ed.), *Knowledge, Education and Cultural Change*, London: Tavistock.
———. 1972b, "The Berber House," in M. Douglas(ed.), *Rules and Meanings*, Harmondsworth: Penguin.
———. 1977, *Outline of a Theory of Practice*, Cambridge: Cambridge Univ. Press.

참고문헌

──. 1980, "The Aristocracy of Culture," *Media, Culture and Society* 2, pp.225-254.

──. 1986, *Distinction: A Social Critique of the Judgement of Taste*(trans., R. Nice), Cambridge, M. A.: Harvard University Press.

──. 1993, *The Field of Cultural Production*, Cambridge: Polity Press.

──. 1996, *Sur La Télévision*, Liber-Raisons dágir, 櫻本陽一 譯, 2000, 『メディア 批判』, 東京: 藤原書店.

──. 1998, *On Television and Journalism*(trans. P. P. Ferguson), London: Pluto Press.

Bourdieu, P. and Passeron, J. C. 1977, *Reproduction in Education, Society and Culture*, London: Sage.

Bouricard, F. 1981, *The Sociology of Talcott Parsons*, Chicago: Univ. of Chicago Press.

Boyne, R. and A. Rattansi(eds.). 1990, *Postmodernism and Society*, London: Macmillan.

Brunsdon, C. 1981, "Crossroads: Notes on Soap Opera," *Screen* 22, pp.32-37.

──. 1986, "Women watching Television," *Mediekulture* 4.

──. 1989, "Text and Audience," in E. Seiter et al.(eds.), *Remote Control*, London: Routledge.

──. 1990, "Television: Aesthetics and Audience," in P. Mellencamp (ed.), *The Logics of Television*, Bloomington: Indiana University Press.

──. 1991, "Pedagogies of the Feminine: Feminist Teaching and Women's Genres," *Screen* 32, pp.364-381.

Brunsdon, C. and D. Morley. 1978, *Everyday Television: 'Nationwide'*, London: British Film Institute.

Bryce, J. 1987, "Family Time and TV use," in T. Lindlof(ed.), *Natural Audience*, New Jersey: Ablex, pp.121-138.

Buckingham, D. 1987, *Public Secrets: 'Eastenders' and Its Audience*, London: British Film Institute.

Budd, M., R. Entman, and C. Steinman. 1990, "The Affirmative Character of US Cultural Studies," *Critical Studies in Mass Communication* 7,

pp.169-184.
Callinicos, A. 1985, "Postmodernism, Post-Structuralism and Post-Marxism?" *Theory, Culture and Society* 2, pp.85-102.
Canclini, N. 1988, "Culture and Power: The State of Research," *Media, Culture and Society* 10, pp.467-497.
Cantor, N. and W. Mischel. 1977, "Traits as Prototypes: Effects on Recognition Memory," *Journal of Personality and Social Psychology* 35, pp.38-48.
Cantril, H. 1940, *The Invasion from Mars*, Princeton Univ. Press.
Caplan N. and S. Nelson. 1973, "On Being Useful: The Nature and Consequences of Psychological Research and Social Problem," *American Psychologist* 28, pp.199-211.
Carey, J. 1985, "Overcoming Resistance to Cultural Studies," in M. Gurevitch and M. Levy(eds.), *Mass Communication Review Yearbook*, Volume 5, Beverly Hills: Sage, pp.27-40.
──── 1989, *Communication as Culture: Essays on Media and Society*, Boston, M. A.: Unwin Hyman.
Carragee, K. 1990, "Interpretive Media Study," *Critical Studies in Mass Communication* 7(2).
Chaffee, S.(ed.). 1975, *Political Communication*, Beverly Hills: Sage.
Chambers, I. 1986, *Popular Culture: The Metropolian Experience*, London: Methuen.
Chaney, D. 1972, *Processes of Mass Communication*, London: Macmillan.
──── 1983, "A Symbolic Mirror of Ourselves: Civic Ritual in Mass Society," *Media, Culture and Society* 5(2).
Collins, J. 1989, *Uncommon Cultures*, London and New York: Routledge.
Collins, W. A., "Effect of Temporal Separation between Motivation, Agression and Consequences: A Developmental Study," *Developmental Psychology* 8, pp.215-221.
Connor, S. 1989, *Postmodernist Culture*, Oxford: Blackwell Publisher, 김성곤·정정호 공역, 1993, 『포스트모던문화: 현대이론서설』, 한신문화사.
Cooley, C. 1909, *Social Organization*, New York: Charles Scribner's Sons.

참고문헌

Cooper, E. and M. Jahoda, "The Evasion of Propaganda: How Prejudiced People respond to anti-Prejudice Propaganda," *Journal of Psychology* 23, pp.15-25.

Corner, J. 1991, "Meaning, Genre and Context: The Problematics of 'Public Knowledge' in the New Audience Studies," in J. Curran and M. Gurevitch(eds.), *Mass Media and Society*, London: Edward Arnold, p.267.

Corrigan, P. 1983, "Film Entertainment as Ideology and Pleasure," in J. Curran and V. Porter(eds.), *The British Film Industry*, London: Weidenfeld & Nicolson.

Counihan, M. 1973, "Orthodoxy, Revisionism and Guerilla Warfare in Mass Communication Research," Mimeo, University of Birmingham.

Crane, D. 1992, *The Production of Culture*, London: Sage.

Critcher, C. 1978, "Structures, Cultures and Biographies," in S. Hall and T. Jefferson(eds.), *Resistance Through Rituals*, London: Hutchinson.

Crocker, J., S. Fiske, and S. Tatlor. 1984, "Schematic Bases of Belief Change," in J. Eiser(ed.), *Attitudinal Judgment*, New York: Springer-verlag, pp.197-226.

Croteau, D., and H. William. 1997, *Media/Society: Industries, Images, and Audiences*, Thousand Oaks and London: Pine Forges Press.

Curran, J. 1976, "Content and Structuralist Analysis of Mass Communication," Open University Social Psychology Course, D305, Milton Keynes: Open University Press.

──── 1990, "The 'New Revisionism' in Mass Communication Research," *European Journal of Communications* 5(2-3).

Curran, J., D. Morley and V. Walkerdine(eds.). 1996, *Cultural Studies and Communications*, London: Arnold, 백선기 역, 1999, 『대중문화와 문화연구』, 한울.

Curran, J. and M. Gurevitch(eds.). 1991, *Mass Media and Society*, London: Edward Arnold.

Curran, J., M. Gurevitch and J. Woollacott(eds.). 1977, *Mass Communication and Society*, London: Arnold.

Dahlgren, Peter. 1997, "Cultural Studies as a Research Perspective: Themes and Tensions," in J. Corner, P. Schlesinger & R. Silverstone(eds.), *International Media Research: A Critical Survey*, London: Routledge, pp.48-64.

Dant T. 1991, *Knowledge, Ideology & Discourse: A Sociological Perspective*, London and New York: Routledge.

Davis, H. and P. Walton(eds.). 1983A, *Language, Image, Media*, London: Blackwell.

de Certeau, M. 1980, *La Culture au Pluriel*, Christian Bourgeois Editeur, 山田登世子 譯, 1999, 『文化の政治學』, 東京: 岩波書店.

――. 1984a, "General Introduction," *The Practice of Everyday Life*, Los Angels: Univ. of California, 정준영 역, 1996, 「서론」, 박명진 외(편역), 『문화, 일상, 대중』, 한나래, 133-153쪽.

――. 1984b, *The Practice of Every Life*, Berkeley: University of California Press.

Debord, G. 1990, *Comments on the Society of the Spectacle*(trans. Malcolm Imrie), Verso.

――. 1994, *The Society of the Spectacle*, New York: Zone Books, 이경숙 역, 1996, 『스펙터클의 사회』, 현실문화연구.

Defleur, M. L., and S. Ball-Rokeach. 1989, *Theories of Mass Communication* (5th ed.), New York: Longman.

Demers, D. and Viswanath(eds.). 1999, *Mass Media, Social Control, and Social Change: A Macrosocial Perspective*, Ames: Iowa State Univ.

Dervin, B. 1980, "Communication Gaps and Inequities: Moving toward a Reconceptualization," in B. Dervin and M. Voight(eds.), 1999, *Progress in Communication Science* 2, New York: Ablex.

Dervin, B., L. Grossberg, B. J. O'Keefe and E. Wartella(eds.). 1989, *Rethinking Communication* Vol.1, 2, Newburg Park: Sage.

Dorfman, A. and A. Mattelart. 1975, *How to Read Donald Duck*, New York: International General.

Drummond, P. and R. Paterson(eds.). 1985, *Television in Transition*, London: British Film Institute.

참고문헌

Eagleton, T. 2000, *The Idea of Culture*, Blackwell.
Eco, U. 1972, "Towards a Semiotic Enquiry into the Television Message," working papers in Cultural Studies 3, University of Birmingham.
———. 1979, *The Role of the Reader: Explorations in the Semiotics of Texts*, Bloomington & London: Indiana University Press.
Eldridge, J. and L. Eldridge. 1994, *Raymond Williams: Making Connections*, London & New York: Routledge.
Elliott, P. 1972, *The Making of a Television Series*, London: Constable.
———. 1973, "Uses and Gratifications: A Critique and a Sociological Alternative," Mimeo, Centre for Mass Communication Research, University of Leicester.
Erni, J. 1989, "Where is the Audience?," *Journal of Communication Inquiry* 13(2).
Evans, W. 1990, "The Interpretive Turn in Media Research," *Critical Studies in Mass Communication* 7(2).
Ewin, S. 1976, *Captains of Consciousness: Advertising and Social Roots of the Consumer Culture*, New York: McGraw-Hill Book Company.
Featherstone, M. 1991, *Consumer Culture & Postmodernism*, London: Sage Publications, 정숙경 역, 1999, 『포스트모더니즘과 소비문화』, 현대미학.
Fejes, F. 1995, "Critical Mass Communications Research and Media Effects: The Problem of the Disappearing Audience," *Mass Communication Yearbook* 5.
Ferguson, M. and P. Golding(eds.). 1997, *Cultural Studies in Question*, London and Thousand Oaks: Sage Publications.
Fish, S. 1980, *Is There a Text in this Class?: The Authority of Interpretive Communities*, Cambridge, M. A.: Harvard Univ. Press.
Fisher, B. A. 1978, *Perspectives on Human Communication*, New York: Macmillan Publishing Co., pp.99-134.
Fiske, J. 1982, *Introduction to Communication Studies*, London: Methuen.
———. 1983, "The Discourses of TV Quiz Shows or School+Luck= Success+Sex," *Central States Speech Journal* 34, pp.139-150.

참고문헌

――. 1984, "Popularity and Ideology: A Structuralist Reading of Dr. Who," in W. Rowland and B. Watkins(eds.), *Interpreting Television: Current Research Perspectives*, Beverly Hills, C. A.: Sage.

――. 1985a, "Television: A Multilevel Classroom Resource," *Australian Journal of Screen Theory* 17/18, pp.106-125.

――. 1985b, "The Problem of the Popular," A. C. Baird Lecture, University of Iowa.

――. 1986a, "Television and Popular Culture: Reflections on British and Australian Critical Practice," *Critical Studies in Mass Communication* 3, pp.200-216.

――. 1986b, "Television: Polysemy and Popularity," *Critical Studies in Mass Communication* 3, pp.391-408.

――. 1986c, "MTV: Post Structural Post Modern," *Journal of Communication Inquiry* 10, pp.74-79.

――. 1987a, *Television Culture*, New York: Routledge.

――. 1987b, "British Cultural Studies and Television," in R. Allen(ed.), *Channels of Discourse: Television and Contemporary Criticism*, Chapel Hill, N. C.: University of North Carolina Press.

――. 1989a, *Understanding Popular Culture*, Boston, M. A.: Unwin Hyman.

――. 1989b, *Reading the Popular*, Boston, M. A.: Unwin Hyman.

――. 1990, "Ethnosemiotics: Some Personal and Theoretical Reflections," *Cultural Studies* 4, pp.85-99.

――. 1993, *Power Plays, Power Works*, London: Verso.

――. 1994, *Media Matters*, Minneapolis, M. N.: University of Minnesota Press.

Fiske, J., B. Hodge and G. Turner. 1987, *Myths of Oz: Reading Australian Popular Culture*, Sydney, London and Boston, M. A.: Allen and Unwin.

――. 1989, "Moments of Television," in E. Seiter et al.(eds.), *Remote Control*, Foster, H., 1983, *Post-Modern Culture*, London: Pluto Press.

Fiske, J. and J. Hartley. 1978, *Reading Television*, London: Methuen.

Foster, H. 1985, *Post-modern Culture*, London: Pluto Press, 이기우 역, 1995,

참고문헌

『포스트모던문화』, 신아출판사.
Foucault, M. 1980a, "The Eye of Power," in C. Gordon(ed.), *M. Foucault: Power/Knowledge*, New York: Pantheon.
―――. 1980b, "Questions on Geography," in C. Gordon(ed.), *M. Foucault: Power/Knowledge*, New York: Pantheon.
―――. 1986, "Of Other Spaces," *Diacritics* 16.
Franklin, S., C. Lury and J. Stacey. 1992, "Feminism and Cultural Studies," in P. Scannell et al.(eds.), *Culture and Power*, London: Sage.
Fromm, E. 1941, *Escape from Freedom, or Fear of Freedom*, New York: Farrar & Rinehart, Inc.
―――. 1947, *Man for Himself*, New York: Rinehart & Company Inc.
Frow, J. 1991, "M. de Certeau and the Practice of Representation," *Cultural Studies* 5, pp.52-60.
―――. 1995, *Cultural Studies & Cultural Value*, Oxford: Oxford Univ. Press.
Frow, J. and M. Morris. 1993, *Australian Cultural Studies: A Reader*, St Leonards: Allen and Unwin.
Gane, M. 1991, *Baudrillard: Critical and Fatal Theory*, London and New York: Routledge.
Gans, H. 1974, *Popular Culture and High Culture*, New York: Basic Books, Inc., Publishers.
Garfinkel, H. 1984, *Studies in Ethnomethodology*, Cambridge: Polity Press.
Garnham, N. and R. Williams. 1980, "Pierre Bourdieu and the Sociology of Culture: an Introduction," *Media, Culture and Society* 2, pp. 209-223.
Gassett, Ortega Y. 1960, *The Revolt of The Masses*, New York: N. W. Norton & Company, Inc.
Gauntlett, D. and H. Annette. 1999, *TV Living: Television, Culture and Everyday Life*, London and New York: Routledge and Association with the British Film.
Geertz, C. 1973, "Thick Description," in C. Geertz(ed.), *The Interpretation of Cultures*, New York: Basic Books.
Geldner, K. & S. Thorfon. 1997, *The Sub-Cultures Reader*, London and

New York: Routlege.
Gerbner, G. 1969, "Towards 'Cultural Indicators': The Analysis of Mass Mediated Public Message Systems," *AV Communication Review* 17 (2), pp.137-148.
──. 1970, "Cultural Indicators: The Case of Violence in Television Drama," *Annals of the American Association of Political and Social Science* 338, pp.69-81.
Gerbner, G. and C. Gross. 1976, "Living with Television: The Violence Profile," *Journal of Communication* Vol. 26(2), Spring.
Gerbner, G., L. Gross, M. Morgan, and N. Signorielli. 1982, "Charting the Mainstream: Television's Contributions to Political Orientations," *Journal of Communication* 32(2), pp.100-127.
──. 1986, "Living with Television: The Dynamics of the Cultivation Process," in J. Bryant, D. Zillman(eds.), *Perspectives on Media Effects*, Hillsdale, N. J.: Lawrence Elbaum, pp.17-39.
──. 1994, "Growing up with Television: The Cultivation Perspective," in J. Bryant and Zillmann(eds.), *Media Effects: Audiences in Theory and Research*, Hillsdale, N. J.: Lawrence Erlbaum Associates.
Giddens, A. 1979, *Central Problems in Social Theory*, London: The Macmillan Press Ltd., 윤병철·박병래 공역, 1991, 『사회이론의 주요쟁점』, 문예출판사.
──. 1986, "Action, Subjectivity, and the Constitution of Meaning," *Social Research* 53, pp.529-545.
──. 1987a, *Social Theory and Modern Sociology*, Cambridge: Polity Press.
──. 1987b, "Structuralism, Post-Structuralism and the Production of Culture," in A. Giddens and R. Turner(eds.), *Social Theory, Polity Press*, Cambridge, pp.195-223.
Gilroy, P. 1993, *The Black Atlantic*, Harvard Univ. Press.
Giner, S. 1976, *Mass Society*, New York: Academic Press, Inc.
Gitlin, T. 1980, *The Whole World is Watching: Mass Media in the Making and Unmaking of the New Left*, Berkeley: University of California.
──. 1982, "Prime Time Ideology: The Hegemonic Process in Tele-

vision Entertainment," in H. Newcomb(ed.), *Television: The Critical View*, New York: Oxford University Press, pp.426-454.
──. 1983, *Inside Prime Time*, New York: Pantheon.
Glasgow Media Group. 1976, *Bad News*, London: Routledge & Kegan Paul.
──. 1980, *More Bad News*, London: Routledge & Kegan Paul.
──. 1982, *Really Bad News*, London: Writers & Readers Publishing Co-operative Society.
Goffman, E. 1959, *The Presentation of Self in Everyday Life*, Garden City, N.Y.: Doubleday.
──. 1968, *Interaction Ritual: Essays in Face to Face Behavior*, Chicago: Aldine.
Golding, P. 1989, "Political Communication and Citizenship," in M. Ferguson(ed.), *Public Communications*, London: Sage.
Goodall, P. 1995, *High Culture, Popular Culture: The Long Debate*, Allen & Unwin Pty Ltd.
Goodhart, G. J. 1975, *The Television Audience: Patterns of Viewing*, London: Saxon House.
Gramsci, A. 1971, *Selections from the Prison Notebook*(ed. and trans. Q. Hoare and G. Nowell-Smith), London: Lawrence and Wishart.
──. 1985, *Selection from Cultural Writings*(ed. D. Forgacs and G. Nowell-Smith), London: Lawrence and Wishart.
Greg, P. 1990, *Seeing & Believing: The Influence of Television*, London and New York: Routledge.
Gripsrud, J.(ed.). 1999, *Television and Common Knowledge*.
Grossberg, L. 1983, "Cultural Studies Revisited," in M. Mander(ed.), *Communication in Transition*, New York: Praeger.
──. 1986a, "History, Politics and Postmodernism: Stuart Hall and Cultural Studies," *Journal of Communication Inquiry* 10, pp.61-77.
──. 1986b, "Teaching the Popular," in C. Nelson(ed.), *Theory in the Classroom*, Urbana, Il.: University of Illinois Press.
──. 1986c, "Is There Rock after Punk?," *Critical Studies in Mass*

Communication 3.
─── 1987a, "Critical Theory and the Politics of Empirical Research," in M. Gureritch and M. R. Levy(eds.), *Mass Communication Review Yearbook*, Newbury Park, C. A.: Sage.
─── 1987b, "The Indifference of Television," *Screen* 2, pp.28-45.
─── 1988, "Wandering Audience, Nomadic Critics," *Cultural Studies* 2, pp.377-391.
─── 1989a, "The Formations of Cultural Studies: An American in Birmingham," *Strategies* 2, pp.114-149.
─── 1989b, "The Circulation of Cultural Studies," *Critical Studies in Mass Communication* 6, pp.413-420.
─── 1992, *We Gotta Get Out of This Place: Popular Conservatism and Postmodern Culture*, London: Routledge.
Grossberg, L. et al.(eds.). 1992, *Cultural Studies*, London: Routledge.
Grossberg, L., C. Nelson, P. Treichler(eds.). 1992, *Cultural Studies*, London: Routledge.
Grossberg, L., T. Fry, A. Curthoys and P. Patton. 1988, *It's a Sin: Essays on Postmodernism, Politics, and Culture*, Sydney: Power Publications.
Gunter, B. 1988, "The Perceptive Audience," in J. Anderson(ed.), *Communication Yearbook* 11, Sage, pp.25-50.
Gunter, B. and M. Svennevig. 1987, *Behind and in front of the Screen: Television and Family Life*, London: John Libbey.
Gurevitch, M., T. Bennett, J. Curran and J. Woollacott(eds.). 1982, *Culture, Society and the Media*, London: Methuen.
Habermas, J. 1970a, "On Systematically Distorted Communication," *Inquiry* 13, pp.205-218.
─── 1970, "Toward a Theory of Communication Competence," *Inquiry* 13, pp.360-375.
─── 1971, *Knowledge and Human Interest*, Boston: Beacon Press, pp. 214-245.
─── 1979, *Communication and the Evolution of Society*, Boston: Beacon Press.

참고문헌

──. 1981a, "Die Moderne — ein Unvollendetes Projekt," in Kleine Politische Schriften Ⅰ-Ⅳ, Suhrkamp Verlag, Frankfurt am main, 三島憲一 編譯, 2000, 『近代-未完のプロジェクト』, 東京: 岩波書店.

──. 1981b, "Talcott Parsons: Problems of Theory Construction," *Sociological Inquiry* 51, pp.173-196.

──. 1984, *The Theory of Communication Action, Vol. 1: Reason and the Rationalization of Society*(trans. T. McCarthy), London: Heinemann

──. 1987, *The Theory of Communicative Action, Vol. 2: The Critique of Functionalist Reason*(trans. T. McCarthy), Cambridge: Polity Press.

──. 1990a, *Moral Consciousness and Communicative Action*, Cambridge: Polity Press.

──. 1990b, *The Philosophical Discourse of Modernity: Twelve Lectures*(trans. F. G. Lawrence), Cambridge, Massachusetts: The MIT Press.

Hall, S. 1973, "The Determination of News Photographs," in S. Cohen and J. Young(eds.), *The Manufacture of News*, London: Constable, pp.176-190.

──. 1977a, "Culture, the Media and the Ideological Effect," in J. Curran, M. Gurevitch and J. Woollacott(eds.), *Mass Communication and Society*, London: Arnold, pp.128-138.

──. 1977b, "Notes On 'The Spectacle'," Mimeo, Centre for Contemporary Cultural Studies, University of Birmingham.

──. 1978, "Some Problems with the Ideology/Subject Couplet," *Ideology and Consciousness* 3.

──. 1980a, "Cultural Studies: Two Paradigms," *Media, Culture and Society* 2, pp.57-72; also in R. Collins et al.(eds.), 1986, *Media Culture and Society: A Critical Reader*, London: Sage.

──. 1980b, "Encoding/Decoding," in S. Hall, D. Hobson, A. Lowe, and P. Willis(eds.), *Culture, Media, Language*, London: Hutchinson, pp. 128-139.

──. 1980c, "Introduction to Media Studies at the Center," in S. Hall et al.(eds.), *Culture, Media, and Language*, London: Hutchinson, pp.177-

178.
―. 1980d, "The Message from the Box," *English Magazine* 4-8.
―. 1981a, "Moving Right," *Socialist Review* 1.
―. 1981b, "Notes on Deconstructing 'The Popular'," in R. Samuel (ed.), *People's History and Socialist Theory*, London: Routledge & Kegan Paul, pp.227-240.
―. 1982, "The Rediscovery of Ideology: The Return of the Repressed in Media Studies," in M. Gurevitch, T. Bennett, J. Curran, and J. Woollacott(eds.), *Culture, Society and Media*, London: Methuen, pp. 56-90.
―. 1983a, "Ideology, or the Media Effect on the Working Class," address to La Trobe University, Melbourne, November.
―. 1983b, "The Problem of Ideology―Marxism without Guarantees," in B. Matthews(ed.), *Marx 100 Years On*, London: Lawrence and Wishart.
―. 1984, "The Narrative Construction of Reality," *Southern Review* 17:1, pp.3-17.
―. 1985, "Signification, Representation, Ideology: Althusser and the Post-Structuralist Debates," *Critical Studies in Mass Communication* 2, pp.92-114.
―. 1986, "On Postmodernism and Articulation: An Interview with Stuart Hall"(ed. L. Grossberg), *Journal of Communication Inquiry* 10:2, pp.45-60.
―. 1990a, "Cultural Studies, Now and in the Future," paper presented to conference of that Title, University of Illinois, April; reprinted in L. Grossberg et al.(eds.), 1992.
―. 1990b, "The Emergence of Cultural Studies and the Crisis of the Humanities," October 53, pp.11-90.
Hall, S. et al.(eds.). 1981, *Culture, Media, Language*, London: Hutchinson.
Hall, S., C. Criticher, T. Jefferson, J. Clarke and B. Roberts. 1978, *Policing The Crisis: Mugging, the State, and Law and Order*, London: Macmillan.

참고문헌

──. 1980, "Cultural Studies and the Centre," in S. Hall et al.(eds.), *Culture, Media, Language*, London: Hutchinson.

Hall, S., I. Connell and L. Curti. 1976, "The Unity of Current Affairs Television," Working Papers in Cultural Studies no. 9, pp.51-94; also in T. Bennett, S. Boyd-Bowman, C. Mercer, and J. Woollacott (eds.), 1981, *Popular Television and Film*, London: British Film Institute/Open University, pp.88-117.

──. 1981, "The Unity of Current Affairs Television," in T. Bennett et al.(eds.), *Popular Television and Film*, London: British Film Institute/Open University Press.

Hall, S. and M. Jacques. 1989, *New Times*, Lawrence & Wishart.

Hall, S. and P. Whannel. 1964, *The Popular Arts*, London: Pantheon Books.

Hall, S. and R. Jefferson(eds.). 1978, *Resistance through Rituals*, London: Hutchinson.

Halloran, J. 1970a, *Demonstrations and Communications*, Harmondsworth: Penguin.

──. 1970b, *The Effects of Television*, London: Panther.

──. 1975, "Understanding Television," *Screen Education* 14.

Hamilton, R. F. and J. D. Wright, *The State of the Masses*, New York: Aldine Publishing Company.

Hammersley, M. and P. Atkinson. 1983, *Ethnography: Principles and Practice*, London: Tavistock Books.

Hardt, H. 1992, *Critical Communication Studies: Communication, History and Theory in America*; London and New York, Routledge.

──. 1998, *Interactions: Critical Studies in Communication, Media, and Journalism*, Lanham and Boulder: Rowman & Littlefield Publishers, Inc.

Hartley, J. 1983, "Television and the Power of Dirt," *Australian Journal of Cultural Studies* 1:2, pp.62-82.

──. 1987, "Television Audience, Paedocracy and Pleasure," *Textual Practice* 1(2).

―――. 1992, *Teleology: Studies in Television*, London: Routledge.
Hauser A. 1953, *Sozialgeschichte der Kunst und Literatur*, C. H. Beck'sche Verlagsbuchhandlung(Oscar Beck), München, 염무웅·반성완 공역, 1981, 『文學과 藝術의 社會史(近世篇 下)』, 창작과비평사, 94쪽.
Hawkins, R. and S. Pingree. 1986, "Activity in Effects of Television in Children," in J. Bryant and D. Zillman(eds.), *Perspectives on Media Effects*, Hillsdale, N. J.: Lawrence Erlbaum.
Hebdige, D. 1979, *Subculture: The Meaning of Style*, London: Methuen.
―――. 1982, "Towards a Cartography of Taste 1935-1962," in B. Waites, T. Bennett, and G. Martin(eds.), *Popular Culture: Past and Present*, London: Croom Helm/Open University Press, pp.194-218.
―――. 1986, "Postmodernism and 'The Other Side'," *Journal of Communication Inquiry* 10, pp.78-97.
―――. 1988a, *Hiding in The Light*, London: Comedia/Routledge.
―――. 1988b, "Towerds a Cartography of Taste," in D. Hebidge(ed.), *Hiding in the Light*, London: Comedia/Routledge.
―――. 1990, "Fax to the Future," *Marxism Today*, January.
Held, D. 1980, *Introduction to Critical Theory: Horkheimer to Habermas*, London: Hutchinson.
Herman, E. and N. Chomsky. 1988, *Manufacturing Consent*, New York: Pantheon.
Herzog, H. 1942, "Professor Quiz: A Gratification Study," in P. Lazarsfeld and F. Stanton(eds.), *Radio Research 1941*, New York: Duell, Sloan and Pearce.
―――. 1944, "What do We really know about Daytime Serial Listeners," in P. Lazarsfeld and F. Stanton(eds.), *Radio Research 1942-1943*, New York: Duell, Sloan and Pearce.
Himmelweit, H., N. Oppenheim and P. Vince. 1961, *Television and Child*, Oxford Univ. Press.
Hirschkop, K. and D. Shephead(eds.). 1989, *Bakhtin and Cultural Theory*, Manchester: Manchester University Press.
Hobson, D. 1980, "Housewives and the Mass Media," in S. Hall, D.

참고문헌

Hobson, A. Lowe and P. Willis(eds.), *Culture, Media, Language*, London: Hutchinson, pp.105-114.

───. 1982, *Crossreads: The Drama of a Soap Opera*, London: Methuen.

Hoggart, R. 1972, *On Culture and Communication*, New York: Oxford University Press.

───. 1992, *The Uses of Literacy*(originally published 1957), New Brunswick, N. J.: Transaction Publishers,

Hohendahl, P. 1974, "Introduction to Reception Aesthetics," *New German Critique* 3(Fall), pp.29-63.

Holub, R. 1991, *Jürgen Habermas: Critic in the Public Sphere*, London and New York.

Honneth, A. and J. Hans(ed.). 1991, *Communicative Action: Essays on Jürgen Habermas's Theory of Communicative Action*, Cambridge, Mass.: The MIT Press.

Horkheimer, M. 1972, *Critical Theory*, New York: Seabury Press.

Horkheimer, M. and T. W. Adorno. 1972, *Dialectic Enlightenment*(trans. J. Cumming), New York: Herder and Herder.

Horton, D. and R. Wohl. 1956, "Mass Communication and Para-Social Interaction," *Psychiatry* 19.

Hovland, C., I. Janis and H. Kelley. 1953, *Communication and Persuasion*, New Haven: Yale University Press; C. Hovland, A. Lumsdaine and F. Sheffield, 1965, *Experiments On Mass Communication*, New York: John Wiley and Sons.

Innis, H. 1951, *The Bias of Communication*, Toronto: University of Toronto Press.

Jameson, F. 1984, "Postmodernism: The Cultural Logic of Late Capitalism," *New Left Review* 146.

───. 1998, *The Cultural Turn: Selected Writing on the Postmodern 1983-1998*, London and New York: Verso.

Jay, M. 1974, *The Dialectical Imagination*, London: Routleledge.

───. 1984, *Adorno*, Cambridge, Massachusett: Havard University Press.

Jensen, J.(1984), "An Interpretive Approach to Culture Production," in

W. D. Rowland, Jr. and B. Watkins(eds.), *Interpreting Television: Current Research Perspectives.*

Jensen, K. 1987, "Qualitative Audience Research: Toward an Integrative Approach to Reception," *Critical Studies in Mass Communication* 4.

―――. 1990), *The Politics of Polysemy*, Mimeo, Centre for Mass Communication, University of Copenhagen.

―――. 1995, *The Social Semiotics of Mass Communication*, London and Thousand Oaks: Sage Publications.

Jensen, K. and K. Rosengren. 1990, "Five Traditions in Search of the Audience," *European Journal of Communications* 5(2-3).

Johnston, C. 1979, "The Subject of Feminist Film," in Edinburgh Television Festival Papers.

Kantor, D. and W. Lehr. 1975, *Inside The Family*, New York: Harper & Row.

Katz, E. 1959, "Mass Communications Research and Popular Culture," *Studies in Public Communication* 2.

―――. 1960, "The Functional Approach to the Study of Attitudes," *Public Opinion Quarterly* 24, pp.163-204.

Katz, E. and D. Faulkes. 1962, "On the Use of the Mass Media as 'Escape': Clasification of a Concept," *Public Opinion Quarterly* 26, p.378.

Katz, E., M. Gurevirch and H. Hass. 1973, "On the Use of Mass Media for Important Things," *American Sociological Review* 38, pp.164-181.

Katz, E. and P. F. Lazarsfeld. 1965 *Personal Influence: The Part played by People in the Flow of Mass Communications*, New York: Free Press.

Katz, E. and T. Liebes. 1984, "Once upon a Time in Dallas," *Intermedia* 12:3, pp.28-32.

―――. 1985, "Mutual Aid in the Decoding of Dallas: Preliminary Notes from a Cross-Cultural Study," in P. Drummond and R. Paterson (eds.), *Television in Transition*, London: British Film Institute, pp. 187-198.

―――. 1987, "On the Critical Ability of Television Viewers," paper

presented at the Seminar Rethinking the Audience, University of Tübingen, February.
Keane, J. 1991, *The Media and Democracy*, London: Polity Press.
Kellner, D. 1982, "TV, Ideology and Emancipatory Popular Culture," in H. Newcomb(ed.), *Television: The Critical View*, New York: Oxford University Press, pp.386-421.
──. 1995, *Media Culture*, London and New York: Routledge.
King, A. D. 1991, *Culture, Globalization and the World-System: Contemporary Conditions for the Representation of Identity*, Dept. of Art and Art History, Binghamton: State Univ. of New York.
Kippax, S. and J. Murray. 1980, "Using the Mass Media: Need Gratification and Perceived Utility," *Communication Research* 7, pp.335-360.
Klapper J. 1960, *The Effects of Mass Communication*, New York: Free Press, pp.19-26.
Kohlberg, L. 1981, *Essays on Moral Development*, Vol 1, San Francisco.
Kraus, S. and D. Dennis. 1976, *The Effects of Mass Communication On Political Behavior*, University Park and London: The Pennsylvania State Univ. Press.
Kumar, K. J. 1988, "Indian Families watching Television," paper presented to International Television Studies Conference, London, July.
Lasswell, H. 1948, "The Structure and Function of Communication in Society," in L. Bryson(ed.), *The Communication of Ideas*, New York: Harper.
Lazarsfeld, P., B. Berelson and H. Gaudet. 1948, *The People's Choice*, New York: Columbia Univ. Press.
Le Bon, G. 1896, *The Crowd: A Study of the Popular Mind*, London: Ernest Benn, Ltd.
Leavis, F. R. and D. Thompson. 1933, *Culture and Environment: The Training of Critical Awareness*, London: Chatto & Windus.
Lechte, J. 1994, *Fifty Key Contemporary Thinkers: From Stucturalism to Postmodernity*, London: Routledge; 곽동훈·김시무 공역, 1996, 『문화연

구를 위한 현대사상가 50』, 현실문화연구.
Lefebvre, H. 1968, *La Vie Quotidinne dan Le Monde Moderne*, 박정자 역, 1990, 『현대세계의 일상성』, 도서출판 主流·一念.
──. 1984, *Everyday Life in the Modern World*(trans. S. Rabinovitch), New Brunswick, N. J.: Transaction Books.
──. 1991, *Critique of Everyday Life*, Vol. 1, London: Verso.
Lévi-Strauss, C. 1963, *Structural Anthropology*, New York: Basic Books.
Levy, M. 1978, "The Audience Experience with Television News," *Journalism Monography* 55.
Levy, M. and M. Gurevitch. 1994, *Defining Media Studies: Reflection on the Future of the Field*, New York and Oxford.
Levy, M. and S. Windahl. 1985, "The Concept of Audience Activity," in K. Rosengren, L. Wenner, P. Palmgreen(eds.), *Media Gratification Research: Current Perspectives*, Newbury Park, C. A.: Sage.
Lewis, J. 1983, "The Encoding/Decoding Model: Criticisms and Redevelopments," *Media, Culture and Society* 5.
──. 1985, "Decoding Television News," in P. Drummond and R. Paterson(eds.), *Television in Transition*, London: British Film Institute, pp.205-234.
Lewis, J. et al. 1986, *The Audience for Community Arts*, London: Comedia.
Lindlof, T.(ed.). 1987, *Natural Audience*, Norwood, N. J.: Ablex.
──. 1988, "Media Audience as Interpretative Communities," *Communication Yearbook* 11, pp.81-107.
──. 1991, "The Qualitative Study of Media Audience," *Journal of Broadcasting and Electronic Media* 35(1), pp.23-42.
Liebes, T. and E. Katz. 1991, *The Export of Meaning*, Oxford: Oxford Univ. Press.
Liebes, T. and J. Curran(eds.). 1998, *Media, Ritual and Identity*, London and New York: Routledge.
Lindlof, T. and P. Traudt. 1983, "Mediated Communication in Families," in M. Mander(ed.), *Communications in Transition*, New York: Praeger.
Lindlof, T. and T. Meyer. 1987, "Mediated Communication: the Founda-

tions of Qualitative Research," in T. Lindlof(ed.), *Natural Audience*, Norwood, N. J.: Ablex.
Lippmann, W. 1922, *Public Opinion*, New York: MacMillan.
Livingstone, S. 1990, *Making Sense of Television: The Psychology of Audience Interpretation*, Oxford: Pergamon.
―――. 1991, "Audience Reception: the Role of the Viewer in Retelling Romantic Drama," in J. Curran and M. Gurevitch(eds.), *Mass Media and Society*, London: Edward Arnold, pp.288-290.
Lodziak, C. 1987, *The Power of Television*, London: Frances Pinter.
Lull, J. 1980, "The Social Uses of Television," *Human Communications Research* 6(3).
―――. 1982, "How Families select Television Programmes: a Mass Observational Study," *Journal of Broadcasting* 26.
―――. 1987, "Audience, Texts and Contexts," *Critical Studies in Mass Communication* 4.
―――(ed.). 1988, *World Families Watch Television*, Newbury Park and London: Sage.
―――. 1991, *Inside Family Viewing*, London: Routledge.
Lyotard, J. F. 1986, *The Postmodern Condition: A Report on Knowledge*, Manchester: Manchester University Press.
MacCabe, C. 1976, "Theory and Film: Principles of Realism and Pleasure," *Screen* 17, pp.7-27.
―――. 1981a, "Realism and Cinema: Notes on Brechtian Theses," in T. Bennett, S. Boyd-Bowman, C. Mercer, and J. Woollacott(eds.), *Popular Television and Film*, London: British Film Institute/Open University, pp.216-235.
―――. 1981b, "Days of Hope, A Response to Colin Mcarthur," in T. Bennett, S. Boyd-Bowman, C. Mercer, and J. Woollacott(eds.), 1981, *Popular Television and Film*, London: British Film Institute/Open University, pp.310-313.
―――. 1981c, "Memory, Fantasy, Identity: Days of Hope and the Politics of the Past," in T. Bennett, S. Boyd-Bowman, C. Mercer, and J.

Woollacott(eds.), *Popular Television and Film*, London, British Film Institute/Open University, pp.314-318.

―――. 1986, "Defining Popular Culture," in C. MacCabe(ed.), *High Theory/ Low Culture*, Manchester: Manchester University Press, pp.1-10.

MacDonald, D. 1953, "A Theory of Mass Culture," *Diogenes* 3, 1-17.

Mander, M. S. 1987, "Bourdieu, The Sociology of Culture and Cultural Studies: a Critique," *European Journal of Communication* Vol. 12. No. 4. December.

Mannheim, K. 1950, *Man and Society in the Age of Reconstruction*, New York: Harcourt Brace, p.85.

Marcuse, H. 1954, 1963, *Reason and Revolution: Hegel and the Rise of Social Theory*, Humanities Press, New York.

―――. 1964, *One Dimensional Man: Studies in the Ideology of Advanced Industrial Society*, Boston: Beacon Press.

Marx, K. 1976, *Preface and Introduction to 'A Critique of Political Economy'*, Peking: Foreign Languages Press.

Marx, K. and F. Engels. 1970, *The German Ideology*, London: Lawrence and Wishart.

Mattelart, A. and A. Dorfmann. 1979, *How to Read Donald Duck*, New York: International General.

Mattelart, A. and M. Matterlart. 1992, *Rethinking Media Theory*, University of Minnesota Press.

―――. 1998, *Theories of Communication: A Short Introduction*, London: Sage Publications.

McCarthy, T. 1984, *The Critical Theory of Jürgen Habermas*, Cambridge: Polity Press, pp.190-193.

McCombs, M. and D. L. Shaw. 1972, "The Agenda—Setting Function of the Mass Media," *Public Opinion Quarterly* 36, pp.176-187.

―――. 1977, *The Emergence of America Political Issues: The Agenda—Setting Function of The Press*, St. Paul, Minn.: West Publishing.

McQuigan, J. 1992, *Cultural Populism*, London: Routledge.

―――. 1996, *Culture and the Public Sphere*, London and New York:

Routledge.

McGuire, W. 1974, "Psychological Motive and Communication Gratification," in J. Blumler and E. Katz(eds.), *The Uses of Mass Communication: Current Perspective on Gratification Research*, Newbury Park, C. A.: Sage, pp.167-196.

McLeod, J. M., G. Kosicki and Z. Pan. 1991, "On Understanding and Misunderstanding Media Effects," in J. Curran and M. Gurevitch (eds.), *Mass Media and Society*, Edward Arnold, pp.235-266.

McLuhan, M. 1964, *Understanding Media*, London: Routledge & Kegan Paul.

McLuhan, M. and Q. Fiore. 1967, *War and Peace in the Global Village*, New York: Bantam Books.

McQuail, D. 1997, *Audience Analysis*, London: Sage Publications. Inc., 박창희 역, 1999, 『수용자분석』, 커뮤니케이션북스.

──. 2000, *Mass Communication Theory*, Newbury Park, C. A.: Sage.

McQuail, D., J. Blumler and J. Brown. 1972, "The Television Audience: a revised Perspective," in D. McQuail(ed.), *The Sociology of Mass Communications*, Harmondsworth: Penguin, pp.135-165.

McRobbie, A. 1980, "Setting Accounts with Subcultures," *Screen Education* 34.

──. 1982, "The Politics of Feminist Research: Between Talk, Text and Action," *Feminist Review* 12.

──. 1986, "Postmodernism and Popular Culture," *Postmodernism*, ICA Documents 4, London: ICA.

──. 1991a, *Feminism and Youth Culture*, London: Macmillan.

──. 1991b, "Moving Cultural Studies on—Postmodernism and Beyond," *Magazine of Cultural Studies* 4, pp.18-22.

──. 1991c, "New Times in Cultural Studies," *New Formations*, Spring, pp.1-17.

──. 1992, *Post-Marxism and Popular Culture*, London: Routledge.

McRobbie, A. and J. Garber. 1976, "Girls and Subcultures," in J. Clarke et al.(eds.), *Resistance through Rituals*, London: Hutchinson.

McRobbie, A. and M. Naya(eds.). 1984, *Gender and Generation*, London: Macmillan.
Mead, G. H. [1934], 1974, *Mind, Self and Society*(ed. C. W. Morris), Chicago: The Univ. of Chicago Press
Meadowcraft, J. and B. Reeves. 1989, "Influence of Story Schema Development on Children's Attention to Television," *Communication Research* 16(3), June, p.356.
Mendelsohn, H. 1964, "Listening to Radio," in L. A. Dexter and D. M. White(eds.), *People, Society and Mass Communication*, Glencoe: Free Press, pp.239-269.
Merton, R. 1946, *Mass Persuasion: The Social Psychology of a War Bond Drive*, New York: Harper.
──── 1986, *Social Theory and Social Structure*, New York: The Free Press, pp.493-496.
Merton, R. and P. Lazarsfeld. 1948, "Communication, Taste and Social Action," in L. Byron(ed.), *The Communication of Ideas*, New York: Cooper Square.
Metz, C. 1974, *Film Language: A Semiotics of the Cinema*, New York: Oxford Univ. Press
──── 1975, *Language and Cinema*, The Hague: Mouton.
Miege, B. 1989, *The Capitalization of Cultural Production*. New York: International General.
Mills, C. W. 1956, *The Power Elite*, New York: Oxford University Press.
Milton, J. 1875, *Areopagitica*, London: Oxford Univ. Press.
Modleski, T. 1982, *Loving with a Vengeance: Mass Produced Fantasies for Women*, London: Methuen.
──── 1983, "The Rhythms of Reception: Daytime Television and Women's Work," in E. A. Kaplan(ed.), 1985, *Regarding Television*, Los Angeles: American Film Institute/University Publications of America, pp.67-75.
────(ed.). 1986, *Studies in Entertainment: Critical Approaches to Mass Culture*, Bloomington and Indianapolis: Indiana University Press.

참고문헌

Moores, S. 1990, "Texts, Readers and Contexts of Reading: Developments in the Study of Media Audience," *Media Culture and Society* 12(1), pp.9-29.

―――. 1992, "Text, Readers and Contexts of Reading," in P. Scannell et al.(eds.), *Culture and Power*, London: Newbury Park. pp.137-157.

―――. 1993, *Interpreting Audience: The Ethnography of Media Consumption*, London: Sage.

Morgan, M. and N. Signorelli. 1990, *Cultivation Analysis*, Beverly Hills: Sage.

Morley, D. 1974, "Reconceptualising the Media Audience," Stencilled Paper, Centre for Contemporary Cultural Studies, University of Bermingham.

―――. 1976, "Industrial Conflict and the Mass Media," *Sociological Review*, 24(2).

―――. 1980a, "Texts, Readers, Subjects," in S. Hall, D. Hobson, A. Lowe, and P. Willis(eds.), *Culture, Media, Language*, London: Hutchinson, pp.163-183.

―――. 1980b, *The 'Nationwide' Audience*, London: British Film Institute.

―――. 1980c, *The Nationwide Audience: Structure and Decoding*, London: British Film Institute.

―――. 1981, "The 'Nationwide' Audience ― A Critical Postscript," *Screen Education* 39, pp.3-14.

―――. 1983, "Cultural Transformations: the Politics of Resistance," in H. Davis and P. Walton(eds.), *Language, Image, Media*, London: Blackwell, pp.104-119.

―――. 1986, *Family Television*, London: Comedia/Routledge.

―――. 1989, "Changing Paradigms in Audience Studies," in E. Seiter et al.(eds.), *Remote Control*, London: Routledge.

―――. 1990a, "Behind the Ratings," in J. Willis and T. Wollen(eds.), *Neglected Audiences*, London: British Film Institute.

―――. 1990b, "The Construction of Everyday Life," in D. Swanson and D. Nimmo(eds.), *New Directions in Political Communication*, Newbury Park and London: Sage.

─── 1991a, "Where the Global meets the Local," *Screen* 32(1).

─── 1991b, "The Consumption of Media," [Review Article] *Journal of Communication* 41(2),.

Morley, D. and K. Chen(eds.). 1996, *Stuart Hall: Critical Dialogues in Cultural Studies*, London: Routledge.

Morley, D. and K. Robins. 1989, "Spaces of Identity," *Screen* 20(4).

─── 1990, "No Place like Heimat," *New Formations* 12.

─── 1992, "Techno-Orientalism," *New Formations* 16.

Morley, D. and R. Silverstone. 1990, "Domestic Communications," *Media, Culture and Society* 12(1).

─── 1991, "Communication and Context," in N. Jankowski and K. B. Jensen(eds.), *A Handbook of Qualitative Methodologies for Mass Communication Research*, London: Routledge.

Mukerji, C. and M. Schudson. 1991, *Rethinking Popular Culture: Contemporary Perspectives in Cultural Studies*, Berkeley, C. A.: University of California Press.

Mulvey, L. 1975, "Visual Pleasure and Narrative Cinema," *Screen* 16:3, pp.6-18; also in T. Bennett, S. Boyd-Bowman, C. Mercer and J. Woollacott(eds.), 1981, *Popular Television and Film*, London: British Film Institute/Open University, pp.206-215.

Murdock, G. 1973, "Mass Media and the Construction of Meaning," in N. Armistead(ed.), *Reconstructing Social Psychology*, Harmondsworth: Penguin.

─── 1974, "Mass Communication and the Construction of Meaning," in N. Armistead(ed.), *Reconstructing Social Psychology*, Harmondworth: Penguin, p.213.

─── 1989a, "Critical Inquiry and Audience Activity," in B. Dervin et al.(eds.), *Rethinking Communication*, Vol. 2, Newbury Park and London: Sage.

─── 1989b, "Cultural Studies: Missing Links," *Critical Studies in Mass Communications* 6(4).

참고문헌

──. 1990, "Television and Citizenship," in A. Tomlinson(ed.), *Consumption, Identity and Style*, London: Comedia.

Murdock, G. et al. 1989, "Home Computers: The Social Construction of a Complex Commodity," *International Review of Sociology*(Forth coming).

Murray, J., E. Rubinstein, G. Comstock(eds.), *Television and Social Behavior: A Technical Report to the Surgeon General's Scientific Advisory Committee on Television and Social Behavior*.

Neuman, W. R. 1991, *The Future of the Mass Audience*, New York: Cambridge University Press.

Newcomb, H. and P. Hirsch. 1984, "Television as a Cultural Forum: Implications for Research," in W. Rowland and B. Watkins(eds.), *Interpreting Television: Current Research Perspectives*, Beverly Hills: Sage, pp.58-73.

Nightingale, V. 1986, "What's happening to Audience Research?," *Media Information Australia* 39.

──. 1996, *Studying Audience: The Shock of the Real*, London and New York: Routledge.

Noelle-Neumann, E. 1973, "Return to the Concept of Powerful Mass Media," *Studies of Broadcasting*, The Radio & TV Culture Research Institute, NHK, pp.67-112.

──. 1984, *The Spiral of Silence: Public Opinion — Our Social Skin*, Univ of Chicago Press.

Nordenstreng, K. 1975, "Recent Development in European Communication Theory," Public Lecture given at Simon Fraser Univ., March 19, pp.2-10.

O'Connor, A. 1989, "The Problem of American Cultural Studies," *Critical Studies in Mass Communication* 6, pp.405-413.

O'Sullivan, T., J. Hartley, D. Saunders and J. Fiske. 1983, *Key Concepts in Communication*, London: Methuen.

Palmer, P. 1986, *The Lively Audience: A Study of Children around the TV Set*, Sydney: Allen & Unwin.

참고문헌

Palmgreen, P. and J. Rayburn. 1985, "An Expectancy—Value Approach to Media Gratification," in K. Rosengren, et al.(eds.), *Media Gratifications Research*, Beverly Hills: Sage.
Parkin, F. 1971, *Class Inequality and Political Order*, London: Paladin.
―――(ed.). 1974, *The Social Analysis of Class Struggle*, London: Tavistock Books.
Parsons, T. and E. Shils(eds.). 1951, *Toward a General Theory of Action*, New York: Harper & Row, p.45.
Pickering, M. 1997, *History, Experience and Cultural Studies*, London: Macmillan.
Poster, M. 1989, *Critical Theory and Poststructuralism: in Search of A Context*, Ithaca and London: Cornell Univ. Press.
Potter, W. J. 1998, *Media Literacy*, London: Sage Publications.
Radway, J. 1984, "Interpretative Communication and Variable Literacies," *Daedalus*, Summer.
―――. 1987, *Reading the Romance*, Chapel Hill: University of North Carolina Press((British edition, London: Verso Books).
―――. 1988, "Reception Study," *Cultural Studies* 2(3).
Rasmussen, D. M. 1990, *Reading Habermas*, Cambridge, Massachusetts: Basil Blackwell.
Real, M. 1977, *Mass Mediated Culture*, N. J.: Prentice-Hall, Inc.
―――. 1992, "The Challenge of a Culture—Centered Paradigm: Metatheory and Reconciliation in Media Research," *Communication Yearbook* 15, Sage, 1992, pp.35-46.
Real, M. R., *Super Media: A Cultural Studies Approach*, Newbury Park and London: Sage Publications.
Regan, S. 1993, *Raymond Williams*, Hemel Hempstead: Harvester Wheatsheaf.
Richardson, K. and J. Corner. 1986, "Reading Reception: Mediation and Transparency in Viewers' Account of a TV Programme," *Media, Culture and Society* 8:4, pp.485-508.
Riesman, D. 1950, *The Lonely Crowd*, New Haven: Yale University Press.

참고문헌

Riley, M. and J. Riley. 1951, "A Sociological Approach to Communication Research," *Public Opinion Quarterly* 15(3).
Robbins, D. 1991, *The Work of Pierre Bourdieu*, Milton Keynes: Open University Press.
Rogers, E. 1975, "Where We are in Understanding the Diffusion of Innovation," W. Schramm & D. Lerner(eds.), *Communication and Change in the Developing Countries: Ten Years after*, Honolulu: Univ. of Hawaii/East-West Center Press.
Rogers, E. 1985, "The Empirical and Critical Schools of Communication Research," in E. M. Rogers and F. Balle(eds.), *The Media Revolution in America and Western Europe*, Ablex Publishing Corporation.
Rosengren, K. 1985, "Growth of a Research Tradition," in K. Rosengren et al.(eds), *Media Gratifications Research*, Beverly Hills, Calif.: Sage.
──(ed.). 1994, *Media Effects and Beyond: Culture, Socialization and Lifestyle*, London and New York: Routledge.
Rothenbuthler, E. 1987, "Neofunctionalism for Mass Communication Theory," in S. Barkin and E. Fink(eds.), *Mass Communication Review Yearbook* 1, pp.68-80.
Rouner, D. 1984, "Active Television Viewing and the Cultivation Hypothesis," *Journalism Quarterly* 61, pp.168-173.
Rowland, W. and B. Watkins(eds.). 1984, *Interpreting Television: Current Research Perspectives*, Beverly Hills: Sage.
Rubin, A. 1986, "Uses Gratifications, and Media Effects Research," in J. Bryant & D. Zillman(eds.), *Perspectives on Media Effects*, Hillsdale, N. J.: Lawrence Erlbaum, p.293.
Said, E. 1978, *Orientalism*, New York: Random House; 1985, Harmondsworth: Penguin Books.
──. 1984, *The World, the Text and the Critic*, Cambridge, Mass.: Harvard University Press.
Saussure, F. de. 1969, *Cours de Linguistique General*, Paris: Payot.
Scannell, P., P. Schlesinger and C. Sparks(eds.). 1992, *Culture and Power*, London and Newbury Park: Sage Publications.

Schramm, W. 1955, *The Process and Effects of Mass Communication*, Urbana: Univ. of Illinois Press.

───(ed.). 1960, *Mass Communications*, Urbana: Univ. of Illinois Press.

Schramm, W. and D. F. Roberts. 1971, *The Process and Effects of Mass Communication*, Urbana: Univ. of Illinois Press.

Schramm, W., G. Lyle and E. Parker. 1961, *Television in the Lives of Our Children*, Stanford Univ. Press.

Schroder, K. 1987, "Convergence of Antagonistic Traditions?," *European Journal of Communication* 2.

Schutz, A. 1963, *Collected Papers I*, Den Hague: Martins Nijhoff.

Screen. 1992, *The Sexual Subject: A 'Screen' Reader in Sexuality*, London and New York: Routledge.

Seaman, W. R. 1992, "Active Audience Theory: Pointless Populism," *Media, Cultural Studies* 4(1).

Seiter, E. 1999, *Television and New Media Audience*, Oxford: Clarendon Press.

Severin, W. J. and J. W. Tankard. 1988, *Communication Theories*, Longman.

Shibutani, T. 1961, *Society and Personality*, Englewood Cliffs, N. J.: Prentice-Hall, p.67.

Shils, E. 1963, "Mass Society and It's Culture," in N. Jacobs(ed.), *Culture for the Millions?*, New York: D. Van Nostrand Co. Inc.

Siebert, F., T. Peterson and W. Schramm. 1963, *Four Theories of the Press*, Urbana: Univ. of Illinois Press,

Signorielli, N. and M. Morgan. 1990, *Cultivation Analysis: New Directions in Media Effects Research*, Newbury Park, C. A.: Sage.

Silverman, K. 1983, *The Subject of Semiotics*, Oxford: Oxford University Press.

Silverstone, R. 1981, *The Message of Television: Myth and Narrative in Contemporary Culture*, London: Heinemann Educational Books.

───. 1988, "Television, Myth and Culture," in J. Carey(ed.), *Media, Myths and Narratives*, London: Sage.

───. 1989, "Television: Text or Discourse?," *Science as Culture* 6.

참고문헌

———. 1990a, "Communication is a Carp," working paper, Centre for Research in Innovation, Culture and Technology, Brunel University.

———. 1990b, "Television and Everyday Life: towards an Anthropology of the Television Audience," in M. Ferguson(ed.), *Public Communication: The New Imperatives*, London: Sage.

Silverstone, R., D. Morley et al. 1989, "Families, Technologies and Consumption," working paper, Centre for Research in Innovation, Culture and Technology, Brunel University.

Silverstone, R., E. Hirsch and D. Morley. 1990, "Information and Communication Technologies and the Moral Economy of the Household," discussion paper for Centre for Research in Innovation; and E. Hirsch(eds.), 1992, *Consuming Technologies*, London: Routledge.

———. 1991, "Listening to a Long Conversation: An Enthnographic Approach to ICT in the Home," *Cultural Studies*, 5(2).

Skovmand, P. 1977, *Origin and Significance of the Frankfurt School*, London and Boston: Routledge & Kegan Paul.

Smythe, D. "Communications: Blindspot of Western Marxism," *Canadian Journal of Political and Social Theory*, Vol. 1(3), p.1.

Steiner, L. 1988, "Oppositional Decoding as an Act of Resistance," *Critical Studies in Mass Communication* 5(1), pp.1-15.

Stewart, J. and G. Philipsen. 1984, "Communication As Situated Accomplishment: The Case of Hermeneutics and Ethnography," in B. Dervin and M. J. Voight(eds.), *Progress in Communication Sciences*, Vol. 5, Norwood, N. J.: Ablex, pp.179-217.

Storey, J. 1993, *An Introductory Guide to Cultural Theory and Popular Culture*, Hemel Hempstead: Harvester Wheatsheaf; 박모(역)(1994), 『문화연구와 문화이론』, 현실문화연구.

———(ed.). 1994, *Cultural Theory and Popular Culture: A Reader*, Hemel Hempstead: Harvester Wheatsheaf.

———. 1996a, *Cultural Studies and the Study of Popular Culture*, Edinburgh.

———(ed.). 1996b, *What is Cultural Studies? A Reader*, London & New York: Arnold.

Streter, T. 1984, "An Alternative Approach to Television Research: Developments in British Cultural Studies at Birmingham," in D. Willard, Jr. Rowland and B. Watkins(eds.), 1984, *Interpreting Television: Currant Research Perspectives*.

Suleiman, S. and I. Crosman. 1980, *The Reader in The Text*, Princeton: Princeton Univ. Press, p.287.

Swanson, D. L. 1977, "The Uses and Misuge and Gratification," *Human Communication Research* 3, pp.214-221.

Swingewood, A. 1977, *The Myth of Mass Culture*, London: Macmillan Press, Ltd.

Tester, K. 1994, *Media, Culture and Morality*, London and New York: Rowtledge.

Thompson, E. P. 1980, *The Making of the English Working Class*(originally published 1968), Harmondsworth: Penguin.

Thompson, J. B. 1981, *Critical Hermeneutics: A Study in the Thought of Paul Ricoeur and Jürgen Habermas*, Cambridge: Cambridge Univ. Press.

──. 1988, *The Media and Modernity: Social Theory of Media*, London: Polity Press.

Thorndyke and Yekovich. 1979, *A Critique of Schemata as a Theory of Human Story Memory*, Santa Monica, C. A.: Rand.

Tichenor, D. T., G. A. Donohue and C. N. Olien. 1970, "Mass Media Flow and Differential Growth of Knowledge," *Public Opinion Quarterly* 34, pp.159-170

Trade, G. 1992, *L'Option et la Foule*, Paris: Felix Alean, 赤坂靜也 譯, 1992, 『輿論と群集』.

Tudor, A. 1995, "Culture, Mass Communication and Social Agency," *Theory, Culture & Society* 12, pp.81-107

──. 1999, *Decoding Culture: Theory and Method in Culture Studies*, Sage Publications.

Turner, G. 1990a, *British Cultural Studies*, London: Unwin Hyman, 김연종 역, 1995, 『문화연구입문』, 한나래.

──. 1990b, "It works for Me: British Cultural Studies, Australian

Cultural Studies, Australian Film," paper presented to Cultural Studies: Now and in the Future Conference, University of Illinois, April; reprinted in L. Groosberg et al.(eds.)(1992).

UNESCO. 1982, *Cultural Industry: A Challenge for the Future of Culture*, Paris: UNESCO.

Volosinov, V. 1973, *Marxism and the Philosophy of Language*, New York: Seminar Press.

Wagner, H.(ed.). 1970, *Alfred Shutz on Phenomenology and Social Relations: Selected Writing*, Chicago: Univ of Chicago Press.

Weaver, D., M. Graber, M. McCombs, C. Eyal. 1981, *Media Agenda—Setting in a Presidential Election*, Prager Publisher.

Weber, M., "Sociologische Grundbergriffe," in *Wirtschaft und Gesellschaft*, 1921-1992, 阿閉吉男·內藤莞爾 譯, 1953, 『社會學の基礎槪念』, 角川文庫, Gerth, H. & C. Mills, 1982, *From Max Weber*, London: Routledge & Kegan Paul, pp.55-57.

Wicks R. and D. Drew. 1991, "Learning from the News: Effects of Message Consistency and Medium on Recall and Inference Making," *Journalism Quarterly* 68(1-2), pp.155-164.

Willeman, P. 1978, "Notes on Subjectivity: on Reading Edward Branigan's Subjectivity under Siege," *Screen* 19, pp.41-69.

Williams, R. 1958-1960, *Culture and Society: 1780-1950*, New York: Columbia University Press.

―――. 1961, *The Long Revolution*, London: Penguin Books.

―――. 1975, *Television: Technology and Cultural Form*, New York: Schocken Books.

―――. 1976, *Keyword*, London: Fontana(Second Edition, 1983).

―――. 1977, *Marxism and Literature*, Oxford: Oxford University Press.

―――. 1979, *Politics and Letters*, London: Verso.

―――. 1981, *Culture*, London: Fontana.

―――. 1989, *The Politics of Modernism: Against the New Conformists*, London: Verso.

Williamson, J. 1978, *Decoding Advertisements*, London: Marion Boyars.

Willis, J. and T. Wollen. 1990, *The Neglected Audience*, London: British Film Institute.

Willis, P. 1990, *Common Culture*, Open Univ. Press.

Wilson, T. P. 1970, "Conception of Interaction and Forms of Sociological Explanation," *American Sociological Review* 35, pp.697-710.

Windahl, S. 1981, "Uses and Gratification at the Crossroad," in G. Wilhoit, H. de Bock(eds.), *Mass Communication Review Yearbook*, Beverly Hills: Sage Publications, pp.174-185

Wirth, L. 1953, "Consensus and Mass Communication," in W. Schramm (ed.), *Mass Communication*, Urbana: University of Illinois Press, p. 562.

Wright, C. 1960, "Functional Analysis and Mass Communication," *Public Opinion Quarterly* 24.

――. 1986, *Mass Communication: A Sociological Perspective*, New York Random House, p.7.

Wuthnow, R., J. Hunter, A. Bergesen and E. Kureweil(eds.), *Cultural Analysis*, London: Routledge & Kegan Paul, p.194.

細見和之. 1996,『アドルノ: 非同一性の哲學』, 東京: 講談社.
清水幾太郎. 1954,『社會心理學』, 東京: 岩波書店.
妹尾剛光. 1996,『コミュニケーションの世界の思想構造』, 北樹出版社.

찾아보기

ㄱ

가핀켈(H. Garfinkel) 220
간디(M. Gandhi) 117
간디주의 119
간주간적(intersubjective) 225
강효과(powerful effects) 244
갠스(H. Gans) 93, 96, 147
거브너(G. Gerbner) 137, 244
경상단계(鏡像段階) 300
『계몽의 변증법』 48
『고독한 군중(The Lonely Crowd)』 89
고프만(E. Goffman) 128
공시성(synchrony)/통시성(diachrony) 24
과정모델(process model) 153
교섭적 코드 - 해독(negotiated code or reading) 161
교환모델(transactional model) 246
구별짓기 101
구성론적 접근(constructionst approach) 176
구조의 이중성(duality of structure) 24, 294
구조화이론(Theory of Structuration) 24, 233
군대연구(army work) 137
군터(B. Gunter) 277
규제학파(Regulation School) 82
그람시(A. Gramsci) 21, 117
그레비치(G. Gurevitch) 128, 200
그로스버그(L. Grossberg) 115, 188

그룬베르그(C. Grunberg) 46
근대성(moderne) 17
글렌(J. Glenn) 79
기대-가치적 접근(expectancy-value approach) 143
기동전(war of movement) 117, 119
기든스(A. Giddens) 24, 233, 294
기호론적 민주주의(semiotic democracy) 22, 188

ㄴ

내부지향형(inner-directed types) 28
내파(implosion) 69
넬슨(D. Nelson) 242
노덴스트렝((K. Nordenstreng) 5, 132
노엘 노이만(E. Noell-Neumann) 139, 244
논제설정(의제설정)(agenda-setting) 139, 246
뉴 타임스(New Times) 80-82
뉴컴브(H. Newcomb) 157
능동적 수용자(active audience) 9, 107, 141, 153
능동적 해석자 153
니체(F. Nietzsche) 20, 301
닐(S. Neal) 165

ㄷ

다넨바움(P. Tannenbaum) 142
다성성(polyphony; heteroglossia) 156, 160
다의적 (의미), 다의성(polysemy) 156,

160, 188
대립적 코드 - 해독(oppositional code or reading) 161
대중문화(mass culture)이론 22
대항문화(counter-culture) 116
던컨(H. Duncan) 257
데리다(J. Derrida) 19
데이비슨(W. Davison) 139
데카르트(R. Descartes) 17, 301
도나휴(G. Donohue) 140
도스토예프스키(F. Dostoyevski) 157
뒤르케임(E. Durkeim)
드보르(G. Debord) 75, 77, 130, 219

ㄹ

라스웰(H. Lasswell) 242
라이트(C. Wright) 88
라이트(P. Wright) 194
라일리(M. Riley and J. Riley) 141
라자스펠드(P. Lazarsfeld) 84, 92, 245
라캉(J. Lacan) 19, 22, 164, 178, 181, 209, 291, 297, 300-302
래드웨이(J. Radway) 111, 124, 166, 206
레닌(V. Lenin) 118, 223
레비(M. Levy) 142
레이번(J. Rayburn) 143
레이비스(F. Leavis) 52
로리머(R. Lorimer) 133, 162, 238
로우치(J. Roach) 126
로웬탈(L. Lowenthal) 46
로저스(Emert Rogers) 7, 8
로젠그렌(K. Rosengren) 132, 146, 166
로크(J. Locke) 311
로텐버틀러(E. Rothenbuthler) 255
롱허스트(B. Longhurst) 98, 123
루빈(J. Rubin) 129, 142, 250
루카치(G. Lukacs) 46
루크만(T. Luckman) 220

룰(J. Lull) 174
르봉(Le Bon) 90, 240
르페브르(H. Lefebure) 77, 220
리비스(Leavis)주의 149
리비스(T. Liebes) 172
리오타르(J. Lyotard) 63, 71
리즈만(D. Riesman) 27, 30, 89
리차스(I. Richards) 146
리프만(W. Lippman) 90
린드 부부(R. Lynd and H. Lynd) 41

ㅁ

마르쿠제(H. Marcuse) 46, 217
마샬(P Marshall) 76
만델(E. Mandel) 72
만하임(K. Mannheim) 90
말리노프스키(Malinowski) 173
맑스(K. Marx) 147
맥로비(A McRobbie) 83, 115, 236
맥루한(M. McLuhan) 66
맥케이브(C MacCabe) 164, 181
맥콤브(M. McComb)139, 244
맥콰일(D. McQuail) 85, 88, 142, 169
머독(G. Murdock) 154, 196, 231, 251
머톤(R. Merton) 131
멀비(L. Mulvey) 210
멘델손(H. Mendelsohn) 142
모델스키(T. Modelski) 166, 170, 175
모사(simulation) 69
몰리(D. Morley) 111, 115, 125, 166, 168, 178, 187, 194, 201, 228, 290, 292
문학비평연구(literary criticism research) 135, 145
문화공중 100
문화론적 연구(Cultural Studies) 21 147
문화산업론(culture industry) 21, 53
문화소비자(culture consumer) 103

찾아보기

문화주의(culturalism) 151
물신화 65
미드(G. H. Mead) 22, 257
미첼(D. Mitchell) 235
민속지학(ethnography) 135
밀(J. S. Mill) 304
밀즈(C. Wright Mills) 24, 62
밀턴(J. Milton) 304-305

ㅂ
바르트(R. Barthe) 210
바비오(N. Bobbio) 118
바우어(R. Bauer) 107, 239, 246, 304
바이오카(F. A. Biocca) 7
바커(C. Barker) 81
바쿠닌(M. Bakunin) 78
바흐친(M. Bakhtin) 156
배브로우(A. Babrow) 143
배양효과이론(cultivation effects) 137
버거(P. Berger) 220
버드(B. Budd) 195
베럴슨(B. Berelson) 141
베른스타인(C. Bernstein) 127
베버(M. Weber) 34, 147
벨(D. Bell) 39, 80
보강효과(reinforced effects) 194
보드리야르(J. Baudrillard) 63, 68, 71
보토모어(T. Bottomore) 46
볼로시노브(V. Volosinov) 115
부르디외(P. Bourdieu) 100
부리카(F. Bouricard) 253
부스틴(D. Boorstin) 67
분트(Wundt) 259
블루머(H. Blumer) 240, 248
브룬스든(C. Brunsdon) 166
블룸러(J. Blumler) 142
비거트(Mr. Biggort) 만화연구 138
비트포겔(K. Wittfogel) 46

빌레만(P. Willeman) 298
빌레만(P. Willemen) 185
빌링스(V. Billings) 112

ㅅ
사상의 공개시장(자유시장)(open market place of idea) 87, 306
사이터(E. Seiter) 191
사회적 성격 27
사회적 주체 185
상급문화(high culture) 94
상징적 상호작용이론(symbolic interactionism) 257
새로운 군중 90
선택적 기억(selective retention) 248
선택적 노출(selective exposure) 194, 248
선택적 주목(selective attention) 248
선택적 지각(selective perception) 194, 248
선형모델(linear model) 21
세노오 고고(妹尾剛光) 308
세르토(M. de Certeau) 116, 213
소쉬르(F. de Saussure) 21
쇼우(D. Shaw) 139
수동적 수용자(피동적 수용자)(passive audience) 9, 91, 144, 153
수동혁명 119
수용미학(reception aesthetics) 146
수용분석(수용연구)(reception analysis) 111, 145, 147, 165
수용적 지향형(receptive orientation) 29
쉐마(스키마)(schema) 231, 278, 280
쉐크너(R. Schechner) 127
슈람(W. Schramm) 7, 137, 141, 243
슈뢰더(K. Schröder) 175
슈츠(A. Schutz) 219, 223, 250, 262
스마이스(D. Smyth) 93, 103
스미스(A. Smith) 40, 285, 308, 313-316
스미스(K. Smith) 137

찾아보기

스완슨(D. Swanson) 256
스크린(Screen) 이론 163, 181, 286
스타인만(C. Steinman) 195
스탈린(J. Stalin) 118
스펙터클 사회(Society of the Spectacle) 75
시부타니(T. Shibutani) 257, 260
시장지향형(marketing orientation) 29, 59, 61
신수정주의(new revisionism) 112, 193
실버스톤(R. Silverston) 173, 218, 227

ㅇ

아도르노(T. Adorno) 15, 19, 46, 147
『아레오파지티카(Areopagitica)』305
아렌트(H. Arendt) 44
아비투스(fandom) 100
알래슈터리(P. Alasuutari) 166, 170, 175
알렉산더(J. Alexander)
알튀세(L. Althusser) 19, 150, 182, 233, 292-302
애그리타(M. Aglietta) 81
애트킨(C. Atkin) 142
앨러(M. Allor) 174
앵(I. Ang) 111, 166, 200, 203, 208, 283
야호다(M. Jahoda) 138
에반스(W. Evans) 161, 205, 215
에버크롬비(N. Abercrombie) 98, 123
NHK 282
엔젠스베르거(H. Enzensberger) 64
NGO운동 120
엔트만(R. Entman) 195
엘리어트(P. Elliott) 154, 251
엘리어트(T. S. Elliot) 52
역할취득(role-taking) 257
예일학파(Yale Schools) 137
오'셜리반(T. O'Sullivan) 287
오고만(H. O'Goman) 139
오리엔(C. Orien) 140

오코너(A. O'Connor) 168
『옥중수고(Prison Notes)』119
와너(W. Warner) 94
완고한 수용자(obstinate audience) 107, 239, 246, 304
우선적 독해(preferred reading) 160
워스(L. Wirth) 239
원자화된 개인(atomized individual) 154, 240
웰스(O. Wells) 136, 241
윈달(S. Windahl) 142-143
윌리암스(R. Williams) 21, 147-151, 162, 170, 177, 185
유랑하는 주체성(normadic subjectivity) 188
의사이벤트(pseudo-event) 69
의식산업(consciousness industry) 64
이데올로기의 회귀(rediscovery of ideology) 205
이데올로기의 후퇴(retreat from ideology) 206
이데올로기적 국가장치(Ideologrial State Apparatus) 297
이성의 도구화(도구적 이성) 6, 19, 48
이용과 충족 연구(uses and gratification study) 124, 140, 203, 251
이원론(dualism) 24, 294
일반화된 타자(generalized other) 260
일차집단(primary group) 51, 89, 91
일차집단의 재발견(rediscovery of the primary group) 245

ㅈ

자원론(voluntary)/결정론(determinism) 24, 294
재크(M. Jacques) 81
저항(resistance) 114, 215
전통지향형(traditional-directed types) 27, 31

찾아보기

정보추구(information-seeking) 142
정체성(identity) 51, 114
제3의 물결(The Third Waves) 108
제3자효과 가설(third-person effects) 139
제임슨(F. Jameson) 63, 71, 75
제퍼슨(T. Jefferson) 305
젠센(J. Jensen) 97, 132, 146, 166
젠킨스(H. Jenkins) 97
주체(성) 82, 181, 286, 288
주체/객체 24
준민속하급문화(quasi-folk low culture) 96
중상급문화(upper-middle culture) 95
중층적 결정론(over-determination) 150, 203, 292
중하급문화(lower-middle culture) 95
지각적 수용자(perceptive audience) 123
지배적-패권적 코드 - 해독(dominant-hegemonic code or reading) 161
지식격차(knowledge gap) 가설 140, 244
진지전 119
짐머만(C. Zimmerman) 247
쯔나니에키(F. Znanieki) 33

ㅊ

착취적 지향형(exploitative orientation) 29
체니(D. Chaney) 187
취향공중(taste public) 93
취향문화(taste culture) 93
침묵의 나선형(spiral of silence) 139, 246

ㅋ

카츠(E. Katz) 139, 142, 172
카플란(N. Caplan) 242
칸트(I. Kant) 17, 306
캐리(J. Carey) 147
캔트릴(H. Cantrill) 136
커란(J. Curran) 112, 191, 194, 199, 246

커뮤니케이션 행위이론 6
커쇼우(B. Kershaw) 126
켈너(D. Kellner) 70, 215, 217, 302, 304
코너(G. Corner) 292
코르쉬(K. Korsch) 46
콜럼비아학파(Columbia Schools) 138
콜린스(W. Collins) 277
콜버그(L. Kohlberg) 275
콩트(A. Comte) 269
쾌락 215
쿠퍼(E. Cooper) 138
쿡(D. Cook) 303
쿤(A. Kuhn) 237
쿤(M. H. Kuhn) 257
쿨리(C. Cooley) 89, 240
크로커(J. Crocker) 280, 304
크로토(D. Croteau) 25
클락(T. Clark) 130
클래퍼(J. Klapper) 138
키팩스(S. Kippax) 142

ㅌ

타인지향형(other-directed types) 28
탈-포디즘(post-Forism) 80
탈드(G. Tarde) 87, 304
태도변용(attitude change) 138
터너(G. Turner) 148, 167, 257
테일러(D. Taylor) 139, 280
텍스트 상의 주체 181, 185
토마스(W. Thomas) 33
토인비(A. Toynbee) 62
토플러(A. Toffler) 103
톰슨(E. Thomson) 148, 151
투표행태연구(voting behaviour study) 138
트로츠키(L. Trotsky) 223
티치노(P. Tichenor) 140

ㅍ

파스티스(pastich) 73
파슨스(T. Parsons) 252-253
파킨(F. Parkin) 160, 179
팜그린(P. Palmgreen) 143
팬덤(fandom) 97
퍼포머티브 사회(performative society) 126
퍼포먼스(performance) 126, 128
페니 프레스(penny press) 87
페미니스트 연구(Feminist Research) 147
페미니스트(feminist) 236
페인기금연구(The Payne Found Studies) 136
포스트모더니즘(post-modernism) 62, 71, 81, 210, 299
푸코(M. Foucault) 19, 299
프랑크푸르트학파(Frankfurt School) 6, 46, 51
프로이트(S. Freud) 20, 56, 210, 267, 300
프롬(E. Fromm) 28, 46, 56
피셔(A. Fisher) 246
피스크(J. Fiske) 22, 102, 184, 189, 211, 217, 290
피하주사적 효과(hypodermic needle effects) 244

ㅎ

하버마스(J. Habermas) 6, 15, 50, 250, 252, 266, 270
하우저(A. Hauser) 112
하위문화(sub-culture) 116
하이퍼 실재, 하이퍼 리얼리티(hyper-reality) 69
하틀리(J. Hartley) 185, 288
한계적 효과(limited effect) 194
해석적 공동체(interpretive community) 115, 173
행위수행(agency or action) 25, 295
행위의 일반이론 256
허드(S. Hearth) 164, 181
헤게모니 이론(hegemony theory) 21, 118-119, 151
헤겔(G. Hegel) 17, 306
헤르조그(H. Herzog) 141
헵디지(D. Hebdige) 116, 213
호기트(R. Hoggart) 147, 148
호명(interpellation) 22, 183, 297
호브랜드(C. Hovland) 137, 242
호이니스(W. Hoynes) 25
호르크하이머(M. Horkheimer) 19, 46-47, 50, 147
홀(S. Hall) 80, 111, 149, 160, 178
홉스(T. Hobbes) 308
홉슨(D. Hobson) 166, 172, 189, 228
환(幻)의 공중(phantom public) 90
효과연구(effects research, effects studies) 132, 136, 140
훗설(E. Husserl) 17, 224
힘멜바이트(H. Himmelweit) 137, 141

■ 지은이 __ 이강수(李康洙)
　서울대학교 사회학과 졸업
　미국 펜실베이니아 주립대학 대학원 언론학 석사
　미국 서던 일리노이 대학 대학원 언론학 박사
　한양대학교 사회과학대학장
　한양대학교 언론정보대학원장
　한양대학교 대학원장
　한국언론학회 회장 역임
　현재 한양대학교 명예교수, 한국 디지털위성방송 연구고문
　역서 『대중문화의 원점』(1984), 『커뮤니케이션 행위이론』(1994) 등
　저서 『매스커뮤니케이션 사회학』(1987), 『한국대중문화이론』(1987)
　　　『현대 매스커뮤니케이션』(1991), 『대중문화와 문화산업론』(1998)
　　　『커뮤니케이션과 전통성』(1999) 등 다수

방송문화총서 36
수용자론

ⓒ 방송문화진흥회, 2001

지은이 | 이강수
펴낸이 | 김종수
펴낸곳 | 도서출판 한울

초판 1쇄 발행 | 2001년 7월 10일
초판 3쇄 발행 | 2007년 10월 20일

주소 | 413-832 파주시 교하읍 문발리 507-2(본사)
　　　121-801 서울시 마포구 공덕동 105-90 서울빌딩 3층(서울 사무소)
전화 | 영업 02-326-0095, 편집 02-336-6183
팩스 | 02-333-7543
홈페이지 | www.hanulbooks.co.kr
등록 | 1980년 3월 13일, 제406-2003-051호

Printed in Korea.
ISBN 978-89-460-2886-9　94330

* 가격은 겉표지에 표시되어 있습니다.